哲学書簡——知の綺羅星たちとの交歓

Gottfried Wilhelm Leibniz

ライプニッツ著作集 第II期 1

[監修] 酒井 潔＋佐々木能章

[訳] 山内志朗＋増山浩人＋伊豆藏好美＋上野 修＋町田 一＋
朝倉友海＋根無一信＋清水高志＋梅野宏樹＋谷川多佳子＋池田真治＋
谷川雅子＋大西光弘＋橋本由美子＋山田弘明

凡例

1——テクストには、以下を用いた。

❶アカデミー版『G・W・ライプニッツ全著作・書簡』〔以下A版〕

Gottfried Wilhelm Leibniz. Sämtliche Schriften und Briefe, Akademie Verlag, Berlin

第I系列「一般的・政治・歴史往復書簡」第13、14、18、20、21、23巻

Reihe I: Allgemeiner, politischer und historischer Briefwechsel

Bd.13 (August 1696-April 1697), 1987/Bd.14(Mai-Dezember 1697), 1993/
Bd.18(Januar-August 1700), 2005/Bd.20(Juni 1701-März 1702), 2006/
Bd.21(April-Dezember 1702), 2012/Bd.23(Januar -September1704), 2013

第II系列「哲学往復書簡」第1(改訂増補第二版)、2、3巻

Reihe II: Philosophischer Briefwechsel

Bd.1 (1663–1685), Zweite, neubearbeitete und erweiterte Auflage, 2006/
Bd.2 (1686–1694), 2009/Bd.3 (1695–1700), 2013

第VI系列「哲学著作」第3、4巻

Reihe VI: Philosophische Schriften

Bd.3: (1672–1676), 2006/Bd.4: (1677–1690), 1999

❷ゲルハルト版『哲学著作集』〔以下GP版〕第1、3、7巻

Die philosophischen Schriften von Gottfried Wilhelm Leibniz, Bd. 1, 3, 7 ,hrsg. von Karl Immanuel Gerhardt, Berlin 1875–1890. Nachdruck: Olms Hildesheim 1978.

2——表記、年代推定等の異同については原則的にA版に従った。ただしA版が未刊の書簡についてはGP版に拠った。略記法は以下のとおり。

例▶A II, 1, 234：アカデミー版第II系列第1巻234頁

GP I, 234：ゲルハルト版第1巻234頁

なお、A版に見えるN.で始まる数字は、各巻ごとの手紙または著作に付された通し番号である。

例▶A II, 1, N. 123

3——各書簡中の人名、事項、書誌等の詳細についてはA版に負うところが大きい。

4——各訳者の判断で英訳、独訳、仏訳、邦訳等を参照した場合は、訳注に示した。

5——訳者による挿入は〔 〕であらわす。

6——とくに重要と思われる術語には（ ）付きで原語をそえた。

例▶「衝動」(conatus)

7——関連事項が工作舎『ライプニッツ著作集』第I期（KI）において既出の場合は、参照巻と頁を示した。

例▶KI, 8, 111

8——原文で強調字体（隔字体）になっている箇所は、原則的に傍点を付した。また、それが著作名などを表わしている場合には、『　』または「　」で対処した。

9——ギリシア、ローマの古典の格言や詩文からの引用では、平仮名のかわりにカタカナを用いる。

10——段落分けも原則的にA版に従うが、非常に長い場合には、各訳者の判断で、読者の読み易さのために、適宜段落分けを追加した。

11——著作集第I期（KI）に既出の固有名詞や訳語については統一をはかることを原則とした。ただし、第II期で見直したものもある。

12——訳語については、統一に極力努めたが、最終的な決定は各訳者が行っている。

13——各書簡の表題に掲げた日付はA版の記載に拠る。例えば一六六三年九月二日／一二日（書簡I-1）のような二重の日付は、前者がユリウス暦（旧暦）、後者がグレゴリオ暦（新暦）を意味する。これは、当時カトリック諸国ではすでにグレゴリオ暦が導入されていたのに対し、ハノーファーやベルリンを含むプロテスタント諸国では一七〇〇年まで、イングランド、スウェーデン、ロシアなどではさらに後までユリウス暦が使われていた事情による。なお、日付や発信地が推定・調査による場合には〔 〕を付してある。

哲学書簡　目次

第2部　サロン文化圏

【2】ゾフィー・シャルロッテ宛書簡［1702-1704］……333

【3】マサム夫人との往復書簡［1704-1705］……367

第1部 学者の共和国

Res publica litteraria

ヤコプ・トマジウス
Jacob Thomasius 1622–1684

【1】

Briefwechsel zwischen Leibniz und Jakob Thomasius. 1663–1668

ヤコプ・トマジウスとの往復書簡

✣山内志朗＋増山浩人＝訳✣山内志朗＝解説

1-1……ライプニッツからヤコプ・トマジウスへ[★01]

✣

Leibniz an Jakob Thomasius. Jena, 2/12. September 1663.

(A II, 1, 3–5; GP 1, 7–8)

増山浩人✣訳

貴方にお送りした討議[★02]は、その新しさのためだけに、価値があるように見えました。この討議の応答者は、かのきわめて高名なフランツケ[★03]の後任者としてゴータの宰相となったヴィルヘルム・シュレーダーの息子[★04]です。この応答者は最初イエナの学生でしたが、後に外遊への愛好心から、オランダ方面へ、続いてイングランドへと迷い込みました。さらにその後、彼の言葉を信ずるのであれば、議会(parlamentum)へと入りこみました。最近、自らの故郷を再訪していたさい、彼は無名のまま静かに立ち去ることを望まず、むしろ自らの記念碑としてこの討議を遺すことを決心したのです。しかし、彼は沈黙していたほうがはるかに賢明だったでしょう。なぜなら、論争するには声量を欠き、親交するには礼儀を欠いていたので、彼は、自らが期待していた栄光のかわりに、度重なる悪評を得てこの町から去っていったからです。それどころか、事情が知られ、この論文においてどれほど危険なことが散見されるかが判明したので、ゴータの公爵[★05]も、誰よりも先に、この論文が公刊されぬようにしきりに働きかけ、これに成功したのです。もちろん、この論文そのものは有識者たちの判定に適合していると聞きました。しかし、それは、この男がこの論文の著者ではないと思えるからでした。それどころか、この論文は、ずっと以前に著されていて、ずっと後になってからイングランドから運ばれてきたと疑っていた者もいました。というのも、

★01——一六六三年六月にライプニッツは、ライプツィヒ大学に学士論文『個体の原理の形而上学的討議』を提出した。その後、一六六三年一〇月まで、イエナ大学で数学者エアハルト・ヴァイゲルの教えを受けた。このイエナ滞在中に書かれた手紙である。この手紙で、ライプニッツは、師トマジウスに、当時のイエナで行われた政治哲学や自然法に関する議論を紹介したうえで、マキャベリやホッブズについて簡単な考察を行っている。もっぱら実践哲学についてのみ記しているのは、道徳哲学の教授であった師トマジウスの関心からかもしれない。なお、トマジウス宛書簡の基本的性格については、C. Mercer, Leibniz and His Master. The Correspondence with Jakob Thomasius, in: *Leibniz and His Correspondents*, Cambridge University Press, 2004, 10–46とR. Bodéüs, *Leibniz-Thomasius Correspondance 1663–1672*, Vrin, Paris, 1993.など、また、イエナ滞在などのライプニッツの伝記的事実については、E・エイトン『ライプニッツの普遍計画』(渡辺正雄＋原純夫＋佐柳文男訳、工作舎 1990)

国家宰相についての討議の第一項において、ドン・ルイス・デ・アロ[★06]が、あたかも輝かしく、まだ生きているかのように言及されていたからです。しかし、彼はずっと以前に死んでいるのみならず、息子の王への謀反が暴かれてからは、彼の家族も蹂躙されて崩壊しているのです。じっさい、いくつかの付注はイングランドで流行している何らかの新たな哲学に触れています。そして、私が誤っていなければ、彼がこの討議をささげたケネルム・ディグビー自身は、魂の不死性に関する膨大な著作[★07]において、似たようなことを描いているのです。残りの討論にはマキャベリ主義がみなぎっていました。そして、この点に関してのみ、応答者[★08]はこの討議を理解していたように見えました。というのも、自然法と神の諸法を引き合いに出して反論がなされるたびに、彼は、両者は私人の契約に制限されるものだと主張し、国際法と戦争と平和の法のすべてを忌むべきあつかましさをもって破壊していたからです。

最後に、この地の至る所で、ホッブズやホッブズ主義者の活発な姿が目につきます。というのも、彼は有用性を公正さの母とみなすので、有用性が促進されるように、あらゆる法が興亡する

と酒井潔『ライプニッツ』(人と思想191、清水書院 2008)などを参照。

★02——シュレーダーの学位論文『学術論文、第一部国家理性について、第二部貴族について、第三部 国家宰相について』のことを指す(A II, 1, 4)。なお、トマジウスはこの論文に対抗して一六六八年に国家宰相について六五のテーゼを提出している。さらに、一六八〇年には、シュレーダーとトマジウスの国家宰相に関する論文『国家宰相についての二つの実践』(*De ministrissimo excercitationes duae*)が出版された。

★03——ゲオルク・フォン・フランツケ(Georg von Franzke, 1594–1659)はドイツの法学者。一六四一年以降、エルンスト一世(Ernst I, 1601–1675)の治めるザクセン・ゴータ公国で宰相を務めた。

★04——「ヴィルヘルム・シュレーダーの息子」とは、ゴータの宰相ヴィルヘルム・フォン・シュレーダー(Wilhelm von Schröder, 1663没)と同名の息子(1640–1688)を指す。一六六二年にイングランド王立協会の会員となった。このような言い方は、ほぼ同名の父と息子を混同するのを回避するためだろう。

★05——注03で言及したエルンスト一世のことを指す。

★06——ルイス・メンデス・デ・アロ(Luis Méndez de Haro, 1598–1661)を指す。彼は、フランスのジュール・マザラン(Jules Mazarin, 1602–1661)と交渉し、ピレネー条約を締結し、西仏戦争を終結させるのに寄与したといわれている。

★07——ケネルム・ディグビー(Kenelm Digby, 1603–1665)は、イングランドの外交官、自然哲学者。膨大な著作とは、彼の『理性的魂の不死性の証明』(*Demonstratio immortalitatis animae rationalis*, Paris, 1651; 2. verm. Aufl. Paris, 1655)である(A II,1, 5)。

★08——息子のほうのシュレーダーのことを指す。

ことになるからです。つまり、ホッブズはどの君主にも絶対主権を与えるので、単なる疑念が死刑を執行するための法を君主に与えることになるのです。結局、市民法からあらゆる正義が生まれるので、必然的に国家間での同盟条約を遵守するあらゆる義務と必然性は崩壊するのです。ホッブズにおけるこれらのことをしばしば閣下[★09]が非難していると私は聞きました[★10]。それゆえに、失礼ながら、ホッブズに関することを閣下[★11]のもとで調査したくなりました。つまり、ホッブズとは誰か、まだ生きているのか、論敵に出会ったのか、自然法の説明に関して同じことをした者はいたのか[★12]、精密さに関して、彼と同等のこと、あるいはよりよいことを成し遂げた者はいたのか、ということを知りたいのです。私が知っているのはプーフェンドルフ氏[★13]のみですが、彼は、自身の『普遍法学原理』[★14]をほぼすべてわれわれのヴァイゲル[★15]の手稿『幾何学的倫理学』に依拠して作成したといわれています[★16]。

一六六三年九月二日、イエナにて

★09——V. E. は Vestra Excellentia の略語であり、大使や知事、司教などの高位の人物に対する呼称。なお、ライプニッツが師トマジウスを「閣下」と呼ぶのはこの書簡だけで、後はより親しい調子になっている。

★10——トマジウスの『ホッブズに対抗するための自然状態に関する計画』(*Programma de statu naturali adversus Hobbesium*, Anno 1661. d.16. Januarii) を念頭に置いている (A II, 1, 5)。

★11——トマジウスを指す。

★12——ゲルハルト版では、この一節は、qui in jure naturae illustrando paria facerint subtilitate, となっているが、依拠したアカデミー版には、最後の subtilitate はない。

★13——ドイツの法学者、政治思想家であるザムエル・フォン・プーフェンドルフ (Samuel von Pufendorf, 1632–1694) を指す。

★14——プーフェンドルフの『普遍法学原理　全二巻』(*Elementorum jurisprudentiae universalis libri duo*, Den Haag, 1660) を指す (A II, 1, 5)。

★15——エアハルト・ヴァイゲル (Erhard Weigel, 1625–1699) はドイツ人の数学者。一六五三年以降、イエナ大学数学教授。ライプニッツおよびプーフェンドルフの師でもあった。「われわれのヴァイゲル」とはそのためであろう。ヴァイゲルは、主著『エウクレイデスに基づいて再構成されたアリストテレスの分析論』(*Analysis Aristotelica ex Euclide restituta*, 1658) で、アリストテレスとベーコン、ホッブズ、ガッサンディを調停し、哲学と科学の改革を図った。

★16——この点については、『人間知性新論』第四部、第三章の記述を参照 (K I, 5, 167)。

1–2……ライプニッツからヤコプ・トマジウスへ[★01]

✣

Leibniz an Jakob Thomasius. Frankfurt, 26. September/ 6. Oktober 1668.

(A II, 1, 17–19; GP 1, 9–11)

増山浩人✣訳

われわれのニッチェ[★02]がギーセンの数学教授になりました。彼は、われわれドイツにとってきわめて有益なフランスの雑誌の翻訳[★03]をすでに引き受け、尽力しています。何人かのドイツ人たちが、何らかの似たような協会を設立しようとしていると聞いています。しかし、自然や運命によって共通の賜物が与えられていないかぎり、何らかの寄せ集めの駄作によって祖国が辱められ、諸外国によって嘲笑されるよりも、彼らはおとなしくしていたほうがよいのです。

★01——この手紙の主旨は、デカルト主義者レイの議論を援用しながら、アリストテレスの質料形相論と当世の機械論哲学が調停可能であることを示す点にある。要となるのが、アリストテレスは実体的形相を質料から区別された形、つまり「諸部分の内奥の形」(intima partium figura)とみなしていた、という解釈である。この解釈に依拠して、ライプニッツは、物体が自らを動かす形相をもたないという機械論哲学の立場をじつはアリストテレスも支持していた、と主張する。さらに、この機械論哲学に適合する実体的形相論の解釈は「何であれ動かされるものは、運動の原因を自らの外にもつ」というアリストテレスの原則とも両立可能であるとし、このことは、スコラ哲学の実体的形相論ではなしえなかったことだというのである。

★02——フリードリヒ・ニッチェ(Friedrich Nitzsche, 1641–1702)は、一六六八年五月四日にギーセンに数学教授として招聘された。それ以前に、ライプツィヒ大学でも研究した。「われわれのニッチェ」というのはそのため。

★03——ニッチェは『学術雑誌』(*Journal des savants*)の一六六五年号から一七七〇年号までをラテン語に翻訳し、一六六七年から一七七一年にかけてライプツィヒとフランクフルト・アム・マインにおいて、『学術日報』(*Ephemerides eruditorum*)というタイトルで出版した(A II, 1, 17)。

フランス人たちが地を這うような努力をしても、イングランドの至高さとは比べるにも値しません。イングランド王立協会の事務局長がドイツにいる彼の同胞の一人に宛てた手紙[★04]を閲覧する機会がありました。これらの手紙には、きわめて卓越した考察が含まれており、それが本当ならば長きにわたって感謝されるはずの事柄が、いわば公の名のもとで予言されています。つまり、ウィルキンズ[★05]による普遍的多記法、スコットランドのジェームズ・グレゴリー[★06]による完全な円の求積法、ウィリアム・ブラウンカー[★07]による完全な直角双曲線の求積法、ロウアーとウィリス[★08]によるこれまで未発見だった解剖学などです。これらに立ち入るのはとりあえず控えますが、このように続けられるならば、われわれは人類が使用するために改革された哲学をすぐに手にするでしょう。

この事柄はアリストテレスの諸見解に少しも衝突しないでしょう。ド・レイ[★09]は、『自然哲学の鍵』[★10]において、アリストテレスの闇はスコラ的な不明瞭さから生じたのであって、驚くべきことに、アリストテレス自身は、ガリレオ、ベーコン、ガッサンディ、ホッブズ、デカルト、ディグビーに一致していることを十分に示しています。実際、アリストテレスにとって、第一質料(materia prima)は、運動のない、したがって、すべてが充実しているならば形をもたないような、惰性をもつ塊以外の何でありましょうか? 質料の運動は、知性的存在者に、つまり神に由来します。諸運動の合成から生じる形は、諸部分の配置そのものを包括しますが、この配置を物体の内奥の第一の形相と呼ぶことを誰も禁じはしないでしょう。この形相は質料の可能態から引き出されます。結局のところ、この言い回しは、一般の人にとっては無骨なようにも見えますが、これらの諸原理が確立されれば容易に説明されます。というのも、形相が質料の可能態から引き出されるとは、質料のこの運動、諸部分のこの配置から全体のこの形が生まれる、ということにほかならないからです。例えば、二つの三角形a△とb▽が一つになることから、また、これらの三角形の質料

★04――イングランド王立協会の事務局長オルデンバーグからウィリアム・クルティウス(William Curtius, 1599–1678)に宛てた一六六八年七月一三日付の手紙(A II, 1, 17)。

★05――ジョン・ウィルキンズ(John Wilkins, 1614–1672)は、王立協会の設立メンバーの一人であり、『真正な文字と哲学的言語に向けての試論』(*An Essay towards a Real Character and a Philosophical Language*, London, 1668)を著した。同書の普遍言語論は、ライプニッツにも大きな影響を与えている(A II, 1, 18)。

★06――ジェームズ・グレゴリー(James Gregory, 1638–1675)は、スコットランド生まれの数学者、天文学者。最初の反射式望遠鏡であるグレゴリー式望遠鏡の発明者として有名。円積問題は、彼の著作『円と双曲線の真の求積』(*Vera circuli et hyperbolae quadratura*, Padua, 1667)において展開されている(A II, 1, 18)。

★07――ウィリアム・ブラウンカー(William, Brouncker, 1620–1684)は王立協会の会長でオックスフォードの教授。直角双曲線に関する議論を論文

の可能態が運動によって相互の接触をめざすことから、四角形c□の形相が引き出されます。このことから、形相が可分的なものであることと、集積状態において全体が瞬間的に生み出されることが、可感的諸変状、あるいは可感的諸性質の源泉であることも明らかです。こうした可感的諸性質が事物そのものの形相に対する関係は、観察者の位置の移動に応じてさまざまに変化する都市の現れの多様性が都市の位置そのものに対する関係に等しいのです。結局、目は、塔の頂点から都市を見下ろしている人のように、事物に関係するように思われます。また、聴覚は同一平面上で外から都市を観察している人に似ています。触覚は、這って進むことで都市の道々を近くから吟味する人を連想させます。かくして、ゾーナー[★11]の見解もつまらなくはないことが説明されます。彼は感覚する者を考慮することによってのみ偶有性を事物から区別しましたが、これは、諸事物の第一諸原理、つまり大きさ、形、運動以外に関しては、きわめて正しいことです。以上のように主張することで、古人のあらゆる用語と現代人の諸思索を同時に容認することができるのです。というのも、諸部分の内奥の形(intima partium figura)を実体的形相(forma substantialis)と呼ぶことは不合理ではないからです。つまり、物体的事物においては、形より先で、いっそう単純で、いっそう質料から切り離されたようなものは、何も思惟によって把握されえないのです。当のアリストテレス自身が数学的対象(τὰ μαθηματικά)、つまり空間、あるいはその規定、つまり形が実体で

「双曲線の求積」(The Squaring of the Hyperbola, in: *Philosophical Transactions*, N. 34 13. April 1668 S.645–649)において提示(A II, 1, 18)。

★08——リチャード・ロウアー(Richard Lower, 1631–1691)とトマス・ウィリス(Thomas Willis, 1621–1675)。ロウアーは、一六六六年まで、ウィリスのもとで、神経学を研究していた。「ロウアーとウィリスの解剖学」とは、ロウアーの『心臓について、ならびに血液の運動と色、そして血液へのリンパの移行についての論考』(*Tractatus de corde. Item de motu, et colore sanguinis, et chyli in eum transitu*, Leiden, 1669)とウィリスの『脳解剖学』(*Cerebri anatome*, London, 1664)を指す(A II, 1, 18)。

★09——ジャン・ド・レイ(Jean de Raey 1622–1702)は、ライデン大学教授。デカルトの翻訳者かつ校訂者。

★10——『自然哲学の鍵、あるいはアリストテレス＝デカルト主義的自然考察入門』(*Clavis philosophiae naturalis, seu introductio ad naturae contemplationem, Aristotelico- Cartesiana*, 1654)(A II 1, 18)。

★11——エルンスト・ゾーナー(Ernst Soner, 1572–1612)。引用されている見解を著作『アリストテレス形而上学注解』(*In libros XII metaphysicos Aristotelis commentarius*, 1657)で展開(A II, 1, 18)。

あることを許容していたのです。あるいは、このことは、これらの諸対象を論じるのが幾何学、つまり、形而上学に次いでもっとも完全な学であることから論証されます。しかるに、学の対象は、アリストテレス自身の判断によれば、実体です。したがって、形が何らかの実体的なものであり、物体に帰属するならば、そして結局は、形が質料から実在的に区別されているならば、それは実体的形相以外の何でありましょうか？　むしろ、いわば空間は物体そのものよりも実体的なのです。というのも、物体が取り除かれても、空間とその次元は残存し、これらは、他の物体によって占められていない場合、空虚（vacuum）と呼ばれますが、反対に空間が取り除かれれば、物体は残存しないからです。さらに、この物体と実体的形相の概念からは、スコラ学者たちが断念するように命じている諸物体の本質が少しずつ熟知されうることが期待されるだけでなく、非物体的な始動者（motor incopororeus）の必然性が明証的かつ数学的に証明されうることも期待されるのです。というのも、物体は質料と形にほかなりませんが、質料からも形からも運動の原因は理解されえないので、運動の原因は物体の外になくてはならないからです。物体の外には思惟する存在者、すなわち精神的存在者のほかには何も思惟されえないので、精神は運動の原因だということになります。しかも、宇宙を支配する精神は神なのです。これに対し、われわれが仮に諸物体のなかに、何らかの正体不明の非物体的な、またはいわば霊的な実体的形相を認めるならば——この実体的形相のおかげで、物体が自らを動かすことができ、自らの外なる非物体的な駆動者によらずとも、石が下方へと、火が上方へと向かい、星々が発生し、動物たちが自らの自発性によって走るのですが——、われわれは神を証明するための最適な道を自ら排除してしまいますし、このことはアリストテレスのかの有名な原理[★12]、つまり、「何であれ動かされるものは、運動の原因を自らの外にもつ」という原理を切り崩してしまうでしょう。そして、諸原因の階梯をよりどころに、アリストテレス自身も第一動者へと上昇していったのです。しかし、どこへ私は動かされて

★12——アリストテレス『自然学』第8巻、第4～6章（A II, 1, 19）。

いるのでしょうか。名高い貴方にとってこれらのことが何になりましょうか？　貴方はつねに判断の誠実さを備えているからこそ、現代人によって発見されたことを拒絶もしないし、無傷で、正しく説明された場合には最適な古人の言葉が追放されることも断固として受け入れもしないのですから。私を動かし、気づかぬうちにはるか遠くへと導いたのは、イングランド王立協会の言及でした。しかし、私はこうしたすべてのことに関する貴方の意見を学ぶことをより望んでおります。

一六六八年一〇月六日、フランクフルトにて

1–3……ヤコプ・トマジウスからライプニッツへ★01

Jakob Thomasius an Leibniz. 2/12. Oktober 1668.

増山浩人✣訳

(A II, 1, 19–22; GP I, 11–14)

ご期待よりも手短にこの返信を書いているかもしれませんが、どうかお許しください。きわめて高貴な方、きわめて名誉ある支援者にして友よ。この週の仕事はご存知でしたか★02。これらの仕事が、貴方への謝罪となればよいのですが。スキオピウス★03の〔書物の〕件では、たいへんお世話になりました。私は、貴方のご親切と、見知らぬ者に対する英雄ボイネブルク★04の最高のご篤志(προθυμίαν)のいずれにも感服しております。しかし、後者〔ボイネブルクのご篤志〕に甘えているように思われたくはありません。それで私は、彼の本を使うのは、フランクフルトでの春の市★05まででではなく、われわれの一月の市までという制限を自らに課したのです。その折に、〔本を託す〕信頼の置ける確実な人を私が見出せるかという点のみ、お心に留めおきください。そして、こうするうちに、貴方のご好意、あるいは、あえて希望させていただくならば、彼のご好意によって、自腹でもよいので、長い間希求していた本を入手できるなら、さらなる感謝の念が生じることは明らかです。私はこのきわめて著名な男爵★06に、手元に残っている諸討議と諸計画をお送りします。もし私が四元徳について著したもののうち、第二討議しか男爵に届いていないとしたら、男爵にも、そして貴方にも申し訳ないことです★07。実際、私自身も第一討議の現物をもう長いあいだ持っていないのです。さらに、これからもわれわれの学問のパトロンに私のことを宜しくお伝えし続けてほしいという

★01——トマジウスがライプニッツに返信した最初の書簡。前便(1–2)への反論の要は、アリストテレスが実体的形相(forma substantialis)を形(figura)とみなしていたという解釈が不正確なものであるとの指摘である。そのうえで、実体的形相を物体に内在する「運動と静止の原理」とみなすのが正しいアリストテレス解釈だと主張する。そして古代の原子論の概要を提示しながら、ド・レイらの実体的形相の解釈はアリストテレスよりエピクロスのものに近いとする。同時に、この書簡は、一六六八年ごろのボイネブルク、ライプニッツ、トマジウスらの関係を理解するためにも重要である。冒頭部の記述からは、本の貸し借りや論文の贈呈に関して、ライプニッツがかつての師トマジウスと現在のパトロンであるボイネブルクとの間の仲介を行っていることが読み取れる。

★02——ボデウスによれば、ここでの「この週の仕事」とは、「一五一八年のルターとカエターヌス枢機卿との出会い」(De congressu Lutheri A. 1518. cum Cardinale Cajetano)という題名の

ことに関しては、改めて言うまでもないでしょう。むしろ、貴方にお願いしたいのは、ページ数ではなく質のために、貴方が抱かせた期待をひどく裏切るものだったと彼が考えるならば、お互いのために、彼に許しを請うていただきたいのです。ここドイツにおける国語協会[★08]について知らせてくださったあらましは、聞いたこともありませんでした。教えてほしいのですが、どこに、貴方の紹介したことに関してフランス人と張り合おうとする人々がいるのでしょうか？

ド・レイの権威に影響されて、アリストテレスはデカルトおよびその他の最近の哲学者とそれほどは離れていないと貴方が信じていることに関しては、申し訳ないのですが、私はレイにはまだ納得していません。レイのいくつかの見解、ならびに主張の仕方が、調停に意欲的な者たちには一致の何らかの希望を与える類いのものであることは認めます。けれども、われわれが哲学者〔アリストテレス〕の精神をいくらか深く掘り下げようとする場合には、そのような類いの平和状態が、アリストテレス自身の十分な同意のもとでは確立されえないのではないかと私は恐れています。どんな場合でも、実体的形相を、少なくとも、偶有的形相、つまり、形、大きさ、諸部分の配置とは区別された形相をアリストテレスは認めていた、と私は思います。これが本当ならば、貴方が私のために両者の調停を企てようとするさいの一致点と思われるような原理において、すでにアリストテレスは最近の哲学者たちとは隔たっているのです。さらに、率直に申しますが、彼が

講演の準備のことだという。

★03――カスパール・ショッペ（Caspar Schoppe, 1576–1649）を指す。ドイツの文献学者。対抗宗教改革に関する評論家。プロテスタントに生まれたが、一五九七年頃カトリックに改宗。

★04――ヨハン・クリスティアン・フォン・ボイネブルク（Johann Christian von Boineburg, 1622–1672）は、マインツ滞在時のライプニッツのパトロン。マインツ選帝侯領の宰相であり、膨大な蔵書を保有していたことで知られている。

★05――フランクフルト書籍見本市。一五世紀に始まり、一七世紀にはヨーロッパで最も重要な本の見本市となっていた。

★06――ボイネブルクのことを指す。

★07――トマジウスの『四元徳についての第一討議』（*De quatuor virtutibus cardinalibus disputatio prima*, Leipzig, 5. April 1665）と『四元徳についての第二討議』（*De quatuor virtutibus cardinalibus disputatio secunda*, Leipzig, 20. Januar, 1666）を指す（A II, 1, 20）。

★08――一七世紀、三〇年戦争後の国土荒廃と外来文化・外来語の氾濫を憂えた人々により、一連の「ドイツ語（国語）協会」が設立された（『ライプニッツの国語論：ドイツ語改良への提言』高田博行＋渡辺学訳、法政大学出版局 2006）。

幾何学を完全な諸学のうちの一つに数えいれている箇所、および彼が幾何学の対象たる形(figura)を実体に数えいれている箇所を私は無視しています。私が知っているのは、彼が、数学的な諸術のなかでも、天文学だけに、この完全な学という名でもって、賞賛を贈ったことです。というのも、それはこの学が実体を対象とするからです。貴方が幾何学に関する似たような箇所を特定するより先に、そのような箇所を特定することができることを、私は望みます。しかし、そのような箇所があるとすれば、貴方がその箇所をお知らせくださると幸いです。そして、私を不安にしているのは、デカルトと原子論に頼る哲学者はみな、その点に関するかぎり、アリストテレスよりもエピクロスの教説に近い仕方で哲学していると思われる、という点です。つまり私は以下のように考えています。かの異教徒たちは、この宇宙のあらゆる質料は永遠の昔から自存していたと信じ、いくつかの学派を形成しました。つまり、彼らのうちの或る者たちは、エピクロスのように、かの質料を、いわばその第一の状態においては非連続的なもの、つまり原子とみなし、別の者たちは、この質料を連続的なものとみなしていたのです。後者はさらに区分されていました。というのも、アリストテレスのようにこの質料を質のないもの(ἄποιον)とみなすか、質のあるもの(ποιήν)とみなすかのいずれかに分かれ、さらに、後者の人々は、特定の元素をその他のものの生命あるいは万物の源と呼ぶ者たちのように、この質料を同種的なものとみなすか[★09]、永遠の昔から、二種類、あるいはそれ以上の種類の元素が共存していると想像していた者たちのように、この質料を異種的なものとみなすか[★10]に分かれたのです。率直に申し上げますが、この点ではアリストテレスはかの元素論者たちよりもエピクロスに近い見解をもってはいます。というのも、原子も質のないものだからです。にもかかわらず、彼はエピクロスと異なる見解をもっています。それは、私がすでに主張した仕方でのみならず、アリストテレスが神を質料の職人にするのに対し、エピクロスは神が全面的に無為であることを選んだという理由にもよるのです。さらに、アリストテ

★09――「特定の元素を他のものの生命あるいは万物の源と呼ぶ者たち」とは、万物の根源を水とみなしたタレスや、空気とみなしたアナクシメネスなどを指す。

★10――「永遠の昔から、二種類、あるいはそれ以上の種類の元素が共存していると想像していた者たち」とは、万物の根源が地・水・火・風という四大元素であると主張したエンペドクレスなどを指す。

レスが、永遠の昔から以上のような時間、つまり、そこにおいては質料が特定の形を伴って現実存在しないような時間があるとは信じなかったという点でも、エピクロスと異なる見解をもっているのです。彼のかの宣言に、質のないもの(ἄποιον)は、ただ精神と思惟によってのみ把握される、とあるとおりです。貴方は世界の完全な秩序そのものは、彼にとって、永遠の昔から存在すると認められました。さらに、たとえ彼もわれわれを感覚から知性へと導くとしても、やはり知性にそれ自身に固有の諸部分も残しているのですが、エピクロスが知性からこうした諸部分を全面的に放棄したと言えるかどうかは私にはわかりません。かくして、感覚が知性に二つの側面を与えているのです。したがって、ともかくアリストテレスはプラトンにより近い見解をもっており、プラトンとエピクロスの中間の位置にあることは確実です。諸事物のイデア、つまり諸事物の実体的形相をプラトンは承認していましたし、これをアリストテレスも承認していました。しかし、プラトンはイデアが第一の神、あるいは第二の神において存在することを望んでいましたが、アリストテレスは、実体的形相は質料そのものに内在すると信じたのです。このことから生まれたのが、「質料の可能態から諸形相が引き出される」という彼の言い回しです。このことをエピクロスも気に入るでしょうが、彼は諸形相という名で可感的事物より高次の何かをほとんど聞き取らないでしょう。これはアリストテレスとは異なります。他方で、運動の原因である実体的形相が混入されることで、われわれはアリストテレスが第一動者へと上昇していくさいに用いたきわめて高貴な階梯を破壊してしまう、と貴方が主張したことは、私を不安にはしません。というのも、神なしで原子に自らの運動をゆだねたエピクロスにとって、このようなことはなんら説得的ではないことを度外視するとしても、かの階梯の主要な利点は、貴方が考えている点ではなく、むしろ無限への進行が許容されないという点なのです。この利点は、たとえわれわれが諸物体の運動をそれらの実体的形相から導き出すとしても、揺らぎません。こうしたことをアリストテレスが行っていたことを私は疑いませんが、それは、彼が（所産的）自然（natura［naturata］）を運動と静止の原理と定義したからです。アリストテレスはさておき、今私は〔事物を形成する〕形相について言っている訳ですが、人間の形相そのものも形（figura）から区別された実体であることを果たして否定してしまうところまで私たちは進んでしまってもいいのでしょうか。おそらく、最近の哲学者たちは誰一人としてそうは思わないでしょう。もちろん、シルヴェスター・ラットリー★11が、その他の形相を偶有的なものとみなしていたので、この唯一の形相を特別視していたことを、私は思い起こしています。より遠くへ私を連れ去ったのは、とくにこのような用件について、貴方と談話することができる私の喜びです。しかし私が即座にペンの頂点に届いていたものをみな打ち明けたことを、貴方に知っていて欲しいのです。それゆえに、これまでもそうしてきたように、貴方に私の見解を否定する自由をさしあげます。また私も、しかるべき時が来たら、これらすべてのことをより綿密に検討する自由をもちたいと思います。しかしもちろん、予測どおり貴方にこれらの諸省察を提案したド・レイ自身を、私はここ数週間で大雑把にしか調査することができませんでしたが、それは私が複数の本屋でド・レイのことについて尋ねていたからです。したがって、貴方の公正さをもって、私の取るに足りない議論をご容赦願いたいですし、これだけで私がこうした最近の哲学者たちを軽蔑しているなどと解釈なされないと信じます。今は以上のことが問題なのではなく、ただ歴史だけが問われていたのです。つまり、アリストテレスがこれらの哲学者たちの考え方をめざしていたかどうかが問題だったのです。そして、今のところ、私はそうだとはまったく思いません。

この数か月のあいだに、私にはデカルトとクラウベルク★12の著書を読む機会がありました。私が述べようと思うのは、私はクラウベルクをデカルト自身よりも気に入っていたということです。それは、一つには、彼が自らのペンを誹謗中傷から遠ざけ続けていたからですし、もう一つには、

★11——シルヴェスター・ラットリー（Sylvester Rattray, fl. 1650–1666）『共感と反感に関する隠れた原因を発見するための新たなアプローチ：酵母の人為的分解に基づく自然哲学の原理による』（*Aditus novus ad occultas sympathiae et antipathiae causas inveniendas: per principia philosophiae naturalis ex fermentorum artificiosa anatomia hausta*, Glasgow, 1658; Tübingen 1660）を指す（A II, 1, 21）。

★12——ヨハネス・クラウベルク（Johannes Clauberg, 1622–1665）は、ドイツの神学者、デュイスブルク大学の初代学長。主著『哲学の諸原理、あるいは存在智』（*Elementa philosophiae sive ontosophia*）は、近世の存在論の基本文献である。

彼がかの有名な彼の師デカルトに比べ、より方法に即し(μεθοδικώτερον)、より判明に(σαφέστερον)、そしてより簡潔に書く方法を学んだからです。しかし、このことについて、貴方の意見も知りたいものです。私が思うに、貴方はデカルト主義の哲学にいっそう精通していたのですから。この大騒ぎを放置することはできません。[★13] では、さようなら。

一六六八年一〇月二日

貴方に第一質料に関する私の小論[★14]をお送りします。さらに、貴方がそのための鍵を得ることができるように、葦ペンで描いたいくつかの紙片も添えました。これらの紙片は、主に私の同僚たちの要求に役立つように書かれたものです。けれども、次の機会に、これらの紙片はお返しいただきたいのです。〔この小論において〕彼の仕事が取り上げられているかのバゲミヌス[★15]は、シュテッティンの役人で、われわれの神学部と哲学部に自身の最新の哲学を評価するように依頼してきました。神学者たちが答えました。われわれの側からのお返しは私の討議だけでしたが、もしこの討議が彼の手中に届くならば、彼は、われわれがこの新奇さに対してどのような意見をもっているかを容易に判断するでしょう。

★13――ボデウスによれば、「この大騒ぎ」も一〇月末に控えている講演の準備のことを指すという。この講演については、前注02を参照のこと。

★14――トマジウスの『神は第一質料か?という問いに関する哲学的テーゼ』(*Theses philosophicae …… de quaestione: an Deus sit materia prima*, Leipzig, 1668)を指す(A II, 1, 22)。

★15――ミヒャエル・バゲミヌス(Michael Bageminus, ?-?)は、一七世紀、シュテッティンの陪席判事、陪審員。神と第一質料を同一視できるというテーゼを出して、グライスヴァルト大学神学部で顰蹙を買う。その後、本書簡にあるとおり、ライプツィヒ大学哲学部と神学部にこのテーゼの評価を依頼した。結局、哲学部でこのテーゼについて意見を表明したのは、トマジウスだった(A II, 1, 22)。

1-4……ライプニッツからヤコプ・トマジウスへ★01

Leibniz an Jakob Thomasius, 20/30. April 1669.

(A II, 1, 23-38; GP I, 15-27)

山内志朗 訳

哲学史の梗概を叙述されたご高著(『哲学と教会の歴史的起源』)★02はわれわれすべてにとって垂涎の的となりました。その程度をここでは申し上げられないほどです。というのも、哲学者たちの名前を列挙しただけの本と、哲学者のさまざまな教義の間の相互連関をめぐる深い洞察との間には大きな違いがあるからです。私がお世辞を言うような人間ではないことをご存じでしょう。こういった事柄について理解力をもっている人々が、貴方の論考に言及しているのを耳にしましたが、彼らは口を揃えて、哲学の全歴史を手にすることは貴方を措いてほかには到底期待できないと述べております。他の著述家のほとんどは、学芸よりも、過去の出来事のほうに通暁しており、教義を伝えることよりも、多くの人々の人生を伝えているだけです。貴方は、哲学者の歴史ではなく、哲学の歴史を示しています。ジョゼフ・グランヴィル★03は、『アリストテレス以来の諸科学の発展の歴史』を著し、その本がイングランドで刊行されました。しかし、私が思うに、彼は興味を惹かれる時代の数学、力学、自然学の流れを追いかけているだけで、ご高著の価値を何ら損じるものではありません。私は、貴方がこの新しい時代のために、文体と方法(stilum filumque)を創り出し、軽率な若者たちに、新しい思想家について、すべてを信じるのも何も受け入れないのも誤っていることをお教えくださるよう願っています。バゲミヌス★04は、非難すべき唯一の人物というわけで

★01——一六六九年にトマジウスの『哲学と教会の歴史的起源』の第二版が刊行された。これを契機としたトマジウスからの前便(1-3)への返信(同年四月二〇/三〇日付)である。この書簡で、ライプニッツは、アリストテレスの見解が近世の哲学者の思想と驚くほど一致するものであり、アリストテレスに見出される不明瞭さはスコラ哲学者たちの思想の曖昧さによってもたらされたものであることを示している。この書簡は、ライプニッツの思想の発展を示すものとしてとても重要である。

★02——*Origines historicae philosophiae et ecclesiasticae.*

★03——ジョゼフ・グランヴィル(Joseph Glanville, 1636-1680)はイギリスの哲学者、ピューリタンの牧師。

★04——バゲミヌスについては1-3注15参照。

はありません。ほかにも、パトリキウス[05]、テレシウス[06]、カンパネッラ[07]、ボダン[08]、ニゾリウス[09]、フラカストロ[10]、カルダーノ[11]、ガリレオ、ベーコン、ガッサンディ、ホッブズ、デカルト、バッソン[12]、ディグビー[13]、ゼンネルト[14]、シュペアリング[15]、デロドン[16]、ドイシング[17]や、ほかにも哲学の外套がすり切れてしまっているような面々も多数おります。彼らのことを思い起こさせることは、貴方にとっては座興でしかないでしょうが、世間にとっては有益でしょう。

貴方のバゲミヌス評価について異論を挟む人はいないと思います。彼の仮説には、優美さがなく、その推理には一貫性がありません。奇怪な見解ばかりです。彼が自然学の特定の観察において、語るに足る見解をもたないかぎり、彼は黙っていたほうがよい人間です。私の考えでは、「神は第一質料である」という彼の見解の父祖は、スカリゲル[18]、ゼンネルト、シュペアリングです（バ

★05——パトリキウス（Franciscus Patricius, 1529–1597）はイタリアの神学者、イタリア名フランチェスコ・パトリッツィ（Francesco Patrizzi）。

★06——テレシウス（Bernardinus Telesius, 1508–1588）はイタリアの人文主義自然哲学者。

★07——カンパネッラ（Thommaso Campanella, 1568–1639）はイタリアのドミニコ会士、哲学者。著書に『太陽の都』（近藤恒一訳、岩波文庫 1992）、『ガリレオの弁明』（澤井繁男訳、工作舎 1991）など。

★08——ボダン（Jean Bodin, 1530–1596）はフランスの経済学者、法学者。著書『悪魔憑き』（1586）は、魔女狩りのバイブルとして用いられた。

★09——ニゾリウス（Marius Nizolius, 1498–1576）はイタリアの人文学者。ライプニッツは一六七〇年、ニゾリウスの『似非哲学者を反駁する哲学の真の原理と真の理性』（*De veris principiis et vera ratione philosophandi contra pseudophilosophos*, Parma, 1553）を復刊して、本書簡をやや形を変えて組み込んだ序文を付している（A II, 1, 23）。

★10——フラカストロ（Girolamo Fracastoro, 1478–1553）はイタリアの科学者。パドヴァ大学教授。伝染病の接触伝染説を唱えたことで知られる。

★11——カルダーノ（Geronimo Cardano, 1501–1576）はイタリアルネサンス期の自然哲学者、数学者、発明家、占星術師。三次方程式の根の公式を導く。

★12——バッソン（Sebastian Basson, c.1573–?）はフランスの外科医で自然哲学者。アリストテレスの自然哲学に反対した。

★13——ディグビーについては1–1注07参照。

★14——ゼンネルト（Daniel Sennert, 1572–1637）はドイツの外科医。

★15——シュペアリング（Johann Sperling, 1603–1658）はドイツの医学者、動物学者。

★16——デロドン（David Derodon, c.1600–1664）はフランスのカルヴィニズムの哲学者、神学者。

★17——ドイシング（Antonius Deusing, 1612–1666）はオランダのフローニンゲン大学で医学教授。

★18——スカリゲル（Julius Caesar Scaliger, 1484–1558）はイタリアで生まれ、フランスで活躍した人文学者。後注52参照。

ゲミヌスはシュペアリングの弟子であると公言していますから)。彼らは、形相は、質料の受動的力からではなく、作用者の能動的力から産出されると述べている。ここから彼らは、神は被造物を、無の対象的、いうなれば受動的能力から(ex nihili potentia objectiva)、というよりはむしろ、神の能動的能力から創造したと結論しています。すると、彼らの見解によると、神は事物をご自身から創造した、だから神は事物の第一質料であるということになります。しかし、このことについては、貴方のほうが正しく判断されると思います。

デカルトとクラウベルク[★19]については、私はまったく貴方の見解に同意します。弟子のほうが師匠よりも賢明であると。しかしながら、その一方で、敢えて言わせていただくと、デカルト主義者のほとんど誰もが、彼らの師(デカルト)の発見に新たなものを付け加えていないと言わざるを得ません。たしかに、クラウベルク、レイ[★20]、スピノザ、クレルスリエ[★21]、ヘーレボールト[★22]、トビアス・アンドレーエ[★23]、ヘンリクス・レギウス[★24]は、彼らの指導者の解説書を著しただけです。私は、デカルトの諸原理に付き従う者だけをデカルト主義者と呼びます。ベーコン、ガッサンディ、ディグビー、コルネリス・ファン・ホーゲランド[★25]といった人々は、よくデカルト主義者と混同されますが、峻別されるべきです。というのも、彼らは年齢においても能力においても、デカルトに匹敵したり、上回ったりすることなどないからです。私自身に関して言うと、私はけっしてデカルト主義者ではないと告白します。なるほど私は、ここに挙げられた哲学の改革者たちに共通な原則、つまり大きさ、形(figura)、運動だけが物質的特性を説明する場合に用いられるべきであるという原則を維持しています。デカルトにおいては、方法を提起したことだけは評価します。けれども、現実の問題になると、彼はこの厳密な方法を捨て去り、突如として或る驚くべき仮説に飛び込んでいくのですから。ヴォッシウス[★26]は光学の本の中で、この点で正しくデカルトを批判しています。

ですから、私はデカルトの省察よりも、アリストテレスの『自然学』(περὶ φυσικῆς ἀκροάσεως)のほう

★19——クラウベルク(Johannes Clauberg, 1622–1665)はドイツに生まれ、オランダでデカルト哲学に出会う。著書『デカルト主義の擁護』(*Defensio cartesiana*, 1652)オランダ語訳と『新旧論理学』(*Logica vetus nova*, 1654)はスピノザも所有。

★20——ド・レイについては、1–2注09参照。ライデン大学でクラウベルクを指導。

★21——クレルスリエ(Claude Clerselier, 1614–1686)はフランスの編集者、デカルトの著作のいくつかを翻訳した。

★22——ヘーレボールト(Adrianus Heereboord, 1614–1661)はオランダの哲学者、ブルヘルスデイクの弟子。

★23——アンドレーエ(Tobias Andreae, 1604–1676)はオランダの歴史学者。フローニンゲン大学教授。

★24——ヘンリクス・レギウス(Henricus Regius, 1598–1679)はオランダの哲学者、外科医。デカルトとの往復書簡で知られる。

★25——コルネリス・ファン・ホー

に賛成したいところが多いと語ることを憚りません。私はけっしてデカルト主義者ではないのです。じつのところ、アリストテレスの著作八巻がすべてを改革された現代哲学に加えられても現代哲学が損なわれることはないと敢えて言いたいと思います。このことはそれ自体では現代哲学と調和しがたいアリストテレスについて貴方が論じることと見合うものです。質料、形相、欠如、自然本性、場所、無限、時間、運動に関するアリストテレスの考えは、ほとんど大部分確実ですし、論証されたものです。ほとんど唯一の例外は、彼が真空と、真空中での運動が不可能であると述べていることです。というのも私にとって、真空も充実空間も必然ではないと思われるからです。事物の本性はいずれの仕方でも説明できます。ギルバート、ガッサンディ、ゲーリケ[★27]は真空を擁護する議論を行いました。デカルト、ディグビー、トマス・ホワイト[★28]、そして世界の充実に関する本のなかでクラーク[★29]は、充実空間を擁護する議論を展開しています。トマス・ホッブズ、ロバート・ボイルはいずれの可能性についても認めています。私は事物の希薄化は、真空なしでは説明が可能ではあれ、困難であると思います。最近フランス人学者ジャン・バティスト・デュ・アメル[★30]が、古代の哲学と現代の哲学が一致することを述べた本を読みました。それは最近パリで出版されたばかりの新しい本です。そのなかで、彼は、よく知られた古代の思想家の幾人かを選びその仮説と、現代の思想家の仮説を巧みに説明し、しばしば鋭くそれらを批判しています。彼

ゲランド (Cornelis van Hooghelande, 1590–?) はライデン大学教授、医学者。デカルトとの往復書簡で知られる。

★26――ヴォッシウス (Isaak Vossius, 1618–1689) はオランダの学者。個人蔵書家として知られていた。『光の本性と特性について』(*E lucis natura et proprietate*, 1662) でデカルトの光学理論を批判した。

★27――ゲーリケ (Otto von Guericke, 1602–1686) は、ドイツの自然哲学者、科学者、政治家。マグデブルク市長。真空の研究で知られる。ライプニッツとも文通した。

★28――トマス・ホワイト (Thomas White, 1593–1676) は、ラテン名トマス・アングルス (Thomas Anglus) またはトマス・アルビウス (Thomas Albius) とも記される。イギリスの哲学者、ローマ教会の説教家。著書に『ペリパトス哲学教程』(*Institutionum peripateticarum*, 1646) がある。

★29――クラーク (Gilbert Clerke, 1626–c.1697) はイギリスの数学者、自然哲学者。『世界の充実』(*De Plenitudine Mundi*, 1660) の著者。

★30――デュ・アメル (Jean-Baptiste du Hamel, 1624–1706) はフランスの聖職者、自然哲学者。王立諸学アカデミーの最初の総裁。著書に『古代哲学と現代哲学の一致』(*De consensus veteris et novae philosophiae*, 1663) など。

はまた真空に関する諸見解の区分について多くの知見を有しています。他の件については、『自然学』の八つの巻、『形而上学』全巻、論理学、倫理学におけるアリストテレスのほかの多くの議論について疑問に付す正気の人はほとんどいないと思います。例えば、一つの物体の実体がほかの物体とは異なるゆえんとなる実体的形相に関するアリストテレスの理論に反対する人がいるでしょうか。第一質料に関する彼の見解以上に真実のものはありません。一つ問題となるのは、質料、形相、変化に関するアリストテレスの抽象的な考えが、大きさ、形、運動によって説明されるかどうかということです。このことをスコラ哲学者たちは否定し、改革哲学者たちは肯定しました。後者の見解は、より真実であると私に思われますが、そればかりでなくアリストテレスともより整合的であると思われます。各々について少し説明してまいります。

　最初にアリストテレスについて述べます。スコラ哲学者たちはアリストテレスの考えを奇妙な仕方で転倒させてしまいました。貴方以上に、このことをよくご存じの人はいないでしょう。貴方こそこの種の多くの誤りを明らかにした最初の方です。貴方以外にも、形而上学においてはゾーナー★31とドライアー★32、論理学においてはヴィオッティ★33、ザバレラ★34、ユンギウス★35が、市民法においてはヤソン・デノレス★36、ピッカート★37、コンリング★38、フェルデン★39、デュル★40、ほかの多くの人々がこのことを認めています。私は尋ねたいのですが、なぜ自然学において同じこと、いやもっと悪い〔状況にある〕ことを想定しないのでしょうか。自然学では感覚、実験、数学からの手助けを必要としていますから。これらの道具を、修道院にこもるスコラ哲学者たちは、まったくと言っていいほど手にしていないものでした。したがって、彼らが自然学に関する事柄で誤ったのは十分ありそうなことなのです。いやむしろ〔誤ったのは〕確かであると示せるのではないでしょうか。

　このことは二つの仕方で行うことができます。すなわち、改革哲学がアリストテレス哲学と両立し、対立するわけではないことを示すか、またはさらに付け加えて一方は他方を通して説明さ

★31――ゾーナー（Ernst Soner, 1572–1612）はドイツの医師。前出1–2注11参照。

★32――ドライアー（Christian Dreier, 1610–1688）はルター派の神学者。一六四四年にケーニヒスベルク大学で神学教授となる。ライプニッツが念頭に置いているのは『神に関する形而上学討論』（*Disputatio metaphysica de Deo*, 1631）であろう。

★33――ヴィオッティ（Bartolomeo Viotti, ?–1568）は、イタリアの医学者、論理学者。ライプニッツは彼の『論証論全五巻』（*De demonstratione libri quinque*）を高く評価していた。

★34――ザバレラ（Jacobus Zabarella, 1533–1589）はイタリアの哲学者、論理学者。パドゥア学派の一人。

★35――ユンギウス（Joachimus Jungius, 1587–1657）はハンブルクで活躍した論理学者、自然科学者、教育学者。ライプニッツは彼の論理学をきわめて高く評価していた。

★36――ヤソン・デノレス（Jason Denores, ?–1590）はキプロスで生まれ、イタリアで活躍した哲学者。パドヴァ

れねばならないこと、いやそれどころか現代の人々が華々しく提示した見解がアリストテレスの原理から導きだされることを示すのです。第一の方法は両者の方法が両立する可能性を確立します。第二の方法は必然性を確立します。しかし、両立が可能であることが示されれば、その事実によって両立は実現されてもしまうのです。たとえスコラ哲学者たちと現代の人々の両方の解釈が可能であるとしても、二つの可能な仮説のうちでより明晰で可知的なもののほうがつねに選ばれねばなりません。そしてそれはいかなる疑いもなく現代のもののほうです。現代の仮説のほうは物体のうちに非物体的な存在者を考えることもなく、大きさ、形と運動を超えるものを想定しません。私としては両者を調停することが可能かどうかを示すために、大きさ、形、運動によって説明されないアリストテレスの原理があるのかどうかを問うこと以上によい方法はありません。

第一質料は物塊(massa)そのものであり、そこには延長と不可入性(antitypia)ないし不貫入性(impenetrabilitas)しかありません。第一質料はそれが占めている空間から延長を得ているのです。質料の本性そのものは、堅固であり、不貫入であること、したがって他のものがぶつかれば動きうるということに存している(他のものに場所を譲らねばならない)のです。さて、この連続的物塊は、世界の諸部分がすべて静止しているときに世界を満たしていますが、これが第一質料なのです。そこから、あらゆる事物が運動によって生み出され、そして静止によってそこへと還元されていきます。第一質料のうちには差異はなく、運動によらないかぎり同質性しかありません。したがって、スコラ哲学者たちの結び瘤(こぶ)であった難問のすべてはほとんど解かれてしまっているのです。第一に、彼らはあらゆる形相に先立つ存在的現実態に(actus entitativus)ついて問題を立てます。その答えとなるのは、それはそれ自身の現実存在(existentia)を有するのであるから、あらゆる形相に先立つ存在者であるということにならざるをえません。というのは空間に存在するものは現実存在しているのであって、このことは、物塊そのものにも否定できません。たとえそれが運動と非連

大学で道徳哲学教授。アリストテレス学派。

★37――ピッカート(Michael Piccart, 1574–1620)はドイツの哲学者。アルトドルフ大学で論理学、形而上学の教授。

★38――コンリング(Hermann Conring, 1606–1681)はヘルムシュテット大学の政治学および医学教授。

★39――フェルデン(Johann von Felden, ?–1668)はドイツの法学者。グロティウスの立場に反対したことで知られる。

★40――デュル(Johann Konrad Dürr, 1625–1677)はニュルンベルク大学神学教授。

続性をすっかり欠いているとしても。しかし、質料の本質ないし物体性の形相そのものは不可入性ないし不貫入性のうちに存します。質料は、たとえそれが不特定(interminata)、ないしアヴェロエス主義者の言い方では未限定(indefinite)であるとしても、量を有しています。というのは、質料は連続的なので、部分に分割されているのではなく、したがって現実的に限界をもっているわけではありません。しかしながら、それは延長と量とをもっています。それは世界の外的な限界(termini)や全体としての物塊に関することとしてではなく、諸部分の内的な限界に関するものとしてなのです。

しかるべき順序を追って、質料から形相のほうに話を移しましょう。ここでもすべてのものは、形相が形にほかならないと想定すれば驚くほど話はうまくいきます。というのも、形とは物体の断面(termini)ですから、断面は形を物体に導き入れるためにはぜひとも必要なものなのです。しかし質料に生じる断面の多様性をもつためには、諸部分の非連続性が必要となります。というのも、諸部分が非連続的であるという事実によって、各々の部分は別々の断面をもつことになります。アリストテレスは連続体をその断面が一つのもの(ὧν τὰ ἔσχατα ἕν)と定義しているのですから。しかし、非連続性は、それ以前には連続的であった物塊に二通りの仕方で導入することができます。一つには、諸部分がお互いに引き離され真空が起こる場合のように、接合(contiguitas)も同時に破壊される場合です。またもう一方は接続が残る場合です。このことは諸部分が一緒にありながら、別の方向に動かされた場合に起こります。例えば、二つの球があって、一方が他方のうちに含まれ、別々の方向に動かされる場合、連続的であることは止めるとしても、接続しています。ここから明らかになるのは、物塊が非連続的に創造されるないし始まりにおいて空虚によって分離されている場合、同時に或る質料の形相があることになるということです。しかし、始まりにおいて連続的である場合、形相は必然的に運動から生じることになります(質料における真空を擁護するために或る部分の絶滅のことを話題にしています。これは超自然的なことですから論じません）。というのも、分割は運動から生じ、諸部分の断面は分割から生じ、それらの形は断面から生じ、形相は形から生じるからです。したがって、形相は運動から生じることになります。ここから明らかになるように、形相へのあらゆる配列は運動であり、形相の起源に関する面倒な問題にも答えられることになります。高名なヘルマン・コンリングは、この問題に対して、ある特定の論考において、形相は無から生じるという仕方によって答えを出しました。われわれの立場では、形相は質料の力から生じるのであり、何か新たなものを産出することによってではなく、ただ古いものを取り除き、諸部分の分割によって断面を引き起こすことによってのみ生じているのです。これはちょうど、柱を作る人は表面の部分を取り除くことしかしていないのと似ています。残りの部分が取り除かれた後に残るものは、この事実によって、柱と呼ばれる形を獲得するのです。物塊のうちに含まれているあらゆる形ないし形相は、それらの付着している限定や、他の事物からの現実的な分離ということを欠いているにすぎません。もしこの説明が採用されれば、質料の力に形相の起源を見出すことに反対する前のところで紹介した議論は子供じみた戯れと見えるでしょう。

ここで残っている話題として変化に移りましょう。変化は、一般にそして正しく、生成、消滅、増加、減少、場所の変化ないし運動に分類されています。現代の人々は、これらはすべて場所の運動だけによって説明できると信じています。第一に、このことは増加と減少の場合は明らかです。というのは、量の変化が全体のうちに生じるのは、部分が場所を変えて、それが付加されるか取り除かれるかのいずれかによるからです。説明する必要があるのは、ただ生成、消滅、運動による変化のほうです。あらかじめ述べておきたいのは、数的に同一の変化は、一つの事物の生成と他の事物の変化でもあるということです。例えば、腐敗は裸眼では見えない小さな虫が原因であり、腐敗性の病気は人間のほうの変化と、虫の生成に由来します。フック★41は、『ミクログラフィア』で同じように鉄の錆は小さな森が現れることだと示しています。つまり、錆びるというのは、鉄の変化と同時に、小さな茂みの生成でもあるのです。さらに、生成と消滅は、変化と同様に、諸部分の微妙な運動として説明することができます。例えば、白というのはほとんどの光を反射するもので、黒は最も反射することが少ないものであるので、表面が数多くの小さな鏡になっているものは白いものになるのです。このようなわけで、泡のたつ水は白くなります。というのも、それは無数の小さな泡からできていて、それぞれの泡は鏡なのです。それ以前の水は全体としては一つの鏡でしかなかったのです。これはちょうど一つのガラスの鏡が壊れて粉々になるとそれだけ多くの鏡ができているのと同じことなのです。したがって、水も同様に泡となってバラバラの鏡になってしまえば白くなってしまうのです。これはまたなぜ雪が氷よりも白く、氷が水よりも白いかの理由にもなっています。というのも、雪が凝縮された水であるというのは誤っているのです。むしろ、雪は希薄化され、したがって水よりも軽く、より大きな空間を占めています。アナクサゴラスの黒い雪★42に関するパラドクスはこのような仕方で論駁されてしまいます。こういった考察が示しているのは、色というのは表面における形と位置の変化のみから生じるということです。論じる余裕があれば、光、熱、あらゆる性質について同じような仕方で説明することは容易なことでしょう。さて、もし性質が運動のみによって変化するとすれば、実体もまた運動によって変化することになるでしょう。というのは、事物が成り立つための要件のすべて、またはその一部が変化するだけで、事物は消滅するでしょうから。例えば、光か熱を取り除けば、火は存在しないことになります。そして運動がなくなれば両者を除去することができます。このようなわけで、覆いを掛けられた火は、それを養う空気がないために死んでしまいます。本質が、感覚との関係においてのみ性質とは異なっているという事実はここでは論じないでおきます。ち

★41――フック（Robert Hooke, 1635–1703）はイングランドの自然哲学者。顕微鏡による観察記録『ミクログラフィア』（*Micrographia*, 1665）はライプニッツの自然観にも多大な影響をおよぼす。

★42――「雪は白い」という命題に対して、「雪とは水が凍ったものである。しかるに、水は黒い。ゆえに、雪もまた黒い」という推論をアナクサゴラスは対置したと伝えられている。

ょうど同じ一つの街が、その中央に位置する塔から眺めた場合のように、一つの眺望を与えてくれます。これは事物の本質を直観する場合と対応します。その同じ街も外部から眺めれば別の現れ方をします。これは物体の性質を知覚する場合に対応します。ちょうど、街の外部から見た相貌が、さまざまな仕方で、つまり西からまたは東から接近したりするのに応じて、様子が変わるように、物体の性質もまたわれわれの感覚器官の多様性に応じて変化します。ここから明らかになるのは、すべての変化は運動によって説明できるということです。生成(generatio)は瞬間において生じるが運動は継起的である、というのは反論になりません。というのも、生成は運動ではなく、運動の終端だからです。運動はその瞬間においてすでに終了しています。というのは、或る形は運動の最後の瞬間に産出ないし生成されるのですから。ちょうど円が回転運動の最後の瞬間に産出されるように。このことはまたなぜ実体的形相がある非分割的なものに存して、増加も減少もしないのかを明らかにします。というのは、形は増加も減少も受け付けないからです。たとえ一つの円が別の円よりも大きいとしても、一つの円が他の円よりも円の性質を多くもつことにはなりません。というのも、円の本質は、中心から円周に引かれたあらゆる線分が等しいことに存しているのですから。しかし、相等性は分割できないことに存しています。何ものもより多く等しいとか、より少なく等しいということはありえないのですから。また、形や大きさが偶有性であるという反論も用をなしません。というのも、それらがつねに偶有性であるとは限らないのですから。例えば、流動性は鉛の偶有性です。というのも、火の中では鉛は流れてしまうだけですから。しかし、流動性は水銀の本質に属しています。さて、流動性の原因は、明白に、諸部分の自由なる曲線です。それが球的であれ、円柱であれ、楕円であれ、長球であれかまいません。したがって、微細な部分における曲線形は鉛の偶有性であるけれど、水銀には本質的なのです。この理由は、あらゆる金属は塩によって固体化された水銀から生じていることにあります。塩の本性は、残りの部分に適合するように垂直の形であることに存しています。このようにして、われわれは塩を水に溶かし、自由に結晶化させると、化学者ならばご存じのことですが、或るものは四面体、別のものは六面体、八面体などの結晶になりますが、丸や曲線に見えるものはありません。ここからわかるように、塩は固体性の原因であり、地球の内部で水銀の最小部分と化合した酸性の塩は、曲線部分の間に入り込み金属を産出することで曲線部分の自由を妨害します。しかし火において金属は水銀の本性に立ち戻ります。というのは、火は最小部分に入り込むことで、水銀の曲線的粒子を、塩の平面的な塊から(a plani lateris salinis)自由にします。このように金属は火の中で流れるのです。ここから明らかなように、アリストテレスの自然学のうちには、改革哲学によって容易に説明され解明されえないようものはほとんどないのです。

これらの例は、本状を書いている間に自然に想起されたものです。他の人々は、自然哲学の全体に通暁してより多くの例を集めています。私がここまで述べたことが、レイの説明と権威を後追いするものであると貴方がお思いになることはないでしょう。私はレイのことを耳にする以前からここまで述べたことをずっと考えてきました。もちろん、レイの著作を読みましたが、彼が述べたことを私が呼び起こすような仕方で書いているということです。彼は、アリストテレスを現代哲学と調和させようとした最初の人物でも、唯一の人物でもありません。私にはスカリゲルがその道を準備してくれたように思われます。そして、われわれの時代においてはケネルム・ディグビーと彼の弟子トマス・ホワイトが——前者は魂の不死性に関する本で[★43]、後者は彼の『ペリパトス哲学教程』[★44]の中で——レイよりもずっと早く、同じことを明晰に扱いました。アブディアス・トロ[★45]と、とりわけエアハルト・ヴァイゲル[★46]は彼らと調和した見解を述べています。

ここまでのところでは、二つの立場が両立しうることが示されただけでした。いまだ二つの立場を両立させなければならないということを示す作業が残っています。というのも、アリストテ

★43——1-1注07参照。
★44——前注28参照。
★45——アブディアス・トロ(Abdias Trew, 1597-1669)はドイツの福音主義の神学者、数学者、天文学者。
★46——ヴァイゲルについては1-1注15参照。

レスが『自然学』全八巻において、形、大きさ、運動、場所、時間以外に何を論じているでしょうか。もし物体の本性が一般的にこれらの用語で説明できるとすれば、個別的な物体の本性もまた、個別的な形、個別的な大きさ等々によって説明されねばなりません。事実、アリストテレスは『自然学』第三巻第二四章において、すべての自然科学は大きさ（もちろん形はそれと結合しています）、運動、時間に関わると述べています。彼はまた、くり返し、自然学の主題は可動的物体であり、自然科学は質料と運動を扱うと述べています。たしかに、彼は天を、月下の領域に生じるすべてのことの原因としています。しかし、天は彼の考えでは、下方の領域に運動を介してのみ作用します。さらに、運動は運動または運動の限界しか産出しません。運動の限界は大きさと形のことであり、これらから場所、距離、数などが生じます。自然におけるすべてのものはしたがって、これらのものによって説明されねばならないのです。この同じアリストテレスが、しばしば、たとえば『自然学』第一巻第六九章におけるように、青銅の彫像に対する関係は、質料の形相に対する関係に等しいと述べています。残りの点に関しては、私は、形が実体であること、またはむしろ、空間が実体であって、形も何か実体的なもの（quiddam substantiale）であることを証明しました。というのも、あらゆる科学は実体を扱い、そして幾何学が科学であることは否定できないことだからです。貴方のお答えでは、私が幾何学は科学であることをアリストテレスが肯定している文章を作るよりも、貴方が幾何学は科学であることをアリストテレスが否定している文章を作るほうが早くできると述べておられました。先生は、アリストテレスのうちには、そのような方向に敷衍したり歪曲したりできる文章がいくつかあることを何ら疑っておられません。しかし私の考えでは、これらもアリストテレスが他の箇所でおこなっている無数の承認によって凌駕されてしまいます。というのも、幾何学から得られた実例以上に、『分析論前後書』に頻出するものはありましょうか。アリストテレスは、幾何学の論証が、残りの学問にとって、いわば範型として役立つことを意図していたように思われます。さて、より高貴な学問に、高貴さで劣るものの範型を用いることは愚かなことでしょう。じっさい、スコラ哲学者たちは、当初数学を低く評価しておき、数学が完全な科学から除外されるようにあらゆる努力を傾注してしまいました。その理由は主として数学が必ずしも原因から論証しないからというものです。しかし、事柄をもう少し厳密に考えてみれば、数学もたしかに原因から論証していることがわかります。

というのは、数学は形を運動から論証しますし、点の運動から線が生じ、線の運動から面が生じ、面の運動から立体が生じます。直角は一本の直線と他の直線との間での運動から生じ、円は不動の点の回りでの直線の運動から生じます。このように形を構成するのは運動であり、形の性質(affections de figuris)はその構成から論証される以上、性質は運動に由来することとなります。したがってまた性質もアプリオリに、原因から由来することになります。幾何学はこのように真の科学であり、アリストテレスも反対のことを述べているのではなく、その主題は空間であり、実体であるということになります。また、幾何学が物体の実体的形相を扱うということもそれほど馬鹿げたことではありません。というのも、アリストテレスの『形而上学』第13巻第3章の一節に注目してください。そこではアリストテレスは明らかに幾何学が質料・目的・作用因を捨象すると述べています。こう想定すると、幾何学は実体的形相かまたは偶有的形相を扱うということになります。しかし、幾何学は偶有的形相を扱うことはしません。というのも、偶有的形相の実在的定義は、それが内属している基体(subjectum in quo)、質料を含んでいます。しかし、アリストテレスが述べるように、幾何学は質料を捨象します。したがって、幾何学は実体的形相を扱うことになります。そこで今この手紙で書いていることですが、私に思い起こされたのは、諸科学の間の美しい調和ということです。つまり、詳しく検討してみると、次のように思われてくるのです。神学ないし形而上学は事物の作用因ないし精神を扱い、道徳哲学は倫理学であれ法学であれ(というのも貴方にご教示いただいたように両者は一つにして同じ学問ですから)、事物の目的ないし善を扱います。数学(私としては純粋数学のことを考えています。純粋数学以外のものは自然学の一部に含まれますから)は、事物の形相ないしイデア、ないし形を扱います。自然学は、事物の質料と、質料が他の原因と結合することによって生じる唯一の様態である運動を扱います。というのも、精神は、善を実現し、事物の形と状態をそれ自体で享受するために質料に運動を与えるのです。質料はそれ自体では運動を欠いています。精神は、アリストテレスが正しく述べているようにあらゆる運動の原因なのです。

ここまでたどり着くと、アリストテレスは、スコラ哲学者たちが実体的形相について考えたように、物体における運動の原因となるような実体的形相のことをどこでも想像もしなかったように思われるのです。たしかに、アリストテレスは、自然本性を運動と静止の原理として定義し、形相と質料とを自然本性と呼んでいます。もっとも、形相のほうが質料よりもそう呼ばれることは多かったのですが。しかし、ここからスコラ哲学者たちが考えたように次の帰結が生じるわけではありません。つまり、形相とは、物体において感覚されないけれども、一種の非質料的な存在者であり、それが自発的に物体に運動を伝えるというように。例えば、外的事物の手助けなしに、石に対して下降運動を与えるという場合のように。というのは、形相はじっさい運動の原因・原理ですが、原初的なものではありません。アリストテレスが正しく述べているだけでなく論証もしているように、いかなる物体も外部から動かされるのでなければ、動くことはありません。例えば、平面の上の球を考えてみましょう。いったんそれが静止すれば、外的衝撃、例えば他の物体からの衝撃が加えられないかぎり、球は永遠に自ら動き出すことはありません。その場合には、他の物体が刻印づけられた運動の原因であり、球の形ないし球形性は受容された運動の原因なのです。というのも、もし球形性が不在であれば、たぶんこのためにのみ、一つの物体が他の物体に容易に場所を譲ることはないでしょうから。このことが示しているのは、スコラ哲学の概念は、アリストテレスの形相の定義から帰結しないということです。したがって、私は形相が物体そのものにおける運動の原理であること、そして物体はそれ自体でほかの事物における運動の原理であることを認めます。しかし運動の第一原理は第一の(prima)、質料から実在的に抽象された形相、つまり精神であり、それが同時に作用因にもなっているのです。ゆえに自由と自発性は精神にのみ帰属します。したがって、実体的形相に関しては精神だけが運動の第一原理として指定されるのであって、他のすべてのものはそれらの運動を精神から受け取るのです。すでに述べたように、物体はそれ自身のうちに運動の原理をもたないこと、そしてこの議論によって第一動者に遡及できることを確実なことと見なしていたのです。貴方はこの反論に対して二つの答弁をなさっています。第一に、この議論はエピクロスには効果がないということです。エピクロスは彼の考えるアトムに自発的な下降運動を帰しました。私としてはこの議論がエピクロスを論駁するのに効果がないと認めるのは以下の場合だけです。つまり、物体が自ら運動を受け取ることが不合理で不可能であることが彼に対して証明されない場合です。この不可能性の証明は、もし私が間違っていなければ、キケロが神の本性について述べた本[★47]の中でおこなっています。キケロはそこで、エピクロスが原因や理由なしに仮説のなかに何ものかを導入したことを、上品に揶揄しています。というのも、事物の本性の中には「下方」ということはなく、ただわれわれとの関係において成り立つだけですし、いかなる物体であれ、それが或る方向ではなく別の方向に動かねばならない理由はありません。エピクロスが動くものが外部にある何ものかによって動かされることを否定し、われわれが神の存在のために与えようとしている確実性を否定しても、容易に反駁することができます。貴方の第二の反論は、アリストテレスの議論というのは、運動の原理は動かされる物体の外部にあるという公理よりも、むしろ無限進行はないという別の公理に基

★47――キケロ『神々の本性について』(*De natura deorum*)を指す。

づいているということでした。しかしながら、アリストテレスが実際のところこれら二つの公理を結びつける必要があったのか注意深くお考えください。というのも、動くものはすべて外部から動かされるということを認めなければ、明らかに進行（processus）ということにはけっして至りません。まして無限進行には至らないのはいうまでもありません。貴方の論敵は貴方の議論の冒頭部分に攻撃を加え、次のように答弁するでしょう。つまり、いかなる物体も、自らの実体的形相を通じて自分自身の運動を産出するのに十分であり、したがって動者は必要ない、とくに第一の動者は必要ないというように。梯子は、いうなれば基礎が取り除かれれば、最初の一段のところで壊れてしまいます。さらにまた、エピクロスも無限進行を認めています。そのようなわけで、エピクロスが認めたこと、ないし認めなかったことではなくて、確実に論証されることのほうを考察しなければならないのです。

　アリストテレスの哲学が改革哲学と十分調和するように思われます。もっとも、改革哲学に不可避的に生じた出来事について手短かに触れておきます。つまり、神学者とそして哲学者に関することです。聖書を教父たちは最善の解釈によって説明しました。次に、修道士たちは迷信によって聖書の姿を覆い隠してしまいました。精神の光が現れた近代において、改革神学には三つのものが出てきました。一つは異端的なもので、熱狂主義者のように聖書を斥けてしまう立場です。もう一つは、分離論者のもので、教会の聖なる教父たちを排除するものです。例えば、ソッツィーニ主義者です。最後の一つは、真なる立場で、教会の学者たちが聖書と原始教会が調和すると考える立場です。これは福音派のものです。同様に、ギリシアの注釈者はアリストテレスを解明しましたが、スコラ学者たちは無駄な言葉でアリストテレスの哲学を隠してしまいました。光が現れた現代において、改革哲学も三つあります。一つは愚かな哲学で、例えばパラケルスス★48、ヘルモント★49、さらにアリストテレスを排斥するものもそうです。第二番目は、大胆な哲学です。そ

★48——パラケルスス（Paracelsus, 1493/4–1541）はスイスの医師、錬金術師。著書に『奇蹟の医書』（大槻真一郎訳、工作舎）、『奇蹟の医の糧』（大槻真一郎＋澤元亙訳、工作舎）など。

★49——ヘルモント（Jan Baptist van Helmont, 1579–1644）は、一七世紀フランドルの医師、化学者、錬金術師。ライプニッツに「モナド」という語を伝えたといわれるヘルモント（Franciscus Mercurius van Helmont, 1614–1698/99）の父。

れは古いものにこだわらず、それどころか古いものを公然と軽蔑し、自分たちの善き省察をも疑わしいものにしてしまっている立場です。これは例えば、デカルトの哲学です。そして、最後に真の哲学があります。これによって、アリストテレスは偉大な人物であって、多くの箇所で真なる人であると認められる所以となる哲学なのです。

改革哲学とアリストテレスを調和させたあとに残っているのは、キリスト教が聖書のみならず理性と経験によっても証明されうるのと同じような仕方で真理それ自体を示すことです。まずこの世には、精神、空間、質料、運動以外の存在者はないことが証明されなければなりません。思考する存在者を、私は精神と呼びます。空間は第一次的な延長物(primo-extensum)ないし数学的物体であり、三次元しか含まないもので、あらゆる事物の普遍的な場所となっています。質料は第二次的な延長物(secundo-extensum)であり、延長ないし数学的物体に付け加えて、自然学的物体、つまり抵抗、不可入性、固体性、空間を満たすという特性、不貫入性を有しています。この不貫入性とは、同じ種類の他の物体が衝突したり、立塞いだりした場合に、その別の物体に場所を譲るということです。したがって、運動はこの不貫入性の性質に由来します。質料というのは、空間のうちにある存在者ないし空間と共存する存在者です。運動は空間の変化です。しかし、形、大きさ、位置、数などは、空間、質料、運動から実在的に区別される存在者ではなく、空間、質料、運動、とそれの部分のうちに、随伴する精神によって持ち込まれる特性でしかありません。私は形を延長するものの断面として定義します。大きさを、延長するものの部分の数として定義します。数は、一と一と一などなど、つまり諸単位のことと定義します。位置は形に還元されます。というのは、それは複数のものの布置(configuratio)なのですから。時間は運動の大きさにほかなりません。あらゆる大きさは部分の数なのですから、アリストテレスが時間を運動の数と定義したことに何の驚くべきことがありましょうか。しかしながらここまでのところでは、これらの用語は説明されただけでした。つまりそれらの用語が用いられるさいの意味が解釈されてきただけです。何も証明されてこなかったのです。ここでは世界の現象を説明すること、世界の現象の可能的原因を決定することしか必要がないことを示しましょう。現象と原因以外のものはありえないのですから。しかしながら、精神、質料、空間、運動以外のものは必要がないことを示すならば、おのずと次のことを明らかにします、つまり、現象を説明するために、精神、質料、空間、運動しか使用しない最近の思想家の仮説のほうがより良いものだということです。不必要なものを想定するのは仮説における欠点です。最近の哲学者のものを読むと、世界のすべてのことがこれらの用語だけで説明できることが十分に示されています。先のところで、アリストテレスと最近の哲学者の立場を調停する可能性を説明しましたが、それが確証されたことになります。そして、より明晰な仮説こそより良いものであることが付け加えられるべきです。人間精神は、実際のところ、精神（自分自身のことを考えるときです）、空間、質料、運動、そしてそれらの用語が相互にもつ関係から生じること以外のものを想像することができません。それらにさらに付加されたものは、話したり、さまざまに結びつけたりできても、説明することも理解することもできない言葉にすぎないのです。延長も思惟も分有していない事物を想像することができましょうか。動物や植物に、延長を伴わない非物体的魂を認める必要や、鉱物に実体的形相を認める必要がどこにありましょうか。カンパネッラは著書『事物の感覚と魔術について』において、そしてマルクス・マルキ★50は操作的観念（idea operatrix）について、誤った考えをもっていましたが、彼ら自身の仮説とは整合的なもので、したがって、生命をもたない事物の実体的形相に感覚、知識、想像力、意志を帰属させていた点ではより正しいものであったのです。アグリッパ★51の『神秘哲学』はこれとは異なっています。彼は、いわば産婆のごとく、すべての事物に天使を割り振ります。スカリゲルの「可塑力について」（περὶ δυνάμεως πλαστικῆς）★52の知恵もまた似たようなものです。このように、われ

★50――マルクス・マルキ（Johann Marcus Marci de Kronland, 1595–1667）はボヘミアの医者、科学者、プラハ大学学長。

★51――アグリッパ（Heinrich Cornelius Agrippa von Nettesheim, 1486–1535）はドイツの神学者、法律家、神秘哲学者。*De occulta philosophia libri tres*, Köln 1533.

★52――スカリゲル『ヒエロニムス・カルダヌス《玄義》に対する一五部からなる一般向演習書』(*Exortericarum exercitationum liber XV, de subtilitate, ad Hieronymum Cardanum*, Paris 1557) に登場する概念である「可塑力」(virtus plastica) とは生きた物体の形成において働く力のことで、形相付与力 (virtus informatrix) とも言われる。スカリゲルについては前注18参照。

われわれは実体的形相があるのと同じだけ多くの小さな神々、異境の多神教に戻ることになります。じっさい、これらの物体の非物体的実体について語る者はみな、精神から取り出した言葉への翻訳によってしか、自分が何を意味して語っているのか説明することはできません。こうして彼らは、物体に、欲求、ないし自然的知識が生じる源泉としての自然的本能を帰属させてしまいます。結果として、次のような格率が出てくることになります。「自然は無益なことをしない」、「すべてのものは自らの破壊を避ける」、「自然は連続性を求める」、「似たものは似たものを好む」、「質料はより高貴な形相を求める」などなど。この種の他のものもそうです。実際には、自然のなかには知恵も欲求も存在していないわけですが。しかし、自然のなかには美しい秩序が現れます。自然は神の時計(horologium Dei)なのですから。これらの考察から明らかになるのは、改革哲学はスコラ学派の哲学よりも優れているということです。改革哲学のほうは余計なものではなく、逆に明晰なのですから。

もう少し精妙な推理によって証明すべきことが残っています。物体の本性を説明するさいに私が名前を出したもの以外の存在者を想定することはできないということです。この説明は次のようになされます。誰でも何らかの感覚可能な性質を具えたものを物体と呼びます。これらの感覚可能な性質のうち多くのものは、物体が残るように、物体から除去することができます。というのも、たとえ物体が、色、香り、味がないとしても、それでも物体と呼ぶことができるでしょうから。例えば、貴方は空気も物体(corpus)であるとお認めになるでしょう。それは透明であり、しばしば延長、味、香りを欠いているとしても。同様に、空気は音が欠けているとしてもやはりなお物体です。したがって、見られ、聞かれ、味を感覚され、香りをかがれる性質は、物体の本性を構成しないものとして除去することができるのです。すると問題は、触覚的性質に還元されます。実際のところ、熱、湿気、乾燥、冷たさは個別的に見ると欠けていることがありえます。熱は水には欠けていることがありえますし、湿気は大地に、乾燥は空気に、冷たさは熱に欠けていることがありえますが、これらの各々は物体(corpus)ということができます。例えば、他の触覚的性質、滑らかさ、軽さ、密度感などが物体の本性を構成しないことは一般に認められていますし、次の事実から明らかに示されます。それらは二次的な性質と呼ばれ、構成的な他の性質から派生するものであることからも、またいずれも物体に欠けていることがありうる点からも示されます。したがって、あらゆる物体のうちに見出され、しかも物体にしか見出されない何らかの感覚可能な性質、しかもいわば試金石によって区別するように、物体を非物体から識別する所以となるものを探求することが残っている。これこそ疑う余地なく、延長を伴った物塊ないし不可入性(ἀντιτυπία)なのです。というのも、延長するものとして感覚できるものは何であれそれらは単なる現れ、現象でしかないとも考えられるので、物体と呼ばれることはない。しかし実際には、それらは物体であり、抵抗をもっています。たとえ、この性質が感覚にではなく知性にだけ表れているにすぎない場合でも。しかしながら、見てはいなくても触っているものを彼らは物体と呼んでいます。それは彼らが不可入性を感じているものなのです。したがって、学識があろうとなかろうと、人々は物体の本性が次の二つのこと、つまり延長と不可入性の両方に存することを見出しているのです。延長については視覚から導き出されますが、不可入性は触覚によって導かれます。これら両者の感覚が結びつくことでわれわれは事物が幻想ではないことを確認するのが常なのです。しかし、延長していることは空間のなかにあるということにほかなりませんし、不可入性とは、他の事物と一緒に同じ空間に存在しえないことであり、一方が静止していれば、もう一方は動かねばならないということとことです。したがって、物体の本性は明らかに延長と不可入性から構成されることがわかります。というのも、事物のうちには原因のないものはありませんし、物体のうちには、その原因が第一原理ないし構成的原理のうちにあるものしか見出しえないのですから。しかしこの原因は、それらの原理が適切に定義されていなければ現れてくることはありません。したがって物体のうちには、延長と不可入性の定義から帰結するものしか想定することはできません。しかしこれらの概念から帰結するものは、大きさ、形、位置、数、可動性などなどでしかありません。運動それ自体はそれらから導出されることはありません。ですから、正確に語れば、物体のうちには実在的な存在者として運動は存在していないのです。そのかわりに私が論証したのは、運動するものは連続的に創造されていること、物体とはいかなる瞬間においても指定できる運動のうちにあるが、運動のうちのいかなる瞬間の間には何もないことです。この見解は、最近に至るまで耳にすることもなかったものですが、明らかに必要なものであり、無神論者を黙らせるものなのです。ここから明らかになるのは、あらゆる性質と変化の説明は、大きさ、形、運動などなどのうちに見出されるべきこと、熱、色などなどは、単なる精妙なる運動(subtiles motus)と形でしかないことです。残りの点について敢えて申し上げると、無神論者、ソッツィーニ主義者、自然主義者、懐疑主義者は、以下のような哲学が確立されないかぎりうまく論駁することはできないのです。私はこの哲学が、この世界への神からの贈り物(munus Dei)であり、いわば最後の頼みとなる頑丈な床板として機能するものであると信じています。この哲学は、今われわれに迫りつつある無神論という遭難を免れるために、敬虔にして賢明な人であれば使うのが望ましいものなのです。私は学識ある人にあまり知り合いはおりませんし、知り合ったとしても最近のことですから、才気あふれる思想家でしかも無神論である人にどれだけ会ったかを考えると冷汗三斗の思いです。ボダンによる未刊行本が私的に流通しています(ノーデ[★53]の場合と同様に、私としてはけっして出版されないことを願っています)が、これはとても影響力のある本で、『崇高なものの諸奥義[★54]』(arcane sublimium)と称され、キリスト教への公然たる敵となっています。それに比べると、ヴァニーニの対話編[★55]は児戯のごときものです。私はそれを丁寧に読みましたが、神がこれら

★53——ノーデ(Gabriel Naude, 1600–1653)は枢機卿・宰相ジュール・マザランの創設したマザラン図書館の司書。図書館論の創始者。

★54——地下文書として流布したボダンの著作『崇高なものの諸奥義についての七賢人の座談』(*Colloquium heptaplomeres de rerum sublimium arcanis abditis*)を指す。

★55——ヴァニーニ(Lucilio Vanini, 1585–1619)はイタリアの汎神論的自然哲学者、一六一九年異端的教義により火刑に処せられた。ヴァニーニの対話篇とは、『自然、女王、女神、そして死すべきものたちの驚嘆すべき諸奥義についての四書』(*De admirandis naturae reginae deaeque mortalium arcanis libri quator*, Paris 1616)を指す。

の哲学的弁明書において私の精神の全幅に照明くださったおかげで、私はこれらの書物からくり出されてくる限りない槍の攻撃を容易に跳ね返すことができたのです。しかしながら、そういった思想の多くにおいて貴方の恩義を認めないとしたら、私は恩知らずと誹（そし）られることになりましょう。開明的なゴットリープ・シュピツェル★56が無神論を根こぎにするために一度ならず重ねた努力は賞賛されねばなりません。最近出版された、この議論に関するシュピツェル書簡をご覧になったと思います。私が彼との交流で得たものに耳を傾けてください。宿泊先で大急ぎの仕事に夢中になりながらも、ふとした閑暇のひとときに、二枚の紙片にいつもより厳密な仕方で証明を書き付けようとしました。それは魂の不死性と神の存在に関するものです。私はこれらの紙片を或る友人に送りましたが、その友人はその紙片を著者は伏したまま、著名なるフランクフルトの牧師スペンサー氏に送付しました。スペンサー氏はそれをシュピツェル氏に送り届け、今度はシュピツェル氏が最近無神論の根絶に関するアントン・ライザーへの書簡の末尾に、『無神論者に対する自然の告白』(*Confessio naturae contra Atheista*)★57という題名で添付したのです。私がそれを書いたことを認めるのにやぶさかではありませんが、メモ書きがとても不正確に印刷されてしまったことを後悔しています。とりわけ、私が魂の不死性を論証しようとした連鎖式(σχέδιον)は、冒頭部分が改変されてしまって大きな混乱に陥ってしまいました。シュピツェルは誰が著者であるか知らないと述べています。私は、論証で用いた推理に評価が下されたことを喜ばしく思います。私が求めたのは賞賛ではなく、批判でした。おざなりに弁護されないことこそ宗教にとって益のあることですから。その間にも、私は両者の問題についてずっとずっと深く問題に沈潜していったと自分でも思います。というのも、そのとき以降に私が発見した、運動のなかに含まれている連続創造の話も、思考する存在ないし精神の内奥の本性に関する話も、そこには書かれてはいませんでしたから。

★56――シュピツェル(Gottlieb Spitzel, 1639–1691)はアウクスブルクの神学者。ルター派の神学者。ライプニッツと往復書簡を交わす。

★57――A VI, 1, 489–493; G IV, 105–110.

いつか貴方に、或るドイツ人たちが設立した協会について書いたことがあったと思います。「兄弟愛組合」(Collegium Philadelphicum) の名前でゲッツ[★58]書店から刊行された、数葉の紙片からなるドイツ語の冊子があると教えられました。しかし、私には、薔薇十字協会と同じように、根も葉もない夢のように思えます。貴学〔ライプツィヒ大学〕にいるシュルツフライシュ[★59]は、ドイツ文壇に途方もない紛争を引き起こしました。シュルツフライシュは、貴学のお歴々から高く評価されることを望んでいるわけですが、お歴々がこの様子をどのように感じているのかぜひ知りたいものです。ベックラー[★60]は宮廷から脅迫されています。今世間に流布している政治的旅行記の著者は、平和の道具への注釈者であるオルデンブルガー[★61]であることは疑いありません。私はこういった人々の大胆さには唖然としてしまいます[★62]。

残り[★63]の点については、先生、この問題すべてについてこれまで長い時間をかけて議論をしてまいりました。これらの事柄について、より学識あり、公正なる判断を仰ぐことはできません。貴方は古代の学問のあらゆる隅々にまで光を照射し、現代の発見についても価値あるものであることがわかれば一蹴することはありませんでした。ですから、あらゆる人のなかで貴方だけが過去の学問を説明し、現代の発見を吟味できるのです。新しい見解が提示され、それらの真理がきわめて説得力をもって示されるとしても、われわれは、一般に受け入れられている用語からすっかり離れてしまうべきではないとのお考えは正しいものと思います。もしスコラ学者がそうしていれば、われわれはこのような困難に陥っていることもなかったでしょう。末筆ながら、わが国に光輝を与える学者でいらっしゃる先生に挨拶を申し上げて筆を置きます。燦然と展開された理論を完成されるばかりでなく、ぜひともそれを刊行してください。それらの多くは、稀なる精神の至福を通して考案され遂行されたものなのですから。

★58——ゲッツ (Thomas Matthias Götz) はフランクフルトの本屋。

★59——シュルツフライシュ (Konrad Samuel Schurtzfleisch, 1641–1708) はドイツの博識家。一六六九年にシュルツフライシュはプーフェンドルフの著作を批判し、話題になっていた。

★60——ベックラー (Johann Heinrich Boeckler, 1611–1672) はドイツの博識家。

★61——オルデンブルガー (Philipp Andreas Oldenburger, c.1620–1678) は、ドイツの法学者。一六六九年に刊行された *Constantini Germanici ad Justum Sincerum Epistola politica de Peregrationibus recte et rite instituendis, in qua etc.* は宮廷生活の詳細な描写で貴族たちの批判を浴びた。

★62——シュルツフライシュ、ベックラー、オルデンブルガーが登場するこの箇所は意味不明として Loemker は訳出を断念している (cf. *Gottfried Wilhelm Leibniz, Philosophical Papers and letters*, tr. And ed. By Leroy E. Loemker, 2nd ed., Dordrecht, 1976, 102)。

★63――以下は、ライプニッツによってニゾリウスの *De veris principiis* (1670), *Antibarbarus philosophicus* (1674) に組み入れられたヴァージョンである。アカデミー版では欄外注に収めているが (A II, 1, 37)、ゲルハルト版では本文に続けている (GP I, 27)。

【解説】若きライプニッツの思想的萌芽

山内志朗

ヤコプ・トマジウス（Jakob Thomasius, 1622-1684）は、一七世紀ドイツを代表する講壇哲学者で、ライプツィヒ大学で道徳哲学教授、修辞学教授を務めた。ライプニッツは一六六一年にライプツィヒ大学に入学し、トマジウスの指導の下に学士論文『個体の原理についての形而上学的討議』(*Disputatio metaphysica de principio individui*) を執筆し、一六六三年、ライプニッツが一七歳の時に提出され、刊行された。トマジウスはライプツィヒ大学では修辞学だけを講じていたようだが、学士論文の指導を通じて、大きな影響を受けることとなった。「モナド」はライプニッツが自分の形而上学を最終的に完成させるさいに使用した術語だが、トマジウスによる序文には「モナド」という語がすでに登場している。哲学史理解の基本的枠組、つまりアリストテレス哲学とデカルト以降の近代哲学との関係を対立的に捉えるのではなく、調和的に捉えるのもトマジウスの哲学史観からの影響の下に成立している。

一六六六年に『結合法論』(*Dissertatio de arte combinatoria*) を刊行し、それを教授資格取得論文として、ライプツィヒ大学に提出したが、博士号授与を大学は拒否した。ライプニッツはこのためにライプツィヒ大学を離れ、アルトドルフ大学法学部に入学し、一六六六年のうちに学位論文が提出され、一六六七年二月に博士号が授与されることとなった。アルトドルフに移ってからも、ライプニッツとトマジウスの関係は途切れることなかった。ライプニッツとトマジウスの間では、少なくとも一六通の書簡が交わされたことが知られ、一六六三年から一六七二年にまでおよび、そのうちの一二通がライプニッツからトマジウスに宛てられたものである。

トマジウスとの往復書簡でとくに注目すべきなのは、一六六九年四月に書かれたもの（1-4）である。この書簡では、ライプニッツの思想が著しく発展した跡が窺われる。アリストテレスの哲学が、近世の哲学者の思想と一致することが記されている。ただひとつ真空は不可能だとするアリストテレスの見解についてはライプニッツはそれを斥けている。

物体の性質の説明に関して、ライプニッツは近世の哲学者の見解に同意して、大きさ、形、運動しか用いてはならないとするが、デカルトとの関係では、デカルトをベーコン、ホッブズなどと区別し、自分はデカルト主義者ではないと宣言し、物体を単なる延長と見なすデカルト説に反対している、ライプニッツは、物体が形相と質料から構成されるというアリストテレス説を受容し、形相を形の意味で捉えている。その結果、ライプニッツは物体の実体的形相を認め、それが他の実体から区別されるゆえんとなるものと捉えたが、それが形とされたのである。

ライプニッツは、物体と実体的形相の観念から非物体的な動者の存在が導出されると考えた。その論証によって示されるのが第一動者、すなわち神の存在であるとされた。物体を動かすのは非物体的で精神的な存在者とされた。精神こそ運動の第一原理であり、形、大きさ、運動は精神によって生み出された物体の性質なのである。

また、近世の哲学者においては、すべての運動は位置変化によって説明できるとされていたが、ライプニッツは運動そのものが物体の本性から導出できるわけではないと考えた。位置の変化は、ライプニッツにとって、物体が各瞬間ごとに創造され、運動が与えられない限り生じえないものであった。連続的創造という思想は、必然的なものであるばかりでなく無神論者を沈黙させるものでもあるとライプニッツは考えていた。このようにトマジウス宛書簡には、ライプニッツ哲学の思想的萌芽が数多く含まれている。だが、それらが統一性を帯び、まとまった姿となるのは、一六八六年の『形而上学叙説』(*Discours de metaphysique*; K I, 8)においてであった。

トマス・ホッブズ
Thomas Hobbes 1588–1679

【2】

Leibniz an Thomas Hobbes. 1670·1674

ホッブズ宛書簡［全］

✣伊豆藏好美＝訳・解説

2-1[★01]……ライプニッツからトマス・ホッブズへ[★02]

伊豆藏好美✣訳

Leibniz an Thomas Hobbes. Mainz, 13/23. Juli 1670.

(A II, 1, 90–94; GP I, 82–85)

謹啓[★03] イングランドを旅行中の友人からの手紙で、貴方が今なおご存命であり、ご高齢にもかかわらずお元気であると知りましたことはこの上もない喜びでありましたので、こうしてお手紙を差し上げずにはいられませんでした。もしも時宜を失したものであるならば沈黙によって報いてくださればよろしいのですし、私としましては、たとえそうであったとしても自らの気持を表明できただけで満足というものでございます。

私は貴方のお仕事を、個々に出版されたものもまとめて出版されたものも[★04]、ほとんどすべて読ませていただいたと思いますが、これほどの利益をもたらしてくれた著作は当代にもそう多くはない、と公言して憚りません。決してお追従(ついしょう)をつらねているわけではなく、政治学において貴方がお書きになったことを理解できる者なら誰でも、そのいとも簡潔にして驚くほどの明晰さに付け加えられることなど何もないと私に同意してくれるはずです。貴方の定義以上に洗練され公共的な用例に合致している定義はありませんし、そこから導き出された定理についてはしっかり理解している人々もいれば、よからぬ目的のために悪用している人々もいますが、私はそうしたことはたいていの場合、適用の仕方についての無知に由来しているように思います。〔例えば〕もしも誰かが、かの運動についての一般的原理、すなわち、何ものも他のものによって動かされないか

★01――ホッブズ宛書簡訳出および訳注作成にあたっては、底本としたアカデミー版に加えて、マルコムによる英訳(Thomas Hobbes, *The Correspondence*, 2vols., ed. by Noel Malcolm, Oxford, 1994, pp. 716–722, 733–735)およびレムカーによる抄訳(G. W. Leibniz, *Philosophical Papers and Letters*, ed. by L. E. Loemker, 2nd. ed., Dordrecht, 1969, pp. 105–108)を参考にした。

★02――ライプニッツがマインツ選帝侯の宮廷に出仕して間もない二四歳の時に書かれ、当地におけるライプニッツのパトロンであったボイネブルク(Johann Christian Boineburg)により、ロンドンの王立協会事務局長オルデンバーグ(Henry Oldenburg)宛に、ホッブズの元へ転送されるべく送られた。しかし、オルデンバーグによる覚え書きが記された写しが原本と共にオルデンバーグの遺稿中に残されていたことから、ホッブズには届いていない可能性が高いと現在では考えられている。

★03――一五八八年生まれのホッブズはこの時八二歳である。

ぎり動き始めることはなく、静止している物体はどれほど大きくても、いかに小さな物体のこのうえなく僅かな運動によっても動かされ得る、★05という原理を、静止しているように見えるものもたいていの場合は感覚できないような仕方で運動しているのだということを心の準備のために示しもせずに、いきなり不適切にも可感的な事物に適用したとすれば、一般の人々からは嘲笑されることでしょう。同じように、もしも誰かが、都市あるいは国家について貴方が論証されていることを、一般にそのように呼ばれているすべての集合体に適用したとすれば、あるいは、最高権力に貴方が帰されていることを、王とか元首とか君主とか皇帝といった称号を自らに要求している者たちすべてに適用したとすれば、もしくは、自然状態におけるこの上ない放縦について貴方が述べておいでのことを、さまざまな国家で多少なりとも互いに交渉し合っているすべての市民に適用したとすれば、その者は貴方の見解からもたいそう遠ざかってしまうことになるだろうと推察いたします。と申しますのも、ご存知のように、世界には一つの国ではなく複数の国が協定を結んで成立している国家がたくさんありますし、称号においては君主でありながら残りの人々が自らの意志を移譲したことなど一度もない君主もたくさんいるからです。また、世界の支配者が想定されたならば、あらゆる国家の外部での人間のまったくの自然状態などあり得ないということも、貴方は否定なさらないでしょう。なぜなら、神はすべての者にとって共通の君主なのですから。したがって、貴方の仮説に放縦や不敬虔を読み込んでいる人々もおりますが、それは正しくはないのです。私はといえば、これまでいつも、すでに述べたような仕方で貴方のご見解を理解してきましたので、貴説が大きな光を灯してくれたことを告白いたしますし、そのさらなる探究のためにこそ友人とともに理性的法学の構築という仕事に打ち込んでいるところです。★06じっさい、私は〔『ローマ法大全』の〕『学説彙纂』(*Pandectae*)★07に収められているローマの法学者たちの回答が信じられないほどの緻密さとまさに貴方ご自身にも似たみごとな論じ方でなされていたことに注

★04――ホッブズ最初の『ラテン語哲学著作集』全3巻が、この二年前の一六六八年にアムステルダムで刊行されている。第1巻に『物体論』、『人間論』、『市民論』の『哲学原論』三部作、第2巻に自然学および数学に関する諸著作、第3巻にホッブズが自ら訳したラテン語版『リヴァイアサン』がそれぞれ収められていた。

★05――ホッブズ『物体論』第8章第19節、第15章第3節。

★06――ライプニッツは当時、マインツの宮廷判事兼枢密顧問官ヘルマン・アンドレアス・ラッサー(Hermann Andreas Lasser)を助けてローマ法典を領国の必要にあわせる改良作業に従事しており、ラッサーの家に寄寓していた。

★07――『ローマ法大全』(*Corpus juris civilis*)の主要部分をなす学説集。皇帝ユスティニアヌス一世の命により法学者たちの学説を整理・編纂したもので、五三三年に全50巻で完成した。

目しておりました。その大部分はほとんど論証不要な純然たる自然法から採られており、残りは数は多くないものの幾つかの恣意的な、ほとんどは国家における慣行上の諸原理から等しく確実に導出されていることを見て取りましたので、四年ほど前に初めて法学の領域に足を踏み入れたときに、ローマ法体系に含まれている法の基本的諸原理を可能なかぎり簡潔に（かの古の『永久告示録』(*Edictum perpetuum*)★08のような様式で）纏めることができ、そこから法についての普遍的法則をいわば論証することも可能になるような計画を構想いたしました。とりわけ皇帝勅裁書の中には、純然たる自然法には属さないはずのものも多く介在してはいるのですが、それらは他からは明瞭に区別されますし、残りの大部分によって相殺されるでありましょう。そのように申しますのはとりわけ、あえて主張いたしますが、ローマ法の半分は純然たる自然法に属しているからですし、周知の如くヨーロッパのほとんど全域で、各地域の慣習法により明確に廃止されていないかぎり用いられているからであります。

しかしながら、この遅々として一朝一夕には進まない関心事を、私は別のより魅力的な関心事によってしばしば中断させていることを告白しなければなりません。と申しますのも、私は時に、まるで他国に拉致された者のように、自然的世界についても思案をめぐらすのが慣わしになっているのです。そのような折には運動に関する抽象的な理論について考察してきたのですが★09、この分野においても貴方が築かれた基礎はみごとに立証されていると私には思えます。さらに、物体は他の物体の接触によらずして動かされることはなく、ひとたび動かされれば、開始された運動は何ものかに妨げられないかぎり持続する★10、という点に関しては、貴方にまったく賛同いたします。しかしながら若干の点においては当惑していることも告白しなければなりません。とりわけ、ものの固さ、あるいは同じことですが凝集の明白な原因が与えられているようには見えなかったことです。と申しますのも、貴方が或る箇所で示唆しておいでのように、反作用が当の事象の唯

★08――ローマ時代の法務官が必要に応じローマ市民法を補完・改廃するために発した告示（edictum）の集積を、ハドリアヌス帝が一三〇年ごろに法学者ユリアヌスに命じて編集させ、元老院議決により確認させたもの。

★09――A VI, 2, N. 38, 157–186. この後ライプニッツは一六七〇年から一六七一年初めにかけて、『抽象的運動論』(*Theoria motus abstracti*, A VI, 2, N. 41, 258–276) および『具体的運動論』(*Theoria motus concreti*)（これらは一六七一年の『新物理学仮説』(*Hypothesis physica nova*, A VI, 2, N. 40, 217–257. に収載）を完成させている。

★10――『物体論』第9章第7節。

★11――『物体論』第15章第2節および第4節、第28章第7節から第12節などで展開されているホッブズの物体の固さあるいは凝集についての説明は、基本的には物体内部の諸部分の運動によるものである。ただしホッブズ自身は、ここでライプニッツが述べているように「反作用」(reactio) が唯一の原

一の原因であるとしますならば★11、反作用とは、衝突してきた物体の反対方向への運動であるにもかかわらず、〔この事象においては〕衝突が自身の反対方向への運動を生み出しているわけではないのですから、たとえ衝突がない場合でも反作用が存在することになると拝察いたします。ところで、〔この場合の〕反作用は物体の諸部分が中心から周縁に向かう運動です。その運動が妨げられない場合には、物体の諸部分は去って行き、当の物体から離れて行ってしまうでしょうが、これは経験に反しています。一方、その運動が妨げられる場合には、反作用の運動は今のところまったく説明できないような外部からの助けにより活性化されないかぎり止んでしまうでしょう。憚りながら申し上げますと、いったいどんな原因によって任意の可感的な点におけるどの物体も中心から周縁へ向かおうとするのかがほとんど説明できませんし、さらには、いったいいかにして衝撃を受けたものの反作用だけが、衝突してきた物体のインペトゥス(impetus)★12が大きければそれだけ大きなインペトゥスが帰結するという結果をもたらすのかも説明できません。と申しますのも、より大きな衝突はそれだけ反作用を減少させるのが理に適っておりますから。しかしながら、こうした些細な疑問はおそらく、貴方のお考えを十分に理解していないことから生じているのでありましょう。物体の凝集を引き起こすためにはその諸部分のお互いに対するコナトゥス(conatus)★13、すなわち一方が他方を押す運動があれば十分である、と考えればよかったのでしょう。互いに押し合うもの同士は互いに貫入しようと努めている状態にある(in conatu esse)のですから。コナトゥスは端緒であり、貫入は合一です。それゆえにそれらは合一の端緒にあります。しかるに、合一の端緒にあるもの同士においてはそれらの端緒あるいは境界は一つになっています。互いの境界が一つであるもの、ないしは「末端が一つであるもの」(τὰ ἔσχατα ἕν)はまた、アリストテレスの定義によれば、たんに隣接しているだけではなく連続しており、真に一つの物体として一つの運動により動かされるのです★14。こうした考察は、真であると認められれば、少なからず運動の理論を革新

因であるとは断定していない。

★12——一般には「衝撃」、「はずみ」、「勢い」といった意味をもち、スコラ運動論においては物体に伝えられてその運動を継続させる力を意味する専門用語としても用いられた。ときに「動力」や「駆動力」とも訳されるこの語の一七世紀の哲学者たちにおける用例は必ずしも一定していないが、ここでの議論の前提となっているホッブズの『物体論』では、「変化が生じている時間の中の任意の時点において考察された速度それ自体」と定義されている(『物体論』第15章第2節)。

★13——一般には「努力」や「傾向性」を意味する語であるが、ホッブズが自らの運動論の基礎概念として用い、ライプニッツの思想形成にも大きな影響を与えた。ときに「傾動」や「傾向力」とも訳される。『物体論』での定義は「与えられる、すなわち限定されるないしは説明や数により指定されるいかなる空間および時間よりも小さな空間と時間ごとにおける、すなわち点ごとの瞬間における運動」(同上)。

★14——アリストテレス『自然学』227a10-15, 228a20-30.

するものであることは容易におわかりのはずです。★15 あとは、互いに押し合うもの同士は互いに貫入しようと努めている状態にあることを証明すればよいわけです。押すことは、今まで別の物体が存在していた場所に向かい努力すること(conari)です。コナトゥスは運動の端緒です。それゆえにコナトゥスは物体がそこに向かい努力している場所に存在することの端緒です。他の物体が存在している場所に存在することは貫入することです。それゆえに押すこととは貫入への努力(コナトゥス)なのです。しかしながら、こうした点については、卓越せる貴方こそがより精確にご判断くださることでしょう。貴方以上に詳細に論証の吟味がたやすくおできになる方は誰もいないのですから。ところで、クリスティアン・ホイヘンスとクリストファー・レンの運動理論についてはどうお考えでしょうか。★16 また、かのこの上ない学識の持ち主スリューズの『メソラブム』(*Mesolabum*)についてはいかがでしょうか。★17

〔温〕泉の起源につきましては以下のことを付け加えさせていただきたく存じます。貴方のご見解は、またかのこの上なく明敏なるイサーク・フォシウスの『起源について』(*De Origine*)の見解でもありますが、山岳地帯の洞窟に集められた雨水あるいは雪解け水から生じるとするものです。★18 たしかに大部分はそのように生まれると私も認めますが、それがすべてではありません。この点に関してマインツからほど近い場所で比較的最近おこなわれた以下のような実験をご報告いたしましょう。新しく発見された〔温〕泉をその土地の所有者が改良しようと考えました。そこで、泥をすべて掘り出すよう命じたのですが、そのようにしたところ、見た目にはまったく湿り気を含んでいない砂の層に行き当たり、〔温〕泉はすっかり消失してしまったのです。翌朝、その場所は砂から立ち上る蒸気ですっかり覆われておりました。そこで、今度は反対に泥を上にかぶせ固めたところ、〔温〕泉は元に戻ったのです。この結果は、化学者の間でも名高いあのバシリウス・ヴァレンティヌスの見解を確証しているように思われます。★19 すなわち、その見解によれば、〔温〕泉も金属も

★15——この前後のコナトゥスを援用した物体の凝集の説明は、ほぼそのまま『抽象的運動論』にも見られる(A VI, 2, 266)。

★16——一六六九年の一月と四月に、レン(Christopher Wren, 1632–1723)とホイヘンス(Christiaan Huygens, 1629–1695)の物体の衝突に関する論文が相次いで王立協会の機関誌『哲学紀要』(*Philosophical Transactions*)に掲載され、ライプニッツはそれらから大きな刺激を受けた。後にホイヘンスとは一六七二年から七六年までのパリ滞在期に厚い親交を結び、数学と力学に関して決定的な影響を受けることになる。

★17——接線決定法において重要な業績を残したベルギーの数学者、ルネ・フランソワ・ド・スリューズ(René François de Sluse, 1622–1685)の著作で、第二版が一六六八年に出版されている(初版は一六五九年)。ライプニッツは一六七三年のロンドン訪問のさいに、王立協会の例会でのスリューズの接線決定法に関する書簡の発表に立ち会うことになる。なお、スリューズはホイヘンスと並んで、一六六〇年代

鉱物も、地球の内部から立ち上ってくる蒸気や噴煙から産出されているのであり、それらの蒸発分は自然の循環を維持するために（蒸発した分は）大気から、あるいは（水源から集められた分は）海から、再び地中へと滴り落ちてその源へと帰っていくのですが、時に地球の内奥部で新たな反作用あるいは爆発を起こし、上昇してくることにより、先に太陽の作用を受けていた硫黄を孕むことになるというのです。

他の点に関しましては、願わくは刊行されたご著書以降の折にふれてのご省察の一端をご披露いただければと念じております。それはとりわけ、ここ何年かの間に貴国や他の国の人々が、あれほど多くの新たな実験から、まったくもってみごとな成果を数多く生み出しておりますが、そのほとんどについて貴方がすでに説明をお考えになっておいでであることを私は疑っていないからです。それらが失われてしまうことは全人類にとっての損失なのです。

また、願わくは精神の本性につきましてもより明確に語っていただければと念じております。と申しますのも、貴方は感覚を持続する反作用と正しくも定義されておられますが★20、少し前にも述べましたように、まったくの物体的事物の本性のうちには真に持続する反作用など存在せず★21、ただ、実際には非連続であって絶えず外部の何らかのものから新たに働きかけられているものが、感覚にはそう見えるにすぎないのですから。したがいまして、懼（おそ）れながら申し上げますと、すべ

にホッブズの幾何学上の企ての誤りを鋭く指摘していた数学者の中の一人でもある。

★18——『物体論』第28章第18節。また、オランダの古典学者イサーク・フォシウス（Isaac Vossius, 1618–1689）の『ナイルおよびその他の河川の起源について』（*De Nili et aliorum fluminum origine*）は一六六六年に出版されている。

★19——ヴァレンティヌス（Basilius Valentinus）は一五世紀初頭にドイツで活躍したとされる錬金術師。生没年不詳。一七世紀には彼のものとされる著作が多数刊行されていた。

★20——『物体論』第25章第2節でのホッブズによる「感覚」の定義は以下のとおり。「感覚とは、対象から内部へと向かったコナトゥスにより生み出された外へと向かう感覚器官のコナトゥスがある程度の間持続する、その反作用によって形成される表象像（phantasma）である」。また、同第5節では、反作用が一定の時間以上持続しなければ通常の意味での感覚は成立しないと述べられている。

★21——ライプニッツは物体的事物においては互いに異なる複数のコナトゥスが瞬間を越えて保持されることはないとして、『抽象的運動論』では物体を「瞬間的精神、すなわち記憶を書いた精神」と呼んでいる（A VI, 2, 266）。逆に言えば、異なる複数のコナトゥスを持続的に保持できることが感覚の成立ひいては精神の特質にとって不可欠である、とみなしていたことになる。

てを考慮した結果次のようになるのではないでしょうか。すなわち、獣のうちには真の感覚は存在せず、ただ見かけ上の感覚が存在するだけであって、それはちょうど沸騰する水の中には痛みが存在しないのと同じであり、一方われわれが自分のうちに経験する真の感覚は物体の運動のみによっては説明できない、と。ことに、貴方がしばしばお使いになっているあの「運動するものはすべて物体である」という命題は、★22 私が知る限りでは一度も論証されていないのですから。

しかし、いつまでもつまらない戯言（たわごと）で貴方を煩わせてはならないでしょう。そこで最後に、次のことを誓って結びといたしたいと存じます。私は友人の間でなら至る所で、また神がその機会をお与え下さるならば公の著作でもつねに、貴方以上に精確に、明晰に、そして優美に哲学した人を、かの神的な才能をもったデカルトその人を含めてもなお誰も知らない、と明言するでありましょう。私が望みますことはただ、不死への希望を確かなものとすることに存する人類の至福のために、デカルトが企てながら成し遂げられなかったことを、死すべきわれわれ全員の中でもっとも果たしうる貴方がご考察くださることのみでございます。このことが成し遂げられますよう、できるだけ長き神のご加護が貴方様にありますことを。

敬白

一六七〇年七月一三／二三日、マインツにて

貴方の御名の崇拝者

法学博士にしてマインツ顧問官　ゴットフリート・ヴィルヘルム・ライプニッツ

この上なくご高名なるトマス・ホッブズ様　類い希なる大哲学者へ

★22——『物体論』第1章第8節、第9章第7節、第10章第6節、etc.

2-2……ライプニッツからトマス・ホッブズへ★01

❖

Leibniz an Thomas Hobbes. [Paris, 1674].

伊豆藏好美❖訳

(A II, 1, 383–386; GP I, 86–87)

名高きトマス・ホッブズ様

ゴットフリート・ヴィルヘルム・ライプニッツ

謹啓　貴方様のような方であればいかなる礼儀作法にも通暁しておいででしょうから、見知らぬ者からの手紙にはさほど驚かれないでありましょうが、本状の書き手であるとしかご存知ない私からのこの手紙が不躾(ぶしつけ)にして貴方にふさわしくないことにむしろ驚かれるであろうと存じます。加えて、それが急かされて書かれたものであることも、この手紙を携えていく者はなかなか優れた人物ですが否定しないでありましょう。その者と私はパリでしばらくの間同宿していたのですが、彼の出立前日の夕食中に、何か貴方に言伝(ことづて)することはないかと問われたのです。と申しますのも、貴方の御名前は何度もわれわれの間で大いなる尊敬の念をもって語られておりましたからで、それは卓越せる貴方様であれば当然のことでございます。とりわけ彼は貴方とはもうずいぶん以前から面識があると申しておりましたので、私はその申し出にまるで打たれたように駆り立てられ、こうして思いもかけず筆をとりましたしだいです。是非についてのご判断はお任せいたしますが、たとえ私との交誼を否定されましょうとも、私からの崇拝を拒むことはおできにならないでありましょう。

★01――未完成の草稿で日付も記されていない。ライプニッツがパリ滞在中の一六七四年に書かれたと考えられているが、完成稿が実際に送られたのかどうか、またホッブズがそれを受け取ったのかどうかは不明である。

ご高著について、私はずいぶん長い間熟考してまいりましたが、それらは当代にもまたご自身にもふさわしいものでありまして、貴方こそは古人がいわば格子窓を通して覗き見ていた精確に討論し論証する方法を、初めて政治に関する学知という明瞭な光の中に置いたのです。しかしながら『市民論』では、諸論拠の力において、諸見解の影響力において、ご自身のお考えを超え出てしまっているように見え、その結果、しばしば教説の伝授というより神託を与えているように人々から思われておいでのようです。私はと申せば、逆説にひるむことも新奇さの誘惑に惑わされることもありませんので、御説の内部にある筋道そのものを根底に至るまで吟味したならば、貴方のお仕事の価値を評価できるはずだと信じておりました。じっさい、私は著者が構築している論証を無視したまま結論を拒絶するような者ではありませんので。

最初に貴方は人間本性についての考察から始めて、獣たちと同じように人間においてもあらゆる目先の欲求の対象に突き進もうとする衝動が存在し、その期待はただ、他の多くの者たちが同一の対象に力を結集して向かってくるかもしれないという恐れによってのみ抑制される、と指摘されています。もちろん貴方は、自身の安全を守るために必要と思われることを行う権利が各人にあることを前提とされ、また自身にとって何が必要かの判定者もそれぞれの各人であると定めておられるので、そのような状態からは万人の万人に対する正当な戦争が帰結すると容易に結論づけられたわけです。諸々の力の平等性によって、もっとも強い者ももっとも弱い者に殺され得るのですから、そうした戦争がもたらすのは全員殺戮であり、ここから平和のための協議が開始されることになります。★02 ここまでに関しましては反論いたしたいことは何もありません。じっさい、この世の生における不正は未来の生を危険にさらしてまで払い除けるべきではなくむしろ堪え忍ぶべきだといった反論も、また神学者や法律学者が貴方に浴びせかけてきたその他の反論も、私は呈するつもりはございません。と申しますのも、貴方の論証が幾何学における論証と同じよ

★02——ホッブズ『市民論』第1章、『リヴァイアサン』第13章。

うに普遍的であり、素材対象からは抽象されたものであることが私には十分に見て取れるからであります。それゆえ自分自身を守るためならどのようなことでも行える権利を貴方は各人に帰しているにしても、もしも全能なる何者かが存在するのであれば、またもしも報酬と懲罰によって決定される未来の生が存在するのであれば、貴方は以下のことも否定はなさらないでしょう。すなわち、その場合には諸々の定理が真理でなくなるというよりはむしろ適用できなくなるはずである、ということ、そしてじっさい、そうした前提の下では、各人の安全はよりよき生への期待に依存することになり、それを得るために有益であると各人に思われることなら何でも正当になるであろうということ、結局のところこの世の生を守ることは、たとえ最高の関心事ではなくなるとしても神の法によって禁じられるわけではないということ、などをです。

　そこで次に問題となりますのは、緒に就いた平和をいかにして確固としたものにするか、ということであります。と申しますのも、平和に安心していられなければ戦争状態はそのまま残り、敵対する者の機先を制する権利も誰もが保持することになるからです。このために、多数の人々によるお互いの合意により武装し全員の安全を保障できるような国家が作られたのだ、と論じておいでです。[★03] また、貴方は国家には服従した者からいっさいの権利が譲渡されると主張されておいでのように思われておりますが、別の箇所では、以下の点を正しくも認めておいでです。すなわち、国家の中において、あるいは国家そのものによって破滅の恐れに脅かされた場合には、国家の中であっても自分自身のことに配慮する権利は残されていること、それゆえに、最高権力者の命により極刑に処せられようとしている者は自らの生命を守るために上下を転覆する権利を確かに有していること、ただし他の者たちは最初の信約の力により支配者に平静に従うよう義務づけられていること、などをです。[★04] けれども、いとも傑出されたお方であればこそ、貴方は以下のこともお認めくださるのではないでしょうか。すなわち、貴方が自然状態とお呼びになっている

★03——『市民論』第5章および第6章、『リヴァイアサン』第17章。

★04——『リヴァイアサン』第14章および第21章。

あの未開の状態におけるのと少しも変わらず国家においても、きわめて大きな危険について明らかな予測がつく場合には、その害悪に対して機先を制することは正当ではないか、ということです。じっさい、もしも無実の人々が処罰されることが明白であったり暴君がしばしば見境なしに荒れ狂うといったような場合には、貴方の哲学の原理からしても、差し迫った危機に瀕していると思われる人々には同盟を結んで結集する権利があるということを否定なされないであろうと存じます。もちろん私は、普通の庶民というものは快適に生きることができる間は、恐怖を除いた憤懣や同情やその他の情念よりも平穏な生活のほうを低く見ないかぎり、もっと適切に行動するであろうという点では容易に貴方に同意いたします。それゆえ、最高権力について結論されておいでの全体を要約すれば以下のようになるかと存じます。すなわち、国家においてはきわめて大きな安全が保障されているのであるから、契約は簡単には、また軽微な疑いによっては破られてはならない、と。もっとも、古のキリスト教徒たちは、国家には或る種の抵抗不可性が帰属するとしていたために、より長い間堪え忍ぶことになりましたが。

【解説】デカルト主義克服への〈梯子〉

伊豆藏好美

ライプニッツがトマス・ホッブズ（Thomas Hobbes, 1588–1679）に宛てた書簡はここに訳出した二通のみが今日に伝えられている。それらが書かれた経緯については各々の書簡の中でライプニッツ自身が明瞭に語っている。訳注で触れたとおり、いずれも老哲学者の手元まで届いていない可能性は否定できず、ホッブズからの返書も確認されていない。それでも二通の書簡の内容は、若き日のライプニッツの思想形成について多くのことを語ってくれている。

まずその文面からは、この時代の書簡では一般的であった大仰な社交辞令を割り引いたとしてもなお、この時期のライプニッツがホッブズを非常に高く評価していたことがうかがわれる。何よりファンレターまがいの一方的な手紙を送ってまで、王政復古後の不安定な政治情勢の中で微妙な立場におかれていた老哲学者との誼みを通じようとした事実が、ホッブズへの並々ならぬ関心を物語っている。じっさい、ライプニッツは一六六六年に出版した『結合法論』ですでに、ホッブズを「あらゆる事象の諸原理のもっとも深遠なる探究者」と呼びつつ『物体論』からの引用を行っており（A VI, 1, 194）、その著作を「個々に出版されたものもまとめて出版されたものも、ほとんどすべて」読んだという一六七〇年の書簡での告白の真実性も、彼がその中で展開しているホッブズの見解の要約や問題点の指摘などから十分裏づけられるように思われる。ライプニッツが二〇代前半のこの時期に、ホッブズの著作群をかなり集中的に検討していたことはほぼまちがいないだろう。

しかし、ホッブズの徹底した唯名論や唯物論、自由意志の存在を否定した必然主義などは、ライプニッツのよく知られた立場とは決して相容れないものである。それだけにこの時期のホッブズ哲学への強い関心や高い評価はあるいは意外に思えるかもしれない。この点に関して示唆的と思われるのは、最初の書簡の末尾でライプニッツがあえてデカルトの名を引き合いに出し、ホッブズをそれ以上に讃えてみせていることである。すでにこの時期までにライプニッツは、方法論に関しても形而上学に関しても反デカルト主義の旗幟を鮮明にしていた。他方、デカルト哲学に対する徹底した敵対者であったホッブズへの批判が賞賛よりも前面に出てくるのはもう少し後のことである。つまり、デカルトとホッブズの哲学を対比したとき、少なくともこの時点でのライプニッツには後者のほうが魅力的に見えていたのである。その具体的理由としては大きく以下の二つの論点が考えられる。

第一に、人間精神の推論を「計算」とみなすホッブズのいわゆる「思考＝計算」テーゼの背後にライプニッツが見出していた、言語とそれを用いた形式的推論を学知の不可欠の条件として強調する知識論および方法論への共感があろう。じっさい、ライプニッツは公理にさえも定義からの証明を与えようとしたホッブズの企てを高く評価し、自らも同種の試みをくり返している。これは「明証性の規則」が主観的で曖昧な真理の基準しか提供せず、先入観や誤謬推理を許容してしまうとするライプニッツのデカルト批判と表裏をなしている。二通の書簡でもホッブズの定義や論証の精確さが再三讃えられているのは決して単なる社交辞令ではないのである。

第二に、最初の書簡で中心的な話題の一つとなっている運動論におけるコナトゥス概念の重要性への着目が指摘できよう。ホッブズはデカルトと同じく機械論的自然観を採用しながらも物体の本質的特性を延長よりはむしろ運動に求め、いわばその要素的生成原理としてコナトゥス概念を導入した。それは自体的には延長によって規定できないにもかかわらず、具体的運動を産出する力動的性格を与えられており、人間の感覚知覚や情動の生成に関する因果的説明原理としても用いられることで、一元的な唯物論的世界把握を可能にする基礎概念の役割を果たしていた。精神と物体を実体のレベルで峻別するデカルト的二元論、とりわけ物体即延長テーゼを批判し超克しようとするにさいして、ライプニッツはこのホッブズの構想から重要な示唆を受け取っていたと考えられる。

もちろん、やがて自らの完成された哲学体系へと到る過程で、ライプニッツはホッブズとは異なり、むしろ物質的な諸現象の根源に精神的な存在や作用の必要性を見出していくことになるが、一六七〇年の書簡にはその最初の階梯が記されていると言えよう。また、ホッブズの徹底した唯名論に基づいた規約主義的真理観が明確に否定されるのは一六七七年に書かれた『対話』(KI,8)においてであるが、そのホッブズ批判の過程でライプニッツに特徴的な知識観、すなわち、ほとんどの場合に概念の構成要件に対する直観を欠いた「記号的認識」しか得られない有限な人間にとって、算術や代数に典型的な「盲目的思惟」がかえって真理認識と学知形成の積極的な条件であるとする立場、も確立されていくことになる。以上のような意味でホッブズの哲学は、若き日のライプニッツがデカルト主義を乗り越えていくためのいわば〈梯子〉のような役割を果たしていたことになるだろう。

二通目の書簡草稿で論じられている政治哲学に関しては、ライプニッツがホッブズの理論の仮説的推論としての妥当性は認めた上で、もっぱらその現実への適用可能性を問題にしている点が印象的である。とりわけ人々の間でのキリスト教信仰の存在を前提できるか否かには、同じく自然法論に深くコミットしつつも、熾烈な宗教戦争の時代に幾度となく自らの生命の危険を感じながら革新的な政治理論の構築を目指したホッブズと、新旧両教会の再統合に向けて現実的な国際政治の舞台で活動し続けたライプニッツとの間にある半世紀の隔たりが、色濃く反映されているように思われる。

バルーフ・デ・スピノザ
Baruch de Spinoza 1632–1677

【3】

Briefwechsel zwischen Leibniz und Baruch de Spinoza, Kommentar zu Spinozas Metaphysik, Theologie und *Ethica*. 1671–1678

スピノザとの往復書簡とスピノザ注解

✣上野　修＋町田　一＋朝倉友海＝訳✣上野　修＝解説

3–1 ──── ライプニッツからスピノザへ

✣

Leibniz an Spinoza. Frankfurt, 5. Oktober 1671.

町田 一✣訳

(A II, 1, 252–254; GP I, 121–122)

名高くもっとも傑出した方、バルーフ・デ・スピノザ様

ゴットフリート・ライプニッツ

名高くもっとも卓越した方

貴方をめぐる数多の賞讃のなかでも、光学の問題についての輝かしいご見識に私は敬服してまいりました。この研究分野において貴方以上に優れた批評家はいないので、この問題に関する私のささいな試みを献呈させていただきたく存じます。お送りする『高等光学のノート』[★01]という表題をつけたこの小論は、友人や関心をともにする者とより適切に議論するために出版したものです。貴方と知己でおられるにちがいない卓越したフッデ氏[★02]もまた同じ分野では際立っていると伺っておりますので、もし、この方の洞察と厚意にも与ることのできるようご仲介いただければ、望外の幸せです。

小論そのものが、〔光学の〕問題の本質を十分説明しています。

イエズス会士のフランキスクス・ラナ[★03]の、イタリア語で書かれた『序説』がお手もとに届いたことと思います。そこで〔ラナは〕屈折光学における少なからぬ特質を提示しています。一方、これら

★01──*Notitia opticae promotae*, Frankfurt, 1671.

★02──ヨハン・フッデ(Johann Hudde, 1628–1704)。アムステルダム市長、オランダ東インド会社総督、「極値」の研究で知られる数学者であり、デカルトの『幾何学』をデ・ウィットらとともにラテン語に翻訳している。

★03──フランチェスコ・ラナ・デ・テルツィ(Francesco Lana de Terzi, 1631–1687)。イタリア北部ロンバルディーア州にあるブレッシャ大学の自然学と数学の教授で、「航空学の父」として知られる。ライプニッツが言及している著作『達人技によって予告された新たないくつかの発明についての試論あるいは序説』(*Prodromo overo saggio di alcune inventioni nuove premesso all'arte maestro*, Brescia, 1670)において、ラナは、トリチェッリやゲーリケの実験に触発されたことから、空気より軽いとされる「真空飛行船」を発案している。

の問題において博識である若いスイス人のヨハン・オッティウス★04も、『視覚についての物理学的・機械学的考察』を公表しましたが、その著作の或るところでは、あらゆる種類の〔光学〕ガラスを磨くための十分に単純で一般的な何らかの機械が約束されており、また或るところでは、対象のすべての点から生じるすべての光線がそれ以外の同数の対応する点へと集められる或る種の方法を自ら見出したと書いています。しかし、〔この方法は〕ただ一定の距離にあるか、一定の形をした対象〔のすべての点から生じる光線〕にのみ当てはまります。

ところが、私が提示するのは、〔対象の〕すべての点のすべての光線が再び集められるということになるのではなく、というのも、これまで知られているかぎり、対象の任意の距離や形においては不可能だからですが、光軸の内側においてと同様に、光軸の外側においても点の光線が集められるということになり、したがって、ガラスの口径は視覚を判明に保ったままどれだけの大きさであっても生じ得るということになります。しかし、これらのことはもっとも鋭い貴方の洞察にかかっています。お元気で。よろしくお願いします。

もっとも卓越した方へ、熱心な崇拝者である

法学博士★05、マインツ顧問官　ゴットフリート・ヴィルヘルム・ライプニッツ

一六七一年新暦一〇月五日、フランクフルトにて

★04——ヨハン・ハインリッヒ・オット（Johann Heinrich Ott, 1639–1717）。スイスのシャフハウゼン州出身のハイデルベルク大学の医学者。『視覚の本性についての物理学的・機械学的考察』（*Cogitaiones physico-mechanicae de natura visionis*, Heidelberg, 1670）について、ライプニッツは一六七一年五月一一日付オルデンバーグ宛の手紙で「学識ある若いスイス人が、円錐曲線のレンズを完成させるための、きわめてわかりやすく規則的な理由を発見している、と私は考えています」と紹介している。なお、オットの名は、ゲルハルト版およびゲプハルト版では「オルティウス」（Oltius）と表記されている。

★05——原文はJ. U. D.で、Juris Utriusque Doctor（両方の法律の博士）の略である。「両方の」とはローマ法と教会法を指し、英語では通常doctor of both civil and canon lawと訳される。したがって厳密には「ローマ法・教会法博士」とすべきだが、今日の読者の理解を考慮し、「法学博士」と訳出した。以下同様。

追伸　もし何かご返事くださるのであれば、もっとも高貴な法律家（JCtus）のディーメルブレッキウス氏★06が厭わずに仲介してくださると思います。拙著『新物理学仮説』★07をご覧くださったことと思いますが、まだでしたら、お送りします。

★08アムステルダムの、きわめて高名な医者（médecin）にしてきわめて深遠なる哲学者

スピノザ様

委託封書

★06――ヨハン・ファン・ディーメルブレック（Johann van Diemerbroeck, ?–?）。ユトレヒトの法律家。

★07――『われわれの地球においてティコ派にもコペルニクス派にも攻撃されない、或る唯一の普遍的運動によって自然現象の諸原因を再考する新物理学仮説』（*Hypothesis physica nova, quâ phaenomenorum naturae plerorumque causae ab unico quodam universali motu, in globo nostro supposito, neque Tychonicis, neque Copernicanis aspernando, repetuntur*, Mainz, 1671 ; London, 1671）。パリの諸学アカデミーに献呈された『抽象的運動論』（1671）は運動の普遍的特質を「点」と「コナトゥス」の独自の定義から演繹的に導くものであるが、ロンドンの王立協会に捧げられた『新物理学仮説』は、副題が示すとおり、コペルニクスとティコ・ブラーエの体系と相容れるように当時の実験科学に基づきつつも、地上の諸現象の原因を「ある唯一の普遍的運動によって」説明するものである。

★08――この宛名まわりの部分だけはフランス語で書かれているが、これは当時の慣習であった。

3-2……スピノザからライプニッツへ
✣

町田一✣訳

Spinoza an Leibniz. Den Haag, 9. November 1671.

(A II, 1, 291–293; GP I, 122–123)

もっとも学識のある、もっとも高貴な方

ご恵送いただいたご論考[★01]を拝読しました。ご論考をお送りくださいまして深く感謝いたします。貴方はご高察を十分明晰に説明してくださったと思うのですが、私には十分に理解できなかったことを申し訳なく存じます。それゆえ、次のいくばくかについて、貴方が煩わしく思われずにお答えてくださるように願うばかりです。それは、〔光学〕ガラスの口径が制限されねばならないのは、

★01——ライプニッツの『高等光学のノート』(Frankfurt, 1671) を指す。この手紙の冒頭には、ライプニッツによって「☿♄は♃を追い払う」と書き添えられている。これらはいずれも錬金術もしくは惑星の記号であり、「水銀(水星)鉛(土星)は錫(木星)を追い払う」と読める (A II, 1, 292)。

一点から生じる光線が、正確に異なる一点においてではなく、口径〔の大きさ〕に比例して大きくも小さくもなる径間(spatiolum)(いわゆる機械学的点)において集められるということ以外に理由があるとお考えなのかどうか、ということです。次に、お尋ねしますのは、貴方が「パンドカ」★02と呼んでいるレンズがこの欠点を修正するのかどうか、ということです。つまり、同一の点から生じる光線が屈折の後にそこに集められる、機械学的点ないし径間は、口径が大きかろうが小さかろうが、大きさの割合を同一に保つのかどうか、ということです。というのも、もし、このことを〔パンドカ・レンズが〕証明しているのであれば、それらの〔レンズの〕口径を好きなだけ大きくすることができるでしょうし、その結果、私が知っているすべての形の〔レンズ〕よりもはるかに優れていることになるでしょう。一般のレンズ以上に貴方がこれほどまでにこの〔パンドカ〕レンズを推奨する理由をこれ以外に私には見出せません。というのも、円形のレンズはいたるところで同一軸をもつからであり、それゆえ、私たちがそれを用いるときにも、対象のすべての点は、光軸に置かれたものとして考えねばならないからです。そして対象のすべての点が同一の距離にあるのではないとしても、しかし、そこから生じる相違は、対象が十分に離れているときには、知覚され得ません。なぜならそのとき、同一の点から生じる光線は、平行にガラスへ入ってくるものとみなされるからです。しかし、すべてが同時にいっそう判明に表現されるように、多くの対象を一目で把握したいときには(私たちがきわめて大きな接眼凸レンズ〔眼鏡〕を用いるときのように)、貴方のレンズが役立ち得ると思います。とはいえ、貴方のお考えをいっそう明晰に説明してくださるまで、これらすべてのことについての判断を差し控えておきます。なにとぞよろしくお願いいたします。

貴方がお望みになっていたことですが、フッデ氏に別の〔『高等光学のノート』の〕写しを送っておきました。〔フッデ氏は〕今のところその写しを精査することはできないが、しかし、一、二週間後には

★02——ライプニッツの言うpandochaはラテン語のpandochium(「すべてを受け容れるもの(universal receptacle)」(R. E. Lantham, *Revised Medeival Latin Word-List, Reprinted with supplement*, Oxford University Press, 2002, p. 329. 以下RMLWLと略す)からの造語と思われる。なお、pandochiumはギリシア語のπανδόκος, all-receiving; common to allからの派生語である。一六七一年一〇月一五/二五日付オルデンバーグ宛の手紙では「パンドカ・レンズ、ないし、パンドカ・ガラスについては、私の知るかぎり、かつて誰も考察したことはありませんし、ましてや、反射屈折望遠鏡(Tubus Catadioptricus)など誰も考察したことはありませんが、このようなものが私の心に浮かんできたのです。前者によって光線の混合が避けられ、後者によって〔光線の〕結合が促進されます」と述べられている。これに続けて、ヨハン・ハインリッヒ・オットによるレンズの考察の欠点と、パンドカ・レンズの利点についてもこの手紙に先立つスピノザ宛書簡とほぼ同じ内容が記されている。

可能であると思う、と答えておられます。フランキスクス・ラナの『序説』はまだ私の手元に届いていませんし、ヨハン・ホルティウス〔オッティウス〕の『物理学的・機械学的考察』もやはり届いておりません。貴方の『〔新〕物理学仮説』もまだ見ることができないのはさらに残念です。少なくともここハーグではまだ売られていません。それゆえ、もし送ってくださるのであれば、もっとも感謝に値する恩恵となりましょう。また、もし何か他のことで私が貴方のお役に立てるのなら、いつでも名のりを上げる所存です。

もっとも学識のある方、敬白

バルーフ・デ・スピノザ

一六七一年一一月九日、ハーグにて

ディーメルブルッキウス氏★03はここに住んでいません。それゆえ、この手紙を正規の公証人〔司法代書人〕(tabellio)★04に委託せねばなりません。ここハーグで、われわれの手紙を仲介してくださる方を確かに貴方はご存じだったのでしょう。その方がわかれば、手紙をより適切に、より安全に届けられるのですが。もし、『神学・政治論』★05が貴方の手元にまだ届いていないのであれば、写しを一部、ご迷惑でなければ、お送りします。さようなら。

もっとも高貴でもっとも学識のある方

法学博士、マインツ顧問官 ゴットフリート・ヴィルヘルム・ライプニッツ様

フランクフルト★06 郵便料金★07〔送信者払済〕

★03——アカデミー版、ゲルハルト版、ゲプハルト版すべてにDimerbruckiusと表記されている。マイケル・モーガンの英訳注によれば、「先の手紙の「ディーメルブレック」〔本文は－ブレッキウス」と同一人物であるがスピノザが綴りを変えた」ということである(Spinoza, *Complete Works*. Tr. Samuel Shirley, Intr. and Notes, Michael L. Morgan, Hackett Publishing, 2002, 885. 以下SCWと略す)。

★04——tabellio, notary (RMILWL, 473).

★05——*Tractatus theologico-politicus*, Amsterdam, 1670.

★06——別人の手で「マインツ」と書き換えられている(A II, 1, 293)。

★07——当時の郵便料金は高く、受信者が負担するのが普通だった。本状ではさらに他人の手によって「フランクフルトからケルンまで。一六七一年一二月九日発送」と書き添えられている(A II, 1, 293)。

3–3……シュラー氏の書簡からの情報[★01]

✣ Communicata ex literis D. Schull (eri). [April 1676?]

(A VI, 3, 275–282; GP I, 131–138)

上野 修✣訳

一　彼[★02]はあらゆる実体が無限で不可分割的で唯一的であることを証明する。実体とは、それ自身においてありそれ自身で概念される(concipi)ものと彼は解する。[◉01]いいかえると、その観念ないし

◉印は、ライプニッツによる注解への訳注

★01——本テクストはライプニッツが送受信した手紙ではなく、ライプニッツがアムステルダムの医者シュラー(G. H. Schuller)から得た情報を筆写したものにさらに自身のコメントを付したものなので、アカデミー版では第VI系列(哲学著作)、第3巻(1672–1676)に配されている。第一節と第二節は『エチカ』草稿の第一部定理八、一三、一四、および定義三と定義六のパラフレーズ。第三節以降はスピノザがロデウェイク・マイエル(Lodewijk Meyer, 1629–1681)に送った、いわゆる「無限書簡」(一六六三年四月二〇日付、『スピノザ往復書簡集』書簡一二)の主要部分の写し。(ゲプハルト版スピノザ全集では『遺稿集』の同書簡を頁の上段に、ライプニッツによる写しを下段に載せているが、若干異なる部分がある。遺稿集は文面を整えるために当時の編集の手が入っていると思われるので、ライプニッツの写しのほうがオリジナルの書簡をよく伝えている可能性がある)。スピノザの書簡の翻訳に関しては畠中尚志訳『スピノザ往復書簡集』(岩波文庫)を参考にし、また全体にわたってイェール版羅英対訳(*The Yale Leibniz : The Labyrinth of the Continuum : Writings on the Continuu Problem, 1672–1686*, Translated by Richard T. W. Arthur, Yale Univeersity Press, 2001)を参照した。

★02——すなわちスピノザ。

【ライプニッツによる注解】

●01——名辞(terminus)ないし表現(vox)が定義不可能なもの、ないし観念が分析不可能なものはわれわれによって「それ自身によって概念される(per se concipi)」と思われる。存在(existentia)、自我(ego)、知覚(perceptio)、同一者(idem)、変化(mutatio)、あるいはまた熱(calor)、冷(frigus)、光(lumen)等々の可感的性質がそうである。だがしかし「それ自身によって知性認識される」となると、それはわれわれが他の事物すなわちその存在根拠であるような事物なしに、全要件(omnia requisita)を概念するものに限る。というのも、普通われわれは、事物の発生(generatio)や産出様式を概念するとき、そうした事物を「知性認識する(intelligere)」と言うからである。それゆえ、それ自身で知性認識されるものとは、もっぱら自己の原因であるようなもの、必然的なもの、つまりそれ自身を根拠とする存在者(ens a se)のことに限られる。こうしてここから、必然的な存在者をわれわれが知性認識するならわれわれはこのものをそれ自身で知性認識していることになる、と結論してよい。ところがしかし、必然的な存在者がはたしてわれわれに知性認識されるものなのか、いやそもそも知性認識されたり、知られ(sciri)、あるいは認識される(cognosci)ことが可能なものなのかということは疑うことができる。

スピノザは概念を端的に明晰(clarus)なものと、明晰であると同時に判明(distinctus)でもあるものとに区別する。概念はどれもみな明晰である。なぜなら人はたとえば熱を冷から区別するように、つねに或る概念を他の概念から識別しているのだから。しかしつねにその違いの原因が何であるかがわかるほど判明かというと、そうではない。観念(idea)、概念(conceptus)、認識(cognitio)、意識(conscientia)、知覚表象(perceptio)等々は結局同じものに帰着する。「意志作用(volitio)」は、デカルトでは肯定ないし否定する能力(facultas)のことである。

「それ自身によって概念される」とは、その概念が他のものの概念から生じないもののことである。或るものの状態が理解されるとき、その或るものは他のものから判然と区別されて概念されている。

事物の本質的な特性(proprietas)は、換位的(reciproca)であるような特性である。光、熱は概念されるが理解はされない。光や熱の特性はわれわれに知られているが、経験だけでは、たとえ知覚されても理解され証明されるわけではないのである。したがって私の考えでは、現実存在(existentia)に関する何らかの特性——われわれ自身や「自我」自身あるいは何か他のものに関する何らかの特性——が観察(observare)され、あるいは感得(sentire)されはしても、証明(demonstrare)はできない、ということが起こりうる。

およそ証明不可能なものは自同的命題(propositio identica)か経験的事実(experimentum)である。

何かについて複数の属性が言明され、あるいは相互に、ないしアプリオリに独立した複数の命題が言明される場合、そうした命題は経験的事実であるか、あるいは経験的事実からの帰結か、そのいずれかである。

概念が他の事物の観念ないし概念(conceptus)から生じてこないようなもののことである。

二 「神」を彼は次のように定義する。「神」とは「絶対的に」無限なる存在者、すなわち無限に多くの属性からなる実体であり、それら属性の各々は無限かつ永遠なる本質を表現し、したがっていずれもが広大無辺(immensum)である。注意。彼はそれ自身の類においてでなく「絶対的に」と言う。というのも、それ自身の類においてのみ無限であるようなものについては無限に多くの属性が「否定」されうる、つまり、その本性に属さない無限に多くの属性が考えられうるからである。

三 「無限に関する問題」[★03]。無限に関する問題はもっとも難しく説明不能(inexplicabilis)でさえあると、万人から見なされてきました。それにはわけがあって、彼らは次のような区別をしてこなかったからです。まず、無限であることがそれ自身の本性ないしそれ自身の定義の力(vis)によって帰結されるようなものと、たしかに終わりはないが、それ自身の本性の力によってではなく、原因の力でそうであるようなものとの区別。そして、限界(fines)がないがゆえに無限と言われるものと、最大と最小がわかっていて限定されているにもかかわらず、その諸部分がいかなる数によっても説明できず、いかなる数をも充てることができないようなものとの区別。そして最後に、われわれが想像する(imaginari)ことによってでなく、もっぱら知的に理解する(intelligere)ことのみできるものと、想像もまたできるものとの区別。こうした区別がされてこなかったのです。もしこのことに注意していたなら、あれほどひどい難問の混乱に悩まされずにすんだでしょう。というのも、もしそうしていれば、どのような無限は部分へと分割されえず、あるいは諸部分を持ちえないか、またどのような無限は反対に何の矛盾もなしに分割されうるか、明瞭に理解できたでしょうから。さらにまた、どのような無限は何の矛盾もなく他の無限よりも大きいと考えられうるか、そしてどのような無限はそんなふうには考えられえないか、ということも明瞭に理解できたはずです。このことはこのあと述べることからはっきりします。

★03——以下はスピノザの書簡からの写し。

まずは次の四つのもの、すなわち、「実体」(substantia)、「様態」(modus)、「永遠性」(aeternitas)、「持続」(duratio)を簡略に提示しておきましょう。「実体」について考察していただきたいのは次のことです。①その本質(essentia)に存在(existentia)が属するということ。◉02 いいかえれば、それ自身の本質と定義のみからそれが存在することが帰結するということ。これはたしか以前、貴方に★05口頭で他の諸定理によらずに証明したことです。②そして(ここから第一に出てくることは)、実体は複数は存在せず、同じ本性の実体はただひとつのみ存在するということ。③最後に、あらゆる実体は無限なるものとしてでなくては理解できないということ、以上です。

それに対し、実体の変状を私は「様態」と呼びます。様態の定義は、それが実体の定義でない「その限りにおいて」◉03(quatenus)、何ら存在を含むことができません。このため様態はたとえそれらが存

★04——◉ゲルハルト版では「たとえまったく明晰でないとはいえ」(etsi ne sunt clari quidem)となっている。アカデミー版はetsiをet hiとし、「そしてこれらはまったく明晰でない」(et hi ne sunt clari quidem)と読む。この読みに従う。

★05——ロデウェイク・マイエルのこと。

◉02——このことはそれ自身によって概念されるということから帰結するのだと示されるべきである。命題の概念は、命題の根拠が説明されうるなら判明である。すべての単純概念は明晰かつ判明である。だが純粋でない概念もある。そういう概念は概念の代わりに表象や徴が介入してくるのでまったく明晰ではない。★04 そのかぎりで、錯雑していると言える。幾何学において見られるように、何らかの問題を解決したり不可能性を証明したりするのに分析だけで十分な概念もある。だがすべての概念でそうだというわけでは必ずしもない。なぜなら、もろもろの可感的な性質へと最終的に分解され、したがって理由(ratio)について探求が可能な概念でも、すべてが延長と持続へと分解された時点でもなお原因の探求が不可能であるような概念が存在するからである。運動と物質について原因を探求することは可能であり、固体性(soliditas)についても同様である。こんなふうに、これらにおいてはたとえ分析を尽くしても、解決や不可能性の証明には十分ではない。もっとも、われわれがある法則を何らかの仮説に基づいて十分なものと証明しようとする場合、例えば物質の本性をある種の空間を満たすものとして仮定し、そうやって空間が満たされているとするなら、経験的事実に十分合致する。こうした推論はわれわれにとって今後十分でありうる。ところが他方、固体性の絶対的な本性やこれに類する本性はいまだ知られていない。いま固体性がすべて同等かつ最大であるとかりに仮定するなら…［中断］

◉03——ということは、ある意味で様態の定義は実体の定義でありうるということか。

在していても、われわれはそれらが存在していないと考えることができるのです。ここからまた、われわれが様態の本質のみに注目して全物質の秩序[★06]には注目しない場合、われわれはそれら様態が現に今存在しているということから、今後もそれらが存在するであろうとかしないであろうとか、あるいはかつて存在していたとかしていなかったとか結論することはできない、ということが出てきます。ここから明らかなように、われわれは実体の存在(existentia)を様態の存在(existentia)とはまったく異なったものとして考えているのです。[◉04]

そのことから「永遠性」(aeternitas)と「持続」(duratio)の違いが生じてきます。じっさい、われわれが持続で説明できるのは様態の存在のみであって、実体の存在は永遠性によって、つまり存在するということの、ないし、ラテン語的でなくて申し訳ありませんが[★07]、有るということの、無限の享楽(infinita existendi sive essendi fruitio)によって説明できるのです。[◉05]

こうしたことから次のことが明確になります。様態の存在と持続については――たいていわれわれがそうしているように――自然の秩序に注目せず、それら様態の本質のみに注目する場合、われわれはそれら様態について自分の持っている概念を破壊することなしに[◉06][★08]その存在と持続がより長いとか短いとか任意に規定できますし、それを任意に諸部分へと分割することもできます。ところが永遠性や実体は無限としてしか考えることができない[◉07]ので、同時にその概念を破壊しないでは同じようにはいきません。

ですから、延長実体(substantia extensa)が相互に実在的に(realiter)区別される諸部分ないし諸物体からできあがっていると考える人々は、狂っているとは言わないにしても、無意味な言辞を弄しているのです。[◉08]じっさいそれは、たくさんの円を付け加えあるいは合体させる(additio aut coalitio)[★10]だけで、四角形や三角形、あるいは本質においてまったく異なる何かをこしらえあげようとするのとかかわりません。というわけで、物体的実体(substantia corporea)は有限なるものであると示そうとして

★06――『遺稿集』のテキストでは「全自然の秩序」になっている。

★07――古典ラテン語では動詞「有る」(esse)のこういう形は破格用方である。cf. *Spinoza Correspondance*, présentation et traduction par Maxime Rovere, Flammarion, Paris, 2010, p.97, n.1.

★08――ライプニッツはこの箇所(quin ideo)について、フランス語とラテン語でsans que pour cela / quanquam non ideo(…することなしに)という言い換えを付している。

★09――◉ライプニッツは自らのこのコメントに抹消線を引いている(A VI, 3, 278)。

★10――『遺稿集』のテキストでは「付け加え積み重ねる」(additio & coacervatio)となっている。

持ち出される雑多な議論はすべて自滅します。というのもそれらはみな、物体的実体[★11]が諸部分からできあがっていると仮定しているからです[◉09]。同じように、別の人々は線が点から合成されていると固く信じ、その上で、線は無限に分割可能である〔わけではない〕[★13]と示す多くの議論を発明することもできたのです。

ではどうしてわれわれはかくも自然的な傾向から延長実体を分割しがちなのか、とお尋ねになるかもしれません。私の答えはこうです。量はわれわれによって二つのしかたで考えられます。

★11——『遺稿集』のテキストでは「延長実体」になっている。

★12——◉「イングランド人のトマス」はトマス・ホワイト（Thomas White, 1593–1676）。「ディグビー」はケネルム・ディグビー（Kenelm Digby 1603–1665）のこと。トマス・ホワイトの『予備的問題：はたして連続体のうちに現実的な諸部分はあるか』（*Quaestio praevia: Utrum in continuo sunt partes actu*）の第一節と第二節に、当該の議論が見られる。ディグビーの『二論文』（*Two Treatises*, Paris, 1644）の「物体論」第二章にも、量は可分割的な部分から複合されえないとする議論がある。ライプニッツは数年前に、『聖体の秘儀の可能性の証明』（A VI, I, n.15）において彼らの議論を異端的見解として批判していた（Yale, 400）。

★13——『遺稿集』のテキストではnon が入っており、「無限に分割可能なわけではない」（non esse in infinitum divisibilem）となっている（『エチカ』第一部定理一五の備考にもこれとほぼ同じフレーズが現われる）。ライプニッツは写すさいにいったん non と書いて、あとでこれに抹消線を入れている（Yale, 400）。ライプニッツがスピノザの手稿を異なる文意で理解した可能性はある。すなわち、線が点からなっているとすると、分割は点に無限に近づいてゆくだけで終わらない。すなわち無限分割は可能である、というふうに。

◉04——これはまさに、偶然と普通呼ばれているものである。

◉05——これはボエティウスによる永遠性についての定義と合致する。

◉06——することなしに／スルコトナシニ

◉07——ここではまだ、実体は無限なものとしてしか概念され得ない、ということは証明されていない。

◉08——少し手酷すぎるのではないか。これでは古代の哲学者とデカルト主義者の両方の言い分を捻じ曲げるおそれがある。[★09]

◉09——諸部分は全体のうちに存在するのではないということ。これはすでにディグビーとイングランド人のトマスが詳しい証明を試みたことである。[★12]

すなわち抽象的ないし皮相な仕方で考える。これは感覚の助けによって想像の中でわれわれが思い浮かべるとおりのものです。あるいはまた実体として考える。これは知性によってのみ可能なことです。こうして、想像のなかにあるとおりの量に注目すると――われわれはたいていそうしているし、そのほうが容易でもあるのですが――、量は有限で可分的で、諸部分から合成され、多なるものとして見出されます。反対に――これはなかなか難しいのですが――知的に理解されたもののみに注目し事柄があるがままに知覚されるようにすると、以前貴方に十分証明したとおり量は無限、不可分的、唯一的なものとして見出されるのです。

また持続と量をわれわれが任意に限定できてしまうということから、すなわちそれを実体から抽象して考え、永遠なる諸事物から流れ出てくる様式から分離してしまうとき、時間(tempus)と尺度(mensura)が生じます。時間は持続を、尺度は量をそれぞれ限定するためのもので、われわれが持続と量をできるかぎり容易に想像できるようにするのです。

次にわれわれが実体の変状を実体自身から分離し、できるかぎり容易に想像するためにクラスに還元するということから数が生じます。われわれは数によって変状を限定するのです。こうしたことから明らかなように、尺度、時間、数といったものは思考の様態、あるいはむしろ想像の様態以外の何ものでもありません。それゆえこうした概念、それもよくは理解されない概念でもって自然の進行を理解しようとした人々がかくも異様なまでに厄介事に巻き込まれたとしても驚くべきではありません。結局彼らは何もかもをめちゃくちゃにし、どれほどおぞましい不条理にも無防備になりました。そうしないではそこから抜け出すことができなかったのです。

というのも想像によってでなくもっぱら知性によってのみ到達できる事柄がたくさんあるからです。実体、永遠性といったものがそうで、そういうものを想像の補助手段にすぎないこうした概念で説明しようとつとめるのは、まさに自分の想像とともに懸命に狂おうとつとめるようなものです。

また実体の様態自身も、そうした理性の有(ens rationis)ないし想像の補助(imaginationis auxilium)と混同されると決して正しく理解されることはないでしょう。というのもそういうことをすると様態を実体から、そしてそれらが永遠性から流れ出てくる様式から分離することになりますが、これらなしには様態は正しく理解されえないからです。このことがはっきりわかるために次のような例を考えてみてください。ある人が持続(duratio)を抽象的に概念し[◉10]、それを時間(tempus)と混同して諸部分に分割し始めるとします。この人は例えば時がどのようにして推移しうるのか知ることができないでしょう。というのも、時(hora)が推移するためにはその半分がまず推移しなければならず、そのあとその残りの半分が、そしてまたその残りの残りの半分が、というふうに無限に残りからその半分を差し引いてゆかねばなりません。これでは時の限界に決して到達することができません[◉11]。このゆえに、実在的なもの(realis)から理性の有を区別しないことに慣れっこになっている多くの人々は大胆にも、持続を諸瞬間から合成してみせると主張するにいたりました。一難

★14――◉トマス・ホッブズ『物体論』(*Elementorum philosophiae sectio prima de corpore*, 1655)第7章第2節、第3節に該当する記述がある。ホッブズは「方法的世界消去」のあとに残るであろう表象像や観念として空間と時間を説明している。

◉10――すなわちこういうことであろう。持続をその基体から抽象してそれ自身による存在者として概念するなら、持続は、スピノザが言うように、想像的なものないし理性の有(ens rationis)になってしまう。このことはホッブズの見解とたぶん一致する。じっさい、ホッブズは場所(locus)のことを現実存在の表象像(phantasma)と言い、時間(tempus)を運動の表象像と呼んでいる[★14]。

◉11――ここから帰結するのはただ、時(hora)を連続的に比をなす諸部分へと分割できると考え、そうした部分の枚挙を始めるなら、誰もこれを完了できないということだけである。それはちょうど、幾何学的に二倍二倍を続けてゆくときのすべての数が書き込めるような本など決して見つからない、というのと同じである。だがここから、時は推移しないということにはならない。そこから帰結するのは、時は時においてのみ推移するということである。

を避けようとしてまた一難というわけです。じっさい、瞬間から持続が生じるなどということはゼロを加えてゆくだけで数が生じるというのと同様ですから。[12]

そしてまたいま述べたことから明らかなように、数も尺度も時間も想像の補助にすぎない以上、[13]無限ではありえません。さもなくば数はもはや数ではなく、尺度は尺度でなく、時間は時間でないことになってしまいます。こういうわけで、これら三つを事物と混同した多くの人々が、なぜ事物の真の本性に無知なままに現実的無限(infinitum actu)を否定したのかその理由が明らかとなります。けれどもその推論がいかに惨めなものであるかは数学者たちの判断に任せましょう。彼らは自分たちが判明に見て取る事柄に関してこうしたたぐいの議論によって足を引っ張られることはありませんでした。

というのも、彼ら数学者たちはいかなる数によっても「説明」(explicare)されえない[14]ような多くのものを発見し、数がすべてを限定することはできないということを如実に示していますが、それを別にしても、いかなる数によっても「充当される」(adaequari)ことができず、与えられうるあらゆる数を超えるような[15]ものが多くあるからです。そういうものはしかし部分の多さという点であらゆる数を超えると彼らが結論しているわけではありません。そうでなく、そういうものは、事柄の本性上明白な矛盾なしに数を充てることができない、という点であらゆる数を超えるというのです。[16]例えば、二つの円のあいだにある隔たりのすべての不等さ *ab* と *cd*、およびその隔たりの中を運動する物質が被らねばならないすべての変異は、あらゆる数を超えます。しかもこのことは、間にある隔たりの膨大さから結論されているのではありません。[17]というのも、その隔たった部分をどれほど小さくとっても、その小さな部分の不等さはあらゆる数を超えるでしょうから。このことはまた隔たりの極大と極小が知られないということから結論されるのではありません(他の場合にはそういうこともありえますが)。じっさい、われわれのこの例では極大 *ab*、極小 *cd* を

★15——◉すなわちスピノザ。

★16——◉同趣の疑義はチルンハウスからも出されていた(一六七六年五月二日付スピノザ宛『スピノザ往復書簡集』書簡八〇)。これに対するスピノザの答えは次のようであった。「無限なるものに関する書簡の中で私が述べたこと、すなわち諸部分の無限性は部分の多さということから結論されはしないということは、次の考察から明らかです。すなわち、もし無限性が部分の多さということから結論されるとしたら、われわれはそれより大なる部分の数を考えることができず、部分の多さはどんな多さよりも大きいということになるはずですが、これは誤りです。なぜかといえば、異なった中心を有する二つの円の間の全空間の中には、その空間の半分の中のものと比べて二倍大きい数の部分を考えることができますが、にもかかわらず部分の数は、全空間のそれであろうと半分の空

われわれは知っているのですから。むしろそれは、異なる中心を持つ二つの重ねられた円のあいだの隔たりはそんなふうなこと〔数があてがわれるということ〕を許さないということだけから結論されるのです。ですから、こうした不等さをある一定の何らかの数でもって限定しようとする人間のそれであろうと、同じく指定可能なあらゆる数より大きいからです」(一六七六年五月五日付チルンハウス宛『スピノザ往復書簡集』書簡八一)。

◉12――連続体は無限に分割されうるということを証明しようとする他の人々のこうした論拠は、説得力をもつほど十分精確に導出されているとは思えない。同じことは別なやり方で厳密な論証が可能である。

◉13――ということは、時間と尺度は点から合成されるということだろうか。そういうことなのだろう。なぜなら少し前で、点から持続を合成すると称する人々は、実在的な持続を想像的な有(ens imaginarium)にすぎない時間から区別しないために誤った、と述べられていたからである。しかしながら、いかなる連続体も点から合成されるという主張が著者[★15]のものであるとはほとんど信じられない。

◉14――すなわち有限数によっては説明されえない、ということ。というのも、無限数(すなわち指定可能ないかなる量よりも多い数(numeros assignabili quantitate plures))を適用するなら、無理数もまた数の比によって説明できるからである。

◉15――すなわち有限数を超える、ということ。というのも、その他の事柄については、たとえその多さがわれわれによって指定可能ないかなる数をも超過するほどに大きいとしても、その多さそのものはやはり、いかなる指定可能な数よりも大きい数と呼ぶことができるだろうからである。

◉16――指定可能ないかなる数がもたらすよりも諸部分が多いということが明らかなのなら、なぜこのことが諸部分の多さから示されないのか。

◉17――スピノザは、このことが部分の多さから結論されるのではない、ということを証明しようと試みていたはずだ。ところがここではただ、そのことが全体のもつ大きさから結論されるのではない、ということしか示してはいない。それはまったく別の事柄である[★16]。だが明らかなようにこのことはむしろ、物質は無限に分割可能であり、分割可能なすべての部分へと実際にそのように分割されるということから結論される。完全で充満した流体中のあらゆる固体の運動についても同じように考えてよい。たしかに難問が持ち上がってくるが、その解決はある種の目覚ましい諸定理(theoremata)をもたらすのである。もしそういう定理に出会っていたなら、デカルトは自分の見解のいくつかを訂正していたことであろう。

は、同時に円が円でないようにしなければならないでしょう。われわれの話題に戻れば、物質の今まで存在してきた全運動を限定しようとする人も同様です。その人は全運動を一定の数に還元し、それら運動の持続を一定の時間に還元することで、存在するとしかわれわれが考えることのできない[◉18]物体的実体から変状を剥奪し、実体が有している本性を実体が有していないようにさせることとしか求めていないのです。このことはこの書簡において関わりのある他の事柄と同様、明瞭に私は証明できるのですが、それには及ばないと考えます。

　さて以上述べてきたすべてのことから次のことが明瞭にわかります。すなわち、どのようなものがその本性上無限であり、いかにしても有限とは考えられえないか[◉19]。反対にどのようなものがそれが内属する原因の力によって無限であり[◉20]、にもかかわらず抽象的に考えられると諸部分に分割可能で有限なものと見なされうるのか[◉21]。そして最後に、どのようなものがいかなる数も充てることができないがゆえに無限、あるいはむしろ無際限(indefinita)と呼ばれるのか。こうしたものにはしかし大小を考えることができます[◉22]。なぜならいかなる数も充てられえないからといって、そういうものがすべて等しいと帰結されねばならぬ必然性はないからです[◉23]。それは上にあげた例やその他多くの例から明白です。

　というわけで私は無限問題をめぐって生じてくる誤謬と混乱の原因を簡略に示しました[◉24]。私が間違っていなければそういう原因を十分に説明したつもりですので、ここで触れ残したり、すでに述べたことから容易に解決できないような問題が無限に関して残っているとは思いません。ですからこうしたことにこれ以上貴方を引き止めておく必要はないと考えます。

　しかしここで若干注意したいことがあります。それは、古代の人々が神の存在を示そうとして持ちだした証明をアリストテレス主義者たちは誤解してきたのではないか、ということです。というのも、ラブ・ハスダイ[★18]と呼ばれるユダヤ人の書いたものにこの証明があるのを私は知ってい

★17——◉ライプニッツの『結合法論』(*Dissertatio de arte combinatoria*, 1666. A VI, 1, 229) によれば、カルダーノ (Gerolamo Cardano, 1501–1576) はある無限は他の無限よりも大きいという主張をなしていた。ライプニッツ自身の考えでは、通約可能な二つの無限数は有限数の比であらわせる (『無限数』Numeri infiniti, A VI, 3, 496–497) (Yale 401)。

★18——ハスダイ・クレスカス (Chasdai Crescas, 1340–1410) のこと。スペインで活躍したユダヤ人哲学者。ユダヤ哲学に合理主義的なアプローチを取った。スピノザはハスダイをポルトガル風に Jaçdaj と綴っている。

ますが、それは次のようになっているのです。「もし諸原因の無限進行があるとすれば、（それゆえ）有るものはすべて原因によって生じたもの（causatum）でもあるということになる。しかるに原因によって生じたいかなるものにも、それ自身の本性から必然的に存在するということは属さな

◉18――すなわちわれわれの著者の語法によれば、実体であるがゆえに、ということ。

◉19――著者の見解による実体、永遠性がそうである。

◉20――持続、延長がそうである。

◉21――尺度、時間がそうである。

◉22――運動の多様な変化（motuum variationes）がそうである。

◉23――このことは多くの数学者が認めるところである。名前を挙げればカルダーノ★17。しかしわれわれの著者はこのことをとりわけよく見ており、注意深く強調していると私は思う。

◉24――私はいつも、広大無辺なるもの（immensum）を、終わりなきもの（interminato）すなわち終端をもたないものから区別し、何も付け加えることのできないものを、指定可能な数を超えるものから区別してきた。簡略に等級分けをしておくと、すべてのもの（omnia）、最大なるもの（maximum）、無限なるもの（infinitum）の三つがある。すべてのものを含むものは何であれ、有るということ（entitas）において最大なるものである。ちょうどすべての次元において終わりなきものは、延長において最大なるものであるように。同様にすべてのものを含むものは、私の言い方では、最も無限なるもの（infinitissimum）、すなわち絶対的に無限なるものである。そして**最大なるもの**とは、その類におけるすべてのこと、すなわち何も付け加えることのできないもののことである。例えばいずれの側にも終端をもたない直線。そういう直線は長さのすべてを含んでいる以上、明らかに無限でもある。最後に諸々の**無限なるもの**は、**最も低い等級**である。そういうものは、たとえ何かそれより大きいものがあるとしても、われわれが感覚的なものに対して指定するような比で表現されうるどんな大きさよりも、大きい大きさをもつ。ちょうどアポロニウスの双曲線とその漸近線との間に含まれる空間がそうである。これはもっとも穏健な無限なるものの一つで、数としてはこの空間の総和すなわち 1/1, 1/2, 1/3, 1/4……の総和が対応する。この総和は1/0になる。ただ、われわれは0そのもの、すなわち無（nullitas）を、ここではむしろ無限に小さな量、もしくは指定不可能なほどに小さな量と解しておく。この量は、われわれが断片からなるこの無限系列の最後の分母（nominator）――この分母自体がまた無限なのだが――をより大きく仮定するかより小さく仮定するかに従って大きくあるいは小さくなる。というのも、最大の数なるものは諸々の数のうちには見出されないからである。

い。ゆえに必然的に存在するということがその本質に属するようなものは自然のうちに一つもない。しかしこれは不条理。ゆえに前提のほうも不条理である」。このように、論証の力は、現実的な無限（actu infinitum）が与えられることは不可能だという点に存するのではありません。そうではなく、みずからの本性から必然的に現実存在するわけではないようなものが、それ自身の本性から必然的に現実存在するような事物から現実存在へと決定されない[25]、と想定すること、そこにのみ論証の力は存するのです。

◉25——この指摘は正しい。私はつねづね、現実存在することの十分な理由が説明できないようなものは何も存在しないと言ってきたが、この指摘はそれに合致する。そうした十分な理由が因果系列の中に有りはしないことは容易に証明される。なぜなら、個々のものをどれほどさかのぼってもどこで停止するのか見当がつかないからである。たとえ、無限背進系列の全体が継起する個々のものの存在の十分な理由である、と解するとしても——これは反対者たちにとって残された一つの逃げ道であろうが——その反対であることを示すのは容易である。すなわち、そうした無限系列からは任意の個々のものを切り離すことができるが、それでも系列の残った全体はやはり継起する個々のものの存在理由でなければなるまい。すると最後は、系列全体、すなわち切り離しうるすべてのものの総体が、それ自身のうちに仮定されていた当の現実存在することの理由は保存されたままで、それ自身から差し引かれうる、ということになってしまう。これはもちろん不条理。というかむしろ、仮定されていたことの反対が直接に確証される。すなわち存在する理由は系列の外にあるということ、これである。お望みならこの議論は次のように述べることもできる。かの無限背進系列はそれに継起するものの理由でなければならず、一方の側では終わりがなくもう一方の側では終りがある。そういう系列はしかし、いったいどこでそれ自身の終端から遡行を開始しなければならないのかを言うことができない。すると、すでに述べたように系列から個々のものをいくらでも差し引いていくことができるわけで、結局は系列を系列自身から差し引くことができるということになってしまう。ここからまた明らかに、継起するものの理由を含み、かつこうした仕方で決定された一定の大きさをもつような系列は存在しない以上、結局どんな系列も存在しないことになる。この議論はたしかに確実だが、やや穿ちすぎかもしれない。もっとわかりやすく手っ取り早い次のような議論もある。なぜ系列全体は現実存在することの十分な理由を含まないのか。それは、系列の全体は何か他のものによって仮構されあるいは理解されうるからである。したがって系列がなぜそのようにあるのかということは系列自身の外にある理由によって説明されねばならない。以上からもう一つ心に留めておくべき大事なことが帰結する。すなわち、因果系列において先なるものは後なるものよりも諸事物の理由(Ratio rerum)ないし第一の有るもの(Ens primum)に近いわけではないということ、また第一の有るものは先なるものを介して後なるものの理由となっているのではなく、等しく無媒介的に万物の理由となっているのだということ、これである。

3-4……スピノザからオルデンバーグへの三通の手紙★01

町田 一✣訳

✣
Epistolae tres D. B. de Spinoza ad D. Oldenburgium. [2. Hälfte Oktober 1676].　(A VI, 3, 364–371; GP I, 123–130)

第一の手紙――一六七五年一二月／一六七六年一月

もっとも高貴な方

私から公表しないようにと貴方が求めていたことが何であったのか、ようやくわかりました。しかし、それは出版しようと決めていた論考において扱われているすべてのうちの特別な基礎ですので、すべての事物と行為の運命的必然性を私が主張する理由について、手短に説明したいと思います。まず、神はいかなる仕方においても運命に従属しているのではなく、不可避的必然性によって神の本性からすべては帰結すると私が考えているのは◉01、神が自らそのものを知性認識するということが神そのものの本性から帰結すると誰もが考える〔のと同じ仕方においてであり〕、これ〔神の知性認識〕が神の本性から必然的に帰結することを誰も確かに否定することなく、神が何か運命に強制されているのではなく、必然的であるにせよ、まったく自由に〔神は〕自らそのものを知性認識する、とやはり誰もが考えるのと同じ仕方においてなのです。

次に、事物のこの◉02不可避的必然性は神の法も人間の法も取り除きません。というのも、道徳的戒律自体は、何であれその法の形(forma)を神そのものから受け取るにせよ受け取らないにせよ、やはり神的であり救済をもたらすものであるからです。そしてもし、神の力(virtus)と神の愛から

◉印は、ライプニッツによる注解への訳注

★01——この三通の手紙はライプニッツが送受信したものではなく、ライプニッツによる筆写にさらに彼のコメントが付されていることから、アカデミー版では第VI系列（哲学著作）、第3巻（1672–1676）に配されている。三通のオルデンバーグ宛スピノザ書簡は、パリからハノーファーに向かう途中、一六七六年一〇月一八日から二九日にかけての二度目のロンドン滞在において、ライプニッツが、当地の王立協会初代事務局長を務めたH・オルデンバーグ（c.1619–1677）と会見した時に見せてもらい自ら複写したものである。おそらくこのときの会見の話題の一つがスピノザであったと思われる（Maria Rosa Antognazza, *LEIBNIZ An Intellectuel Biography*, Cambridge, 2009, 176）。三書簡はスピノザの『神学・政治論』における奇蹟論と聖書解釈にかかわる内容であり、ライプニッツは、とりわけ、奇蹟は哲学的に理解できるという点と、キリストの復活の「字義どおり」の解釈を擁護するという点においてスピノザを批判するコメントを書き加えている。これらすべてもあわせてライプニッツの注解として訳出した。ここにおいてもライプニッツは奇蹟の秩序性について書いているが、これは、例えば『形而上学叙説』（1686）において主張される、目的因の秩序にしたがうという意味での奇蹟の秩序性と相容れる。また、キリストの復活の「字義どおり」の解釈についても、キリストのみならずすべての人間の身体の「字義どおり」の復活を容認し（『キリスト教の糾明』（*Examen religionis christianae*, 1686?））、さらには復活するすべての人間が集まるとされる「ヨシャファトの谷」（『ヨエル書』III）の容積を計算してその収容可能性を示唆する聖書解釈（一七一一年六月二六日付ハノーファー公妃ゾフィー宛書簡）と合致している。こうして、スピノザ書簡に対するコメントからこのゾフィー宛書簡にいたる聖書の「字義どおり」の解釈においては、「啓示的真理は論証可能である」というライプニッツの思想的前提が見出されるといえよう。

【ライプニッツによる注解】

◉01——これは次のように説明されるはずである。世界は他のようには産出され得なかった、なぜなら、神はもっとも完全ではない仕方で作用することはあり得ないからである。というのも、〔神は〕もっとも賢明であるがゆえに最善を選択する、というふうに。しかし、いかなる〔神の〕意志の介在もなく神の本性からすべてが帰結すると考えられるべきではない。自らそのものを知性認識する神の作用についての内容は適切ではないように思われる。なぜなら、これ〔神の知性認識〕は意志の介在なしに生じることだからである。

◉02——どういうものなのか〔『哲学者の告白』（1672–1673?）において〕私は説明した。

帰結する善を、審判者としての神からわれわれが受け取るのであれば、たとえ〔善が〕神の本性の必然性から流出するものであるとしても[◉03]、だからといって〔善が〕望ましかったり、望ましくなかったりすることにはならないでしょう。逆に悪が、歪んだ行為や気分から必然的に帰結するからといって、恐るべきものではないことにはならないように。そして最後に、われわれが行っていることは、必然的に行っているのであれ、偶然的に行っているのであれ、いずれにせよわれわれは希望や不安に駆りたてられているのです。

さらに、神の面前において人間は、同じ塊からあるときは尊い器、あるときは卑しい器を造る陶工の権能における土くれのように[★02]、神そのものの権能においてあるということ以外のいかなる理由によっても申し開きできないのです[◉04]。これら若干のことに対して一瞥いただければ、私とともに多くの者が経験したことですが、この見解に反対するのが常であるすべての議論に対して苦もなく返答できることは間違いないと思います。

奇蹟と無知を同等のものと私はみなしました[◉05]。なぜなら、神の現実存在と宗教を奇蹟をもとに築こうとする者は、不分明な事物を、まったく知らない別のさらに不分明な事物によって明らかにしようとしているからであり、そしてそれゆえに議論の新たな類、すなわち、不可能なもの〔帰謬法〕にではなく、いわば、無知に戻す、という〔議論の新たな類〕をもたらすことになるからです。そのうえ、奇蹟についての私の見解は『神学・政治論』において十分に説明したと思います。ただ、ここで付け加えたいことは、つまり、キリストは、議会にもピラトにもいかなる不信仰の者にも現れず、ただ聖なる者にだけ現れたということ[★03]、そして神は右も左もなく、場所においてあるのでもなく、本質にしたがうかぎりにおいて〔secundum essentiam〕遍在しているということ、物質は至る所において同一であるということ、神は世界の外に、想像されているような虚構の空間において自らを現すのではないということ、最後に、空気の重さのみによって人間の身体の組成が定め

★02——『イザヤ書』XXIX, 16, XLV, 9;『エレミア書』XVIII, 6;『ローマの信徒への手紙』IX, 21.

★03——『マルコによる福音書』XVI, 9-18.

られた限界内に封じ込まれているということ[◉06]にご注目いただければ、このキリストの現れは、アブラハムが三人の〔旅〕人を食事に招いたときに、神が彼に現れたこと[★04]から遠くないものであると[◉07]たやすく認められるでしょう。一方、貴方は、使徒たちはキリストが死から復活して、じっさいに天まで昇ったことを確かに信じていたと言っていますが、私はこれを否定しているのではありません。つまり、アブラハム自身もまた神が昼食の時に現れたことを信じたのであり、同様にすべてのイスラエル人も神が天から火に取り巻かれて(circumductus)[◉08]シナイ山に降りてきて、彼らに直

★04——『創世記』XVIII, 1-8.

★05——◉『ルカによる福音書』XXIV, 39.

★06——◉この一節はゲルハルト版では本文( )内に挿入されている。なお、一五四六年版ラテン語訳聖書では「主は火のなかにあって」(in igne)である(『出エジプト記』XIX, 18)。

◉03——もし、神の本性から何らかの必然性によってすべてが流出し、そしてすべての可能なものもまた現実存在するのであれば、悪人にも善人にも等しく容易に不幸なことになるであろう。したがって、道徳哲学は取り除かれることになる。

◉04——この一節を著者は続く手紙において説明しようとしていたので、そこで私も注釈しよう〔後注◉16参照〕。

◉05——もし、奇蹟を、あたかも製作者が、そうでなければ他のように動いたであろう自動機械に手を加えたように、神が世界に手を加えたものであるとわれわれが考えるのであれば、奇蹟は、神の叡智にも神の本性にも合致しないと私は思う。これに対して、もし、すでにすべてが永遠から、或る一定の時間に諸原因の協働だけで驚くべきことが生じるように、あらかじめ秩序づけられているとわれわれが考えるのであれば、奇蹟は哲学に一致し得ると私は思う。つまり、もし、われわれが奇蹟を理解しているのであれば、それは事物の本性を超えるものではなく、知覚可能な物体の本性を超えるものである。というのも、その助力によって驚くべきことが成し遂げられるところの、われわれより優位な或る精神が何らかの身体を身につけ得ることがなぜ禁じられるのか私にはわからないからである。それゆえ、キリストの復活と昇天を字義どおりの意味で理解されることがなぜ拒否されるのかも私にはわからない。

◉06——人間の身体は、いっそう精妙にそしていっそう完全に復元され得るので、火、土など他の可感的に感覚可能なものによって破壊されることも動きを制約されることもないのである。

◉07——これら二つの現れの一致を私は十分に理解できない。というのも、神がアブラハムとイスラエル人たちに現れたのは何か他の(すなわち、人間の)形をとってであるが、死後にキリストが使徒たちに現れたのは、自ら〔の形〕をとってであるから。[★05]

◉08——circumdatus(囲まれて)であると思う。[★06]

接語りかけた★07ことを信じたのですが、その他多くの同種のことは、神が自らの精神を啓示しようと望んだ人々の、理解力と想像力にふさわしい現れであり啓示であったのです。それゆえ、キリストの死者からの復活は、じっさい、霊的なものであり、信仰をもつ者だけに彼らの理解力に応じて啓示されたものである◉09、と私は結論づけます。というのも、キリストに永遠性が与えられ、死者から(ここにおいて私が理解している死者とは、「死んでいる者たちに、自分たちの死者を葬らせなさい」★08とキリストが言った〔「死んでいる者たち」という〕意味においてです)よみがえったということはまた、〔キリストが〕生と死によって唯一の聖性の模範を示したということを意味しており、この〔キリストの〕生と死の模範にしたがうかぎりにおいて、死から自らの弟子たちをよみがえらせるからなのです◉10。福音書の教え全体をこの仮説にしたがって説明することは困難ではありません◉11。さらに、『コリントの信徒への手紙一』第15章★09もこの仮説のみから説明できますし、同じくパウロの議論も理解できますが、他の方法で一般の仮説にしたがうのなら、〔パウロの議論〕は無力に見えますし、容易に反駁され得るでしょう。言うまでもありませんが、ユダヤ人が肉にしたがって(carnaliter)解釈したすべてのことを、キリスト教徒は霊にしたがって(spiritualiter)解釈したのです◉12。人間の弱さを貴方とともに私は認めます。逆に、お尋ねするのをお許しいただきたいことは、どこまで自然の力(vis)と力能(potentia)が及ぶのか、何がその同じ〔自然の〕力に優っているのかを決定できるほどの自然についての認識をわれわれちっぽけな人間がもっているのかどうか、ということです。誰も傲慢にではなくこのことを想定することはできないのですから、自然的原因を通して奇蹟的なことがどれほど生じ得るかを説明することができるとしても、不遜ではないのです。私たちが説明できないことは、それがまた不合理であることも論証できないのであり、同じ〔奇蹟的な〕ことについては判断を保留し、申しましたように、宗教を教えの叡智のみから築くだけで十分でしょう◉13・14。最後に、『ヨハネによる福音書』と『ヘブライ人への手紙』★11の一節が私の言と相容れない、とお

★07――『出エジプト記』XIX, 18.

★08――『マタイによる福音書』VIII, 22;『ルカによる福音書』IX, 60. ここにおける「死者」(新共同訳では「死んでいる者たち」)とは、「自分の罪過と罪とによって死んでいた者」(『エフェソの信徒への手紙』II, 1)、あるいは、「生きているというのは名だけで、実は死んでいる」者(『ヨハネの黙示録』III, 1)であり、イエスにしたがわない不信仰の者、言い換えれば、霊的死者を指していると考えられる。これに対して、「自分たちの死者」とはイエスの弟子の一人の父であり、これは肉的死者を指していると考えられる。

★09――『コリントの信徒への手紙一』(XV, 12–28)においてパウロは「もし死者の復活がないならば、キリストもよみがえらなかったであろう」と説いている。

★10――◉この記号は錬金術において「蒸留する」を意味するが、アカデミー版編者によればライプニッツはこれを「さらに考えるべき余地がある」場合に用いている。

★11――一六七五年一二月一六日付オルデンバーグのスピノザ宛書簡によ

考えなのは、オリエントの言語の言い回しをヨーロッパ〔の言語〕の話法で判断されているからです。ヨハネが自らの福音書をたとえギリシア語で記述していたとしても、ヘブライ語的表現を用いているのです。いずれにせよ、神が雲の中で自らを現した、あるいは、〔神が〕幕屋や宮に住んで

るとそれぞれ次のとおりである。『ヨハネによる福音書』I, 14;『ヘブライ人への手紙』II, 16.

●09——それでは、夢であったか、それとも、眠らずにいる者の空想によってもたらされた幻であったか。しかし、これは真らしくない。これほど同時にしかも覚醒している者たちのその数だけに〔キリストの復活が〕現れたのであるから。

●10——死者からのこの復活は、確かに隠喩的でしかなかったか、それどころか、後にこれらの手紙の著者が認めるように、望むのであれば寓意的〔というのも、寓意とは継続された隠喩〔物語〕であるから〕であったろう。もし、〔「復活」が寓意であるというスピノザの主張に〕逃げ込まねばならないほどの必要があれば、私はこれを認めるであろうが、しかし、その必要はまったくない。

●11——いったい誰に〔説明するのか〕？　なぜなら、使徒たちが〔霊的とは〕別の意味において、つまり、字義どおり〔の意味〕において理解していたことを著者は認めるだろうから。したがって、彼ら〔使徒たち〕に隠喩的意味をわれわれが押し付けても無駄である。神のある種の霊感によって書いている使徒たちが、自らよりも優れた何らかの霊が口授したことばの意味を理解しなかった、というなら話は別であるが。しかし、これは『神学・政治論』の著者の見解とはかけはなれていると私は思う。というのも、使徒たちの書物が書かれたその方法においては、〔スピノザも〕奇蹟を認めたであろうから。

●12——しかし、〔ユダヤ教徒もキリスト教徒も復活という〕問題そのものを取り除くように〔解釈したの〕ではない。例えば、メシアは身体的な悪から解放してくれるであろうとユダヤ人は信じていたが、これに対して、〔メシアは〕精神に光を与えるにちがいないとキリスト教徒は納得していたのである。だが、いずれにせよ、メシアが確かに何らかの人間ではあるが、虚構の、あるいは、寓話上の登場人物ではないというかぎりにおいては〔ユダヤ教徒もキリスト教徒も〕一致している。

●13——る[★10]。

●14——この意味は、キリスト教の真理は奇蹟によってではなく、キリストから伝えられた教えそのものの卓越さと聖性によって肯定されねばならない、ということであると思う。しかし、もし、奇蹟が肯定され得るのであれば、その理由がなければならず、そしてそれゆえに摂理についての神々しい証言は否定されるべきではないことをわれわれの著者は認めるであろう。なぜなら、神の助言と業を認識し賞讃することは賢者にふさわしく、大衆や、一般に真なる哲学に通じていない者は奇蹟によって、より容易に説得されるものだからである。

いたと聖書が言うとき、神自体が幕屋や宮の本性を装っていたと貴方はお考えになるのかどうか。それでも、キリストが自らについて、自身がすなわち神の宮であると言った[★12]ことこそが究極のことなのです[◉15]。なぜなら、以前の私の手紙において述べたことですが、神はキリストにおいて最大に自らを現したことは間違いないゆえに、これをいっそう効果的に表現するために、ヨハネは「ことばは肉になった[★14]」と言ったのです。

第二の手紙——一六七六年二月七日

もっとも高貴な方

以前の私の手紙で、あたかも土くれが陶工の手の中にあるように、われわれは神の権能の中にあるがゆえに自らを申し開きできない、と述べたことは次のような意味において理解されることを望みました。すなわち、誰も自分に虚弱な本性、ないし無力な魂を与えたと神に異議を唱えることはできない、という意味においてです。というのも、円が球の固有性を神が与えてくれなかったと嘆くことや、あるいは、結石で苦しんでいる子どもが健康な身体を神が与えてくれなかった〔と嘆く〕ことが不合理であるように、魂が無力な人間もまた、自らには強靭さ(fortitudo)や神そのものの真なる認識と愛を神が否定し、それゆえに、自らの情欲を封じ込めることも抑制することもできないような虚弱な本性を与えたと嘆くことはできないのです。つまり、与えられた自らの原因から必然的に帰結するものをおいて、何であれその事物の本性にふさわしいものは何もないのです。ところで、強靭な魂をもつことがこうした人間の本性にふさわしくないということ、そして、われわれの権能において健康な精神をもつことがないのと同様に、〔われわれの権能において〕健康な身体をもつことがないということを誰も否定できません。理性も経験も否定したい者であれば話は別ですが。しかし、もし、本性の必然性から人間が罪を犯すのであれば、それゆえに申し

★12——『マタイによる福音書』XII, 6.;『ヨハネによる福音書』II, 21.

★13——◉『マルコによる福音書』XVI, 21.『マタイによる福音書』VIII, 31.『ルカによる福音書』IX, 22. ただし「雲に……」とはキリスト自身は言っていない。『ヨハネの黙示録』I, 7. 参照。

★14——『ヨハネによる福音書』I, 14.

開きできる[◉16]と貴方は主張しておられますが、そこから、神が彼ら〔人間〕に対して怒ることができないということを貴方は結論づけたいのか、それとも、至福、つまり、神の認識と愛に〔人間は〕値するということを貴方は結論づけたいのか何も説明しておられません。さて、もし前者を貴方がお考えなら、神は怒るのではなく、すべてがその叡智から生じるということを私は確かに認めます[◉17]が、しかし、それゆえに、すべての者が祝福されねばならないことを否定します。つまり、人間が申し開きできるとしても、至福から遠ざけられ、あらゆる仕方で苦しめられるのです[◉18]。馬は、

◉15——われわれの著者はキリストに対して何か特異な崇拝を認めているように見える。それゆえ、キリストが自らの意向に反対する何かを、しかも弟子たちを惑わすために言ったと著者がたやすく主張するとは思われない。ところで、〔キリストは〕「三日目に復活し、雲に乗って来るであろう[★13]」と自ら言ったのである。したがって、〔キリストが自らの意向に反対する何かを言っていたとしたら〕キリスト自らが、きわめて酷い、恥ずべき過ちに陥っていたことは必然的であろう。彼〔キリスト〕の光り輝く教えが証言している、あの叡智にこの〔推論〕はふさわしくない。

◉16——申し開きできるのは、罰に値しない者である。これに対して、魂が無力な者であっても罰に値し得るが、概して、彼ら〔魂が無力な者〕の権能にあったのは、たとえ〔悪事をなそうと〕望んでいたとしても悪事をなさない、ということである。ところで、彼らの権能に意志すること（velle）があったのかどうかは、この問題には関係がない。罪で汚された者の意志が罰に値することが確かめられるだけで十分である。

◉17——神が怒るとわれわれが言うとき、怒っている者が通常行うこと、つまり、罰するということをわれわれは理解している。たとえ、〔神が〕その御業のために、人間の場合のようには嘆き悲しむことがないとしても。

◉18——これは用心せずに伝えられてはならない。というのも、神の本性ないし事物の完全性が要求しているのは意志の正しい精神は結局幸福であると理解されることである、ということも信じられ得るからである。

馬であって人間ではないことを申し開きできるにしても、馬は馬であって人間であるはずがありません。犬の噛み傷によって狂った人は、確かに許されねばなりませんが、窒息にいたるのは当然のことで[◉19]、結局、自らの情欲を制御し、法への畏怖によってもその情欲を抑制できない者は、他の虚弱さについては不問に付したとしても、魂の安らぎや、神の認識と愛を享受することはできず、必然的に滅びるのです。[◉20] ここにおいて、神が罪人に対して怒り、人間の行為について裁きを宣告する審判者でもあると聖書が書いているとき[★15]、〔神は〕人間の慣習において、大衆に受け入れられている諸見解に応じて語っている、ということを忠告するまでもないと思います。なぜなら、その〔聖書の〕目的は、哲学を授けることでもなく、人間を学者にすることでもなく、人間を服従者にすることだからです。それゆえ、奇蹟と無知を同等のものと私がみなしたそのかぎりにおいて、神の力能と人間の知識を同じ領域に〔私が〕押し込んでいるとなぜ〔貴方に〕思われているのか、私にはわかりません。さらに、キリストの受難、死そして埋葬も貴方とともに私は字義どおりに受け取っていますが、しかし、その復活は寓意的に受け取っています。[◉21] これ〔復活〕はまた確かに、福音史家によって状況に応じて語られており、キリストの身体が復活し、神の右に座すために天に昇ったと福音史家自らが信じ、不信仰の者であっても、キリスト自らが弟子たちに現れたその場所にともに居合わせたのであれば〔復活を〕見ることができたであろうと福音史家自らが信じていたこともわれわれは否定できないと私は認めます。しかし、福音書の教えが守られたまま、〔復活について〕皆欺かれ得たのです。こうしたことは福音史家以外の預言者にも起こったのであり、この問題の事例を私は前の手紙で挙げておきました。一方で、パウロにも後にキリストが現れたのですが、肉であるかぎりにおいて(secundum carrnem)ではなく、霊であるかぎりにおいて(secundum spiritum)キリストを認識したことを〔パウロは〕誇っています。[◉22] もっとも高貴なボイル氏[★16]の著作一覧に対して最大の御礼を申しあげます。最後に、王立協会の現在の仕事を貴方のご都合の良い折りに知りたいと

★15――『創世記』XVIII, 25;『詩編』L, 6;『イザヤ書』XXXIII, 22

★16――ロバート・ボイル(Robert Boyle, 1627–1692)。アイルランド出身の貴族で、「ボイルの法則」で知られるが、理論的に元素を導入したことによって錬金術から近代化学への転回においても重要な位置を占める化学者である。英訳注によれば、ここで言及されている「ボイルの著作一覧」とは一六七七年に発行された王立協会編『哲学紀要』130号にオルデンバーグによって記された「ボイルの著作一覧」の予稿の写しである(SWC, 953)。

思っています。さようなら、もっとも優れた方、すべての情熱と熱意から私は貴方のものであると思ってください。

第三の手紙[◉23]**——一六七五年一一月／一二月**

とても短い貴方の一一月一五日付[◉24]のお手紙をこの間の土曜日に拝受しました。お手紙では、『神学・政治論』において読者に躓となったものが何なのかを暗に示唆なさっているだけです。しかし、ご教示いただきたかったのは、貴方がもろもろ忠告してくださった、宗教的な美徳の実践を揺るがすように見える諸見解[★17]とはいったいどのようなものか、ということです。まず貴方にご指摘いただいた三つの項目について私の考えを明らかにするために、最初の項目に対しては、神と自然について近ごろのキリスト教徒が擁護するのが常であるものとはかなりかけ離れている命題を〔抱いている〕と申しましょう。というのも、神はすべての事物の内在的原因ではありますが、しかし、彼らが言うように、超越的原因であると私はみなさないからです。すべてのものは、いわ

★17——一六七五年七月二二日付オルデンバーグのスピノザ宛書簡参照。

◉19——人間の間ではこれらのことは生じ得るが、しかし、最善の共和国、すなわち、世界において信じられ得るのは、悪人だけが結局不幸になり得る、ということである。

◉20——なぜなら、彼らには正しく誠実な意志がないからである。

◉21——皮肉である。

◉22——パウロがこの問題において他の者と見解が異なっていた、そしてキリストの復活を寓意的にとらえていたとは私は考えない。

◉23——この第三の手紙は、むしろ第一の手紙であると思われる。というのも、ここにおいてオルデンバーグの〔指摘する〕困難に答えることを〔スピノザは〕始めており、宗教が奇蹟、すなわち、無知によって築かれるべきであることを否定しているからである。それゆえ、〔この手紙に〕続く手紙によって、ここで最初に書かれていたこと、すなわち、いかなる意味において奇蹟と無知を同等のものとみなしたのかを説明したのだと思われる。

◉24——一六七五〔ゲルハルト版本文の挿入では一六七六〕年。

ば、神において存在し、神において動かされる、ということをパウロとともに[★18]、別の仕方であるとしても[◉25]おそらくすべての古代の哲学者とともにも私は肯定しますし、あえて言えば、古代のすべてのヘブライ人とともに、たとえおおいにゆがめられたものであるとはいえ、彼らのその伝承から推論されるかぎりにおいて〔私は肯定します〕。しかし、『神学・政治論』が、神と自然を[◉26]一つの同じものである、ということに依拠していると考えている者は、完全に誤っています。次に、奇蹟に関しまして、逆に私は、神の啓示の確実性は、奇蹟、すなわち、無知によってではなく、教えの叡智のみから築かれ得ると確信しています。これは第6章「奇蹟について」において十分詳細に明らかにしたことです。しかし、ここでは次のことを付け加えておきます。とりわけ、宗教と迷信の間には、後者が無知に基礎をおくのに対して前者は叡智に基礎をおく、という相違があることを私は認めているということです。そして、キリスト教徒が、信仰によってではなく、愛(caritas)によってでもなく、その他の聖霊の報いによってでもなく、思い込みのみから(sola opinione)それ以外の者と区別されると私が考えるのは、すべての者と同様に、奇蹟、すなわち、すべての悪の源泉である無知のみによって自らを擁護し、それゆえに、信仰を、たとえ真なる信仰であっても、迷信へとひっくり返してしまっているからなのです。しかしながら、この害悪にいつか王たちが治療を施すことを認めることになるかどうかおおいに疑問があります[★21]。最後に、第三の項目についても、私見を包み隠さず打ち明けましょう。救済については肉である限りのキリストを知ることは必ずしも必要ではないのですが、あの永遠なる神の子、すなわち、すべての事物において、人間の精神においてもイエス・キリストの精神においても最大に自らを現した、神の永遠なる叡智については、〔肉であるかぎりのキリストとは〕まったく異なるしかたで考えられねばならないのです。つまり、これ〔神の永遠なる叡智〕だけが、何が真で、何が偽であり、善と悪とは何であるかを教えるのですから、誰もこれなしには至福の状態に到達し得ないのです。そして、述べたように、この

★18――『使徒言行録』XVII, 28 ;『コリントの信徒への手紙一』VIII, 6.

★19――◉ここで言及されている「試論」は見つかっていない。

★20――◉ゲプハルト版では「物体的」(corporeus)であり、この一節はスピノザの手紙本文中に挿入されている。一方、ゲルハルト版では、「非物体的」(incorporeus)であるが、同じくスピノザの手紙本文中に挿入されている。これらに対して、アカデミー版の判断によると、この一節はライプニッツの注釈であり、当初、ライプニッツは「物体的」と書いていたが後にこれを削除し「非物体的」に書き換えている(AVI, 3, 370)。

★21――英訳注によれば、スピノザがここで示唆しているのは、当時のオランダにおけるカルヴァン派による君主制復古への批判である(SWC, 943)。事実、一六七二年にはオラニエ公ウィレム三世がオランダ総督に就任し、共和派との対立を強めていた。

叡智はイエス・キリストを通して最大に現れたがゆえに、これが彼から啓示されたものであるかぎりにおいて彼の弟子たちは同じ〔叡智〕を説いたのであり、他の者以上にあのキリストの霊を賛美し得ることを示したのです。さらに、或る教会はこれらのことに、神が人間の本性をとり入れたということを付け加えていますが、彼らが何を言っているのか私にはわからないとはっきり忠告しましたし、それどころかむしろ、円が四角形の本性をとり入れたと〔不合理に〕語る類いの人のように、私には〔ある教会が〕不合理に語っているように思われる、と判断せざるをえません。◉27 以上の

◉25——プラトンとアリストテレスにおいて言及されたパルメニデスと〔パルメニデスの弟子のサモスの〕メリッソスも、異なることを教えたのではない。かつて私はプラトンの『パルメニデス』を〔すべてのものは神においてあるという〕論証の形にまで圧縮すること〔を試したの〕を覚えている。全体を通して試したわけではなかったが。★19〔その時〕昔のヘブライ人の記述を引用しようと思っていたのである。ストア派は世界そのものが神であると信じていたことが伝えられているが、他の者は彼らを正確には解釈していなかったように見える。とはいえ、おそらく似たような意味において〔ストア派はそう言っていたのであろう〕。確かに、すべてのものは一なるものであり、すべてのものは神においてある、あたかも、結果が自らの十全な原因に含まれているのと同じように、ある基体の固有性は、その同じ基体の本質に含まれていると言い得る。というのも、事物の現実存在は、もっとも完全なるもののみが選択され得る、ということをなす神の本性からの帰結であることは確実だからである。

◉26——これ〔自然〕によって何らかの物塊、ないし非物体的質料★20を彼らは理解している。

◉27——受肉を教える者は、身体と結合した理性的魂との類比からその〔受肉の〕意味を説明している。したがって、神が人間の本性をとり入れたと〔受肉を教える者が〕主張しているのは、説明の仕方が何であれ、それが経験に基づくものである限りにおいて、★22 精神が身体の本性をとり入れたと主張しているのとまったく同じことである。したがって、円が四角形の本性をとり入れることについて言われていることは、身体と魂の結合に対する異論になり得ないのと同様に、受肉に対する異論になり得ない。

★22——◉「受肉」の可能性の説明が類比と経験に基づくものであるかぎりにおいて、逆に言えば、その説明には論理的厳密さが欠けているということになる。つまり、ここにおける受肉に対するスピノザの見解が「異論にはなり得ない」のかどうかは疑問である。

三つの項目についての私見の説明は、これで足りると思います。また、〔私の説明が〕貴方のご昵懇のキリスト教徒の方々のお気に召すかどうかは、貴方のほうがよく知り得るでしょう。さようなら。

3-5………ベネディクトゥス・デ・スピノザの『エチカ』について★01

朝倉友海✣訳

✣ Ad Ethicam B. d. Sp. 1678.

(A VI, 4B, 1764–1776 [N.337]; GP I, 139–150)
(A VI, 4B, 1705–1726 [N.336]; GP I, 150–152)

第一部――神について

定義一――「自己原因（causa sui）とは、その本質（essentia）が存在（existentia）を含んでいるもののことである」。

定義二――「同一の種類の他の事物（res）によって限定づけられうる事物は有限である」。

というのは不明瞭（obscurus）だ。というのも、*思考*（cogitatio）が*別の思考によって限定づけられる*とはどういうことなのか。より大きな他の思考があることなのか、より大きな別のものが考えられうることによって物体が限定づけられていると言うのと同じ意味で。下の定理八を見よ。

定義三――「実体（substantia）とは、それ自身のうちにあり、またそれ自身により概念される（concipi）もののことである」。

これもまた不明瞭である。というのも、「それ自身のうちにある」とはどういうことなのか。「それ自身のうちにある」と「それ自身により概念される」は、連言的もしくは選言的のどちらで連結されているのか、と問われなければならない。つまり、これは、実体はそれ自身のうちにあるものであり、また同様に、実体とはそれ自身により概念されるものである、と言いたいの

★01――ライプニッツは『スピノザ遺稿集』を出版後すぐに入手し、『エチカ』の綿密な読解を行った。その内容は、ゲルハルト版に収められている『エチカ』第一部・第二部・第三部に対するノートに示されている（GP I, 139–152）。ただし、第一部の注解が読書ノートとしてまとまっているのに対し、第二部・第三部についてはライプニッツが実際に行った書き込みからゲルハルトが取捨選択したものが印刷されている。したがって、現在のアカデミー版には、第一部の読書ノート（N.337）と、『エチカ』全体へのライプニッツの書き込み（N.336）（ゲルハルトはそのうち第二部・第三部に相当する部分から抜粋）とは別々の資料として、分けて収められている（A VI, 4B, 1705–1751 [N. 336]; 1764–1776 [N. 337]）。以下ではテキストとしてアカデミー版を用いるが、書込みからの選択についてはゲルハルト版に従っている。

か。逆に、実体とは、それ自身のうちにあり、それ自身により概念されるという、両方がそこにおいて一緒になっているような、そういうものだと言いたいのか。いやむしろ、一方をもつならまた他方をもつと証明する必要があっただろう。というのも逆に、それ自身のうちにあるがそれ自身によっては考えられないような何かがあるように思われるからだ。そして人々は通常、このように実体を考えている。定義はこう続く、実体とは

「その概念（conceptus）を形成するのに他の事物の概念を必要としないものである」

と。[★02] ここにも困難がある。なぜなら、続く定義では属性（attributum）を、実体についてその本質を構成していると知性が知得するものであると言っているからだ。よって、実体の概念を形成するためには、属性の概念が不可欠なのである。属性は事物ではないと言い、実体は他の事物の概念を必要としないということのみ理解せよと言うのなら、私は次のように答える。すなわち、この定義を理解し、どうして属性は事物ではないかを理解するためには、「事物」と呼ばれているのは何であるかが説明されねばならない、と。

定義四——**「属性とは、知性（intellectus）が実体について、その本質を構成していると知覚する（percipere）ものである」**。

これもまた不明瞭である。というのも、彼が属性という語によって考えていたのが、すべての相互的な述語（praedicatum reciprocum）か、相互的か否かによらずすべての本質的述語（praedicatum essentiae）か、はたまた実体についての第一の本質的な、あるいは証明され得ない述語（praedicatum essentiale primum seu indemonstrabile）なのか、どれなのかが問われるからだ。定義五を見よ。

定義五——**「様態（modus）とは、他のもののうちにあり、他のものにより概念されるもののことである」**。

よってそれは属性と、次の点において異なっていることがわかる。すなわち、属性もまた実体のうちにあるのだが、それ自身により概念されるという点において、異なっていることがわか

★02——アカデミー版はformari；ゲルハルト版はfirmari.

る。このように説明を追加することによって、定義四の曖昧さは消える。

定義六――「神を、絶対的に無限なる有るもの〔ens〕、または、各々が永遠で無限なる本質を表現する〔exprimere〕無限に多くの属性により成り立っている〔constare〕実体、と私は定義する」。

と彼は言う。彼はこれら二つの定義が等値であると示さねばならなかっただろう、一方を他方と置き換えることはできないからである。事物の本性において、それ自身によって概念される属性ないし述語は複数有ると示せるなら、また、複数の述語が互いに両立しうると示せるなら、二つの定義は等値となるだろう。さらにまた、各々の定義というものは（たとえ真で明晰でありうるとしても）不完全なのであり、知性認識されたとしても、定義された事物が可能的なのかどうか疑うことができる。これもまたそうした定義なのであって、無限数の属性をもっている有るものというものが矛盾を孕んではいないかと、まだ疑うことができる。それにまた、同じ一つの単純な本質が、複数の多様な属性において表現されうるのかどうかも、疑うことができる。じつのところ、複合的な事物については定義が複数あるが、単純な事物についての定義はただ一つしかなく、その本質もただ一つの仕方でしか表現できないように思われる。

定義七――「それ自身の本性の必然性から存在し〔existere〕、活動する〔agere〕よう決定される事物は*自由*であり、他のものから存在し働くように決定される事物は*強制されている*」。

定義八――「*永遠*〔aeternitas〕とは、事物の本性から[★03]帰結する〔sequi〕と概念されるかぎりでの存在そのもののことと私は解する」。

これら〔二つ〕の定義に私は賛同する。

公理一――「あるものすべては、それ自身のうちか、他のもののうちにある」。

公理二――「他のものにより概念されないものは、それ自身により概念される」。

公理三――「決定された原因が与えられれば、そこから結果が生じ、もし与えられないなら、〔結果は〕生じ

★03――スピノザの定義では「永遠なる事物の定義だけから」(ex sola rei æternae definitione)となっている。

ない」。

公理四――「結果の認識（effectus cognitio）は原因の認識に依存し、それを含む（involvere）」。

公理五――「互いに共通なものを何ももたないものは、互いに一方を他方によって知性認識されることはできない」。

公理六――「真の観念（idea vera）はその観念されたもの（ideatum）と一致しなければならない（convenire）」。

公理七――「存在しないと概念されうるものの本質は存在を含まない」。

これらの公理をめぐって私は次のようにコメントする。公理一は「それ自身のうちにある」とは何なのかが定かではないかぎり不明瞭である。第二と第七についてはコメントの必要はないだろう。第六はやはり適当とは思えない、すべての観念は観念されたものと一致しているなら、偽なる観念とはいかなるものであるか私にはわからない。第三・四・五の公理は、〔公理とするのではなく〕証明することができると私は思う。

定理一――**「実体は、本性上、その諸々の変状（affectiones）に先行している」**。

つまり、諸様態に先行している。定義五で述べていたように、実体の諸変状ということで彼は諸様態のことを解しているからだ。だが、「本性上、先行する（natura prius）」とはどういうことかを彼はどこにおいても説明していないので、先立つ諸命題によってこの命題を証明することはできない。「本性上、他に先行する」ということで彼が知性認識しているのは、それにより他の事物が概念されるもののことのように思われる。だが、ここにもやはり困難があると私は認める。後続するものが先行するものにより概念されるだけでなく、また、先行するものも後続するものにより概念されると思われるからだ。とはいえ、「本性上、先行する」ことをこう定義することができる。他のものを概念することなく概念され、しかも逆に、他のものはそれなしには概念されないことだと。だが、じつのところ、事物が本性上先行するということ〔の意味〕

は、これよりももう少し広いのである。次のような例を挙げよう。10という数の、6＋4であるという特質は、6＋3＋1であるという特質よりも、本性上後行(natura posterior)する。(なぜなら後者は、10が1＋1＋1＋1＋1＋1＋1＋1＋1＋1であるという、すべてのうちの第一の特質に、より近いからだ)。それでもなお、先行するものなしに概念されるし、証明されうるのだ。別の例を付け加えよう。三角形の内角の和が二直角であるということは、二つの内角の和が第三の角の外角と等しいという特質よりも、本性上後続する。だが、それは後者なしにも概念されるし、(同じくらい簡明というわけではないが)証明もされうる。

定理二――**「異なる属性をもつ二つの実体は、なんら互いに共通なものをもたない」**。

もし彼が、属性ということで、それ自身で考えられるような述語と解しているならば、私はこの命題を次のような場合には認める、二つの実体AとBがあり、それぞれの属性をcとdとしたとき、実体Aの属性がcとeだけであり、実体Bの属性がdとfだけであるという場合である。だが、二つの実体が異なる属性と共通の属性とをもつ場合は違ってくる。実体Aの属性がcとdで、実体Bの属性がdとfという場合である。こうしたことが起こりうることを否定するのなら、その不可能性を証明すべきである。おそらく彼は反論に対して、この命題を次のように証明するだろう。dもcも同一の本質(仮定により実体Aの属性である)を表現しており、dとfもまた同じ理由により同一の本質を表現している(仮定により実体Bの属性である)のだから、cとfもまた同一の本質を表現する。ゆえに、AとBが同一の実体であるということが帰結する。これは仮定に反しているため、二つの実体が共通点をもつことは背理である、と。これに対して私はこう答える。それ自身で概念され、しかも同一の実体を表現しうるような二つの属性がありうるとは私には思えない。なぜなら、これが起こるとすると、同一のものを異なる仕方で表現している二つの属性は、あるいは少なくともそのうちの一方は、さらに分解され

(resolvi) うるからだ。私はこれを簡単に証明することができる。

定理三――「もし事物が何も共通なものを互いにもたないとしたら、一方が他方の原因となることはできない」。

公理五と四より。

定理四――「二つもしくはそれ以上の異なる事物は、実体の諸属性の違いによって区別されるか、あるいは諸変状の違いによって、区別される」。

彼はこれを次のように証明する。公理一により、有るものすべては、それ自身のうちにあるか、他のうちにある。これはつまり、定義三と五により、知性の外には、実体とその変状のほかは何もないということである。(ここで私が驚くのは、彼が属性を忘れていることだ、というのも定義五において、彼は実体の変状を、ただ様態のことと解しているからだ。これは彼が曖昧に語っているのか、それとも、知性の外に存在する事物として実体と様態のみを数えあげ、属性を認めていないのか、どちらかである。なおまた、「属性または変状により概念されうる事物は、必然的に認識され、また区別される」と付け加えるだけで、彼はこの定理をもっと簡単に証明できただろう)。

定理五――「事物の本性において (in rerum natura)、同じ本性ないし同じ属性の実体が二つ以上与えられることはできない」。

(ここで指摘したいのは、「事物の本性において」とは何であるかが不明瞭だということだ。「存在する諸事物からなる宇宙」と解しているのか、あるいは「諸観念ないし諸々の可能的本質の領域において」ということか。よってまた、共通する属性の複数の本質は与えられないと言いたいのか、あるいは同一本質の複数の個体はないと言いたいのか、不明瞭である。また、彼がなぜここで「本性」と「属性」という語を等値なものとしているのかがわからない。「属性」によって本性〔自然〕の全体を含むものと解しているとしか考えられない。だが、そうだとすると、どのように同一の実体に、それぞれ自身により考えられる複数の属性が与えられうるのかが、やはりわからない〕。証明はこうだ。〔実体が〕区別されるなら、それは変状によってか、属性によって区別される。もし変状によってなら、定理一により実体は本性上その変状に先行するため、実体は変状が捨象されてもなお区別されねばならず、したがって属性によって区別されねばならない。もし属性によって〔区別される〕なら、同一属性の二つの実体は与えられないことになる。これに対して私はこう答える。ここには隠れた誤謬推理（paralogismus）があるように思える。というのも、二つの実体は属性によって区別されうるとしても、それ以外に固有の他の属性をもつならば、共通の属性をもつことができるからだ。例えば、実体Aの属性がcとdで、実体Bの属性がdとeというように。

さらに指摘したいのは、定理一はこの定理の証明にしか使われていないということだ。本性上先行するかどうかではなく、変状なしに実体が概念されるということだけで十分なのだから、定理一は省いてもよかっただろう。この定理はといえば、定理六と八の証明に用いられている。★04

定理六――「実体は別の実体から産出される（produci）ことができない」。

定理五により、同一の属性をもつ二つの実体はないので、二つの実体は、定理二により、何も共通なものをもたない。したがって、公理五により、一方が他方の原因となることはできない。別のより短い証明は、それ自身で概念されるものは、他のものによって、つまり公理四により他の原因によって、概念されることができないというものだ。私はこう答える。実体が、それ自身によって概念されるものであるとされるなら、証明を承認することができる。実体が、それ自身のうちにある事物とするなら、事情は異なってくる。そしてこれこそ、人々が普通考えている実体なのだ。だが、「それ自身のうちにあること」と「それ自身によって概念されるこ

★04――この一文はゲルハルト版にはない。

と」が同一であると彼は示していない。

定理七――「存在する(existere)ことは、実体の本性に属する」。

実体は、定理六により、他から産出されえない。よって、実体は自己原因(causa sui)である、つまり、定義一により、その本質は存在を含んでいる。ここで、次のように彼を批判するのは正当だ。彼は自己原因という語を、定義一に述べた特別の意味で用いたり、また通常の一般的な意味でも用いたりしている、と。ただ、これを修正するのは簡単である。あの定義一を公理へと変更して、「他からでないものはそれ自身から、つまりそれ自身の本質からある(ex sua essentia esse)」と言えばよいのだ。だがここには、別の困難が残っている。そのとき初めて他のものによって産出されえないのだから、それ自身によって存在するのであり、よって必然的に存在する、ということが可能であるときにしか、論証がうまくいかないのだ。というのも、実体が存在することが必然的となる。実体が可能であるということ、すなわちそれが概念されうるものであるということが、証明されねばならないのである。これは、それ自身によって概念される(concipi)ものが何もなければ他のものによって概念されるものもないことになり、よって何一つとして概念されなくなる、ということから証明できるように思われる。もっと判明に示すならばこうである。もしaがbによって概念されるなら、bの概念(conceptus)はaの概念のなかにあるのだということが考慮されねばならない。もしさらにbがcによって考えられるとすると、cの概念はbの概念のなかにある、よってcの概念はaの概念のなかにあることになり、このように最終の概念にまで行く。もし誰かが、最終の概念など与えられないと応えるならば、最初の概念もまた与えられないと私は応え、このことをこう証明する。他のものによって概念されるものの概念のなかには他のもの以外に何もないのだから、ずっと階段を追っていくと、その概念のなかにはまったく何もないか、それ自身によって概念されるものの他には何もないか、のどちらかとなろう。この証明はまったく新しいものだが、間違いはないと思う。このようにすれば、それ自身によって概念されるものは概念されることが可能である、と証明できる。とはいえ、疑う余地のあるのは、ここで可能と考えられているように可能なのかどうかということだ。つまり、概念されうるだけでなく、何か原因が概念され、その原因は第一原因へと分解されうる(resolubilis)、という意味において可能なのかということだ。というのも、われわれによって概念されることが可能なもののなかには、両立不可能(imcompatibilis)な他のもっと重要なもののために、産出されえないものもあるのだから。よって、それ自身によって概念される有るものが、現実的に有る(actu esse)ということは、経験(experientia)によって示されねばならない。他のものによって概念されるものが存在する、だからこそ、それ自身によって概念されるものもまた存在する、と。なので、それ自身によって存在する事物を精確に示すためには、かなり別の論証が要ることがわかるだろう。だが、こうした細心の注意はおそらく必要ではない。

定理八――「すべての実体は、必然的に無限である」。

なぜなら、さもなければ実体は、定義二によって、同一本性の他の実体によって制限され、定理五に反して同一本性の二つの実体が与えられることになってしまうからである。この定理はこう知性認識されるべきである。すなわち、それ自身によって概念される事物は、その種において無限である、よってこう認められねばならない、と。だが、この証明もまた、「制限される」(terminari)という語の不明瞭さと、定理五の不確かさとによって、まずいものとなっている。備考(Scholium)において彼は、それ自身によって概念されるものはその種において唯一であることを綺麗に論証している。つまり、複数の個体があると仮定して、なぜその数だけあり、これ以上はないのかの理由が本性のなかになければならない、ということから示しているのだ。なぜその数だけあるのかというのは、なぜあれやこれがあるのかということと、つまり、

ライプニッツ[&スピノザ]手稿
哲学書簡

❶❷　スピノザからライプニッツ宛書簡　1671年11月9日、ハーグ
A II, 1, 292-293; GP I, 122-123→第1部3-2　LBr. 886 Bl.1

❸　スピノザ『エチカ』への書き込み　1678年
A VI, 4B,1765-1766; GP I, 139-140→第1部3-5　LH IV, 8 Bl.8 r

❹❺　マルブランシュ宛書簡(草稿)　1712年1月
GP I, 360-361→第1部5-17　LBr. 598 Bl.34

❻　ベール宛書簡(草稿)　1702年8月19日、ベルリン
GP III, 63-64→第1部6-8　LH IV, 2, 2b, Bl.2 v

✣

ゴットフリート・ヴィルヘルム・ライプニッツ図書館
(ニーダーザクセン州立図書館)提供

Eruditissime, Nobilissimeque Dne (Spinoza ad Leibnitium A. 1671.) 1

Schedulam, quam mihi dignatus es mittere, legi, magnasque
pro ejusdem communicatione ago gratias. Doleo, quod mentem
tuam, quam tamen credo, te satis clare exposuisse, non satis
assequi potuerim. Precor itaque ut ad haec pauca mihi respon
dere non graveris. Videlicet, an aliam credis esse causam, cur
in vitrorum apertura parci esse debemus, quam quia radii, qui ex
uno puncto veniunt, non in alio accurate puncto, sed in spatiolo
(quod punctum mechanicum appellare solemus) quod pro ratio
ne aperturae majus, aut minus est, congregentur. Deinde
rogo, num lentes illae quas Pandochas vocas, hoc vitium
corrigant. hoc est, an punctum mechanicum, sive spatiolum
in quo radii qui ex eodem puncto veniunt, post refractionem 5
congregantur, idem ratione magnitudinis maneat, sive
apertura magna sit, sive parva. Nam si hoc praestant
earum aperturam augere ad libitum licebit et consequenter
omnibus aliis figuris mihi cognitis longe praestantiores erunt,
alias non video, cur easdem supra communes lentes tantopere
commendes. Lentes enim circulares eundem ubique habent
axem, adeoque quando illas adhibemus, omnia objecti puncta
tanquam in axe optico posita, sunt consideranda. et quamvis
omnia objecti puncta non in eadem sint distantia, differentia
tamen, quae inde oritur, sensibilis esse non potest, quando
objecta admodum remota sunt, quia tum radii, qui ex eodem
puncto veniunt, considerantur tanquam paralleli ingrederentur
vitrum. Hoc tamen credo, lentes tuas juvare posse, quando
plurima objecta uno obtutu comprehendere volumus (ut fit,
quando lentes oculares convexas admodum magnas adhibemus)
ut omnia scilicet simul distinctius repraesententur. Verum
de his omnibus judicium suspendam, donec mentem tuam
mihi clarius explices, quod, ut facias, enixe rogo.

Do Hudenio alterum, ut jussisti, exemplar misi. Respondit
sibi in praesentiarum tempus non esse, idem examinandi
sperat tamen post unam aut alteram hebdomadam

quisiveris fore. Prodromus Francisci Lanæ nondum ad meas manus pervenit, ut nec etiam cogitationes phisico-mecanicæ Johanis Holtii, et quod magis doleo, quod nec etiam hypotesin tuam phisicam videre potuerim. hic saltem Hagæ Com. venalis non extat. Si hanc ergo miseris rem mihi gratissimam facies, et si qua alia in re tibi servire potero, non desinam ostendere, quod sim

Vir amplissime

Ex asse tuus

Hagæ comitis
9 Nov.bri 1671

B. despinoza

D.us Diemerbruckius hic non habitat. Cogor itaque hanc tabellioni ordinario tradere. Non dubito quin hic Hagæ comitis aliquem qui epistolas nostras curare velit, noveris. quem ego novisse velim ut epistolæ commodius et securius curari possent. Si tractatus theologico-politicus ad tuas manus nondum pervenit, unum exemplar, nisi molestum erit, mittam. Vale.

Ad Ethicam B. de Sp.

Pars prima de Deo

Definitio 1. Causa sui est id cujus essentia involvit existentiam

Definitio 2. obscura est. quod res sit finita quae alia sui generis terminari potest. Quid est enim cogitationem cogitatione terminari? An quia datur alia major? ut corpus terminari ait quod aliud majus concipi potest. Adde infra prop. 8.

Defin. 3. Substantia est quod in se est et per se concipitur. Etiam haec obscura. Quid enim in se esse. Deinde quaerendum est cumulative an disjunctive inter se conjungat: in se esse, et per se concipi. id est an hoc velit: substantia est id quod in se est. item substantia est id quod per se concipitur. An vero velit substantiam esse id in quo utrumque concurrit, ut nempe et in se sit, et per se concipiatur. Aut necesse erit ut demonstret, qui unum habeat etiam alterum habere, cum contra videatur potius, esse aliqua quae sint in se, etsi non per se concipiantur. Et ita vulgo homines substantias concipiunt.

Defin. 4. etiam obscura est, quod attributum sit id quod intellectus de substantia percipit, ut essentiam ejus constituens. Quaeritur enim an per attributum intelligat omne praedicatum reciprocum, an omne praedicatum essentiale sive reciprocum sive non; an denique omne praedicatum essentiale primum seu indemonstrabile de substantia. vide defin. 5.

Defin. 5. Modus est quod in alio est, et per aliud concipitur. Videtur ergo in eo differre ab attributo, quod attributum est quidem in substantia, attamen per se concipitur. Et hac explicatione adjecta cessat obscuritas definitionis 4.

Defin. 6. Deum definio Ens absolute infinitum, vel substantiam constantem infinitis attributis quorum unumquodque aeternam et infinitam essentiam exprimit. Ostendere debebat has duas definitiones esse aequipollentes; alioqui unam in alterius locum substituere non potest. Erunt autem aequipollentes, ubi ostensum erit plura esse in rerum natura attributa, seu praedicata per se concipiuntur; item ubi ostensum plura praedicata posse stare inter se. Praeterea omnis definitio imperfecta est (tametsi vera et clara esse possit) qua intellecta dubitari potest an res definita sit possibilis. Talis autem ista est, dubitari enim adhuc potest an Ens infinita habens attributa non implicet. Vel ideo quia dubitari potest, an eadem essentia simplex pluribus diversis attributis exprimi potest. Equidem plures sunt definitiones rerum compositarum, sed rei simplicis non nisi unica est, nec ejus essentia nisi unico modo exprimi posse videtur.

Axiomata primum tantum obscurum est, quamdiu non constat quid sit esse in se. Secundum et septimum annotari nihil necesse erat. Septimum parum congruum videtur; omnis enim idea cum suo ideato convenit, nec video quid sit idea falsa. Tertium, quartum, quintum demonstrari posse arbitror.

Propositio 1. Substantia est natura prior suis affectionibus. nam ad defin. 5. dixit se per substantiae affectiones intelligere modos. Caeterum non explicuit quid sit esse natura prius. ideoque nec potest haec propositio ex praecedentibus demonstrari. Videtur autem per natura prius intelligere, id per quod aliud concipitur. Caeterum fateor et in hoc aliquam esse difficultatem, videntur enim non tantum posteriora per priora, sed et priora per posteriora concipi posse. Licet tamen natura prius hoc modo definire, quod concipi potest non concepto alio; ita ut contra alterum concipi non possit nisi concepto ipso. Verum dicendum quod res est natura prius quanto latius est.

Fidem hoc quoque difficultatis premit in sequenti definitione ubi attributum ab attributo substantiae percipi tanquam ejus essentiam constituens. Ergo attributi conceptus [illegible] est ad formandum conceptum substantiae. Si dicas attributum non esse rem, te vero requirere, quod substantia non indigeat conceptu alterius rei, respondeo explicandum esse quid vocetur res [illegible] ut intelligamus definitionem, et quomodo attributum non sit res.

Defin. 7. res libera quae ex sua naturae necessitate existit et ad agendum determinatur. res coacta quae ab alio determinatur ad existendum et operandum.

Defin. 8. per aeternitatem intelligo ipsam existentiam quatenus ex rei essentia sequi concipitur.

Has definitiones probo.

Circa

Axiom. 1. Omnia quae sunt vel in se vel in alio sunt.

Ax. 2. id quod per aliud non potest concipi per se concipi debet.

Ax. 3. Ex data determinata causa sequitur effectus, et contra.

Ax. 4. Effectus cognitio a cognitione causae dependet et eandem involvit.

Ax. 5. Quae nihil commune secum invicem habent etiam per se invicem intelligi non possunt.

Ax. 6. Idea vera debet cum suo ideato convenire.

Ax. 7. Quicquid ut non existens potest concipi ejus essentia non involvit existentiam.

B.

Mon tres Reverend pere

il paroit par la lettre que j'ay l'honneur de recevoir de
vostre part, que le principal de mon ouvrage ne vous a point deplû.
C'est de quoy il suis ravi, rien connoissant guères de meilleur juge que vous.
En effect, quand je considere l'ouvrage de Dieu, je considere ses voyes comme une
et la simplicité [illegible] jointe à la fecondité des voyes font
partie de l'ouvrage [illegible] de l'ouvrage.
une partie de l'excellence de l'ouvrage.
font une partie de la fin.
Je ne say pas pourtant s'il faudra
recourir à cet expedient, que Dieu demeurant
immobile à la cheute de l'homme, et la permettant, marque
que les plus excellentes creatures ne sont rien par rapport à luy
car on en pourroit abuser, et inferer que le bien et le salut des
creatures luy est indifferent, ce qui pourroit revenir au despotisme
des supralapsaires, et diminuer l'amour qu'on doit à Dieu
et dans le fond l'une luy est indifferent,
aucune action de la creature n'est
comptée pour rien en comparaison
de luy! quoyqu'elles soient comme rien entre elles
elles gardent leur proportions
encor. comme les lignes infinitement petites
comme nous concevons ont leur rapports, quoyqu'on les compte pour rien
quand il s'agit de les comparer aux lignes ordinaires. Et je croy
avoir déjà employé cette similitude. Mais il est vray
que Dieu ne devoit point déranger son ouvrage pour empecher
la cheute de l'homme; cette complaisance pour une seule espece
de creatures, quelque excellente qu'elle soit, auroit été trop
grande. Je demeure aussi d'accord que la grace n'est point donnée

aux merites, quoyque tant les bonnes que mauvaises actions, entrent dans le compte, comme tout le reste pour la formation du plan total, ou le salut est compris. Prieres, bonnes intentions, bonnes actions, tout est utile, et meme quelques fois necessaire, mais rien de tout cela n'est suffisant. [Au reste l'exemple de l'illustre prince, dont vous parlés à la fin de votre lettre n'est point imitable à ceux qui considerent qu'il faudroit declarer par serment qu'on croit que [illegible] ce qu'on sait estre des nouveautés mal fondées sont des verités indispensables. Le reste des nations ne doit pas avoir assés de complaisance pour se laisser mener par les Italiens qui s'en moquent, et il y a de l'apparence qu'ils se repentiront un jour d'avoir forgé leur dernier pretendu concile oecumenique qui les rend irreconciliables]

J'ay taché aussi en passant de combattre certains philosophes relachés comme M. Lock, M. le Clerc et leur semblables, qui ont des idées fausses et basses, de l'entendement de l'homme, de l'ame, et même de la divinité, et qui traitent de chimerique tout ce qui passe leur notions populaires et superficielles. Ce qui leur a fait du tort, c'est qu'estant peu informés des connoissances mathematiques ils n'ont pas assés connu la nature des verités eternelles.

Les Mathematiques vous sont obligées d'avoir dressé autresfois le pere Prestet dont j'avois vu que le R. P. Reineau est disciple, mais il est allé bien plus avant que luy, et j'attends encor beaucoup de son genie et de son application. Car

[illegible]

A Mons. Bayle [illegible] 19 Aoust 1702

Monsieur

J'ay appris de Mr. Toland que vous vous portés bien et que vous vous souvenés favorablement de moy. Et j'en suis ravi. Il m'a même salué de vostre part, et je vous en remercie non seulement par cette lettre, mais encor [illegible] que j'y joins. J'ay vu

[illegible] la nouvelle edition de vostre excellent

Dictionnaire, où il y a tant d'erudition

d'esprit, et d'agrement, que j'ay eu besoin d'un grand effort [illegible] il le fa

[illegible] effort sur moy même pour m'en arracher, quand [illegible]

depuis [illegible] Mon sejour à Luzembourg

maison de plaisance de la Reine de Prusse, où je [illegible] # maintenant

[illegible] Electrice, me donne un loisir que

[illegible] n'ay point [illegible] ailleurs

[illegible] j'y lu d'abord l'article

[illegible] Rorarius, et me voyant invité si obligeamment j'ay fait une

replique que je vous envoye. [illegible]

Je [illegible] Elle sera maintenant pour vous

et pour quelques amis choisis, si elle [illegible] pour le public. [illegible] que je puisse avoir l'honne

Mais je souhaitte que vostre loisir vous puisse permettre de l'examiner afin [illegible] par la voye de M. [illegible]

[illegible] appendre vostre [illegible] se remettre

[illegible] 2me Edition de vostre

[illegible] force,

Dictionnaire, [illegible] de ne le point attendre.

[illegible] Mr de Volder,

[illegible]

dont je vous connoissés, Monsieur, [illegible] vos grandes

lumieres, et qui sera bien aise aussi de voir

comme je serois ravi d'apprendre les siennes.

Si je ne savois que les plus profondes ne vous coustent gueres

je n'oserois point vous en demander, si [illegible] doit estre

de vous occuper au temps qui vous est precieux

aussi bien qu'au public. C'est encor pour cette

raison que je finis maintenant quoyque j'aurois [illegible] vostre

je pourrois encor dire bien des choses à l'occasion de vostre

ouvrage. Et je suis avec zele

Monsieur etc.

Berolini 13 Aug. 1702

Viro Doctrina et meritis insigni
[illegible] B. de Volder Godefridus Guilielmus Leibnitius s. p. d.

Celeberrimus Baylius

Lectis iis quas [illegible] consensi explicationem,

repposuit meis in secunda editione Dictionarii sui [illegible] ingeniosissimi

quam tuo judicio submitto et [illegible] [illegible]

Bernoullii nostri. Idque eo libentius facio, quod puto te in ea

inventurum nonnulla quae circa naturam substantiae uberius

explicari desiderabas. Itaque [illegible] Epistolam adpendam

[illegible] Baili judicium flagitas, [illegible] tolerabilis

[illegible] cum ipsa Responsione mea, ubi legeris si [illegible]

videbitur [illegible]. De caetero me ad [illegible]

[illegible]

6

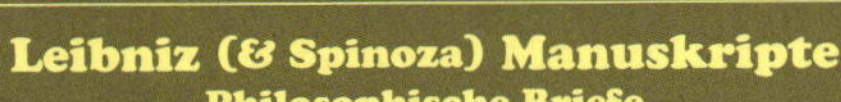

Leibniz (& Spinoza) Manuskripte
Philosophische Briefe

❶❷ Spinoza an Leibniz. Den Hage, 9. November 1671.
A II, 1, 292-293; GP I,122-123→1, 3-2 LBr. 886 Bl.1

❸ Ad Ethicam B. d. Sp. 1678.
A VI, 4B,1765-1766; GP I, 139-140→1, 3-5 LH IV, 8 Bl.8 r

❹❺ Leibniz an Nicolas Malebranche (Entwurf). Jan.1712
GP I, 360-361→1, 5-17 LBr. 598 Bl.34

❻ Leibniz an Pierre Bayle (Entwurf). Berlin, 19. August 1702.
GP III, 63-64→1, 6-8 LH IV, 2, 2b, Bl.2 v

✣

Gottfried Wilhelm Leibniz Bibliothek(Niedersächsische Landesbibliothek)
Abteilung Handschriften und Alte Drucke

なぜこれがあるのかというのと、同じである。しかしこの理由は、それらのどの個体のなかにもない。よって、それらすべての外にある、というわけだ。一つ反論が可能であろう。個体の数は無制限で、数などない、あるいはあらゆる数を超えている、と。じっさい、次のように修正することができる。それらから若干を取り出して、なぜこれらが存在するのかと、あるいは、同一の場所に存在するものなどのような、何らかの共通性のある複数のものを取り出し、なぜこれらは同一の場所に存在するのかと、問えばよいのである。

定理九――「事物がより多くの事象性または有るということ(realitas aut esse)をもつにしたがい、それだけ多くの属性が共に帰する(competere)ことになる」。

(事象性または有るということで何を解しているのかが説明されねばならなかった、というのもこれらは多義的なのであるから)。証明は、定義四から明らかだ、と著者は言う。だが、私には明らかとは思えない。一つの事物が他の事物より多くの事象性をもちうるのは、それがその類においてより大きいか、或る属性のより大きい部分をもつのか、どちらかである。例えば、円は内接する正方形より多くの面積をもつ。また、著者が諸属性を想定しているようなやり方では、同一の実体に複数の属性が与えられるということが、ここでも疑われうるだろう。けれども、もしそのことが認められ、諸属性が両立可能(compatibilis)であるとするなら、実体がより多くの属性をもてばそれだけより完全であることを、私は容認する。

定理一〇――「実体のどの一つの属性も、それ自身によって概念されねばならない」。

定義四と三によって。だがここから、私が何度か反論したように、次のことが帰結する。属性が本質のすべてを表現するなら、一つの実体には唯一の属性しか与えられない、と。

定理一一――「神、あるいは、その各々が永遠で無限なる本質を表現している無限に多くの属性で成立する実体は、必然的に存在する」。

三つの証明を彼は行っている。第一証明、神は実体であるから。定理七より、それは存在する。だが、これは実体が必然的に存在することと、神が可能なる実体であることを前提としている。前者は定理七において十分に証明されたわけではないし、後者は簡単には証明できないのである。第二証明、事物がなぜ有るか、またなぜ無いか、の原因がつねになければならない。神が存在(existere)しないことのいかなる理由も、〔神〕それ自身の本性のうちにはない。神の本性は矛盾を孕んでいないからだ。それは他のもののうちにもない。なぜなら、もし他のものが神と同一本性と属性をもっていればそれは神にほかならないし、もし他のものが神と何ら共通性をもっていないのならば、神の存在をもたらすことも妨げることもできないからである。これについて私はこう答える。一、著者は証明せずに上記のことを背理と言っているだけで、神の本性が矛盾を孕まないことをまだ証明してはいない。二、すべてではなくいくつかの点で神と同じ本性をもつということがありうる。三〔第三証明〕[★05]。有限なる諸々の有るものが存在している(経験より)。よって、無限なる存在者が存在しなかったとしたら、有限なる有るものは無限なる有るものよりもより力能がある(potentior)ということになる。もし無限なる有るものが矛盾を孕むなら、それは何も力能(potentia)をもたないことになる、と答えられる。存在するための力(vis existendi)について、不適切にも「力能」と言われていることについては、措いておこう。

定理二二・二三—**「実体が分割可能であると帰結するような実体の属性は、真には概念されることができない」**、あるいは**「絶対的に解された実体は分割されえない(indivisibilis)」**。

分割によって実体は破壊されるからである。部分は無限ではなく、したがって実体ではないからである。でなければ、同一本性の複数の実体があることになろう。私はこの論証は、それ自身によって存在する事物に関しては認める。

★05——アカデミー版では「第二証明」の中の三とあり、ライプニッツによる二つの応答(それぞれ一と二)に続く三つめの応答のようにも見える。しかし、内容的にはスピノザによる第三の証明について述べていると訳者には思われる。

系――「ここからの帰結として、いかなる実体も、したがって物体的実体もまた、分割されえない」。

定理一四――「神を除いて、いかなる実体も与えられることができず、いかなる実体も概念されることができない」。

すべての属性は神に帰するのであり、同一属性の実体は複数与えられないのであるから、神を除いていかなる実体も与えられない。これらすべては、それ自身によって概念される有るものであるという実体の定義と、すでに指摘してきたとおり認めるべきでない他の多くの事柄を、前提としている（物体が実体であると、私にはまだ確実には思えない。精神については、別である）。

系一――「神は唯一である」。

系二――「思惟する事物と延長した事物は、神の属性であるか、〔公理一より〕神の属性の変状であるか、のどちらかである」。

（ここで彼は混乱した言い方をしている。なお、延長と思惟が属性である、あるいは、それ自身で概念される、ということを、彼はまだ示していない）。

定理一五――「何であろうとすべて有るものは神のうちにあり、何一つとして神なしには有ることも概念されることもできない」。

定理一四より、神を除いて実体はないので、他のすべてのものは神の諸変状ないし諸様態であることになる。というのも、実体と諸様態とを除いて他には何も与えられていないからである（彼はまた諸属性を省いている）。

定理一六――「神の本性の必然性から、無限に多くのことが無限に多くのしかたで（infinita infinitis modis）、つまり、無限なる知性のもとにありうるすべてが、生じてこなければならない」。

定義六より。

系一――「ここからの帰結として、神は、知性のもとにあるすべてのものの作用因（causa efficiens）である」。

系二――「神はそれ自身による原因（causa per se）であり、偶有による原因（causa per accidens）ではない」。

系三――「神は絶対的に第一の原因（causa prima）である」。

定理一七――「神はただ本性の諸法則から、そして何からも強制されずに、活動する」。

それ自身の外には何もないからである。

系一――「ここからの帰結として、第一に、神を活動するように促すような原因は、神自身の本性の完全性をのぞいては、外的にも内的にも与えられていない」。

系二――「神のみが自由なる原因である」。

備考において彼は、神はその知性のなかにあるすべてのものを創造したということを、より詳細に説明している（もっとも、神は意志したものをのみ創造したようにも思われるが）。また、神の知性は私たちの知性と本質において異なっていることや、知性という語は多義的にならざるをえないこと、それは、天空の星座の犬と吠える動物の犬との違いと同様であることなどを説明している。引き起こされたもの（causatum）はその原因（causa）とは、原因より貰い受けた何かによって異なっている。人間は他の人間とは、他の人間から貰い受けた存在（existentia）によって異なっているのであり、人間は、神とは、神から貰い受けた本質（essentia）によって異なっているのである。

定理一八――「神は諸事物の内在的な原因（causa immanens）であり、超越的な原因（causa transiens）ではない」。

これは上で彼が示したと思われていたことから、つまり、神のみが実体であり、その他はその様態であるということから、帰結する。

定理一九――「神あるいは神のあらゆる属性は、永遠である」。

神の本質は存在を含んでおり、神の属性は神の本質を含んでいるためだ。その他に、『デカルトの〔哲学〕原理』[★06]の〔第一部〕定理一九を著書〔スピノザ〕が証明したやり方を、著者は〔『エチカ』でも〕引用して示している。

定理二〇——「神の存在と神の本質は、一にして同じものである」。

彼はこれを次のことから示している。神の属性は、永遠性の定義より、永遠な〔定理一九〕存在を表現している。それはまた、属性の定義より、本質をも表現している。したがって、本質と存在は神においては同一である、と。しかしこれは帰結しない、と私は答える。ただ、同一のものによって表現されるということのみが、帰結するのである。また注意したいのは、この定理は先の定理を前提としており、もし定理ではなくその証明がこちらの定理に適用されたならば、馬鹿げた循環が明らかとなるということだ。以下のとおりである。——神の本質と存在は一にして同じものである。証明。なぜなら神の諸属性は本質と存在をともに表現し、永遠であるがゆえに存在を表現する。なぜ永遠かというと、諸属性は存在を含むからである。それはなぜかというと諸属性は神の本質を表現し、この本質は存在を含むからである——。神の本質は存在を含むということによって、神の存在と本質が同一のものであると示される、ということに尽きるのであれば、何のために、諸属性の永遠性や定理一九に言及する必要があるのか。その他は、証明としての形式に合わせるための空虚な仕掛けとして用いられているだけなのだ。このような論証の仕方は、真の証明の技法を知らない人々のあいだでは、よく見られる。

系一——「ここからの帰結として、神の存在は、本質と同様に、永遠の真理である」。

私はこの命題がどうして先のものから出てくるのかわからない。むしろ、先の定理よりもはるかに真であり、はるかに明晰である。というのも、神の本質が存在を含むと仮定すれば、これはただちに自明となるからだ。もっとも、本質と存在が一にして同じものである、ということは認められないが。

★06——スピノザ『ルネ・デカルトの哲学原理の第一部と第二部』(B. de Spinoza, *Renati Descartes Principiorum philosophiae pars I, et II, more geometrico demonstratae*, Amsterdam, 1663, I. 19)。

系二――「神は不変であり、神のすべての諸属性もまた不変である」。

著者のこの命題とその証明は、どちらも不明瞭であり、混乱してもいる。

定理二一――「神のいずれかの属性の絶対的本性から生じることは、常にそして無限なるものとして存在しなければならない、あるいは、その属性によって永遠かつ無限である」。

彼はこれをかなり不明瞭かつ冗長に証明しているが、むしろ簡単である。

定理二二――「神のいずれかの属性が、この属性によって必然的かつ無限なるものとして存在するような様態化(modificatio)によって様態化されているかぎり、その属性から生じてくるあらゆるものは、また必然的かつ無限なるものとして存在しなければならない」。

証明は先の定理と同じようにして行える、と彼は述べている。よってそれはまた不明瞭である。そのような様態化というものの例を、挙げてほしかった。

定理二三――「必然的かつ無限なるものとして存在する様態は、すべて、神の何らかの属性の絶対的本性からか、あるいは、必然的かつ無限なるものとして存在する様態化によって様態化された何らかの属性から、必然的に生じなければならない」。

つまり、そのような様態は、何らかの属性の絶対的本性から、あるいは直接的に、あるいは他のそのような様態によって媒介されて、生じるということである。

定理二四――「神により産出された事物の本質は、存在を含まない」。

さもなければ、定義一により、自己原因となってしまい、これは仮定に反するから。だが、この証明は誤謬推理である。というのも、定義一では「自己の原因であること」は普通の意味ではなく、特別な意味をもたされていたからである。著者はしたがって、これら二つが等値であることを示さないことには、彼が恣意的に定めた固有の意味を、言葉の普通の意味によって置き換えることはできない。★07

★07――「ライプニッツ余白への書き込み：この命題より出てくるのは、スピノザに反して、諸事物は必然的ではないということだ。事物の本質が実在を含まないものは、必然的ではないからだ」。

定理二五――「神は諸事物の存在の作用因であるだけでなく、それらの本質の作用因でもある」。

さもなければ、公理四より、諸事物の本質は神なしにも概念されることになるからだ。だが、この証明は無意味である。というのも、定理一五により、諸事物の本質が神なしに概念されないということが認められたのだとしても、神が諸事物の本質の原因であることは帰結しないからだ。第四公理は「それなしにその事物が概念されないものは、それの原因である」とは言っていない(そもそもこれは間違いである、というのも、線は点なしに概念されないが、点は線の原因ではないからだ)。★08 第四公理はただ、結果の認識は原因の認識を含むということだけを述べており、これは大いに違う。それに、この公理は変更可能ではない。言うまでもなく、含むことと、それなしには概念されえないということは、別である。放物線の認識はその焦点の認識をそれ自身のなかに含むが、後者なしにも概念することは可能なのだ。

系――「特殊的な諸事物(res particulares)とは、属性をある一定の、また決定された仕方で(certo ac determinato modo)表現する、神の属性の変状ないし様態以外のなにものでもない」。

これは定義五と定理一五から明らか、と彼は言うが、この系は定理二五とどう関係するのかがわからない。間違いなく、スピノザは証明の偉大なる熟練者ではない。この系は、上に述べられたことから十分に明らかではあり、正しくもあるが、それは、正しい意味で受け取られたならばの話である。つまり、事物がそうした様態なのではなく、特殊的な諸事物を考える諸々の仕方〔様態〕(modus)が、神的な属性を考えるさいの限定された様態〔仕方〕である、ということだ。

定理二八――「個別的なもの(singulare)、すなわち有限で定まった存在をもつ事物は何であれ、別の原因によって存在し働くように決定されないかぎり、存在したり働くことへと決定されたりできないが、その原因となるものも、また有限で定まった存在をもっていて、これもまた別のものによって決定されるのであり、こうして無限に続く」。

★08――ゲルハルト版でもアカデミー版でも、「線」と「点」に重ねるように「円」と「中心点」という語を並べ、同様の例としているが、表記が煩雑となるため、訳文では省いた。

なぜなら、決定され、有限である一定の時間のあいだに存在するものは、神の絶対的本質からは帰結することができないからである。この意見からは、もしまともに熟考されたなら、多くの不条理なことが帰結する。本当は、事物は神の本性からはこのような仕方では生じない。決定する事物はまた他のものに決定され、と無限に続くなら、諸事物は神によってはいかなる仕方でも決定されていない。神はただ絶対的で一般的なる何かにのみ、自から貢献するということになろう。こう述べたほうがより正しい。特殊的なものは一つが他によって無限進行において決定されるのではない、さもなければ、どこまで進行したとしても、それらはつねに未決定なままにとどまるから。そうではなく、あらゆる特殊的な事物は、むしろ神によって決定されるのである、と。先行するものは後続するものの完全なる原因(causa plena)ではなく、神こそが、先行するものと知恵の諸法則にしたがい結合されるように、後続のものを創造するのである。もし先行するものが後続するものの作用因であると言うならば、後続するものは逆に、神は目的にしたがって働くと主張する者たちが言うように、先行するものの目的因であるということにもなる。

定理二九――「事物の本性には何も偶然的[09](contingens)なものは与えられず、すべては神的な本性の必然性により、ある一定の仕方で存在し、かつ働くように、決定されている」。

証明は不明瞭であり乱暴である。先行する乱暴で不明瞭で疑わしい諸定理によって導かれているのだ。事柄は「偶然」の定義にかかっているが、これはどこにも与えられてはいなかった。私は他の人々と同じく、偶然ということを、その本質が存在を含んでいないということとする。この意味では、定理二四により、スピノザ自身に従って、特殊的な諸事物は偶然的だということになる。だが、もし偶然を、アリストテレスや他の人々および慣用法ではなく、幾人かのスコラ学者の仕方で、次のようにとらえるなら、すなわち、他でもなくまさにこのようになった

★09――オランダ語の『遺稿集』では、in rerum natura を in de natuur(自然には)と訳している。

ことを、いかなる理由づけもできないような仕方で起こることとするなら、そしてまた、内的にも外的にもすべての必要とされる原因が与えられても、そう働くようにも働かないようにも等しく向かわせられるのだとするならば、そのような偶然性は矛盾を孕んでいると私は思う。すべてはその本性上、神的意志と諸事物の状態（status rerum）の仮定（hypothesis）から、たとえわれわれにはわからないとしても、一定のものであり決定されている、そして、それ自身においてではなくそれ自身にとって外的なものの仮定（suppositio sive hypothesis）により決定されるのである。

定理三〇——「現実に（actu）有限な知性も、現実に無限なる知性も、ともに神の諸属性と神の諸変状のみを、把握（comprehendere）しなければならない」。

この定理は、先行する諸定理から明らかであり、正しい意味でとられるなら真理であるが、著者は、不明瞭で疑わしく迂遠な仕方で示している。それはこうである。真なる観念（idea vera）は観念されたもの（ideatum）と一致（convenire）しなければいけない、つまり、それ自体で明らかなように（と彼は言っているが、どうして自明なのか、あるいは真であるのかさえ私にはわからない）、知性のなかに想念的に（objective）含まれているものは、自然のなかに必然的に与えられなければならない。しかし自然のうちには、ただ唯一の実体、つまり神しか与えられていない、と。しかし、これらの命題は不明瞭で疑わしく、あまりに迂遠である。著者の精神は、とても歪んでいたように思える。明晰で自然なる道を進むことがほとんどなく、いつも断続的で遠回りな仕方で進んでおり、彼の証明のほとんどは、精神を照らすというより、むしろ　取り囲む（急襲する）のである。

定理三一——「知性は、現実に有限であれ無限であれ、意志や欲望や愛などのように、能産的自然（natura naturans）ではなく所産的自然（natura naturata）とされねばならない」。

能産的自然とは神とその絶対的諸属性、所産的自然とはその諸様態のことと彼は解している。だが、知性を、或る一定の思惟の様態(modus cogitandi)にほかならないと彼は解している。ここから彼は、神は元来、知性も意志ももたないのだと別の箇所で述べている。私はこれには同意しない。

定理三二――「意志は自由な原因とは言われえず、ただ必然的な原因であると言われうる」。というのは、それ自身によって決定されるもののみが自由であるからだ。意志は思惟の様態であり、よって、他の諸思惟様態により変様(modificare)されている。

定理三三――「諸事物は、産出されているのとは別のいかなる仕方によっても、別の秩序においても、神から産出されることはできなかった」。

これは、神の不変なる本性から帰結する。この定理は、説明しだいによって、真にも偽にもなる。神的意志が最善なるものを選択する、あるいはもっとも完全な仕方で活動する、という仮定のもとでは、たしかにただこの世界しか産出されえなかったことになろう。しかし、もし世界の本性がそれ自体で考察されたなら、諸事物は異なって産出されえたかもしれない。このようにしてわれわれは、信の堅い(confirmatus)天使が、まったく自由ではあっても罪を犯すことはできない、と言うのである。意志すれば罪を犯しえたのに、そうしないのだ。絶対的に言うならば、罪を犯そうと意志することができるのだが、この〔現実に〕存在する諸事物の状態において、彼らはそうはできないのである。備考において著者は正当にも、或ることがらは二つの理由によって不可能となることを述べている。それは、矛盾を孕むことによってか、それを産出できるようないかなる外的原因も与えられないことによってか、である。第二の備考において彼は、神は善にもとづいてあらゆることを為すということを否定している。彼は神が意志をもつことを否定したし、彼に同意しない人は神を運命に従わせることになると彼は考えている。といっても、神が完全性にもとづいてあらゆることを為すことは、彼自身も認めてはいる。

定理三四——「神の力能（potentia）は神の本質そのものである」。

その本質の本性から、神が自らと他の諸々のものとの原因であることが帰結するからである。

定理三五——「神の権能（potestas）のなかに存在するあらゆるものは、必然的に有る」。

つまり、神の本質から帰結する。

定理三六——「そこから何らかの結果（effectus）が生じないようなものは何も存在しない」、なぜなら「〔すべてのものは〕一定の決定された仕方で神の本性を、つまり、定理三四により彼の力能を、表現している」からである。

（十分に帰結するわけではないが）しかしこれは真である。

彼は付録を付けており、神が目的のためにはたらくと考えている人々に、真理と虚偽とをない混ぜにしながら、反対している。なるほど、あらゆることが人間のために為されるのではないというのは真であるとはいえ、意志なしに、あるいは善き知性なしに神が活動することにはならない。[★10]

『エチカ』第二部——〔精神の本性および起源〕について[★11]

定義四——「十全なる観念（idea adaequata）〔という語〕によって、対象（objectum）との関係を抜きにしてそれ自身において考察されるかぎり、真なる観念（idea vera）のあらゆる諸特質（proprietates）ないし内的諸規定（denominationes intrinsecae）をもつ観念を私は知性認識する」。

真なる観念とは何なのかを説明すべきであっただろう、というのも〔真の観念についての〕第一部公理六[★12]では、観念されるものとの一致だけが用いられているからだ。

定理一——「思惟（cogitatio）は神の属性である、つまり神は思惟する事物（res cogitans）である」。

★10——ここまではアカデミー版に拠る（A VI, 4B, 1764–1776[N.337]）。

★11——以下の定理の抜粋はGP I, 150–152のそれに拠り、これをA VI, 4B, 1712–[N.386]と照合することとする。

★12——A VI, 4B, 1712ではp.1. ax.7; またGP I,150ではp.1, ax.1となっているが、これは明らかに第一部公理六を指すと思われるので、訳者の判断により訂正した。

ならば同じように、神は恐れるとか、希望する、とかいうことにも彼は同意することになるだろう。これらは思惟の様態であると応えるならば、おそらくこう言われうる、思惟は他の属性の様態であると。

定理六――「どの属性の様態であろうと、様態は、ほかならぬまさにそれがその様態となっている属性のもとで神が考察されるかぎりにおいて、その神を原因としてもつ」。

私はこれを疑う。というのも、何らかの属性を様態化させるのには、別の何かが必要であるように思われるからだ。それは、すべてが存在するわけではなく、反対に或る特別なものが存在するというふうになる理由と、同じ理由である。

定理一二――「人間精神を構成している観念（idea humanam Mentem constituens）の対象のなかに起こる（contingere）あらゆるものは、人間精神によって知覚（percipi）されねばならない、あるいは、その事物の観念が精神のなかに必然的に与えられる。つまり、人間精神を構成する観念の、その対象が身体（corpus）であるなら、その身体には、精神によって知覚されないようないかなるものも、起こりえない」。

諸観念は活動しない。活動するのは精神である。たしかに世界全体はあらゆる精神の対象であり、世界全体は何らかの仕方でいかなる精神によっても知覚されている。世界は一つであるが、他方、諸々の精神は多様である。したがって、身体の観念により精神が生じるのではなく、私が都市を眺めるように、神が世界を多様な仕方で眺める〔直観する〕（intueri）ということによって生じるのである。

定理一三――「人間精神を構成している観念の対象は、身体、すなわち、延長（extensio）の、現実に存在する一定の様態である、そしてそれ以外の何ものでもない」。

ここから帰結するのは、精神（mens）は、同一の人間においてさえ、瞬間的（momentaneus）であるということだ。

定理一五———「人間精神の形相的有〔esse formale〕を構成する観念は、単純ではなく、複数の観念から複合されている〔compositus〕」。[★13]

よって、人間精神は複数の精神の寄せ集め〔aggregatum〕である。

定理二〇———「人間精神についてもまた、神のなかに観念つまり認識〔cognitio〕が与えられる、それは人間身体の観念つまり人間身体の認識と同一の仕方において、神のなかに生じ、神に帰せられる」。

よって、観念の観念〔idea ideae〕が与えられる。仮に人間精神が〔単なる〕観念であるとすれば、〔観念のそのまた観念というように〕無限に進行していくということがここから帰結してしまう。

〔**備考**〕———「つまり精神と身体は一にして同一の個体〔Individuum〕であり、それが時には思惟の、時には延長の属性のもとで考えられるということなのである」。

とすれば、精神と身体は実際には異なることがない。一つの都市がさまざまに見られることとで違ってくるというのと変わらない。ここから帰結するのは、延長が、じつに思惟とは異ならないということだ。奇妙〔ἄτοπα〕。ここ〔備考〕からの帰結として、身体の観念つまり精神を理解するためには、他の観念は必要ないことになる。

定理二三———「精神は自らを、身体の諸変状の観念を知覚するかぎりにおいてしか、認識しない」。

精神が自らを知覚するなら、その精神そのものとは異なるようないかなる精神の観念も神のなかにまったく与えられない、ということになる。というのも精神は、精神を知覚している神を表現しているかぎりにおいて、自らを知覚しているのだから。

〔**同定理の証明**〕———[★14]「人間精神は人間身体自体を認識していない」〔とある〕。

いやむしろ反対に、神や精神はそれが身体の変状の観念によって身体を認識するのと同じように、精神の変状の観念によって精神を認識するのである。[★15]

★13———ゲルハルト版〔GP I, 151〕収載のノートではスピノザの定理を掲げているが、アカデミー版収載の書き込みでは定理ではなく、スピノザによる証明が写されている〔A VI, 4B, 1715〕。前出訳注01参照。

★14———ここから先は、訳者の判断で、ゲルハルト版〔GP I, 151–152〕を訳出。ただしアカデミー版は、『エチカ』全体へのライプニッツの書き込み〔A VI, 4B, 1705–1751[N.336]〕を収載。同第四、五部についての書き込みも印刷されている〔前出注01参照〕。

★15———ゲルハルト版では cognoscet〔GP I,151〕、アカデミー版では cognoscit〔A VI, 4B, 1717〕となっている。

『エチカ』第三部――〔情動の起源および本性〕について

定義三――「情動（affectus）とは、身体の能動への力能（potentia agendi）を、増加させたり減少させたり、促進したり阻害したりしている、身体の諸変状のこと、また、これら諸変状の諸観念のことと解する」。

情動は、身体について考えなくても、また知性認識される。

定理三三[★16]――「われわれに似ている事物をわれわれが愛する場合、それがわれわれを愛し返してくれるよう、可能な限り努める（conari）」。

なぜ親切にしようと努めるのかといえば、それは、愛されるようにするためである。しかし、これはなお別様にも示しうるし、そうされねばならない。というのも、自身が愛し返されることを考えたり求めたりしないでも、親切にするよう欲することができるからである。[★17]

情動の定義二―「喜び（laetitia）とは、人間がより小なる完全性からより大なる完全性へと移行することである」。

私が美しくなったり、肉体が強靭になったりと、気づかぬうちに身体の完全性が増加することがありうる。この移行は気づかれないもの（insensibilis）なのだから、喜びもまた気づかれないものだということになる、と反論することができる。

★16――ゲルハルト版ではPropos. XXIII（GP I,152）と誤記されているが、アカデミー版ではPropos. XXXIII（A VI, 4B, 1726）と正されている。

★17――ゲルハルト版ではbenefacere（GP I,152）、アカデミー版ではbeneficere（A VI, 4B, 1726）となっている。

【解説】スピノザとの長い対決の始まり

上野 修

ここに訳出したのはゲルハルト版『ライプニッツ哲学論集』第一巻（一二三〜一五二頁）に「ライプニッツとスピノザ」と題して集められているスピノザ関係のテクストである。よく知られるように、一六七六年、ライプニッツはハーグのバルーフ・デ・スピノザ（Baruch de Spinoza, 1632–1677）のもとを訪れていた。『エチカ』や『神学・政治論』で哲学史に名を残すことになる哲学者の死の前年、ライプニッツ三〇歳の冬である。収録されたテクストは時期的にこの訪問を挟んでいる[★01]。すなわち、

▼ライプニッツからスピノザへ（一六七一年一〇月）
▼スピノザからライプニッツへ（一六七一年一一月）
▼スピノザ「無限書簡」への書き込み（一六七六年二月ないし四月後半？）
▼オルデンバーグ宛スピノザ書簡三通への書き込み（一六七六年一〇月後半？）
▼ハーグでの訪問会見（一六七六年一一月中旬？）
▼スピノザ遺稿集の『エチカ』への書き込み（一六七八年二月？）

最初の書簡[★02]はライプニッツが早くからスピノザとの接触を求めていたことを物語っている。話題はレンズ制作にかかわる屈折光学のテクニカルな問題だが、ライプニッツの真の関心事がそこにあったとは思えない。書簡の日付一六七一年は『神学・政治論』（*Tractatus theologico-politicus*, 1670）の匿名出版の翌年である。返信の末尾で自著を送ろうかと述べるスピノザの無防備さには、いささか驚かされる。というのもこの著作はほどなく激しい無神論攻撃の的となり、数年後にスピノザは『エチカ』の公刊断念にまで追い込まれることになるからである[★03]。だがライプニッツはこのときすでに『神学・政治論』を入手していた。その著者が危険視されつつあるスピノザであることも知っていた。その上でコンタクトを取ろうとしたのである[★04]。

次の「シュラー氏の書簡からの情報（無限について）」はスピノザのいわゆる「無限書簡」[★05]の写しとそれへの書き込みである。ライプニッツは知人のゲオルク・ヘルマン・シュラー（Georg Hermann Schuller, 1651–1679）を介してこれを入手。書き込みは訪問の年、一六七六年の春と見られる。スピノザの実体や神の定義の要約に続いて書簡の写し、そして無限概念の分類や決定の無限連鎖などに関する書き込みがある。ライプニッツの関心はスピノザの新奇な形而上学にあったと推察される[★06]。彼はシュラーと同様スピノザと親交のあった年下の知人エーレンフリート・ヴァルター・フォン・チルンハウス（Ehrenfried Walther von Tschirnhaus, 1651–1708）から『エチカ』の未刊草稿について聞き知っていたらしい[★07]。そこで彼らを介して草稿の閲覧許可をスピノザから得ようとするが、警戒したスピノザ

はこれを諾としない。[★08]直接会見を申し出る背景にはこのような事情があった。

同年一〇月、ライプニッツは滞在していたロンドンからハーグへと向かう。その直前、王立協会事務局長のヘンリー・オルデンバーグ（Henry Oldenburg, c.1619–1677）からスピノザの書簡三通の写しを入手していた。続くテクストはこの写し、および、滞在中あるいはハーグへの途上で書き込まれたライプニッツのコメントである。スピノザはオルデンバーグに『神学・政治論』のどこが疑惑を招いたか指摘してほしいと助言を求めていた。[★09]事務局長は、神と自然の同一視ないし行為の運命論的必然性、奇蹟と無知の同一視、そしてキリストの神性の否定を指摘する。[★10]その応答への返信がこの三通である。[★11]ライプニッツの書き込みはまさにこれらの論点に関わる。とりわけ三点目のキリストの神性の否定は彼にとって由々しき問題であった。そして一一月、会見の日がやってくる。

スピノザは翌年二月に死んだ。その年のうちに友人たちの手によって『エチカ』等を含む遺稿集が編まれ、ライプニッツはただちにこれを入手。最後に訳出したのは、その『エチカ』へのコメントである。ライプニッツは幾何学的証明に違和感を覚え、人間精神は神のもつ人間身体の観念と同じものであるという「奇妙な」テーゼに当惑する。まるで自分の入り込めないシステムを前にしているかのようだ。それは会談の印象を裏づけるものであった。「私はオランダに立ち寄ったさい彼に会って、かなり長い時間をかけて何回か話したことがあります」とライプニッツは書いている。「彼は逆説に満ちた奇妙な形而上学の持ち主でした。なかでも彼は、世界と神は実体としてただ一つのものでしかないと考え、神は万物の実体であると考えます。被造物は様態ないし偶有性でしかないというのです[★12]」。こうしてライプニッツの長い対決が始まる。

★01——アカデミー版およびMogens Laerke, *Leibniz lecteur de Spinoza, La genèse d'une opposition complexe*, Honoré Champion, Paris, 2008 の考証に従う。

★02——ゲプハルト版スピノザ全集第四巻、書簡四五（以下書簡番号はこれに準ずる）。

★03——書簡六八。

★04——Cf. Laerke, *op. cit.*, 97–100.

★05——書簡一二。

★06——断片（*De summa rerum*）はこの時期。

★07——一六七六年二月ごろのライプニッツの手稿（A III, 33）。

★08——書簡七〇、七二。

★09——書簡六八。

★10——書簡七四。

★11——書簡七三、七五、七八。

★12——ジャン・ガロア宛一六七七年九月（A II, 1, 370–380）。

アントワーヌ・アルノー
Antoine Arnauld 1612-1694

【4】

Leibniz an Antoine Arnauld. 1671

初期アルノー宛書簡［全］

❖根無一信＝訳・解説

4-1……ライプニッツからアルノーへ★01

Leibniz an Antoine Arnauld. [Mainz, Anfang November 1671].

根無一信❖訳

(A II, 1, 274–287; GP I, 68–82)

卓越した人士、アントワーヌ・アルノー様

ゴットフリート・ヴィルヘルム・ライプニッツ

心からのご挨拶

私からの本状を、べつだん驚くべきものでも目新しいものでもないとお思いになられると拝察いたします。偉大な方にとっては、かくも不躾なふるまいを情け深く宥恕されることは日常茶飯事と存じます。そこでまず、本状を認(したた)める経緯と理由を説明させていただきます。

最近、私はいつものようにかの高名なボイネブルク男爵★02を訪ねました。男爵は公私にわたる周知のさまざまな用務に対してみごとに問題を処理したことによる名声によって高められる一方で★03、驚くほど浩瀚な博識のため、余人に無為に全人生を過ごしたと恥入らせるほど驚異的な方です。さらに、非常に確かな判断力の持主で、最近の著述家の書いたものはほとんど読破され、折りにふれて先人の雄弁や崇高の味わいを見出すことを常とされています。最後に、宗教および信仰の熱心さによって煌煌と燃え、悪しき国家を改良することを望んで、片手間ではなく、外交では統一が促進され内政では腐敗が根絶されるべく、思考、協議、行動のすべてを傾けておられます。

最近の訪問では、真っ先に貴方のことが話題になりました。真近に迫った貴方との会談のために、

★01——一六七一年一一月初頭、マインツにて記された本書簡にはアカデミー版、ゲルハルト版とも段落分けがきわめて少ない。読みやすさを配慮して、訳者の判断で適宜段落分けを追加した。

★02——ヨハン・クリスティアン・フォン・ボイネブルク (Johann Christian, Baron von Boyneburg, 1622–1672)。マインツ選帝侯の名宰相として名を馳せていた政治家。ライプニッツのマインツ時代 (1668–1672) を全面的に庇護した彼のよき理解者であった。

★03——ボイネブルクはドイツにおけるカトリックとルター派の再合同の実現に力を注いでいたし、この頃はしばらく離れていた政界へ復帰したばかりであった。

★04——エルンスト・フォン・ヘッセン=ラインフェルス方伯 (Landgraf Ernst von Hessen-Rheinfels, 1623–1693)。一六八六年に開始されたライ

男爵はエルンスト・フォン・ヘッセン＝ラインフェルス方伯★04のところから戻られたところだったのです。貴方と親密に交流する好機をもたらす名高いフラクシネウス★05からの書状を受けとり、とても喜んでおられました。風の便りに貴方の新しい著作★06に関する噂を耳にするたびに、貴著を渇望している男爵のことを私は思い出していたのですが、その熱望も間もなくより豊かに満たされることになりそうですね。

われわれはすぐいつものように、象徴論者★07(significatores)に対し、神秘の真理、いわば神秘の実在性(realitas)を聖なる教父たちの普遍的な教えによって主張されている、聖餐に関する貴方の仕事の話へと沈潜し、論議を尽くしました。一心不乱に反論をくり返し、ひとたび捕まえた敵にはどんな休息も許さない人士をついに見出したわれわれは、〔貴方が属されている〕カトリック教会に感謝しました。というのは、これまで確固とした論戦が始められることは稀であり、曲馬師の口喧嘩のような堂々巡りの闘いがあるばかりと感じておりましたから。私はと申しますと、自惚れによって諸々の伝統の一致に敵対している教派が貴方によって駆逐され、まだ完全には打ち負かされたわけではないにしても古参兵ばかりの第三戦列すなわち不可能性の論証へと撤退していくことを疑いません。彼らは、象徴(significatio)についての崩壊しそうな議論にせよ論証できさえすれば、あらゆる世代あらゆる地域のキリスト教徒の合意に反して、それを支持することができると信じております。また彼らは、(同一の物体が多くの場所に存在するので)それ自身より大なる物体が与えられるか、あるいはより小なる部分の量としてそれ自身より小なる物体が与えられるかであると考える不合理よりもむしろ、受け入れられるべきは比喩であると明言しています。彼らの陣営の最近の論者たちは、物体の本質は延長あるいは量に存するとほとんど信じ込んでしまっているからです。たとえ非常に明敏な哲学者にとっては、実体的形相が感覚との関係においては実体の諸性質とは異なっているように思われても、実体はあらゆる性質を保ったまま変化するのです。そ

プニッツとアルノーとの文通(K I, 8)を世話した人物。

★05——デュ・フレスヌ。マインツからパリに派遣されていた駐在大臣。ライプニッツは草稿の余白に「du Fresnio」と注記している(A II, 1, 276)。

★06——アルノーと、ポール・ロワイヤル修道院における彼の同志ピエール・ニコル(Pierre Nicole, 1625–1695)の共著である『聖餐についてのカトリック教会の信仰の永続性』(*La perpétuité de la foi de l'église catholique touchant l'eucharistie*, 1669–74)のこと。

★07——キリストの肉と血の実体性を主張する化体説に対し、聖餐におけるパンとぶどう酒は実体的に変化せず、それらがキリストの肉と血であるとは象徴的言表とする解釈を象徴説という。象徴論者の代表はツヴィングリ(Huldrych Zwingli, 1484–1531)で、カルヴァン(Jean Calvin 1509–1564)も一部認めている。宗教改革期にはこの見解の相違が、プロテスタントの内部においても、ルター派とカルヴァン(改革)派の対立の原因となった。本訳注09、31も参照。

れはあたかも中央の塔から見晴るかす都市の真の外観のようなものです。塔の外へ出て見る場合には、空間〔の位置〕に応じて都市の見かけが果てしなく変化に富むことになりますから。事物が別の事物に変わるが同じ質料(materia)が何も残らない場合、それは変化するということではなく、古いものが消滅し新しいものが産出されるということです。事物が単に新しい形象(species)に変化するばかりか、未だかつて聞いたことのない様式で新しい個体に変化するということなのです。一方で、変化するということは同一のものが或る状態から別の状態へ移り変わることです。さらに、或る事物はすでに存在している事物に変化します。変化するということは或るものが終わって別のものが始まることだからです。それはあたかもすでに存在しているものが他のものから作られるようなものです。また、同じものが多くの異なったものから作られるし、全体は個々のものから作られます。そして、自分自身に多くの変化があっても自分自身は大きくはなりません。つまり、あたかも単にそれら多くの変化の一つのみを受け入れたかのように存在しているのです。ちょうど同じ量が、まるで全体が部分と同等であるかのように、全体からでも部分からでも作られるようなものです。要するに、変化と実体的変化については、つまり、事物の活動とは何か、いかなる力が、いかなる結果が隠れているか、聖餅★08(hostia)の内にある実在的なものは何か、聖餅と呼ばれないかぎり聖別されないということ以外はあらゆる点で聖餅に似ている他のパンではなく、なぜ聖餅がキリストの身体と呼ばれるのか、こういったことについては論じられていないと言えます。これらはいずれの立場にとっても非常に厄介です。これらの事柄によって象徴論者が弱体化し得ることを望むべきでしょう。

〔ボイネブルクとの議論では〕私はこれらの事柄に加えて、二種類の人間がいるということを述べました。それについてお話しましょう。一方は、とくに自分たちの生活にとって有用か否かに関係ない事柄において、権威によって導かれる人たちです。彼らは事柄の内部へのいっそう鋭い探究は

★08——聖餅(hostia)。聖餐式において用いられるパンのこと。

★09——化体(「けたい」あるいは「かたい」)(transsubstantiatio)。聖餐に関するローマ・カトリック教会の正統教義。「実体変化」と訳す場合もある。聖餐において、パンとぶどう酒はその偶有性(accidentia)は存続するが、その実体(substantia)はキリストの肉と血に変化するという考え方。これに対しルター派は、パンとぶどう酒という実体の中に(in)、それの下に(sub)、それと共に(cum)、キリストの肉と血が実体としてともに存在するとする「共在説」を主張する。本訳注07、31も参照。

★10——フランシス・ベーコン(Francis Bacon, 1561-1626)。イギリスの哲学者。イギリス経験論の礎を築いた。

★11——トマス・ホッブズ(Thomas

他の人に任せています。この種の人においては由緒や世論ほど重要なものはありません。他方は、自分の才によって哲学研究するような人たちです。彼らは、明晰判明に知り得るもの以外、受け入れようとはしません。つまり、説明すればするほどますます混乱していくものは、露ほども受け入れようとはしないのです。また、空疎なものが隠されているような、意味もなく明瞭でもない言葉はすべて嫌います。古代の人はほとんど哲学を欠いているうえに、その大半は哲学を憎んでもいて、修辞に耽り、信仰の神秘を庶民のいかがわしい神秘であるかのようにしてしまい、それ故単なる言い回しが徐々に信条へと変わっていったのだと彼らは考えます。また、後のスコラの人たちは理性的に語ることを放棄して異様な考察へと向かい、誰にも理解されず役にも立たない哲学を生み出したのであって、その大部分は、化体[★09](transsubstantiatio)によってしか擁護されないものや、化体によってのみ擁護されるべきものの類いにすぎない、と彼らは考えます。彼らはベーコン[★10]、ホッブズ[★11]、『哲学することの自由について』(*De libertate philosophandi*)という少し前に出たひどい本の著者[★12]を、多くの人が属する自分たちの学派に大喝采をもって紹介しました。デカルト派の哲学は驚くほど彼らを強固にしました。彼らは、デカルト派の哲学は厳密であり、またローマ教会に一致しないという共通見解を、受け入れるにいたったのです。

いったい誰が、物体が自身の実体性を保ったまま、無関係の延長に取って代わられることができると考え、物体の本質は延長であると信じるのでしょうか。ですから、敵対者へのデカルト派のさまざまな抗議はすべて見せかけであって、実際には逆であると考えられます。イエズス会や大部分の修道会は等しくデカルト派の哲学を自分たちの宗教を破滅させるものであると考えています。でもこれは、逆の立場からは偽りの議論にすぎないと非難されています。言葉の説明そのものをさけ、自己の吟味や、どんなものも明晰判明に認識されない限りは認められるべきではないという第一原理をもつ哲学を嫌うような宗教は疑わしいからです。

Hobbes, 1588–1679)。イギリスの哲学者、政治思想家。前出【2】参照。

★12——バルーフ・デ・スピノザ (Baruch de Spinoza, 1632–1677) と彼が匿名で一六七〇年に出版した『神学・政治論』(*Tractatus theologico-politicus*) のこと。ライプニッツが「スピノザ」という固有名を用いずに「ひどい本の著者」という一般的な言い方をしているのは、アルノーに対してこの著作の真の著者を知らないように装いたかったからである。つまりライプニッツは、自分は『神学・政治論』を読みはしたが、決してその著者やその思想と深く関わっているわけではないということを強調しているのである。また『神学・政治論』の著者に対して「ひどい本の著者」と厳しい評価を下しながらアルノーに手紙を書くひと月前、ライプニッツはスピノザに「名高くもっとも傑出した方」という文言で始まる手紙を送っていた(前出3-1参照)。ライプニッツがアルノーにこの書簡が他の誰かに見られないようにと、末尾で注意を促しているのは、あるいはスピノザを意識してのことだったかもしれない。

真理へのより鋭い関心がスコラを越え出て、国家に生まれた人々へとさらに広がっていくような哲学の時代が始まっています。宗教の真の拡大が絶望的でないなら、このことで十分なのです。しかし、改宗の大半が取り繕われようとしています。無神論、あるいは確かに優勢ではある自然主義を強固にし、あまりに多いうえに邪悪でもある人たちの間ではすでにほとんど崩れかけているキリスト教信仰を根こそぎ破壊するためには、一方では信仰の神秘がすべてのキリスト教徒によって常に信じられていたことを肯定しつつも、他方では、正しい理性のものである確固たる論証においては神秘を虚言であると決めつける、こういった〔矛盾的な態度を取る〕こと以上に有効なことはありません。教会の内部には、異端そのものよりも苛烈な敵が存在しています。無神論はさておき、恐れるべき異端の最右翼は、何はともあれ自然主義を公言している者たちではないかということです。またマホメット主義もそうです。マホメット主義は、自然主義に非常に不十分な教義を付け加えたにすぎず、儀礼の他にはほとんど何も付け加えていませんが、それ故にオリエントのほぼ全域をも支配したわけです。近ごろブリタニアや内陸ドイツのいたるところで指導者を立て、卓越した才能を有する人を巧みにほぼ支配しているソッツィーニ派[★13]がこれに大いに近づいています。われわれはこれらの敵と戦うべきです。彼らがひけらかす哲学は児戯であるうえに、先人の純朴明快さを馬鹿にするものです。

　パスカル[★14]がこの世を去って以来、貴方こそ二つの領域で戦うことができる、つまり教育にも学問にもたけた滅多にない技量をおもちの、かけがえのない方として仰いでおります。かの有名な『思考術』[★15]（*Ars Cogitandi*）は並はずれて深遠な教えに富んだ小冊子です。どなたが著者にせよ、まちがいなく貴方の学院のご出身でしょう。これについて、私は〔ボイネブルク男爵に〕次のように申しました。私見によると、多くのことが一貫した事柄へと考え抜かれていて、とくに聖体については、きわめて重大な事柄に対して大いに示唆に富んだ内容を含んでいる、と。すると、非常に卓越し

★13――ソッツィーニ派。宗教改革以後、イタリア、スイス、ドイツ、ポーランドなどに起こった反三位一体的神学による教会運動に与えられた総称。ポーランドにおけるこの派の代表的指導者であるイタリア人神学者ファウスト・ソッツィーニ（Fausto Sozzini, 1539–1604）の名に由来する。ライプニッツはこの派の議論の巧妙さを非常に危険視してしばしば言及している。

★14――ブレーズ・パスカル（Blaise Pascal, 1623–1662）。フランスの哲学者、自然学者、数学者。ジャンセニスムの影響を強く受け、ポール・ロワイヤル修道院とイエズス会との論戦では、アルノーを熱心に支持した。

★15――一六六二年にパリで匿名出版された『論理学すなわち思考術』（*La Logique ou l'art de penser*）のこと。著者はアルノーとニコルである。ニコルについては本訳注06も参照。

たボイネブルク男爵も、数年前に私が示した信仰の神秘やとくに聖餐をめぐるさまざまな説明[★16]の仕方を大いに評価したことを思い出され、貴方に書状を認める好機を失わぬようにと熱心に促してくださったのです。男爵は書状の仲介を自ら引き受けてくださいました。男爵の遂行力のご加護に加え、貴方の誠実と高潔というご加護のもと、今ご覧いただいている本状を安心してお送りしたわけです。本状の冗長さを、扱う事柄の本性自体がご面前で弁明してくれることを念じております。

さて、私の研究のいくつかの根拠についてさらに深く話を始めることをお許しください。かくも分裂した世の中にあって、何が将来の自分を平穏たらしむるだろうかということ以上に私が精力的に熟考した主題は他にほとんどありません。もっとも、私が生きてきたのはまだほんの短い期間にすぎませんが。告白しますと、これこそ私にとって哲学する最大の理由だったのです。私は実際に、過小評価すべからざる寵遇、つまり精神の平安を手に入れましたし、今まで単に信じられていたことや、重要なのに等閑に付されていた少なからぬことを証明したと公言することができます。幾何学つまり場所の哲学が、運動つまり物体の哲学への橋渡しとなり、その運動の哲学が精神の学への橋渡しになると考えてきました。それ故私は運動についてのきわめて重要ないくつかの命題を証明しました。ここでは二つばかり言及しましょう[★17]。第一の命題は、静止している物体には凝集(cohaesio)も壊れにくさ(consistentia)もない、というものです。これはデカルトが考察したものとは逆です。同様に、静止しているものはいかに小さな運動によっても押しやられ分割され得ます。その後私はこの命題をさらに推し進め、静止した物体は存在しないし、そのようなものは空虚にほかならないということを発見しました。ここからコペルニクス[★18]の諸仮説の証明と自然学における多くの他の新しい証明が導かれてきます。もう一つの命題は、充実空間におけるすべての運動は同心円の運動であり、直線的な運動、螺旋の運動、楕円の運動、卵型の運動は、

★16——A VI,1, N. 151-3のこと(A II, 1, 278)。

★17——以下しばらく続くライプニッツの議論の大半は、この書簡の少し前に書かれた『抽象的運動論』(*Theoria Motus Abstracti*, 1670-71?: A VI, 2, 258-276)からの抜粋である。本訳注82も参照。

★18——ニコラウス・コペルニクス(Nicolaus Copernicus, 1473-1543)。ポーランドの天文学者、牧師。地動説を説く『天体の回転について』(*De Revolutionibus orbium Coelestium*, 1543)は彼の死の直前に出版された。

またバラバラの中心を持つ円運動は、空虚が認められない限りこの地球上では考えることはできない、というものです。他のことについては割愛します。二点に絞ったのは、目下の目的にとって有益なことが導かれてくるからです。後者の命題からは、物体の本質は延長すなわち大きさや形にはない、ということが導かれます。空虚な空間はたとえ延長していても、必ず物体と異なっていなければならないからです。前者の命題からは、物体の本質はむしろ運動にある、ということが導かれます。空間の概念は大きさや形つまり延長によって仕上げられるからです。

幾何学において私は、不可分割的なものの幾何学、つまり発見と証明の根源が準拠する或る根本的な諸命題を証明しました。それは次のことです。

「どんな点も所与のいかなる空間より小さい空間である」。

「点は諸部分をもち、その諸部分は密着している。それ故、エウクレイデスは延長の諸部分について語る時は間違っていなかった」。

「不可分割的なものはないが、非延長的なものは存在する」。

「或る点は別の点よりも大きい。しかしそれは説明され得るものより小さな割合において、あるいは、感覚可能な大きさより限りなく小さな割合においてである」。

「角度は点の量である」。

私は不可分割的なものの運動学[★19]（phoronomia）に従って、これらに以下のことを付け加えました。

「運動に対する静止は、空間に対する点の関係ではなく、一に対する無の関係である」。

「運動に対するコナトゥス[★20]（conatus）は、空間に対する点の関係のようなものである」。

「同一の物体の中に複数のコナトゥスが同時に存在することはあり得るが、逆向きの運動は存在し得ない」。

「運動している物体の一つの点は、コナトゥスの時間すなわち〔われわれの感覚に〕与えられる時間

★19――運動の原因や本質、運動に及ぼす力は問題にせず、運動の状態を数学的関係として記述する自然学（機械学・力学）の一分野。アンペール（André-Marie Ampère, 1775–1836）がギリシア語で「運動」を意味するkinēmatikósから案出した造語であるcinématique（運動学）と内容的に同じ。

★20――前出2-1注13参照。

よりも小さい時間においては、空間の複数の場所もしくは点に存在するか、あるいは空間における自らよりも大きな部分に存在する」。

「運動するものは決して一つの場所に留まることはないし、果てしなく瞬間的な時間においてさえそうである」。

「或る物体が別の物体へとコナトゥスを働かせるなら、両物体は貫入と統合（unio）の始まりのうちにある。あるいは両物体の末端は、アリストテレスが連続を端が一つであるもの[★21]（[ὧν] τὰ ἔσχατα ἕν）と定義したように、一つになっている」。

ここから、互いに押し合う物体はすべて、またそういった物体のみが凝集する（cohaerere）ということになります。瞬間にもいわばさまざまな部分や徴候が存在していて、それは運動が連続的に加速されることからも理解されます。またその運動はどの瞬間においても、初動の時のように大きくなります。運動は、先行するものも後行するものもさらに増加していきます。所与の瞬間においては必ず一つの徴候が別の徴候に先行していますが、そこには延長はありません。つまり、それらの徴候の間に距離はないのです。その距離と感覚可能なあらゆる時間との比率は、既知のいかなる比率よりも大きいからです。つまり、それは点と線の関係であるからです。

さらに私はこれらの諸命題から、証明されるべき運動の諸法則のみならず精神の学問においても、大きな収穫を手に入れました。すなわち、われわれの精神の真の場所は一定の点あるいは中心であることを証明したのです[★22]。そこから私は、精神の不滅性、思考の停止の不可能性、忘れることの不可能性、そして運動と思惟の間にある真のそして深遠な相違について、まったくもって驚くべき以下の結果を演繹しました。

「物体の本質は運動にあるように、思惟の本質はコナトゥスにある」。

「あらゆる物体は瞬間的な精神すなわち記憶のない精神として理解され得る」。

★21—— Aristoteles, *Physica* VI, 1, 231 a 22(A II, 1, 279)。

★22—— A VI, 1, 535のこと（A II, 1, 279）。

「物体におけるあらゆるコナトゥスは方向に関する限り破壊され得ない」。

「さらに精神においては速度の度合い（加速度）に関する限り破壊され得ない」。

「物体が運動の進行から成り立つように、精神は諸々のコナトゥスの調和から成り立つ」。

「物体の現在の運動は、先行する諸々のコナトゥスの合成から生じる」。

「精神の現在のコナトゥスつまり意志（voluntas）は、先行する調和を新たな調和へと合成することから、すなわち快から生じる」。

「仮にその調和を或る他のものが乱してコナトゥスが圧迫されるなら、苦痛が引き起こされる」。

私は今取り組んでいる『精神の諸要素』[★23]（*Elementia de mente*）の中で、他の多くのことをいずれも証明したいと考えています。ここから大胆にも三位一体、受肉、予定、そして本状の最後で述べるつもりの聖餐という諸々の神秘を弁護することへの光をいくらかでも増大させたいと思っています。道徳の問題や法（jus）と公正（aequum）の基礎を通常よりも幾分なりとも確実かつ明晰に定めるように努めることこそ、私の人生の指針としてきたものなのです。さらに、『ローマ法の核心』[★24]（*Nucleum legum Romanarum*）というものもあります。この著作は、簡潔かつ秩序正しい用語で、真に法であるもの、真に新しく秩序だったもの、そして今日なお有効なもの全体を、新たな「永続的法規」（Edicti perpetui）という一定の斬新な形で提示しようとしています。『ローマ法の諸要素』[★25]（*Elementa Romani juris*）は、一目でわかる簡単な表によっていくつかの明晰な基準を示しており、それらを組み合わせることであらゆる事案を解決することができます。さらに訴訟を短縮するための新しい諸々の根拠をも表現しています。かくも利用しやすく、効果があり、深遠で、いわば、より適切な（οἰκειότεραι）根拠が、どこかで提示されたことは恐らくないでしょう。


　これに加え、私は『自然法の諸要素』[★26]（*Elementa juris naturalis*）を簡単な小冊子の形で概説しようと考えています。そこでは、諸々の定義のみからあらゆることが証明されるでしょう。例えば次の

★23——A VI, 2, N. 42_{1-6}を指す（A II, 1, 279）。
★24——A VI, 2, N. 30を指す（A II, 1, 279）。
★25——A VI, 2, N. 30を指す（A II, 1, 279）。
★26——A VI, 1, N. 12を指す（A II, 1, 279）。本著作集第II期第2巻所収。

ように定義します。

「善なる人すなわち正義にかなった人とは、すべての人を愛する人である」。

「愛とは他者の幸福に由来する喜び(voluptas)である」。

「苦は他者の不幸に由来する」。

「幸福とは苦のない喜びである」。

「喜びとは調和の感覚である」。

「苦とは拙い組み合わせの(inconcinnitas)感覚である」。

「感覚とは行為への意志(voluntas)すなわち行為へのコナトゥスを伴う思惟である」。

「調和とは同一性と釣り合っている多様性である。いかなる場合でも、多様はわれわれを楽しませるからである。ただし、それは統一のもとにおかれた多様である」。

ここから私は、法と公正のすべての定理を演繹します。

「善なる人に可能なことは正当である」。

「善なる人に必然なことは義務的である」。

したがって、次のことが明白になります。

「正義にかなった人、つまりすべての人を愛する人は、たとえ能わずとも、すべての人を喜ばせようとする。それはちょうど、石がたとえ吊るされていても落下しようとするのと同じである」。すべての義務は努力(conatus)を最高度にすることによって達成されるということをお示しいたしましょう。

「すべての人を愛することと、普遍的調和の座であられる神を愛することとは同じことである」。

「さらに、真に愛することとすなわち賢くあることと、何よりも神を愛することとは同じである。これが、すべての人を愛するということと、正義にかなっているということである」。

「もし助けられるべき人が多数いるなら、全体としてより大きな善が導かれる人が優先されるべきである」。

「したがって、対立する場合は、他のことは同等とすると、より高潔な人すなわち公共のことをより愛する人が優先されるべきである」。

「というのも、彼に与えられるものは返礼によって倍加されて増えるからである。それは、彼を助けることによって多くの人が助けられることになるようなものである」。

「一般的に、他のことが同等なら、すでにその時申し分なく備わった人が優先されるべきである」。

「というのも、助けることは足し算ではなく掛け算の割合でものごとを生じさせることであるというのは明らかであるから」。

もし今二つの数があって、一方が他方よりも大きいとすると、同じ数によって掛け合わせられるなら、掛け算は足し算よりもより多くを付加します。

5×2=10, 10×2=20.　6×2=12, 12×2=24.

〔元の〕5へ付加されたのは15、〔元の〕6へ付加されたのは18であることは明らかです。それ故、同じ乗数〔×2×2〕であっても、より大きな数に掛け合わすなら、全体としてより多く得られることになります★27。足し算と掛け算の間にあるこの違いは、正義についての学問において大きな有用性をもっています。助けることは掛け算することであり、害することは割り算することです。その理由は、助けられる人は精神（mens）であるということにあります。精神は自分が助けられたことを役立てて、あらゆるものをあらゆる人へ向けることができます。それは相互にもたらし合うこと、あるいは倍加し合うことです。賢なるもの3と能力あるもの4を何かにしてみてください。その見積もりは全体で12であって7ではないでしょう。能力のそれぞれの程度によって知が使われ得るのです。同じ金貨千枚でも、その百倍の貨幣を持つ人は、それぞれ金貨千枚を持つ百名の

★27――5と6のそれぞれに2を二回掛ける場合、5×2×2－5=15, 6×2×2－6=18であるから、5と6に生じた増加分の差は結局3にまで大きくなる。しかし、5と6のそれぞれに2を二回足したとしても、その増加分の差はもともとの差である1であることに変わりはない。

人たちよりも金持です。統一が有用性を作ります。百倍持っている人はじっとしていても儲けます。百名の人たちはせっせと働いても損をします。故に、助ける場合において常に優先されるべきは、欠乏が等しい時は、より大きな知を有する人(sapientior)であり、同じことですが、より幸福な人です。神の愛でし人というわけです。知(sapientia)に相応しく生まれるということは、幸運すなわちち神の贈り物です。ここから諸事物の統治には、発見する人たちの幸運に関わる統治と、完成させようとする人たちの精励に関わる統治があることになります。

さらに、備えをもつ人は優先されるべきです。これはいわば第一の幸運のようなものです。これに対し、同じ損害を前にして二人が対立する場合、損失の時も加害の時も、過失の人のほうが悪意の人よりも優先されるべきです。そして、不運や不幸にある人は両者よりも優先されるべきです。ここから演繹されないことはほとんどありません。以下のことさえ言えます。人類の幸福のうちに栄光の素材を求める者がついに正当に英雄になると。私はこれらの諸原理に従って予定の教義を手短かな注釈によって概説しました★28。そしてドイツのあらゆる地域のすぐれた多くの神学者によって吟味されるように配慮し、著者については誰も知らないようにしました。驚かれるでしょうが、意見の一致を保証することができます。どの立場にも不快感を与えないような言葉の一定の定義が確立され、最も大きな論争が片づくことになります。

聖体について言うべきことが残っています。ボイネブルク男爵と知り合って四年、以来私は男爵が抱えている問題のうちにありました。それは聖餐の神秘の可能性を証明すること、あるいは同じことですが、いつまでも妨げられない分析によって、神の力に認められる第一の要請にまで到達するように、それを説明することでした★29。どのようにして問題を解決したのか、あるいは他の可能な仕方を説明したのか、はたまた可能性を証明したのかということは、件の問題を、ちょうど公理を定理★30へ還元するのと同じで、すでに解かれた別の問題に、あるいは解決に困っていな

★28――この注釈は今のところ見つかっていない(A II, 1, 280)。

★29――A VI, 1, N. 15を指す(A II, 1, 281)。

★30――「定理を公理へ還元」の誤記か。あるいは手稿は「定理」ではなく「要請」とある(A II, 1, 281)。

い問題すなわち要請に還元した時に、幾何学者によって評価されるべきでしょう。

要するに、私はこのことを豊かに遂行したと思っています。第一に把握した事柄は次のことです。つまり、議論の余地なく偉大な人物デカルトは、物体の本質は延長にあるとしましたが、そうではなく、運動にあるということです。それゆえ物体の実体すなわち本性は運動の原理です。(物体の中にはいかなる絶対的な静止もないのですから)これはアリストテレスの定義とも一致します。さらに、運動の原理すなわち物体の実体には延長は必要ありません。そうしてついに何故実体は形象(species)と異なっているのかということが、きわめて明快にわかったのです。神は同一の物体の実体が多くの離れた場所に存在するように、言うなれば、多くの形の下にあるようにするということが明晰判明に理解できる根拠が見つかったわけです。

このことによって、誰の精神にも招来しなかったこと、つまり、分析を最後まで進めるなら化体(transsubstantiatio)と実在的現臨★31(multipraesentia realis)は異なるものではないということが、示されます。物体は、その実体が異なる形象の下で知性認識されるのでなければ、多くの離れた場所で存在できません。実体は単独で見るなら、場所の状況に左右されないのと同じように、その延長に左右されません(このようであれば、事物に属するもの、つまり物体の実体がどこで説明されるのかが判明に示されるでしょう)。それ故化体は、トリエント公会議で表明された最も用心深い言い回し★32を使うなら、アウクスブルクの信仰告白に矛盾しておらず★33、むしろ従っているのだということを私はトマス・アクィナスに従って示したのです★34。そして全体として、この二派★35の間に残っている問題は次のことだけです。つまり、実在的現臨にせよ化体にせよ、それらが互いに含意し合っていることをいずれ私は示しますが、いずれも瞬間的なものであり、アウクスブルク信仰告白が教えるとおり、用いたり食べたりする一瞬の間しか持続しないのか、それとも、実際に聖変化が始まると、それらはローマ教会が言うように、形象がなくなる(corruptio)時まで存続するのか、

★31——実在的現臨(multipraesentia realis)。「praesentia realis」も同じ。地上のあらゆる聖餐の場にキリストの肉と血とが実在的に存在することを意味する。ルター派の「共在説」の一内容をなす。聖餐においてキリストの肉と血が実体的に存在するということは、同時に複数の場所でおこなわれる聖餐においてそれらが「遍在」することと密接に関係している。本訳注07、09も参照。

★32——トリエント公会議。一五四五~一六六三年にイタリアのトリエントで開かれたカトリック教会総会議。この「言い回し」は以下のとおり。「われらの贖主キリストは、パンの形の下に与えられたものを、真に彼であると言い給うたゆえに、神の教会の中で常に説かれてきたことを、今やこの聖なる教会会議はあらたに宣言する。すなわち、パンとぶどう酒との聖別(consecratio)によって、パンの実体全部がわれらの主キリストの体の実体に変化し、またぶどう酒の実体全部が彼の血の実体に変化すること、聖カトリック教会によって適当に、また固有に、実体変化と呼ばれている変化、を宣言す

ということです。この論争は目下の問題には関わりません。というのも、両方の見解が等しく可能だからです。持続ということがそれ自体で事物の本性を変えることはないし、神もそういったことは望まないでしょう。聖書の権威と教会の伝統に従って定義されるべきなのです。このような問題が明確にされれば、聖餅を崇拝すべきかどうか決められるのでしょうか？　トリエント公会議とアウクスブルク信仰告白との間にある問題には、実践上の論争だけが残っています（今は聖体拝領[★36]について、さまざまな形象の本性が一つなのか否かということについて話しているのではありません。さまざまな形象は神秘の様式には関係していませんから）。用いる一瞬のみしかキリストの身体が現在しないなら、食べられる前に聖餅が拝まれるべきではありません。しかし、食べられてしまった聖餅は拝むことができません。それ故、神秘の根拠あるいは様式それ自体に

る」(AII, 1, 281;『キリスト教古典叢書』、第二巻、二六頁、新教出版社 1957)。

★33――アウクスブルク信仰告白。ルター派の信仰告白。主としてメランヒトン（Philipp Melanchthon, 1497–1560）が起草した。ルターの承認を得て、一五三〇年アウクスブルク国会でカール五世に上呈された。アカデミー版は『アウクスブルク信仰告白』第十条の「主の晩餐について、われわれの諸教会は次のように教える。キリストの肉と血とは、主の晩餐において、真に現臨し、それを食する人々に分与される」という文言と、『アウクスブルク信仰告白の弁証』第十条の「主の晩餐において、キリストの肉と血は真に実在的に現臨し、秘蹟に与る人々に対してパンとぶどう酒として給されるものと共に真に現れる」という文言を掲げている。なお『アウクスブルク信仰告白の弁証』は、『アウクスブルク信仰告白』に対して出されたカトリック側の反駁文を受けて、メランヒトンが書いた弁証の書である。

★34――A VI, 1, N. 15を、またトマスに関しては、『神学大全』(*Summa theologiae*) III, qu. 75. 4cを指す（A II, 1, 281）。

★35――カトリックとルター派。ライプニッツは化体説がルター派の「アウクスブルクの信仰告白」に矛盾していないことを、他ならぬカトリックの代表的人物であるトマス・アクィナスから導き出した、と主張することによって、カトリックとルター派の橋渡しをしようとしているわけである。因みに、ライプニッツ生来の宗旨はルター派であった。

★36――聖体拝領（Communio）。立場によって語義、解釈、訳語など可変的であるが、今はこうしておく。ライプニッツはここでは実践上の問題に関して言及しており、聖餐（式）においてパンに与るさいのそのパンの形は重要ではないということであるから、実際に口にするパンあるいはその場面が問題になっていることがわかればそれでよかろう。

ついて、持続ということを除くなら、両派は気づかぬままに同じことを考えていることになります。実在的現臨と化体についてより明確に吟味熟考している貴方がたを嘲笑している者たちの気勢をそぐためには、このことに注目する以上に有効なことはありません。さらに、物体の実体が何であるかということ、そしてそれがどれほど形象と異なっているかということを、私は思惟や運動と同じように、明晰な光のうちに置きたいと思います。すべては貴方のご判断に委ねるつもりです。貴方のおかげで、さまざまな侮辱に対して魂の結合を強め、**われわれ**の信仰を守るためにおそらくは重要になる事柄に賛同する人がいますし、実りをもたらすことを断言します。これまでわれわれは単に論争を拒むことでしか侮辱に対して身を守れなかったのです。かくも多くの有能な人を閉じ込めている閂(かんぬき)が外されることによって、大きな入口が開き、一致にいたることでしょう。

さらには、少しでも信用を深めていただくために、宗教の探究における私の配慮についてお話しするのもやぶさかではありません。私は軽信とはほど遠い者です。私自身に関しては、言を重ねるまでもないかもしれませんが、いかなる信仰も頭ごなしに否定してきたわけではありません。このような重大な事柄においては、懈怠(けたい)の心は厳格さによって軽減されるものであると信じていたからです。われわれの信仰にとって最も苛烈なもの、また信仰のために最も実り豊かであると思われるものはどんなものでも熱心に求め、誠実に読んできました。怠慢にならぬよう心がけました。宗教の事柄における刷新者は至る所におりますが、注目すべき異論や熟考を見落とさないように、あらゆる思想を追い求めました。それ故私は、かつてケルソス[★37]が、また〔私の〕父の時代のヴァニーニ[★38]、祖父あるいは曾祖父の時代のオキーノ[★39]やセルヴェトゥス[★40]、プッチ[★41]が述べた危険なことが何なのを調べましたが、それは不毛な好奇心からではないと言っておきます。まだ出版されていないボダン[★42]の座談も入念に読みました。ほぼすべての教派を一堂に集め、座談という妙薬に

★37——ケルソス (Kelsos, 2C.)。初期キリスト教の論敵として知られている。

★38——ヴァニーニ (Lucilio Vanini, 1585–1619)。イタリアの汎神論的自然哲学者。

★39——オキーノ (Bernardino Ochino, 1487–1564)。イタリアの説教家、宗教改革者。

★40——セルヴェトゥス (Michael Servetus, 1511–1553)。スペインの医術者、自由思想家。

★41——プッチ (Francesco Pucci, 1543–1597)。イタリアの神学者、人文主義者。

★42——ジャン・ボダン (Jean Bodin, 1530–1596)。フランスの政治哲学者。ライプニッツが指摘している著作は『崇高なものの諸奥義についての七賢人の座談』(*Colloquium heptaplomeres de rerum sublimium arcanis abditis*)。ライプニッツはこの著作について注釈 (A VI, 2, N. 32) を書いている (A II, 1, 282)。

よって自由に展開した『崇高なものの諸奥義について』は、信仰の拠り所になるならば、いずれ公刊されるべきです。

プロクロス★43やシンプリキウス★44、ポンポナティウス★45、アヴェロエス★46、そして他の半キリスト教徒たち★47が非難したものも、十分に注意深く探究しました。さらにキリスト教徒のなかでもより自由主義的な人たち、つまり、ルルス★48、ヴァッラ★49、ピコ★50、サヴォナローラ★51、ウェッセル★52、トリテミウス★53、ビベス★54、ステウコ★55、パトリッツィ★56、モステルス★57、ナッキアンテ★58、デ・ドミニス★59、パオロ・サ

★43——プロクロス(Proklos, ?–446/447)。コンスタンティノポリス総主教。イエスの母マリアに対する「神の母」という呼称を認めないネストリウスに反対する説教をおこなった。新プラトン主義の哲学者プロクロス(Proklos, 412–485)とは別人。

★44——シンプリキウス(Simplicius, ?–483)。教皇(在位463–483)。当時優勢であったキリスト単性論に反対した。

★45——ポンポナッツィ(Pietro Pomponazzi, 1464–1525)。イタリアの哲学者。

★46——イブン・ルシュド(ibn rušd, 1126–1198)。スペインのイスラム学者、哲学者。ラテン名アヴェロエス。イスラム世界にアリストテレスを紹介。

★47——半キリスト教徒たち。不明。

★48——ライムンドゥス・ルルス(Raymundus Lullus, c.1235–c.1315)。スペインの哲学者、神学者、神秘家。イスラム教徒への伝道をおこなった。

★49——ロレンツォ・ヴァッラ(Lorenzo Valla, c.1406–1457)。イタリアの人文主義者。

★50——ピコ・デラ・ミランドラ(Pico della Mirandola, 1463–1494)。イタリアの人文主義者。

★51——サヴォナローラ(Girolamo Savonarola, 1452–1498)。イタリアの教会改革者。

★52——ハンスフォルト(Wessel Gansfort, 1419–1489)。オランダのフローニンゲンの神学者、人文主義者。

★53——トリテミウス(Johannes Trithemius, 1462–1516)。ドイツのシュポンハイム修道院長。

★54——フアン・ルイス・ビベス(Juan Luís Vives, 1492–1540)。スペインの人文学者。

★55——ステウコ(Agostino Steuco, 1497–1548)。宗教改革期のイタリアのカトリック神学者。

★56——パトリッツィ(Francesco Patrizi, 1529–1597)。イタリアの哲学者、自然学者。

★57——不明。

★58——ナッキアンテ(Giacomo Nacchiante, 1502–1569)。イタリアの神学者、哲学者。

★59——デ・ドミニス(Marco Antonio De Dominis, 1566–1624)。イタリア出身の聖職者。一時イングランド国教会にいたが、後にローマ教会に戻り、最後は異端者として没した。

ルピ★60、カンパネッラ★61、ヤンセン★62とその仲間、ファブリ★63、ヴァレリアヌス★64、トマス・ボナルテス★65、トマス・アングルス★66と一部の聖書主義者★67、ジョルダーノ・ブルーノ★68、アコンキオ★69、タウレルス★70、アルミニウス★71、ハーヴァート★72、エピスコピウス★73、グロティウス★74、カリクストゥス★75、ジョレリ★76、ヴァレンティン・アンドレーエ★77、ホッブズ、クラウベルク★78、『聖書解釈者としての哲学』(*Philosophia Scripturae interpretes*)の著者と★79『哲学することの自由について』(*De libertate philosophandi*)の著者★80、この二人は最近オランダ地方を揺るがしましたし、別の場所で刷新をおこないました、こういった人たちの著作を私は十分注意深く探究したのです。同様に私は、毒にも薬にもならないソッツィーニ派の巧妙さにひるむこともありませんでしたし、こういった探究の結果は私の学業の行く末を心配する周囲の予想に反することを知っていました。ソッツィーニ派という恐るべき名が私を背かせてより深遠でより確かな平安に導くことはなかった、ということ以上に私を励ますことはありませんでした。すなわち、

運命が望む時、重ねられた二つの毒は人を治癒する★81

というのも私は、かくも多くの偉大な天才たちの気高い思考と過失を比較してみたからです。神の摂理には感嘆するばかりです。賢明な読者がカトリック教会の伝統に沿う立脚点に精神を向けるなら、諸々の著作そのものから卓越した諸々の教えのじつに驚異的な体系を作ることができるほど、神は相対するものを互いのそばに置いているからです。

　その他の若干通俗的で、感覚から不十分にしか引き離されていない研究については、いずれ貴方のお傍で心ゆくまでお話したいと思います。法律と裁判の規程について、また法とその執行および結果の確実さについても、簡潔さを保ちつついろいろ試してみましたので、いつかより十分

★60――パオロ・サルピ(Paolo Sarpi 1552–1623) イタリアの神学者。
★61――カンパネッラ (Thommaso Campanella, 1568–1639) ルネサンス時代のイタリアの代表的な哲学者。
★62――ヤンセン (Cornelius Otto Jansen, 1585–1638)。オランダの神学者。彼の著作『アウグスティヌス』を巡ってイエズス会とヤンセン派の論争が起こった。ヤンセン主義(ジャンセニスム)はポール・ロワイヤル修道院の指導原理である。
★63――オノレ・ファブリ (Honoré Fabri, 1607–1688)。フランスの数学者、自然学者、イエズス会士。
★64――ヴァレリアヌス (Valerianus Magnus, 1586–1661)。イタリアのカプチン修道会士。イエズス会と論争した。
★65――トマス・ボナルテス (Thomas Bonartes, ?–1681/82)。イングランドの神学者。
★66――トマス・アングルス (Thomas Anglus, 1593–1676)。イングランドのカトリックの神学者。トマス・ホワイトの偽名。
★67――聖書主義者 (Bibliander)。キリスト教信仰の内容を、聖書からのみ採用することを主張して、教条や信条を否定する傾向をもつ神学的立場を聖書主義という。一般に、一八世紀~一九世紀にドイツで現れたものを聖書主義を呼ぶが、その立場は一様ではない。一七世紀のドイツの改革派神学者ヨハネス・コクツェーユス (Johannes Coccejus, 1603–1669) の流れを汲む。
★68――ジョルダーノ・ブルーノ (Giordano Bruno, 1548–1600)。コペルニクスの地動説を支持し、宇宙が無限であることを主張して火あぶりになったイタリアの哲学者。
★69――アコンキオ (Giacomo Aconcio, 1492–1566)。イタリアの法学者、神学者、哲学者。
★70――タウレルス (Nikolaus Taurellus, 1547–1606)。ドイツの哲学者、自然学者。
★71――アルミニウス (Jacobus Arminius, 1560–1609)。オランダの改革派神学者。アルミニウスが唱えた反カルヴァン主義の教説はアルミニウス主義と呼ばれた。エピスコピウスやグロティウスがこの派の有力な人物であった。本訳注73、74参照。
★72――ハーヴァート (Edward Hervert, 1583–1648)。イングランドの哲学者。理神論の先駆的思想家。
★73――エピスコピウス (Simon Episcopius, 1583–1643)。オランダの神学者。アルミニウス派の指導者。本訳注71参照。
★74――フーゴ・グロティウス (Hugo Grotius, 1583–1645)。オランダの政治家、法学者、神学者。著書『戦争と平和の法について』(*De jure belli ac pacis*, 1625) によって、近代国際法学の創始者とされる。本訳注71参照。
★75――カリクストゥス (Georg Calixtus, 1586–1656)。ドイツのルター派の神学者。ルター派、カルヴァン派、カトリック教会の三派の教義上の調停を志した。
★76――ジョレリ (Jorelli)。不明。イタリアの自然学者であるボレッリ (Giovanni Alfonso Borelli, 1608–1679) のことか。
★77――ヴァレンティン・アンドレーエ (Johann Valentin Andreae, 1586–1654)。ドイツの神学者。多くの霊的文書を著し、敬虔主義の先駆者となった。
★78――クラウベルク (Johannes Clauberg, 1622–1665)。ドイツのカルヴァン派神学者、デカルト派哲学者。
★79――スピノザの親友であったロデウェイク・マイエル (Lodewijk Meyer, 1630–1681) のこと。『聖書解釈者としての哲学』(*Philosophia Scripturae interpretes*, 1666) は彼がアムステルダムで名を伏せて出版した。
★80――スピノザのこと。本訳注12参照。
★81――この詩はローマの詩人・著述家であるアウソニウス (Decimus Magnus Ausonius, c.310–c.395) の *Epigrammata*, carm. 3, v. 11 (A II, 1, 283)。

に適切な書状をお送りしたいですし、われわれにとって身近な偉大な人たちの審問や騒動から、拒否すべきとは限らない何かをご提供できると信じています。

さて、私は自然学の仮説を立てましたが、[★82]イングランドやイタリアの著名で偉大な方たちが予想を超えて賛同してくれています。明晰な方々の多くがこの仮説に好意的で、抜きんでて確実なものがあると認めるほどです。私はそのすべてを貴方のご慧眼のもとに差し出さずにはいられません。

まず第一に、他の場所で私は地球の運動を実際に証明したと思っていますが、地球も太陽も動いていることは明らかです。静止しているものには凝集や壊れにくさはありませんし、物体性(corporalitas)すらないからです。光は一日の運動でわれわれの地球の周りをまわります。さらに、光の本質は空気より微細な何らかの物体の運動にあり、その物体をエーテル(aether)と呼んでもいいでしょう。エーテルの運動は二重です。一方で、エーテルは進行している光線(radius lucis)によって、光の前に動かされます。他方で、側面へと広がっていきます。つまり、光の前へ、東から西へ赤道と緯線(parallelos)を進み、赤道から側面へ経線(meridianos)を通って極のほうへ進みます。

私はこの独特でかくも明白なほとんど必然的とでも言い得るような現象から、自然のほぼすべての現象を演繹し、それらを三つの重要な主題に関連づけます。すなわち、重力(gravitas)、弾性(elater)、そして磁力の渦動(verticitas magnetica)です。これらは、揺れ動かされ自ら元に返るエーテルの運動に由来するということを私は肯定します。[★83]ここからすべてが導かれてきます。エーテルの回転すなわち十分に力をもった微細な液体的物体(corpus liquidum)の運動が、揺れ動かすものを取り除こうとするし、〔エーテルの〕あらゆる運動はより充密し(solidior)より濃密な(crassior)物体の干渉によって揺れ動かされるのです。充密体(solidum)とは、その諸部分が共鳴している(conspirans)運動によって動かされているものです。液体とは、小さな充密体の寄せ集めです。もし充密体がより希薄なものによって干渉されるなら、あるいは液体が濃密なものによって干渉されるなら、と言って

★82——『新物理学仮説』(*Hypothesis physica nova*, 1671 : A. VI, 2, 219–257)のこと。ライプニッツはアルノー宛書簡を執筆する少し前に自然哲学に関する論文『抽象的運動論』(*Theoria motus abstracti*)と『具体的運動論』(*Theoria motus concreti*)を執筆した。『新物理学仮説』はこの二つの論文から成り、G. G. L.のイニシャルを付して出版された。本書状ではここからしばらく『具体的運動論』の内容が続く。『抽象的運動論』については、本書状の前半部でその内容に触れられている。本訳注17参照。

も同じことですが、その場合、より小さな動かされている諸部分である滴(gutta)が、たとえ充密体へと、すなわち容易にはより小さい部分に分割されないものへと押し入り、より濃密な諸部分をばらばらの部分に分散させようとしても、充密体は共鳴している固有の運動によっていわばアーチ状(fornicatus)になり、抵抗するのです。それ故、液体の通常の運動は揺れ動かされますが、その運動はその原因——ここではそれは光ですが——とともに持続するので、液体は揺れ動かしているより濃密なものを自らと同種の希薄さに分割し、自らを元どおりにしようとするのです。もしそれが不可能な場合は、その全体を他の場所なり位置に動かし、それによって揺れ動きは小さくなります。

〔揺れ動かしている諸々の部分を〕分割するコナトゥスから**弾性力**(vis elastica)が生じます。振れ動きがよ

★83——磁石が鉄を引き付け、擦った琥珀(「電気」の語源は琥珀を意味するギリシア語elektronである)が軽い物を引き付けることや、月の満ち欠けと潮汐の関係性などについては昔から経験的に知られていたが、これらの所謂「引力」の存在にする説明方式は「近接作用」と「遠隔作用」の二つに分かれる。例えば磁石が鉄を引き付ける事象について、磁石と鉄の間には微細な物質が満ちておりその働きによって両者は引き付けられると考えるのが「近接作用」の理論であり、両者の間には何もないが物体に内在する何らかの力が引力として働くと考えるのが「遠隔作用」の理論である。「近接作用」の理論で重要な役割を演じるのが微細な媒介物質としての「エーテル」であり、「遠隔作用」の理論における要の概念は「隠れた性質(力)」である。ライプニッツに限らず、当時の多くの論者がこの「隠れた性質」を魔術的な性格を有する非学問的な概念として排斥し、これに頼らず引力の説明を行うべくエーテルを用いた理論をさまざまに説いていた。ライプニッツのエーテル仮説もそういったものの一つであるが、その具体的な理論はデカルトの渦動説を踏襲したものである。一般的に、媒介物質としてのエーテルは光をきわめて大きな速度で伝えると考えられたので、物質の弾性を扱う弾性論も渦動説に密接に関係していた。力とひずみ(弾性体の変形の度合い)の定量的関係(フックの法則)を発見したフック(Robert Hooke, 1635–1703)の『弾性力について』(*De potentia restitutiva*, 1678)もこの頃出版されたものである。なお、後にライプニッツがニュートンの万有引力を「隠れた性質」にすぎないと痛烈に批判したことは有名である。

り小さい場所、すなわち運動の力が弱い場所、揺れ動かしているものをより容易に受け取るかのような場所、すなわち〔地球の〕中心のほうへと、それらを追い払うコナトゥスから重力(gravitas)が生じます。それらをより適切な位置に配置するコナトゥスから渦動(verticitas)が生じます。なぜなら、エーテルは自分に干渉してくる濃密な物体を粉砕するか追い出すからです。エーテルはその物体の濃密さが適度な(temporaneus)場合は粉砕します。その物体は、内部の固有の運動によって共鳴しアーチ状になっているのではなく、接している外部の運動によって凝縮している(coactus)のです。ここから、エーテルは石を粉砕しないということになります。それに対して、圧縮された空気なら粉砕します。外部の妨害が取り除かれるや否やそうなるのです。ピンと張った弓弦の〔緊張が解ける〕ようなものです。

そういうわけで、非常に拡散されたもの(distractus)でさえ回復するということになります。取り除かれた空気は、単に大気の重さの代わりに強引にマクデブルクの容器[★84]の中へ再び入り込むのでありません。一方の拡散は他方の圧縮であるからです。そうではなく、もしその空気が揺れ動かしている濃密な充密体を粉砕できないなら、振れ動きが小さい場所すなわちエーテルの運動の力が小さい場所つまり〔地球の〕中心のほうへその充密体を追い出します。要するに、もし或るものが同一の場所において、あちこち向きを変えられるよう、拘束を受けない仕方で据えられているとしますと、その場合は、エーテルの運動を最も妨げない位置へ自らを定めることになります。

ところで、エーテルの運動のなかで最も強いのは、光を伴って直接的に東から西へと緯線を通って進む運動です。圧力を受けて側面へ向かう間接的な第二のエーテルは直接的に進むエーテルよりも遅く、結果として多くのものを生み出しつつ、経線を通って両極へと進みます。それ故、諸物体は大いに揺れ動いた後、互いの境界を、東でもなく西でもなく、あるいはエーテルのより強い運動に対してでもなく、直接的にでも斜めにでもなく、あたかも両極の間に置かれるかのよ

★84――マクデブルクの容器(Recipiens Magdeburgicum)。科学者でもありマクデブルク市の市長でもあったオットー・フォン・ゲーリケ(Otto von Guericke, 1602–1686)は一六五四年、金属製の二つの半球を合わせ、自作の真空ポンプを使って内部の空気を抜き、大気圧に関する実験を行った。この球のことを指す。

うに、著しく対立させます。このことは磁力についてだけでなくその他の力についても、より微弱ではありますが著しく真です。しかし、なぜかくも著しいといえるのでしょうか？　それは、東から西へのそして南北回帰線(tropicus)から両極への二つのエーテルの運動の両方に、自分の孔(porus)を適合させる物体はかなり少ないとはいえ、若干の物体すなわち透明な(perspicuus)物体の構造は光線に対しても〔他の物体を通過できるのと〕同じように通過できるからです。磁力とはこういった種類のものです。ではなぜ、弾性力あるいは落下(descensoria)はこれほど強く(fortis)、渦動はこれほどしなやか(lentus)なのでしょうか？　それは、渦動は充密した物体の孔、とくにさまざまにねじれた孔を通って逸れていくからです。その点で、この物体はエーテルを妨げており、エーテルはあらゆる位置のなかでこの位置においては或る突出と窪みには一致し、別の突出と窪みにとっては妨げとなるかのようです。そしてエーテルは何度も行ったり来たりし、試行錯誤のあげくに妨げが最も小さい位置を見つけるのです。もし純粋な磁石のようなものがあるなら、いっそう激しくぐるぐると向きを変えることでしょう。エーテルの運動についてのこの仮説から、屈折についての首尾一貫したさまざまな理論がいつか発見されると考えることができます。他方で、磁力はほぼすべての土壌の中に散在しており、どこにでもある泥の中で疑う余地のない力として、実験によって再現されるでしょう。

次に私は、弾性力からその他の大部分の感嘆すべき自然現象を演繹します。堅い(durus)物体に大きな力で押しつけられた堅い物体は、押し返されると私は考えます。圧縮を受ける物体は、緊張が解かれた弓のように突然自らを元に戻すからです。同じ原理から、私は運動の本性について、押し付けられたものの力(vis impressi)、投擲されたものの加速度(projectorum acceleratio)、重たいものの落下(descensus gravium)、振り子と紐の水平(librationes)を想起します。とりわけ最も重要なことは、活動しているものの質量(moles)に応じるよりも激しくより精妙な自然の働き、もたらす結果は大きいのにいかに作用するかを感じられない働きの諸原理を明晰な機械学（mechanica）にする道を拓くことです。或る種の共鳴（sympathiae）、反発（antipathiae）、反応（reactiones）、溶解（solutio）、発酵（fermentatio）、沈殿（praecipitatio）、突燃（deflagrationes）、そしてあらゆる種類の爆発（displosio）が存在しています。それらは、結合しているものに対する不均衡、あるいは過剰や不足に由来すると断言いたします。自らを一様さへ戻そうとする働きが生じ、過剰の場合は解き放ち（exonerans）、不足の場合は引き寄せる（sorbens）わけです。思うに、男と女、硫黄（sulphur）と水銀（mercurius）、不完全なものと超＝完全なもの（plusquam perfectus）、また最近の化学者たちが言及する酸（acidum）と塩基（alcali）、といった二つの要素から自然のあらゆる変化が派生します。こういったことは古代の化学者たちがすでに述べております。しかし、これまで化学者は誰一人として、塩、硫黄、水銀、酸、苦さ（amarum）、辛さ（austerum）、酢酸（acetum）、ニトロシル基（nitrosum）、硫酸塩（vitriolatum）、不揮発性のもの（fixum）、揮発性のもの（volatile）、油性のもの（oleosum）、灰汁の出るもの（lixiviosum）、芳香性のもの（aromaticum）、物体、魂、精神、土、火、水、粘液、そしてその他多くの名称のものに関する、化学者自身が使う用語に一貫した定義を与えようと専心してはいません。今日きわめて経験豊かなシルウィウス★85やウィリス★86たちがかのヒポクラテスを手本にして、それらをたくみに治療法に導入しているので、医術者の舵に身を委ねるのがよいとされています。しかし敢えて言いますと、説明する段になると、一つとして首尾一貫したものは見当たりません。これまでのところ、古代の化学者たちの卓越した経験に確固としたものはほとんど何も上積みされていないのです。

　しかしながら私は、一定の諸概念、ほとんど必然的と言えるようなさまざまな概念を発見したと思っています。それらは機械学を自然学に、理論を経験に結びつけ、運動の抽象的法則から物体の具体的現象への移行をなさしめます。さらに実験の豊富さと秩序が加われば、自然の事物のあらゆる変化を説明できるでしょう。というのも、こういったことが一度問われてほとんど証明

★85――シルウィウス（Franciscus Sylvius, 1614-1672）。ドイツ生まれの自然学者、医術者、解剖学者。オランダで活躍した。デカルトの影響を受けている。

★86――ウィリス（Thomas Willis, 1621-1675）。イングランドの医術者、解剖学者。

され、反応の原因は不均衡、あるいは所与の容器の中の所与の液体、水、空気、エーテルの過剰と不足であるという、圧縮され取り除かれた空気についての知見が確立されましたから（ここでは空虚を用いません。希薄なものの過剰の代わりに濃密なものの不足で間に合いますし、その逆も同じことです。さらに、希薄なものと濃密なもの、あるいは目が粗いものと密なものは、〔それらの物体を構成する諸粒子の〕間に点在する空虚によってではなく、諸部分の運動によって異なっているのです。液体が自らの中にさまざまな運動を有している一方で、充密体は自らの中に共鳴しているものを有しています。液体はさまざまに動かされる多くの充密体の寄せ集めでなければなりません。そういった多くの充密体を別々に考えるとすると、数が多くなって、より大きな球や円を構成すればするほど、物体はますます濃密になり、細分することがますます困難になり得ます）。今明らかなことは、あらゆる変化が、接している器の状態から、あるいは器に満たされた液体の状態から解放されたということです。器はさまざまに形成されており、大きいものや小さいもの、広いものや狭いものがあり、その側面は薄いものや厚いものがあります。他方、液体は薄い場合もあれば濃い場合もあるし、多い場合や少ない場合もあります。器は遮断されていますが、それらが均質でない限りは、液体の流れそのものが共鳴しており、発酵、沈殿、溶解、反応が生じます。というのも、流れとは、泡立ち、すなわち生まれては消えてゆく泡（bulla）の絶え間のない連鎖だからです。われわれの地球全体は、絶え間のない流れの中で金属のような光によって構成されており、その光はガラス職人たちが扱う流体が放つものに譬(たと)えられます。やがて霊（spiritus）と物体（corpus）、天と地がさまざまに切り離され、泡がさまざまに膨らみ形作られると、エーテルの運動は、自分の速度よりも、続いて起こるものの進行を優先するようになっている絶え間のない活動の流れの中で弱められ、さらにはその流れとその永続的な変形作用によって開口部（orificia）が閉ざされ、じつに多種多様なきわめて微細なガラス製品のような器が必然的に生じます。しかし、技にすぐれた匠が灼熱した液体金属からレギュラス[★87]を苦心して沈殿(praecipitatorios)させる時のように、異なった種のものが生じる時があります。その時は流体が乱され、開口部が互いに開けられることになります。そしてもし器に満たされているものが原因となって器が不均一になるなら、一方では引き寄せ他方では解き放つわけです。

ここから驚くべきながら確実な次のことが演繹されます。つまり、酸の物体と塩基の物体が同時に存在していて、不和な状態で集められるなら、反応から完全な飽和すなわち休止が生じるのではなく、むしろ器がより小さい塩基と酸へと破裂するのです。逆に、自然の柔軟な働きによって、多くのより小さな器からより大きな器が生じて元に戻るわけです。一言でいうなら、他のものよりもしっかりと形を維持する泡立った石鹸水のような二つの水泡が互いに打ちつけられるとき、もし粉砕されないなら、一つの大きな泡になるようなものです。互いに接近する複数の水銀の塊も同じことになります。発生と腐敗の環はここに存します。確実な推論によって推測しうる範囲を、今のところ誰も十分に議論しつくしていない現象にまで及ぼしてもいいとするなら、火は酸であり、水は塩基、すなわち火は圧縮されたもの、水は空(から)になった(exhaustus)ものです。光が希薄な火であるように、空気は希薄な水です。ここから、火は〔地球の〕中心から周囲へと進み、冷たさはその逆であるということになります。火は何らかの仕方で圧縮されているので、拡散させ、希薄にし、熱し、そして明るくします。水は収縮させ(contrahere)、密集させ(densare)、暗くし、そして冷やします。土壌(terra)すなわちガラスはあらゆるものにとっての座あるいは器を生み出します。火と水すなわち酸と塩基が互いに釣り合っている状態にあるのが硫黄と硝石(nitrum)です。塩基と酸は互いに溶解し刺激し沈殿させるべく互いに結びついているからです。これは泡の均衡から生じることです。同じことが、マクデブルクの容器の例から機械的に示せます。無味無臭の(insipidus)、また主要な感覚に判断されるなら無意味であるような何らかの物体、つまりタタール

★87――レギュラス(Regulus)。冶金の用語で、鉱石を溶解して含有金属を取り出すさいに、溶けて液体状になった金属の下に沈殿する固まりをいう。なお、この箇所にライプニッツはドイツ語で「沈殿物」(Niederschläge)と付記している(A II, 1, 285, Z. 35)。

の塩(sal Tartarus)、発汗性のアンチモン(antimonium diaphoreticum)、胃石(lapis bezoardicus)、灰霞石の目(oculus cancrinorum)、アンモニアの塩(sal amoniacus)、鹿の角★88(cornu cervi)、簡単に言うと、固定されているが移ろいやすい塩基、こういったものの有用性が追求されるべきであることは明白です。それは自らが空虚になることでわれわれの身体の密集し圧縮された粘着性の体液を吸収し取り除き、汗と発汗を与えようとするのです。多くの才能ある医術者たちはこの私の考えを巧みで明快であるとして支持し、重要な事柄については個別の問題に適用しようと企図していたほどです。取り入れさえすれば、顕著な結果をもたらすことは疑いありません。

感覚そのものに対して役に立ち得るものを私は見出しました。〔第一に〕光学の証明をしました。★89 ガラスの開口部がいかに小さくとも、光線はすべて混合して逃げて行くということに関しての証明です。また、確かにすべてではないにしても、今日の常とされる数よりも多くの光線を一点に集める方法についての証明もおこなっています。〔第二に〕二つの機械を設計しました。一つは算術を向上させる機械、もう一つは幾何学を向上させる機械です。★90 前者は持ち運べるもので、非常に大きな数の足し算、引き算、掛け算、割り算が、精神の労もほとんどなく遂行できる機械です。後者は解析学の方程式や諸々の形の比や変換を、表や計算、作図なしに決定できる機械です。うまく使えば、生活の便宜のために幾何学を完成させる新しい方法を拓くでしょう。というのも、ある意味で、角の三等分や円の求積法、またこの種の他の問題を解決できていないわけではないからです。それらは生活の便宜上とても入念に解決されているので、多少の誤差が生じても、その量はわれわれの能力の範囲内にあるのです。こうしたことを想像し得るすべての形に及ぼしても、便宜上不足を感じるものがあるとは思えないからです。

他に申すべきことは何もありません。さらに優れた手段が見出せないかぎり、偶発的な約束事から予見される多くのことが、これらから導かれてきます。私は偶然にも、少な目に見積っても

★88――ここに列挙されたものには不明なものもあるが、いずれにしてもその薬効の可能性を指摘したいのであろう。

★89――ライプニッツは本書状執筆以前の一六七一年半ばまでに、光学に関する断片をいくつか書いている(A. VIII, 1, 131–152)。

★90――「算術を向上させる機械」とは、ライプニッツの有名な計算機のことである。パスカルの計算機が加減計算のみであったのに対し、これは加減乗除の計算を遂行できる画期的なものだった。本書状執筆の段階では作製に着手してはいなかったが、翌年にはこれを完成させ、大いに誇りとしていた。「幾何学を向上させる機械」については不明。

現在可能な値よりも百倍空気を圧縮する方法を見出したことを付け加えておきます。そこから、どの程度まで弾性力が必然的に生じるのか判断できるわけです。他のことについては、いつかお目にかかり同席してお話することをお許しくださいますようお願いいたします。貴方の学識と威厳は誠に偉大でありますから、自らを国家の進歩に捧げる者たちの努力を促すために、私とはまた別種の実践を見出され、より入念な識別、より有効な推薦を容易になさることとひとえに考えておりますのは私だけではないでしょう。諸学にとって何か意義ある成長をもたらす多くの提案をできるようになりたいと私は望んでおります。そうすれば、人間の幸福や、下層民ばかりか王たちも嘆くほど無秩序な状態にある医術の確実さ、機械による利便性、宗教の擁護、そして神と精神を以前にも増して深く知ることへの愛好が生じます。

余人なら本状の冗長さ、とくに冒頭の冗長さに憤ったり馬鹿にしたりしたかもしれません。しかし事柄をそれぞれの重さと尺度から評価される有識者の貴方は別であると確信しております。この紙幅ではかくも多くの事柄について大して言えることはなく、多くのことを同時に言わんとするものはすべて無益で浅はかであるわけではないと、ご存知です。他のことはさておき、一つだけ望みますのは、聖餐についての話題についてとにかく貴方のご高見を拝聴したいということです。貴方の交際可能な身近な支持者が〔ここにお返事をお待ちして〕おります。また、私の書状が他の誰かの手に渡らないように、またその疑いがいかに小さい時でも、書き写されたりしないように、切に祈っております。そして、貴方の高潔さと誠実さを信じ、以下に記させていただきます。

卓越した人士、貴方が未来にも健やかであられんことを。優れた功労によって国民から贈られた名声そのものを、末永く享受されんことを。そしてついには、私に好意を示されんことを。

貴方の高潔さを最も忠実に敬愛する者

ライプニッツ

【解説】アルノーへの初コンタクト

根無一信

ライプニッツのアルノー宛書簡といえば、ライプニッツの提示した「各人の個体概念は、以後その人の身に起こる事柄をすべて事前に含んでいる」という命題をめぐって激しく議論が戦わされた、かの有名な一連の書簡(K I, 8)をわれわれは真っ先に想起する。しかしながら、この哲学史上もっとも有名な論争の一つを開始させたライプニッツからアルノーへの第一書簡が送られた一六八六年に先立つこと一五年、二五歳の若きライプニッツは、当時パリに住んでいたアルノーへ一通の書簡をすでに認めていたのだった。これがアルノーに宛てた書簡としては最初のものである。もっとも、この時には論争が生じる可能性はなかった。ライプニッツがアルノーから返事を受け取ることはなかったからである。

ライプニッツが失望したかどうかはわからない。一方通行に終わることになるこの書簡を仕上げるため、マインツにいる彼が筆を走らせていた一六七一年の一一月は、彼のパリ時代の幕が開ける一六七二年三月の数か月前のことであった。この書簡の中でライプニッツが「いずれ貴方のお傍で」、「貴方のお宅で」(apud te)や、それと似たような表現を幾度か用いているところから察すると、「返事はお書きにならなくとも構いません。すぐに私の方からそちらに参りますゆえ」という心積もりが彼にはあったかもしれない。事実、パリに着いたライプニッツは——実のところパリ到着からなお一年を要したわけではあったが——念願かなってアルノーとの面会をはたし、パリにあるアルノー宅を訪れることになる。

さて、ライプニッツが書簡を認めた一六七一年当時、一六四六年生まれのライプニッツがほぼ無名の存在であったのに対し、一六一二年生まれのアルノーはすでに第一級のカトリック神学者として名声を博しており、ポール・ロワイヤルの優れた指導者として広く知られた存在であった。ポール・ロワイヤルとは、一三世紀初めに建てられたシトー会の女子修道院を起源とし、附属の学院や支持者等を含んだ一派であり、神の恩寵を重視するジャンセニスム(ヤンセン主義)を理論的支柱としていた。したがって、同じカトリックとはいえ、人間の自由意志を強調するイエズス会とは激しい対立関係にあり、両派は当時苛烈な論争の渦中にあった。イエズス会を論難する著作をつぎつぎに物しポール・ロワイヤルを牽引していたアルノーは、この論争が一息つくや、今度はプロテスタントを批判する著作を(ニコルと共同で)、足掛け五年、第三巻まで発表した(1669, 71, 74)。本書簡の冒頭に登場する「貴方の新しい著作(『聖餐に関するカトリック教会の信仰の永続性』)」がそれである。ライプニッツはおそらく一六六八年と思われる年に『化体について』や『トマス・アングルスの化体仮説論駁』などの聖餐に関する論稿を書いており、アルノーの聖餐論著作はライプニッツをして何か言わしめるにはうってつけだった。ボイネブルクとの対話の中で彼に励まされたライプニッツは、そのような次第で、このアルノー宛書簡を執筆することになったのである。なお、アカデミー版によると、書簡成立の日付を正確に同定することはできないが、一六七一年の一一月上旬（一一日以前）であることは確かなようである（A II, 1, 275）。

次に、「初期ライプニッツ」に位置づけられるこの書簡の内容が持つ「中期・後期ライプニッツ」との思想的な連続性について見てみよう。もっとも、このような連続性に関しては、例えばパリ時代における微積分学の発見や「力」の概念の着想、スピノザとの接触などが絡んでそれ自体が非常に大きな問題を提供し得るため、ここでは若干の指摘に留めておく。

まず、精神と物体に関する議論が目を引く。「物体の本質は延長にではなく運動にある」という彼が終始言い続けた命題が本書簡でも執拗にくり返されているし、「物体は記憶のない精神である」という言い方にも、デカルト的な心身二元論の超克をめざす態度がはっきり見て取れる。後期思想の代表であるモナド論と軌を一にしているだろう。また、真空を認めずエーテルの存在を主張する点は、最晩年におけるクラークとの論争（1715–16）でも同様である。エーテル渦動説を支持する立場は、ニュートンの「万有引力」を「隠れた性質」であるとして攻撃する後のライプニッツに繋がっていく。またさらに、自然法に関する記述に含まれる「正義にかなった人は、たとえ能わずとも、すべての人を喜ばせようとする。それはちょうど、石がたとえ吊るされていても落下しようとするのと同じである」という命題も面白い。この石の比喩はライプニッツが『第一哲学の改善と実体概念』（1694）の中で「力」の概念を説明するさいに用いる比喩と非常によく似ている。力の概念の着想以前以後を通じて、類似した比喩が用いられていることは興味深いが、そのことの詳細な検討は他に譲るほかない。

最後にこの書簡全体の印象について記しておきたい。すでに述べたように、聖餐をめぐるボイネブルクとの対話が書簡執筆を直接的に動機づけたわけではあったが、しかしながら一読すればすぐに気づくように、書簡の内容は神学だけに留まらない。哲学や倫理学はもちろんのこと、数学、自然学、天文学、光学、地質学、化学、医術、冶金、計算機といった広汎なテーマを縦横無尽にくり出すところが——これを「長たらしくて自慢気」（レムカー）と感じるかどうかはさておき——、ライプニッツのライプニッツらしさであろうか。また、本書簡には五〇名を超える思想家の名前が登場することからもわかるように、彼の読書量・研究量は圧巻である。彼は危険とされた多くの思想にさえ接近している。しかしそれは、本書簡でもかなり強い口調で述べられているように、穿鑿家の好奇心に基づくものではなかった。そうではなく、自己を客観化して「真の敵を知る」ことを目的とした冷静で真面目な態度ゆえの結果であった。「理性の人」ライプニッツの真骨頂であろう。

アルノーはその後ルイ一四世やイエズス会の圧迫から逃れ、一六七九年ベルギー（当時はスペイン領ネーデルラント）へ亡命し、かの地で一六九四年に客死した。一六八六年に開始され、一六九〇年まで行われたライプニッツとの有名な論争はその間の出来事であった。ポール・ロワイヤルは一七〇九年に解散し、建物も最終的に破壊され、消滅した（1710–13）。

訳出にさいし三つの翻訳、

①M. Émery, *Exposition de la doctrine de Leibnitz sur la religion*, Paris 1819, 412–426.

②L. E. Loemker (ed.), *Philosophical Paper and Letters*, Chicago 1956, 229–233.

③L. Prenant (éd.), *Oeuvres*, Paris 1972, 106–111.

を参照した。これらはいずれも抄訳である。

また、訳注作成に関しては、『キリスト教大事典』（教文館 1963）によるところが大きい。

ニコラ・ド・マルブランシュ
Nicolas de Malebranche 1638–1715

【5】

Briefwechsel zwischen Leibniz und Nicolas Malebranche. 1676–1712

マルブランシュとの往復書簡［全］

✣清水高志＋梅野宏樹＝訳✣清水高志＝解説

5–1………ライプニッツからマルブランシュへ★01

Leibniz an Nicolas Malebranche. [Paris, 1. Hälfte 1676].

梅野宏樹✣訳

(A II, 1, 399–401; GP I, 321–323)

帰宅して、お互いに議論したことを省察しました。会話の白熱している間は、あまねく十分に反省できないというのは、まったくご承知のとおりです。厳格な諸法則に自分を従わせるなら話は別ですが、それはあまりに退屈なことでしょう。しかし紙上なら、それらの法則を遵守するのにいちだんと好都合ですから、そうしてみようと思いました。

われわれが直面していたのは、よく議論される次の問いです。すなわち、延長は物質から実在的に区別されるのか、真空はありうるのか、それとも延長するものはすべて物質なのか、というものです。貴方は後者の、物質の本質は延長にのみ存するという説を擁護されました。そこで、このいわゆる真空なるものが物質の一部にすぎないことを証明すべく、この真空が実在的に区別される諸部分をもつことを指摘されました。例えば、〔内部が〕まったくの真空状態にある壺が、それを切断する物体によって二つに分離されたときのように。ご高説に従えば、他から実在的に区別されるものはすべて他から分離可能(separable)であり、したがってこの真空の諸部分は分離可能であり、よって可動的(mobile)であることになります。それゆえ、このいわゆる真空なるものは物質の一部であるとのことです。もう少し形式的に、命題にして言うと、次のようになります。

★01——本書簡から始まる三つの書簡は、ライプニッツのパリ時代後期に、比較的短期間で書かれたものである。また、ライプニッツは一六七四年および一六七五年にマルブランシュのサークルへ出入りしたとされている。これらの手紙がマルブランシュと知り合ってからの集中的な交流を伝えていることと、手紙に使われた紙の透かし模様から、執筆時期は一六七六年前半と推定されている(A II, 1, 398–399)。

①真空（例えば前述の壺の真空）は実在的に区別される諸部分をもつ。
②実在的に区別される二つの事物は分離可能である。
③延長しており分離可能な二つの事物は可動的である。
④可動的な諸部分をもつものはすべて物質である。
⑤それゆえ、いわゆる真空とされたものは物質である。

この推論のうち、二つの命題、すなわち第二命題と第三命題の証明をお願いせざるをえません。すでに私は第二命題に関して貴方に異議を申しましたが、今では第三命題にも困難が無いわけではないと考えています。そこで、第三命題から始めましょう。

まず、延長しており分離可能な二つの事物が可動的である、あるいは距離を変えることができる、と証明されることを願います。私が疑っている理由を説明するまでもないかもしれません。論証という分野において、証明されていない命題を疑う理由はつねにあるわけですから。とは言うものの、貴方に私の考えをより良くご理解いただくために、理由を説明することにしましょう。

真空の状態にある空間ＡＢＣＤが物体ＥＦによって二つの部分に分離されているとしましょう。すると、空間ＡＢＦＥは、運動させたり遠ざけたりせずとも、空間ＥＦＣＤから分離可能だ、と私は主張します。すなわち、片方を破壊することなしにもう片方を破壊することによって、それが可能になります。例えば、壺の右側が湾曲している、つまり平行四辺形ＡＢＦＥが湾曲した形ＥＧＦＥに変わっているとしましょう。すると、空間ＡＢＣＤ全体の片方の部分ＤＥＦＣがそのままなのに対し、もう片方の部分ＡＢＦＥは破壊され、ＥＧＦＥに変わっている、と私は主張するからです。それから、最初の空間ＡＢＦＥが、もはやいかなる物体によっても指示されないのに、まだ残っていると言うべきではありません。なぜなら、連続体の部分は、それが物質や運動

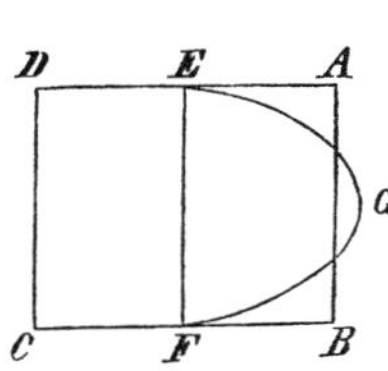

によってじっさいに規定されているかぎりにおいてしか現実存在しない、と主張すべきだと思うからです。それゆえ結論すると、空間の諸部分は、遠ざけたりしなくとも分離されうるのです。というのも、これら二つの直線形の真空のうち一つに、曲線形の真空が取って代わったのですから。ですが、私が証明したように〔じっさいに〕遠ざけることが分離の帰結でないとはいっても、貴方が別の理由から、延長の遠ざけ可能性(elongabilité)または可動性は分離可能性の帰結であると証明可能な場合には、速断するつもりもございません。

第三命題の証明をお願いするのは、以上の理由です。さて次は第二命題、すなわち実在的に区別される二つの事物は分離可能であるという命題に移ります。貴方の証明は以下のものに還元されると思われます。

①実在的に区別される二つの事物は、片方が無くとももう片方だけで完全に理解されうる。[★02] 私はこの「完全に」という語を付け加えます。これがご意見に適っていると思うからです。

②片方が無くとももう片方だけで完全に理解可能である二つの事物は、片方が無くとももう片方だけで存在できる、つまり分離可能である。

③それゆえ実在的に区別される二つの事物は分離可能である。

省察を重ねた結果、次のような仕方でこの前三段論法[★03]の第二命題に同意するにいたりました。もし或る事物を完全に理解することが、それを構成する十分条件のすべてを理解することならば、私は次の命題を認めます。すなわち、片方の事物を構成するための十分条件のすべてを理解せずとも、もう片方の事物を構成するための十分条件のすべてを理解できるときには、片方が無くと

★02——「延長され」(étendues)から「理解され」(entendues)に読み換える(A II, 1, 400)。

★03——前三段論法とは、その結論が次の三段論法の前提となるものを言う。ここでは、この証明の結論③が先の形式的推論の命題②になる。

もう片方だけで存在できる、と。しかし、私はこの前三段論法の第一命題、すなわち、二つの事物が実在的に区別されるとき、片方の全条件を理解せずとも、もう片方の全条件をつねに理解することができる、という命題には同意しません。

ただ、私の区別を考慮せずとも、ご自身の命題の普遍的証明が可能でしたら、幸いなことです。以上述べてきたのは障害物を取り除こうとしたのであり、この手紙は真理への愛ゆえのものであり、おそらくご指導にまったく値しないわけではないだろう、と判断されますよう期待しております。それから、貴方の優位を心から告白させていただけないかぎり、貴方は私を説得できないだろう、と保証いたします。

さすれば、貴方は私をかくも情熱にあふれた哲学者、すなわち真理の愛好者と認めてくださるかもしれません。

神父様

貴方の…〔こよなく謙虚にしてこよなく従順な僕〕　ライプニッツ

5-2……マルブランシュからライプニッツへ★01

Nicolas Malebranche an Leibniz. [Paris, 1. Hälfte 1676].

梅野宏樹✣訳

(A II, 1, 401–402; GP I, 323–324)

会話に終始する議論よりも筆になる議論のほうが、はるかに多くの時間がかかり、はるかに多くの困難を克服しなければならないと思います。その理由はよくご存じでしょう。しかしながら、ありがたくもお手紙を書いてくださったのですから、この返信をご辛抱くださることでしょう。

貴方の否定される二つの命題のうち、第一命題は「実在的に区別される二つの事物は分離可能である」というものです。この命題の証明についてのご指摘は、たとえ二つの事物が実在的に区別されるとしても、片方の条件なしにはもう片方の全条件をつねに理解できるわけではないとのことです。これにお答えすると、それは絶対的な諸存在の間では真ではなく、ただ諸存在のあり方や、関係に存する事柄全般においてのみ真なのです。というのも、絶対的な諸存在は条件などもっておらず、それらの観念は単純だからです。延長の片方の部分について考えることなしに、もう片方の部分について考えることができます。しかし、もし延長の二部分が結合しており、それを分離したいとすれば、二部分を分離するもう一つの延長について考えなければなりません。★02この条件は必然的に考えられます。ですが、結合したものと考えていた延長の残りの諸部分が、分離されること★03も可能だということは、明晰に分かります。問題となっている当のこと、すなわち延長が不動であることが前提されでもしないかぎり、矛盾は考えられません。

★01――この書簡は5-1への返信であり、さらに5-3によって回答される。執筆時期は一六七六年前半と推定される(A II, 1, 401)。

★02――以下、マルブランシュはライプニッツの言う「第三の物による切断とは別の分離可能性」を度外視して論を進めている。

★03――クーザン編『マルブランシュとライプニッツの未公刊の往復書簡』(1844)を元に、「分離される」(soient separées)が補われている(A II, 1, 402)。

貴方の否定される第二命題は「延長しており分離可能な二つの事物は可動的である」というものです。私にはこれが明証的に思えます。なぜなら、もし延長の二部分を分離する延長がたえず増大または増加すると考えたなら、延長の二部分はたえず遠ざかり、その結果、それらは運動状態にあることになるからです。もし延長の二部分の間に1プース〔約27mm〕の延長を置くことができるのならば、1ピエ〔約325mm〕や1トワーズ〔1949mm〕などを置けないとは思われません。[★04] もっとも、片方はそのままにしてもう片方を破壊できることから、延長の諸部分は分離可能であるということには同意します。ただ、そのことは、片方がもう片方から遠ざかりうることを妨げません。延長を不動のものとつねに想定しようとする、つまりは問題となっている当のことを前提しようとするのでないかぎり。

以上が、お手紙の要請を満たすために答えるべきことでした。これ以上は控えます。というのも、遅ればせながら礼儀を果たすことにより、ありがたくも提起してくださった困難について、貴方がさらに明晰かつ心地よくお答えくださるものと期待しているからです。

貴方のこよなく謙虚にしてこよなく従順な僕　マルブランシュ

聖カンタン旅館気付　ライプニッツ様へ

★04――『小学館 ロベール仏和大辞典』(1988)のメートル換算による。

✣5–3……ライプニッツからマルブランシュへ★01

Leibniz an Nicolas Malebranche. [Paris, 1. Hälfte 1676].

梅野宏樹✣訳

(A II, 1, 403–406; GP I, 324–327)

理解力や自分の考えを述べる力をもつ人々は、筆になる議論よりも会話の中により多くの快を見出す、と私は確信しています。ですが、私のように鈍重な者には、そうした会話に付いていくことができないのです。書かれたものは省察する暇を残すのに対して、〔会話では〕あちこちで中断させられるからです。それゆえ、より完全な者が弱者のためにいくらか心遣いをすることは、公平や慈愛に適っているのです。お見受けするかぎり、私へのお心遣いは十分すぎるほどですし、もしかするとそれこそが返信の労を取ってくださる唯一の理由なのかもしれません。ありがとうございます。そして、ただただ懇願いたします。ご指導の始めと同様にご指導を完成していただくために、なおいくばくかの時間をたまわりますように。

二つの問題があります。一方は、**分離可能性**は実在的区別の帰結であるのか、他方は、**可動性**は**分離可能性**の帰結であるのか、というものです。貴方は両方とも肯定し、それを証明しようとされています。理解するかぎり、貴方の証明は次のことを前提しています。実在的に区別される二つの事物は、片方が無くとももう片方だけでつねに完全に理解されうる、ということです。前便で、私がそれを否定したときのような仕方で、片方の全条件を理解せずとももう片方の全条件がつねに理解されうる、ということを証明してほしい、とお願いしました。ご返信では、絶対的

★01――この書簡の修正されて清書されたものが発送されたかどうか、不明である。発送される寸前の状態になっていたのだが、しかしマルブランシュからの応答が証明できないこと、そして一六七九年までの長い間文通が途絶えたこと、さらには清書がハノーファーのライプニッツの遺稿から発見されたことは、本書簡が発送されないままに残ったことの証拠と見なされうる。執筆時期は一六七六年前半と推定される（A II, 1, 403）。

な諸存在と相互的な（respectif）諸存在とを区別されています。貴方はこうおっしゃいます。絶対的な諸存在は条件をもたない。さて、問題となっている事物、すなわち延長の二部分は絶対的な諸存在である。ゆえに、それらは条件をもたない以上、次のことは真であろう。すなわち、片方を完全に理解せずとも、もう片方は完全に理解されうる。言い換えれば、もう片方のもちうる全条件は（それは条件などもっていない以上）、片方の全条件を（こちらも条件などもっていない以上）理解することなしに、理解されるだろう、ということである。以上の〔ようにおっしゃる〕ことは、まことに卓抜しています。しかしながら、空間の諸部分であるような二つの存在は条件をもたないということが、証明すべきこととして貴方に残されています。私見では、すべて産出されうるものは、自らの外に諸条件、すなわちその産出に協働しているものをもっているのです。さて、空間の諸部分はそれを切断する物体の運動によって産出されます。したがって、それらは諸条件をもっているのです。ところが、貴方は次のように、正反対のことを証明しようとされています。


延長の諸部分は、それらの諸々のあり方、すなわち相互的な諸存在ではなく、絶対的な諸存在である。

絶対的な諸存在は単純観念をもつ。

その観念が単純な諸事物は条件をもたない。

したがって空間の諸部分は条件をもたない。


この推論によって貴方が「絶対的な諸存在」と呼ばれるものを説明されるのなら、私は上記の諸部分が絶対的な諸存在であることに同意するわけにまいりません。この意味で絶対的なのは、神とその諸完全性または諸属性だけでしょう。

貴方は別個にいくつかの推論を挿入されています。貴方のおっしゃるには、人は他の全部分について考えなくとも、延長の一部分について考えることができるとのことです。私の返答としては、それについて考えることと、それを完全に理解すること、すなわち（もしあれば）全条件を理解することは別の事柄なのです。

その上、延長はすべて可動的であると証明されるまで、そのことは必然的ではないと仮定する権利が私にはいつでもございます。そして、証明に答えようとする者はいつでも、問題となっている当のことを仮定することができるのです。その仮定の不可能性が証明されないかぎり。

このことは、貴方が第二命題「**可動性は分離可能性の帰結である**」で言われていることにお答えするさいにも、私の役に立ってくれるに違いありません。貴方の証明は次のとおりです。

> 延長する二つの事物を分離するものは二つの事物の間にある。
> 二つの事物の間にあるものは、大きさが増加すると考えることができる。
> 二つの事物の間にあって大きさが増加するものは、それらの間の距離を増加する。
> 二つの事物の間の距離を増加するものは、それらを運動状態に置く。
> したがって、延長する二つの事物を分離するものは、それらを運動状態に置く。

私の返答としては、この推論の第一命題、すなわち延長する二つの事物を分離するものはつねにそれらの間に身を置く、ということを否定します。第一の手紙ですでに、遠ざけることだけでなく、片方はそのままにしてもう片方を破壊することをも私は「**分離**」(separation)と呼ぶ、とお伝えしたからです。そして、いかにして遠ざけることなき分離があるのか、例をもって示しました。

貴方は私がこう応答することを予想して、すぐ後でこう言われます。「片方はそのままにしてもう片方を破壊できることから、延長の諸部分は分離可能であるということには同意します。ただ、そのことは、片方がもう片方から遠ざかりうることを妨げません。延長を不動のものとつねに想定しようとする、つまりは問題となっている当のことを前提しようとするのでないかぎり」。ところが、思い出していただけるでしょうが、私は第一の手紙において、もし証明可能なら申し上げたことは貴方の言を妨げない、と明言いたしました。遠ざけることなき分離があることを示したさい、遠ざける可能性なしには分離可能性は無いと貴方が証明可能な場合には、速断するつもりはない、と確言したのです。ですが、私はその証明を期待しながらも、問題となっている当のことを仮定できると信じておりました。

　貴方ご自身が次のように判断しておられる、と私は確信しています。すなわち、すべて延長するものの可動性が必然的であることを明晰に認めさせるには、なお何かが必要である、と。ですから、もし貴方が何らかの解決策を手中にしておられるならば、ぜひお知らせくださるよう願います。われわれの思想を言い表すのはしばしば難しく、自分には説得的に見えることを他者にわからせることも難しい、ということは承知しております。しかし、論証を個々の点にわたって入念に調べようとするすべての人にとって議論の余地の無い仕方で論証を言い表す状態にあるとき、完璧な論証を手にしているのだ、とも思います。

　最後に、公正性の観点から言えば、もし貴方が論敵に対して〔遠ざける可能性なしには分離可能性はないことを〕証明すべきであるなら、論敵も、貴方に対して何らかの不動の延長が存在することを証明するよう、貴方がお望みになっても当然のことでしょう。しかし貴方は私を論敵とは見なされますまい。私は学びたいと思っているのであって、教える立場にはありませんから。少なくとも、何らかの不動の延長が存在すると証明されるまでは、延長するものはすべて可動的であると推定される、と貴方は付け加えることができます。私の返答は次のとおりです。この推定は、空間を物質から区別して考えるという、あらゆる人のもつ傾向に反していると私には思われます。

神父様

貴方のこよなく謙虚にしてこよなく従順な僕　ライプニッツ

5-4……ライプニッツからマルブランシュへ[01]

梅野宏樹✣訳

✣ Leibniz an Nicolas Malebranche. Hannover, 13/23. Januar 1679.

(A II, 1, 677–679; GP I, 327–329)

オラトワール会神父、マルブランシュ神父様

一六七九年一月一三日、ハノーファー

本状には二つの目的があります。すなわち、ご交際いただく特権を保つためと、容易におわかりになるように機知と判断力と好奇心に富んだこのドイツ人紳士[02]を、貴方のもとにお送りするためです。

ご高著『キリスト教的対話[03]』をエリザベト侯女[04]のご厚意で拝見しました。この方はお生まれのみならず学識においても有名ですが、ご高著をきわめて好意的に評価されています。同書にはとても巧妙でひじょうに堅固なものがあるからです。私は『真理の探究[05]』を読んで過ごしたときよりも、

★01——一六七六年以来途絶えていた文通が再開される。チルンハウスをマルブランシュに推薦することと、匿名で出版された『キリスト教的対話』が、この手紙を送る動機となった。マルブランシュはこれに第5書簡で答えている(A II, 1, 677)。

★02——エーレンフリート・ヴァルター・フォン・チルンハウス(Ehrenfried Walther von Tschirnhaus, 1651–1708)(A II, 1, 677)。ドイツの哲学者・数学者・自然科学者で、オランダ人科学者ホイヘンスの下で物理学・数学などを学んだ。また、ライプニッツをスピノザに引き合わせたことで知られる。

★03——匿名の著作『キリスト教的対話：そこでは宗教の真理とイエス・キリストの道徳が正当化される』(*Conversations Chrétiennes dans lesquelles on justifie la verité de la religion et de la morale de Jesus-Christ*, 1677)(A II, 1, 677)。

★04——プファルツ選帝侯女エリザベト(Elisabeth von der Pfalz, 1618–1680)。ヘルフォルト修道院長を務めた。デカルトとの往復書簡で知られる。ライプニッツの対話相手であったハノーファー選帝侯妃ゾフィー(第2部【1】参照)は、エリザベトの末妹である。

★05——マルブランシュ『真理の探究について：そこでは、人間精神の本性と、諸々の知において誤謬を避けるためにすべき人間精神の使用とが論じられる』(*De la recherche de la verité. Où l'on traite de la nature de l'esprit de l'homme, et de l'usage qu'il en doit faire pour eviter l'erreur dans les sciences*, 1674–75)。

同書で貴方のご意見をより良く理解しました。というのも、以前は十分な暇が無かったものですから。ご自身が告白されているとおりデカルト主義者のためにのみ書くのでなかったら、と願います。なぜなら、すべて党派の名前というものは真理の愛好者にとって憎むべきものだ、と思われるからです。デカルトはすばらしいことを言いました。彼は可能なかぎり洞察力と分別に富んだ精神でした。しかし、すべてのことを一挙になすことは不可能なので、彼はみごとに開始したものの、事柄の根底にまでは到達しなかったのです。彼は真の解析からと同様、一般に発見術からもなお遠く離れている、と思われます。なぜなら、私の確信するところでは、彼の力学は誤謬だらけですし、彼の自然学はあまりに拙速、彼の幾何学はあまりに制限され、最後に彼の形而上学はそれらの欠点をすべて合わせているからです。

彼の形而上学に関して、貴方ご自身が不完全性をお示しになりました。次のことについて私は貴方とまったく同意見です。すなわち、思考なき延長しかもたない実体が、延長なき思考しかもたない実体に作用できる、と考えるのは不可能だということです。しかし、貴方は道程の半分しか進んでおられず、引き出された帰結以外の帰結をさらに引き出せる、と私は信じています。私見では、物質は単なる延長とは異なる何かだということが帰結します。さらに、このことについては論証できると信じています。

神は可能なかぎりもっとも完全な仕方で行為する、とのお言葉にまったく同意します。そして「人間が自らを取り巻く諸物体との関係における以上に完全であるということには、おそらく矛盾がある」と或る箇所でおっしゃるさい、この「おそらく」を消しさえすればよかったのです。また、貴方は目的因をとても立派に用いておられると思います。目的因を捨て去ったデカルト氏を私はあまり評価していません。彼の書いた他のいくつかの箇所も同様です。そこでは、彼の魂の根底が半分あらわになっているように思います。

★06――アントワーヌ・アルノー(Antoine Arnauld, 1612–1694)。ジャンセニスムと呼ばれるローマ・カトリック内部の厳格なアウグスティヌス主義の指導者で、大アルノーと呼ばれる。パスカルと親交をもち、ニコルと共にいわゆる『ポール・ロワイヤル論理学』

機会がございましたら、アルノー氏[★06]に私をご推薦いただき、氏の徳と学識を生涯にわたり賞賛してきた者と証言してくださるよう、懇願いたします。それらは等しく比類の無いものです。

また、貴方のプレステ氏[★07]が解析の仕事を続けているかどうか知りたく存じます。彼は適任なので、続けていてほしいと思います。私はしだいに当代の解析の不完全性を認識してきました。例えばそれは、ディオファントゥス[★08]の『算術』の諸問題を解く確かな手段を与えてくれません。「逆接線法」を与える、すなわち「その接線の与えられた性質から」曲線を見つけることもできません。高次方程式の無理根を引き出す方途も与えません。求積問題からは遠く隔たっています。結局、従来の解析では到達できず、いかなるデカルト主義者であれデカルトの方法を超えた何らかの方法を発見しないと到達できない領野を探究する書物を、私は書くことができるでしょう。

折をみて、何か効果的な方法によって、デカルト氏が私たちに真の方法の基盤をもたらしたと言うにはいかばかり足りないのか、示したいと望んでいます。そうすれば、他のことは措くとしても、彼の幾何学が古代人の幾何学を乗り越えた以上に、彼の幾何学を越えて行く手段がすでにあるのだとわかるでしょう。

完全にご意見と同じではないとはいえ、貴方の著述にとても立派な思想を見出すので、そうした思想をわれわれに与え続けてくださいますよう望みます。尊敬と情熱とともに、

貴方のこよなく謙虚にしてこよなく従順な僕　ライプニッツ

(1662)を執筆する。哲学の分野でも活躍し、デカルトの『省察』に第四反論を寄せ、マルブランシュと論戦をくり広げた。ライプニッツとは『形而上学叙説』の要約をめぐる往復書簡（K I, 8）が有名である。前出【4】参照。

★07――ジャン・プレステ (Jean Prestet, 1648–1691) はフランスの数学者。オラトワール会でマルブランシュの従者となり、彼の下で学んだ。一六七五年に『数学原論、あるいは大きさを対象とする全科学の一般原理』(*Elemens des mathematique ou principes generaux de toutes les sciences qui ont les grandeurs pour objet*) を発表。その後、マルブランシュの勧めにより、学問を棄ててオラトワール会に入り、一六八〇年に司祭となる。一六八九年に『新数学原論』(*Nouveaux élémens des mathématiques*) を発表した。

★08――ディオファントゥス (c. 200/214 – c. 284/298) はアレクサンドリアの数学者で、古代の代数学の父とされる。記号法の大改良を行ったことで知られ、『算術』(*Arithmetica*) という著作が伝わっている。

追伸　デ・ビエ[★09]、ガリネー[★10]両氏の近況を知りたく存じます。もしご自身がロアンネ公爵[★11]にお会いにならないのならば、公爵に私を推薦する役目を彼らのどちらかに託してくださるようお願いいたします。直接お会いになる場合には、彼に見せてもらった立派な断想[★12]のいくつかについて時折省察するのを忘れなかった、と証言していただきたく存じます。

★09——ジル・フィヨー・デ・ビエット(Gilles Filleau des Billettes, 1634–1720)のこと。後の書簡では「デ・ビエット」と表記される。宗教的かつ科学的な人物で、ヨーロッパ名門の系譜学に打ち込んだ。また、他の者と共に『工芸技術説明書』(*Description des Arts et Métiers*, 1761–1788)を編纂し、パリ王立諸学アカデミーの一員となる。

★10——ルネ・ド・ブレアン・ド・ガリネー(René de Bréhant de Galinée, 1645–1678)は、モントリオールの聖スルピス会宣教師で、北米の湖の地図を作成した。

★11——アルトゥス・グフィエ・ド・ロアンネ公爵(Artus Gouffier, duc de Roannez, 1627–1696)は、パスカルの親友として知られる。数学に熱心で、ホイヘンスと文通していた。同時にパスカルの影響でジャンセニストとなり、『パンセ』出版に尽力した。

★12——おそらくパスカルの『パンセ』(1670)や他の遺稿のこと。ライプニッツはパリ滞在中、パスカルの友人ロアンネ公爵やパスカルの親族のおかげで、これらの遺稿を閲覧できたという(A II, 1, 679)。

5-5……マルブランシュからライプニッツへ[★01]

Nicolas Malebranche an Leibniz. [März 1679].

梅野宏樹✣訳

(A II, 1, 699–700; GP I, 329–330)

思い出していただいたうえに、お寄こしくださったドイツ人紳士[★02]と面識をもたせていただき、まことにありがとうございます。彼はたいへん優秀な人物です。私の激賞ぶりを彼にお知らせいただきたいと切に願います。貴方が私に帰した『キリスト教的対話』[★03]という書物を、当地の人はカトラン神父[★04]に帰しています。一度ならず通読しましたが、ご指摘のように、デカルト主義者のためにのみ書くのでなかったら、と告白しているのは、私には見つかりませんでした。さらに、貴方がデカルト氏についておっしゃっていることもあまり信じられません。彼が数箇所で誤ったことなら論証できますが、貴方が糾弾する事柄について彼は正しかったと、私には明晰にわかります。あるいは、私がもっとも愚鈍な人間だということでしょう。お手紙はこのように語る自由を私に与えてくださいます。ですから、貴方のお時間を浪費する気づかいもせず、より本質的な他の事柄に専念するために離れ去った事柄に専念すべきだと思ったならば、貴方の意見を弁護するためにおもちの諸理由をお聞かせ願っていたことでしょう。

不運なド・ガリネー氏は、一年ほど前、イタリアで亡くなりました。彼の計画では東洋に何年か旅するはずだったのですが、われわれにとって悲しいことに、彼はパリを出て一月ほどで旅を終えました。六か月前、デ・ビエット氏が熱を出しました。彼はほとんど回復しています。アル

★01——本書簡は5-4への返信であり、次の5-6にて答えられている。発送時期は一六七九年五月と推定される(A II, 1, 699)。

★02——チルンハウスのこと。前書簡の注02を参照。

★03——前書簡の注03参照。

★04——フランソワ・カトラン神父(Abbé François Catelan, ?–?)はマルブランシュの弟子に当たる。後にライプニッツの『自然法則に関するデカルトおよび他の学者たちの顕著な誤謬についての簡潔な証明』(1686; K I, 3)を批判し、デカルトの運動量保存の法則を擁護した。ライプニッツの『アルノー宛書簡』一六八六年一一月二八日／一二月八日(K I, 8, 302–304)と訳注および後出6-1「付録」参照。

ノー氏も病気でしたが、完全に良くなりました。『原論』の著者[05]は今やオラトワール会の司祭で、二、三年前に私が彼をオラトワール会に入れたのですが、そのとき以来、彼は代数学について考えなくなりました。しかしながら、彼は新版が出るときには自分の書物を修正しようとしています[06]。貴方が私に期待させてくださるように、これらの諸学を前進させる方法を明らかにしようとしてくださるなら、公衆一同たいへん感謝することでしょう。ド・ラ・イール氏の『幾何学的場所、等式の作図』が印刷されているか、あるいは印刷したところです[07]。私へのいささかなりとも変わらぬ友情をお願いいたします。

貴方のこよなく謙虚にしてこよなく従順な僕　オラトワール会神父マルブランシュ

宮廷顧問官ライプニッツ様へ

★05——『数学原論』の著者プレステのこと(A II, 1, 700)。前書簡の注07を参照。

★06——一六八九年の『新数学原論』のこと(A II, 1, 700)。前書簡の注07を参照。

★07——フィリップ・ド・ラ・イール(Philippe de la Hire, 1640–1718)の『円錐曲線についての新原論、幾何学的場所、等式の作図または作成』(*Nouveaux élémens des sections coniques, les lieux géométriques, la construction ou effection des équations*, 1679)を指している。ド・ラ・イールはパリの幾何学者・天文学者・物理学者・自然学者・画家であった。

5-6……ライプニッツからマルブランシュへ

✣

Leibniz an Nicolas Malebranche. 22. Juni/ 2. Juli 1679.[★01]

清水高志✣訳

(A II, 1, 724–727; GP I, 330–333)

お手紙を拝受し、感謝の念に堪えません。少し経ってから、『形而上学をめぐる省察』[★02]も受け取りました。ご自身によるか、もしくは貴方が『キリスト教的対話』[★03]の著者と見なされるあのカトラン神父[★04]によるとしか思われないものです。彼はおそらく学識のある人物で、まったく貴方に近い見解をもっています。私は『形而上学をめぐる省察』を並の本扱いせず、念入りに読み込みました。もし私の率直さを容認くださるなら、同書について私が考えたことを述べようと思います。貴方が主張された二つの命題、つまりわれわれがあらゆるものごとを神のうちに見るということ、また物体は、本来的にはわれわれに作用しないということについては、大いに賛成です。私はいまなお、私には明白であると思われる偉大な理由によって、そう確信しています。この理由はいくつかのこれまで見出されなかった公理に依っており、私が言及したものにおさおさ劣らない別のいくつかの定理を証明するためにも、大いに役立ち得るものです。

物体と呼んでいるものの現実存在と性質については、われわれは貴方がおっしゃる以上に思い違いをしています。また人が解釈するように、われわれの外部に延長があるということを証明するのが容易ではないことについても、貴方に同意いたします。われわれとは別の諸々の精神というものについては、その現実存在の論証がありますが、そこには人が考えている以上のものがあ

★01――一六七九年六月二二日／七月二日付。

★02――ラニオン『形而上学をめぐる省察』(Lanion, *Méditations sur la métaphysique*, Paris, 1678)。

★03――5-4注03参照。匿名で刊行されたこの書物は、実際はマルブランシュの著作である

★04――カトラン神父については、5-5注04、6-1注02を参照のこと。

るはずです。あらゆる精神が、ひとたび現実存在したとすれば永続するということに関しては、さほど困難はありません。とはいえ、その始まりを思い描こうとするならば、大いに困難があるでしょう。

いくらかの個別の悪がある原因になっている神の、その諸々の決意の単純性についておっしゃることもまた、きわめて真実であると思います。そうでなければ、神は自然の法則をあらゆる瞬間に変更せざるをえなくなるのですから。しかしながら、それについてはいくらか付言する必要があるでしょう。私はかつて、アルノー氏とデ・ビエット氏[★05]に小さな対話篇をお見せした覚えがあります。デ・ビエット氏は大いに進捗しておられ、管見では、不合理で矛盾した概念を人がそこに確立しようとしないかぎり、自由についてもはや疑念を残しておられないようです。「作用するものは何であれ、それが作用する限りにおいて自由である」(Quidquid agit, quatenus agit, liberum est)。こんなふうにも言っておくべきでしょう。すなわち、神は可能なかぎり最も多くの事物を生み出すのであり、神に単純な諸法則を求めるように強いるのは、ともに位置づけることができるかぎりの諸事物に場所を見出さねばならないからなのだと。もし神が他の法則を用いるならば、それは建物を建てるのに丸い石を使おうとして、それらの石によって塞がれる以上の空間をとってしまうようなものなのだと。

動物の魂というものについて、貴方はデカルト氏と大いに異なる考えをおもちであると拝察しています。御自身の立場を私と同じ側に見出されると確信しておりますが、その理由については相違があるようです。というのも、『形而上学をめぐる省察』で貴方が与えておられる理由は、十分に説得力があるように思えず、行き着くところまで展開されきってはいないからです。私は虚栄心や、意固地さゆえに申し上げているのではなく、こうした指摘を必要なものと見なしているのです。というのも、私には長年の経験から、厳密な論証をもたないかぎり、われわれの思考は

★05——アルノーについては、前出【4】および5-4注06、デ・ビエットについては同注09参照。なお、両者にライプニッツが見せたという小さな対話篇は、『哲学者の告白』(Confessio philosophi, A VI, 3, 116; 本著作集第II期第2巻所収)のことである(A II, 1, 724)。

混雑したものであることがわかっているからです。ものごとが規則だっている数学においてはたやすく推論できるが、形而上学においてはより厳密に推論せねばならないと私が思うのは、そのためです。形而上学においては、想像力や経験の助けを借りることができず、ごくわずかな誤った一歩から、気づくことの困難な諸々の厄介な結果がもたらされるのですから。

思うに、デカルト氏に同意されている貴方の、私が評価できない部分は、お互いの理解不足によるのでしょう。彼が神の現実存在について示した諸々の証明が、神すなわちあらゆる存在のうちで最も偉大なものについての観念をわれわれがもっていることを証明しないかぎり不完全であることについては、確信しております。貴方は、神についてはそんなふうにしか推論することができないのだとおっしゃるでしょう。しかし人はあらゆる数のうちで最も大きな数についても推論することができますが、これはあらゆる速さのうちの最速と同じく、矛盾をきたさずにおかないものです。それゆえ、この証明を完成するためには、さらに多くの深遠な省察がなされねばならないのです。とはいえ、こんなふうに言う人もいるでしょう。すなわち、自分はあらゆる存在者のうちで最も完全なものを理解している。なぜなら私は、自分の不完全性や、おそらくは私よりも完全であるが、それでも不完全である他の諸々の存在者の不完全さを理解しているからだ。これは絶対的に完全な存在者がどんなものか知ることなしに、知ることができないものだ、と。しかしながら、こうした主張はいまだ十分に説得的なものではありません。というのも、私は二進数を限りなく完全な数とは言えないと判断することができますが、それは私が自らの精神のうちに二進数よりも完全な別の数の観念を、そしてそれよりもさらに完全な別の数の観念をもったり、認めたりしうるからです。ですが、どんなものであれ与えられた数よりもより大きな数をつねに見出すことができる、ということがよくわかったところで、結局のところ私はそれによって、無限に大きな数の観念をもつことにはならないのです。

魂と身体の区別については、まだ完全に証明されたわけではありません。というのも、貴方は思惟がどんなものか、判明には私たちが理解していないことを認めておられるのですから。延長(つまり、私たちが判明に概念把握するもの)の現実存在については疑いうるが、思惟を疑いえないというだけでは十分ではないのです。そのことは、くり返して申しますが、延長であるものと、思惟するものの区別を見きわめて結論づけるのに十分ではありません。なぜなら、区別しようとしているのはおそらくわれわれの無知であって、思惟が延長を含んでいるその仕方はわからない、と言われかねないからです。

しかしながら私は、通常の証明が不完全であるにもかかわらず、前述の真理のすべてに確信を抱いています。通常の証明のかわりに、厳密な論証が与えられると信じているのです。私はデカルト主義者たちの見解にまだ深い影響を受けていなかったころに考察を始めましたが、それ以来、諸事物の内奥へ別の戸口から入り込み、新しい国々を発見することになったのです。あたかも先人たちの足跡を辿ってフランス旅行をする異邦人たちが、まぐれ当たりでもしないかぎり格別なものに出会えないのに、道草しながら行き当たりばったりに迷いすらする者が、いともたやすく他の旅行者たちに知られていない事物と出会えるようなものです。

アルノー氏が完全に健康を回復したというお知らせは、とりわけ嬉しく存じました。彼がさらにいつまでも健康に恵まれることを、神が望まれますように。彼のような人物を、どこにわれわれは見出すことができるでしょうか。私からの尊敬の念を、彼にお伝えくださるようお願いいたします。もしデ・ビエット氏がパリにおられ、もし会われるようなことがあれば、(どうか)彼の病気が私を深く悲しませたことをお伝えいただけるとありがたく存じます。病が過ぎ去っていることを願い、ぶり返さないことを望みます。彼ほど有能な人物がお変わりないことを、読者は念じるばかりです。不運なガリネー氏の死については、おおいに衝撃を受けたことを告白します。

彼はすばらしい事柄をたくさん知っていました。彼が東方におもむく前に、印刷業者に仕事を託していったならよかったのですが。

　オラトワール修道会におられる『原論』の著者が★06、まったく代数学を捨ててしまうことがないよう願っています。彼は特別な才能をもっているのですから。とはいえ、彼は立派な仕事はすべて成し遂げられてしまっており、残っているものは徒労にすぎないと思い込んでいるために、もはや代数学に没頭しなくなっているのだと思います。ですが私は彼の見解に与しません。私は多くの経験を通して、代数学でまだまだ重要で立派な仕事をなしうることを実感しています。しばしば、通常のものとはまったく異なるさまざま計算に導くような問題を探求することになったからです。とはいえ、いかにして違う種類の計算を見出すことが可能になるのか、とお尋ねになるでしょうか？　その問いには、例をもってお答えすることしかできません。$a^z - b^y = c$という方程式があり、$a^z + e^y = f$という、別の方程式があるとしましょう。a、b、c、d、e、fの大きさは知られており、与えられているものと想定します。zとy、二つの未知のものを見出すというのが問題です。こうした問題は、しばしば有理数★07で解かれるものであることもありえますし、あるいはしばしば定規とコンパスによって、また円錐曲線やより複雑な線によっても解かれるのであり、しばしば私が超越曲線と呼んでいる、デカルト氏には知られていなかったものによっても同様に解かれうるのです。そうは言っても、こうした種類の計算を操るのはとても難しい。しかしながら、それを支配できなければ、代数学は不完全なものなのです。この件について、貴方のお考えを、『原論』の著者に検討させていただくよう願っています。熱情を込めていることを申し上げ、結びといたしましょう。

★06――『数学原論』(*Eléments des mathématiques ou principes généraux de toutes les sciences qui ont les grandeurs pour objet*. Paris 1675)。この本の著者とは、マルブランシュの弟子プレステ師である。プレステ師については5-4注07を参照のこと。

★07――この箇所はゲルハルト版では「破損」と注記されているが、アカデミー版ではrationelsという語が補われている (A II, 1, 727, Z10)。

5–7……マルブランシュからライプニッツへ

✣ 清水高志✣訳

Nicolas Malebranche an Leibniz. Paris, 31. Juli [1679].

(A II, 1, 733–734; GP I, 339–340)

『形而上学をめぐる省察』の著者はラニオン神父です[★01]。彼は署名をしているわけではありませんが、そのことを隠してはいません。なぜなら、彼は私にも、また他の幾人もの私の知人たちにも知らせていたからです。ですから、どうかその仕事を私のものとは見なさないよう、お願い致します。

一人のドイツの紳士[★02]が、こちらに立ち寄られました。思うに、貴方のところにも会いに行くにちがいありません。噂では、私には可能とは思えないのですが、方程式のすべての項を、最初のものと最後のもの以外は無くしてしまう方法[★03]を発見したと言うのです。私はもう長い間、そういった種類の研究に一向に没頭していないとはいえ、それでもそんなことが可能かどうかは容易にわかります。この紳士が貴方にそれを知らせてきた折には、検証する労をとられることを疑いません。

『原論』の著者は、発見されるべきものが、解析のうちに多々あることを確信しています。とはいえ、彼にとってこうした種類の研究に没頭するのは難しいのです。私はそれでも彼に、より正確なものにするために自分の仕事に手を加えるように勧めています。

久しく以前から、貴方はわれわれにこうした主題について期待させてきましたし、かならずや

★01——ラニオン神父(Abbé de Lanion, 1650–c.1706)。ペンネームはギヨーム・ワンダー(Guillaume Wander)である。ピエール・ベールとの文通によっても知られる。

★02——チルンハウス(5–4注02参照)のこと。

★03——これはライプニッツ自身がパリ時代から深い関心をもっていた研究テーマであり、高次方程式の一般的解法として中間項削除を行うというものである。

貴方にはすべてが可能であるに違いありません……。

デ・ビエット氏はずっと四日熱を患っています。死を覚悟して二か月ほどになります。アルノー氏とニコル氏が姿を見せないことについては、貴方もご存知のことと思います。[★04]彼らは身を隠してしまったのです。それについて、特別な理由は知りません。彼らがローマに赴いたのだと言う連中もいますが、私にはそれが事実だとは思えません。

書物について、新たな発見について、もっと何か知っておれば、さらに長く手紙を書くことができたのですが。そんなわけで、結びの言葉を述べることをお許しください。

貴方のこよなく謙虚にしてこよなく従順な僕　オラトワール会神父　マルブランシュ

［一六七九年］七月三一日、パリにて

帝国侯爵にしてハノーファー公爵閣下様の顧問官、在ハノーファー

ライプニッツ様

★04――一六七九年、アルノーは『ポール・ロワイヤル論理学』をともに執筆したピエール・ニコルと、オランダへ亡命する。政治的庇護者を失ったこと、またそれによってジャンセニスムへの迫害が激しくなったことがその原因であった。その後二人は必ずしも行動を共にせず、ニコルは一六八三年にパリに戻り、静寂主義への反論など文筆活動を続け一六九五年に母国で亡くなっている。

5-8……ライプニッツからマルブランシュへ

✣ 清水高志✣訳

Leibniz an Nicolas Malebranche. 4/14. August 1679. (A II, 1, 737–740; GP I, 340–342)

一六七九年八月四／一四日

アルノー氏とニコル氏の隠遁については、何も存じあげません。事情の委細がおわかりになった暁には、ぜひともお知らせくださいますよう。

カトラン神父の『キリスト教的対話』と、ラニオン神父の『形而上学をめぐる省察』[★01]は、貴方の『真理の探究』の思想と多くの類似点をもっています。ですから貴方と結びつけたことは、それほど誤っていたとは思われません。彼らや、似たような方々について、もう少しばかり詳細をお教えいただければありがたく存じます。私にとってこのような力量のある人々を知ることは、大いなる喜びなのです。才気と資質のある人たちが形而上学に没頭しているのは非常に嬉しいことです。まだまだ発見すべき重要なものごとがあるのですから。この主題に入るために私がもちだしたものすべてを、貴方は巧みにすり抜けてしまわれるようです。

方程式の根に関して、私の考えはこうです。私はあらゆる方程式を、比例中項を発見するだけで幾何学的に解くのは不可能であると見なしています。しかしカルダーノの根にならって無理量を含んだ公式によって、各次の一般的な方程式の未知量の値を表すことが不可能だとは見なしていません。なぜなら、カルダーノの根は公式の中にときおり虚量が入っているとはいえ、三次方

★01——5-6注02を参照のこと。

程式にとって一般的なものだと私は思うからです。[★02] またそれについての貴方の口頭のコメントも本当だと思います。私は解析（つまり、諸々の数値の表現）と、幾何学、つまり作図の方法とを区別しているのです。それを正しい公式で絶対的かつ純粋に表現できるなら、解析的に見出された未知量の値を手に入れることになります。というのも、こうした式はつねに作図の役に立つわけではないにしろ、なおつねに代数学の目的であるからです。代数学は、純粋な値を求めるものであり、求めている未知量についての完全な知識に到達するのは、結局のところ（線や数の抽象を行うことによって）こうした値が得られた場合に限られるのです。例えば一般な方程式 x^3[*] $+ px = p$ を考え、この根を

$$x = +\sqrt[3]{\frac{1}{2}q + \sqrt[2]{\frac{1}{4}q^2 + \frac{1}{27}p^3}} + \sqrt[3]{\frac{1}{2}q - \sqrt[2]{\frac{1}{4}q^2 + \frac{1}{27}p^3}}$$

とする。いずれにせよ、これは諸記号を変化させているにもかかわらず、未知量の正しい値なのです。またこの式は、依然として方程式に適っていますから、根であると認める必要があるわけです。

ところで、このことを貴方にアプリオリに証明しているのですから、$2+\sqrt[2]{-1}+2-\sqrt[2]{-1}$ を実量とするのは間違っているでしょうか。疑いもなく、実量でしょう。というのも、それは4に等しいのですから。さて、$2+\sqrt[2]{-1}$ の3乗は $+2+11\sqrt{-1}$ であり、それゆえ $\sqrt[3]{+2+11\sqrt{-1}}$ は、$2+\sqrt{-1}$ に等しくなります。同様にして、$\sqrt[3]{+2-11\sqrt[2]{-1}}$ は $2-\sqrt{-1}$ に等しい。それゆえ、$\sqrt[3]{+2+11\sqrt[2]{-1}}+\sqrt[3]{+2-11\sqrt[2]{-1}}$ は4に等しいということになるのです。そんなわけで、カ

★02——カルダーノは一五四五年に発表した『アルス・マグナ』（*Artis magnæ, sive de regulis algebraicis liber unus,* 1545）において、三次方程式の根の公式を明らかにしたが、最終的に実数解になるにせよ計算の途中で虚量が現れてしまうことが、それ以後長らく数学者たちに警戒心を抱かせることになった。ライプニッツは虚量に寛容な態度をしめした数学者の先駆けの一人でもある。

*——〔ゲルハルト注〕これに関してライプニッツは、「$\sqrt{-1}$の平方が-1であり、その立方が$-1\sqrt{-1}$であることに注意する必要がある」と記している。

ルダーノの根の公式がこの式 $x=\sqrt[3]{+2+11\sqrt{-1}}+\sqrt[3]{+2-11\sqrt{-1}}$ を与えたとすると、貴方は$+2+11\sqrt{-1}$ の立方根を開いて、$+2+\sqrt{-1}$ を得ることになります。同じく $+2-11\sqrt{-1}$ からは、$+2-\sqrt{-1}$ を得ることになり、これら二つの解を一緒に合わせると、$x=\sqrt[3]{+2+11\sqrt{-1}}+\sqrt[3]{+2-11\sqrt{-1}}$ を得ることになり、すなわち $x=+2+\sqrt{-1}+2-\sqrt{-1}$ であり、4に等しいということになります。

しかし三乗根やその他の根を、$2+11\sqrt{-1}$ のように何らかの二項式から〔実量で〕引き出すためには、スホーテン★03の注釈書の最後にある法則では不十分であり、さらに比類なく普遍的で、美しい、私が発見した別の法則が必要になります。とはいえ、何らかの虚量の二項式から〔実量の〕根を引き出すことができないとしても、二つの虚量の二項式の解を足した和 $\sqrt[3]{+a+\sqrt{-b}}+\sqrt[3]{+a-\sqrt{-b}}$ は、依然として実量のままですし、虚量をなくして実量にすることは、数として見せることはできないにせよ、実際には仮想的に行われます。私が根を開くやり方は、少なくとも望まれるだけ正確な近似によって、それを目に見せるというわけです。

このことをよく理解されたら、私がたとえば五次のような、より高次の方程式の一般的な根の公式の発見が可能になるだろうと言ったとしても、もはや不思議とは思われないでしょう。実際に、いくつかの事例について試してみて、五次、七次、九次、といった具合に限りなく次数を増す方程式に無理根を与えることができたのです。それによって、何次であろうと一般的な根の公式に到達するための、けっして誤ることのない手段がわかったわけです。とはいえ、計算を容易にするためには、まずある種の表を作るべきでしょう★04。私にはまだそれを作成するための時間が

★03――スホーテン (Franz van Schooten, 1615–1660)。オランダの数学者。デカルト『幾何学』のラテン語訳、ヴィエトの全集の編纂をおこなう。なお、ここで言う「注釈書」とは、『器具による円錐曲線の平面作図に関する論考』(*De organica conicorumm sectionum in plano descriptione, tractatus*, 2.Aufl., Leiden 1646) の中の「三次方程式の解に関する補遺」(Appendix de cubicarum aequationum resolutione) のこと。本書はスホーテン訳編のデカルト『幾何学』(*Geometria*, Amsterdam 1659/61) に収載されている。

★04――この表 (tables) が何を指すのかは詳細不明。あるいは中間項削除のための一般的工程表を意図していたか。

ないのですが。

　私はこれらすべての事柄に、まだパリにいたころに出逢ったのです。当時、貴方が噂を耳にされたドイツ人紳士[★05]もおり、評価に値する人物と思っています。彼はその後イタリアへと赴き、パリに戻りました。私はこの件について彼に伝え、研究を推し進めるように激励したのです。彼はまず、同じ次数のあらゆる種類の方程式について個別の根を見出せるのではないかと見込みました。これはカルダーノの根が、三次方程式に特有のものであると断言していた著者たちが誤った点です。しかし私は、根は真に一般的であるべきで、個別の事例について逐一根を見出すことは不可能なのだということを彼に教えたのです。

　それ以来、彼は大変に精進し、ときおり私に本件についての報告を送ってきました。ですがこれまでのところ、彼はまだ五次方程式についてやり遂げるところまで達していません。しばらく前に、送ってきた非常に長い手紙からそう判断するのですが。この手紙に私は、彼の計画の実行をなおも妨げているものを示したうえで返信しておきました。考えられているよりも事柄は厄介なのです。ともあれ、私は結果の論証を手にしています。しかしある種の代数計算の表を作ることが必要になるでしょうし、さもなければあまりにも多くの計算をしなければならないでしょう。

　私の計画している表は、あらゆる代数学にとってすばらしい助けとなるでしょう。しかし、もうこれくらいにしておきます。ロアンネ公爵[★06]が今パリにおられるのか、さらにまた、そう願ってやみませんが、デ・ビエット氏の御容態が良くなられたのか、ぜひ知りたいものです。

★05――チルンハウス(5-4注02参照)のこと。
★06――ロアンネ公爵については、5-4注11を参照。

5–9 ……マルブランシュからライプニッツへ

清水高志✣訳

✣ Nicolas Malebranche an Leibniz. 8. Dezember [1692].

(A II, 2, 628–631; GP I, 343–349)

［一六九二年］一二月八日

ライプニッツ様、昨日一人の紳士に御高来いただきました。彼は貴方からのいくつかの考察[★01]を渡してくださったのです。私が出版した小論[★02]のうちの運動の最初の諸法則について、ご親切にも貴方が加えてくださったものです。彼は一五日後に、私の返信を受け取りに戻ることを約束し、親切心から、ご自分の滞在場所を告げようともされませんでした。それで私は、お心に留めていただいていた光栄に感謝し、畏敬の念とともに、貴下のこよなく謙虚な僕（しもべ）にお示しくださった友情を、新たなものとしなければならないと思ったしだいです。貴方がパリにおられた一五年か二〇年前以来[★03]、日常の雑務に追われてご交誼がおろそかになりがちでしたが、それでもはっきり申しあげられるのは、貴方の知らせを耳にすることはつねに愉しみでしたし、フーシェ氏[★04]や先ごろ亡くなったテヴノー氏[★05]が貴方に手紙を書いていると知るや、しばしば私の敬意をお伝えするよう懇請したものですし、貴方がパリに立ち寄られる可能性を彼らが伝えてくれた折には、この上ない歓喜に包まれたものです。じっさい、旧友を目の当たりにし、抱擁する喜びに加え、貴方から無数のすばらしい事柄を、とりわけ微分、積分計算に用いてしかるべき諸々の特別なこつや、それを物理の諸問題に応用する方法を学ぶことが期待できるのですから。というのも、私にとって、

★01——一九七頁以下の「考察」(Remarques)のこと。

★02——マルブランシュが一六九二年に匿名出版した『運動伝達論』(N. Malebranche〔Anonyme〕, *Des lois de la communication des mouvements*, Paris 1692.)を指す。

★03——ライプニッツのパリ滞在は一六七二年から一六七六年で、この間彼はホイヘンスに師事して本格的な数学研究に導かれ、またロンドンで王立協会の最新の研究にも触れ、微積分学の基礎となる記号法を考案するなどめざましい成果をあげた。

★04——シモン・フーシェ(Simon Foucher, 1644–1696)。プラトンのアカデメイアの懐疑主義者の後継をもって任じ、デカルトによる外的世界の存在証明に疑問を投げかけ、マルブランシュの機会原因論を批判し、ライプニッツとも書簡による意見交換をおこなった。

★05——メルキセデク・テヴノー(Melchisédech Thévenot, 1620–1692)。当時の多くの知識人たちと幅広く書簡で交流し、またパリの科学者たちに会合の場を提供した。銅版画の挿絵つき

とりわけ積分には難しいところが多々あるのです。

　どうかライプニッツ様、この計算の諸法則と抽出しうる利用法について、これまでにも増して詳細を読者にお知らせいただけないでしょうか。貴方こそ発見者と目されているわけですし、誰よりも貴方がこの計算について洞察しておられるわけですから。私の知人で、この資格で貴方に異論を唱える者など誰もいないように思われます。何しろ貴方は、完璧に数学に通じておられるのですから。運動の最初の諸法則についての諸々のご考察については、これらが、宇宙では運動の同一量がつねに保存されるという原理を受け容れる者たちのみに向けた諸法則であると最初に私が述べていることに、貴方が注意を払っておられないように見える、と申しあげるのをお許しいただきたい。というのも、それが前提となっているなら、いくつかの場所で私が拙速すぎたかもしれないにせよ、諸々の法則は小論のなかで十分に論証されていると思うからです。この原理が仮定され、他のあらゆる法則が定められようとしているので、試算されればたちまち明らかになるように、必然的に何らかの矛盾に陥るのだと思われます。とはいえ、ご考察になんら返信せずにおくわけにはいかないので、貴方がもっとも力点を置いていると思われる点について目を向けることにしましょう。

　ライプニッツ様、貴方は物塊の大きさが衝撃の大きさを部分的に決めるわけではないことをただ発見しただけではありません。「**所与の物体のうちの一つの大きさがまったく結果の値に入ってこないような衝撃の定義は不可能だ、とあえて言いたくなる**」★06。この件については、諸々の物体は貫入されえないので、衝撃において互いに押し合うだけであり、地球のような大きな物塊であっても、砂粒にぶつかるとそのすべての力でこの粒に作用すると考えてください。またしたがって、この粒が動かしえない物体によって阻まれるとしても、粒が何も抵抗しないで力に屈するなら、この大きな物塊はただその速度に応じてそれを押すだけなのだと考えていただきたい。なぜなら

の旅行記の集成『さまざまな不思議な旅の記録』(*Relations de divers voyages curieux*, Paris 1663–72) や、同じく挿絵つきの水泳術の書物によっても知られる。

★06——「**所与の物体のうちの……あえて言いたくなる**」(A II, 2, 630, Z. 2–4) という部分は、ライプニッツがマルブランシュのために／宛に送っていた文書「考察」をマルブランシュが読み、その中の一九八頁⑪の文章 (A II, 2, 616, Z. 9–10) を引用して応えているのである。

大きな物塊が粒を押すのは、ただ粒が貫入されえず、ただ大きな物塊が粒子に触れているからだというのは明らかだからです。ところで、大きな物塊が粒子を自分の速度に応じて押すやいなや、大きな物塊はもはや粒子には触れません。

所与のうちの無限小の差異が、結果をまったく変えてしまうという件について指摘された困難については、例えばもし$m4$が$4m$に衝撃を与えるのだとすると、衝突によっていずれも跳ね返るにちがいない。しかしもし$m4$が無限小の力だけ勝っていたなら、それは休止状態にとどまり、$4m$にその運動のすべてを与えるに違いないと私は述べており、貴方の流儀には反しています。しかしながらそのようになるのは、運動がまったく失われず、諸々の物体が無限に硬いことを仮定してのことであるのは明らかです。なぜなら、物体がその諸部分で同時に二つの相反する運動を受けることはできないこと、衝撃を受けた部分が、それに対置される部分が前進するのと同時に後にひくという、反発する硬い物体に起こることが、そこでは前提になっているのです。そんなわけで、私は第二の諸法則でそれを説明しておきましたが、こうした事実によって、第二の諸法則は第一の諸法則とは大いに異なるものになっています。さて、もしある物体が二つの相反する運動を同時に受けとれないのであれば、とても弱い運動はその運動をとても強い運動に何も与えることができず、その作用はすべて自身に戻ってくることになるのは明らかです。**すべて**、と私は言います。というのも、運動はまったく失われないと仮定されており、反作用はつねに作用と等しいからです。経験ですらそれを知っています。さらに、$m4$が$4m$を衝撃の瞬間に押すなら、$m4$はその速度に応じて$4m$を押すのであり、そのすべての力で押すのです。したがって微分量が無限小であるとしても、結果はたいへん異なってくるわけです。どうか貴方の注意力と洞察力によって、小論★07の短さと曖昧さを補ってくださるようお願いいたします。私のように、運動がまったく失われないと仮定するかぎり、第一の諸法則については十分に論証されているということ、矛

★07――マルブランシュ『運動伝達論』のこと。

★08――以下の追伸は手紙本文から線で区切ってあり、一六九二年一二月一四日付のロピタル侯爵からライプニッツへの同封書簡を受け取ったあとに、マルブランシュが初めて付け加えたものである（A II, 2, 631）。

盾に陥ることなく他の法則を与えることすらできないことについては、貴方が相変わらず同意されているものと心得ています。そもそも私がこの原理を仮定したのは、他のすべてよりも理由に適っているように思われたからであり、目にするかぎり書かれたものはいずれも説得的に見えなかったからです。おそらく私が誤っているのでしょう。とはいえ、友への敬意がいかばかりであれ、私は彼らの述べる理由の明証によって納得させられないかぎり、その見解に屈することはないのです。つまり彼らの言う理由に、私はつねに説得力を感じるわけではなく、そうした精神の状態は彼らの好意を受ける栄誉にふさわしくないと思うのです。これらの主題をめぐって有益で愉しい対話をするためには、きっと差し向かいで会う必要があるのでしょう。何より急を要する他の仕事を抱えているときには、手紙で哲学するほど煩わしく不愉快なものはありませんからね。私は経験上、多くの時が無駄に費されるのは世のならいだと心得ていますが、貴方には無駄にして良い時間などありません。貴方は、読者のためにきわめて有益に時間を使っておられるのですから。あらんかぎりの敬意を込めて

貴方のこよなく謙虚にしてこよなく従順な僕　オラトワール会神父　マルブランシュ

[08]トワナール氏[09]は、おそらく貴方のご友人ですが、私のところに面会に来られました。貴方宛の手紙を書きたいと彼に告げ、そのために再訪する労を免れさせるため、誰か適当な紳士がいないか訊いていると、その場に居合わせたロピタル侯爵[10]がぜひ貴方に手紙を書きたいと言われたのです。彼は今日、同封の手紙を送ってきました。彼は私の旧くからの友人であり、並外れた能力をもった人物で、貴方のことを一方ならず尊敬されています。貴方が彼の敬意と、彼が貴方の書かれたものを活用してきたことの証を、喜びをもって受け取られると確信しています。そして私に

★09——ニコラ・トワナール（Nicolas Toinard, 1629-1706）。古銭学者であり、ライプニッツとは一六七四年六月二〇日から九七年五月一九日まで、古銭学と天文学をめぐって手紙のやり取りをした。ハメルンの子供失踪事件についても、一六九二年三月一〇日付の手紙でトワナールがライプニッツに調査を依頼し（A I, 7, 591）、ライプニッツは同年七月頃、返信を書いている（A I, 8, 348）。マルブランシュは、ここで彼の名前をToisnardと誤記している。

★10——ギョーム・フランソワ・アントワーヌ・ド・ロピタル侯爵（Guillaume François Antoine, Marquis de l'Hôpital, 1661-1704）。名門軍人の家系に生まれたが、数学者を志しヨハン・ベルヌイに師事した。微積分学についての最初のまとまった著書『曲線を理解するための無限小の解析』（*Analyse des infiniment petits pour l'intelligence des lignes courbes.*）を発表し、そのなかに現れた平均値の定理「ロピタルの定理」にその名を残すが、この定理そのものはヨハン・ベルヌイによって発見された。

とっては、長年温めてきた諸々の見解のうちに、ご関心をもっていただけるものがあれば、これにまさる喜びはありません。皆が、とりわけ私の友人たちが、貴方を尊敬することを願っているのは、貴方がそれに値する人であるからです。

（A II, 2, 613–615; GP I, 346–347）

付録★11 [2.Hälfte November 1692].

①尋常でない才能の人たちにとって、手短に書くことが何ら不具合をもたらさないのは誰もが知るところである。『真理の探究』の有名な著者★12が先ごろ出版した、運動の伝達の諸法則の小論★13については、そのように言えるだろう。彼はそこでまず、物体が真空のうちで、弾性をもたずに完全に硬いと見なした場合に、しかるべき運動の諸法則を示している。次に彼は動く物体と反発する物体に起こることについて語っている。最後に、周囲の環境や他の状況に生じる諸々の障害について述べる。彼は第二法則については誤っていたかもしれないと結論づけており、第三法則については何も確立できていないと主張している。しかし私には、彼は自分が最初の諸法則については十分に証明し、説明したと言っているように思える。

②その点について、彼が与えている『形而上学をめぐる省察』が深遠なものであること、多くの堅固なものがあることは認めねばならない。しかしながら、いまだいくつかの場所が私には気にかかる。こうした議論の詳細に入り込むためには、多くの言葉を費やさなければならないが、『学芸共和国通信』★14で説明した、私の調和や適合の原理を用いて、ここではアポステリオリな指摘を行うことにしたい。

③問題となっている諸法則を与えるためには、まずそのものに戻ってくるあり方の衝撃力を定義する。とても小さくはない物体aがあり、そして別の物体bがあるとしよう。aの速度はcであり、bの速度はe、そして衝撃はxであるとしよう。最初の諸法則を知るのに役立つ衝撃の量

★11——この「付録」(Beilage)という表題はゲルハルトによるもので、アカデミー版にはない。以下の「付録」と「考察」とは、厳密な意味での手紙ではなく、ライプニッツがマルブランシュのために書いた一種のメモである。これにライプニッツが挨拶や結びの文言を付加するなど修正を加えたのか、これをライプニッツがマルブランシュに実際に発送したのかについては、添え状の存在もふくめ、いっさい不明である。

★12——マルブランシュのこと。

★13——『運動伝達論』を指す。

★14——『学芸共和国通信』一六八七年七月号に掲載された論文(KI, 8, 35–43)。後出5–12注02および5–14注04参照。

は、このように立てられることになる。

④規則一　もしacがbeよりも小さくないなら、xはcとeの和もしくは差をbにかけた積になる。それはそれらの速度が逆方向に働いているときは和によって、それらが同じ方向である時は差によって知られる。つまり、とても小さくはない物体の運動の量が、他の物体の運動の量よりも小さくないとき、衝撃は各自の速度もしくは物体同士が近づく速度をかけた他の物体に等しい、ということである。

⑤規則二　もしacがbeよりも小さく、速度が逆向きに働いているなら、xは$ac+be$になるだろう。つまり、とても小さくはない物体の運動の量が、他の物体の逆向きの運動の量よりも小さいならば、衝撃の量は全体の運動の量に等しい、ということである。

⑥規則三　しかし、acがbeよりも（規則二におけるように）やはり小さく、速度が同じ方向であれば、そのときは（規則一のように）xはcとeの差をかけたbの積になる。つまり、とても小さくはない物体の運動の量が（規則二のように）とても小さいが、運動が同じ方向であるとき、衝撃の量は（規則一におけるように）各自の速度を、運動の量が優勢な物体にかけた積に等しい、ということである。

（A II, 2, 615–618; GP I, 347–349）

考察[★15]（Remarques）[2.Hälfte November 1692].

⑦これら三つの規則を、共通の一つの規則に還元することは不可能であるように見える。しかしながら、それが最も適切で、実現可能で、むしろなされるべきであると私には思われる。

⑧諸規則全体を比較すると、運動全体の量が規則二に入っており、他の二つにまったく入っていないのはあまり適切ではないように思われる。各自の速度が規則一と規則三に入っており、規則二にはまったく入っていないのも同様である。運動の量はどこにでも入るべきであり、各自の

★15――本書簡冒頭（一九二頁）に「考察」とあるのは、以下をさす。

速度も同様に、いくつかの適切な区別を伴ってどこにでも入るべきであると思われるのだが。

⑨規則二と規則三が、既知の事項ではつねに半ば一致しているにもかかわらず、それらの結果に何ら類似点がないことを目にすると、さらに驚かされる。ところが規則一と規則三では既知の事項が半ば一致しているにしろ、あるいはまったく一致していないにしろ、結果を決定する方法はつねに一致しており、これが「与えられたものが秩序立っていれば、求められたものも秩序立っており適合している」(datis ordinatis etiam quaesita esse ordinata et consentanea) ことを求める秩序の大いなる規則[★16]に反しているように見える。

⑩規則一と規則三のうちで、各自の速度をかけた物体bが衝撃をもたらし、他の物体の大きさと競い合うことなく衝撃をもたらすというこの同じ特性が、しかし一般にとても大きい物体aに対してけっして認められないのも同様に奇妙に思われる。しかしこの奇妙さは、もし次のような大きな不都合が生じないのであれば、実現可能だろう。

⑪というのも、所与の物体のうちの一つの大きさがまったく結果の値に入ってこないような衝撃の定義は不可能だ、とあえて言いたくなるからである。しかしながら、物体aの大きさが衝撃xの値のうちにまったく入ってこない第一の規則と第三の規則によって、こうした定義が生じねばならなくなる。

⑫多くの人が、さらに奇妙であると思い、不都合を見出すであろう点は、規則一から帰結するものである。この規則にしたがえば、同じ物体bは、自分と等しい物体aによって、自分よりもはるかに大きい物体Aによるのに劣らない衝撃を、Aの速度がaの速度を超えるのでなければ受けることになるだろう。とはいえ、まるで数ページで、このような反論に逢着してしまった。不都合が見出されないことを保証しながら、私はこの難点をこんなふうに考えさせようと思った。——この図のうちで、等しい物体b, m, nが結びついているものとする。そして休止状態にあるb

★16——『自然の法則の説明原理』(K I, 8, 36) を参照のこと。ここで「秩序の大いなる規則」と呼ばれているのが、ライプニッツの提唱する「連続律」である。

が、同時に同じ速度でmとnによって衝撃を受けるとする。もしmが$m+n$と同じ衝撃を与えるなら、nはゼロになってしまう。ところで、それを物体nとか物体mとかいう理由はもはやなくなり、それらは二つでは何もやっていないことになる。あるいはこう言ったほうがいいだろう、それらの物体は各自が個別に、一つで振る舞うというよりは全体として振る舞うのだと。

⑬ところで、デカルト氏の運動法則に対して、私が『学芸共和国通信』で用いた方法★17、同等性を不等性の特殊な事例で、しかし差異が無限小なものであると解釈する方法によれば、第一の規則は第二の規則と、それらが協力すべき事例において、まったく合致しないということを指摘しておくのは、何よりも重要である。この論文では、私は二つの異なった、おまけに異なる事例について述べている規則が、合流もしくは交差の事例のうちで同時に起きねばならないようにした。これは私に一つの方程式を与えるものだが、それについてはまったく成功していないし、恒等的になってもない。このことは、諸々の規則が、まだまったく調整されていないことの確かな証である。

⑭この方法にしたがって、acがbeに等しいとし、運動が逆向きであるとすると、それゆえ第一の規則によればacがbeに等しいか、無限小上回っているとき、衝撃は$bc+be$になるし、また第二の規則によればbcが同様に無限小上回っているとき、衝撃は$ac+be$になる。さて、ここではこれら二つの事例は同等なので、$bc+be$は$ac+be$に等しくなる。これは二つの物体が等しく、それゆえ、ここではacがbeと等しいと仮定されているためにそれらの速度が同じである唯一の事例を除いて不可能である。

⑮規則や定理を**アポステリオリ**に斟酌(しんしゃく)するために、私がここで用いている実在的な**論理学**や、代数学から独立したある**一般的分析**の諸原理は、しかし感覚の経験に拠ったものではなく、ほとんど以前には使われたことがないものである。デカルトや『真理の探究』の著者のような優れた

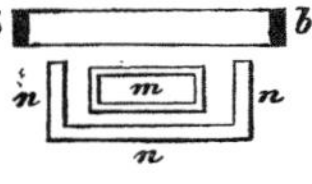

★17――『学芸共和国通信』一六八七年七月号に掲載された論文(KI, 8, 35-43)。後出5-12注02および5-14注04参照。『力学提要』(KI, 3, 518)においても、ライプニッツは同様の主張をしている。(「変化から飛躍を排除するこの連続律からは、静止の事例が運動の特殊な事例と、つまり消滅しつつある運動もしくは極小の運動とみなされうるということと、相等性の事例が消滅しつつある不等性の事例とみなされうるということとが照応する」)。また、『自然の法則の説明原理』(KI, 8, 37)にも連続律にまつわる同種の見解が見出される。(「同等性は無限に小さな不等性と考えられる。こうして同等性と不等性は互いにどこまでも接近させることができる」)。

人々が、まだ注意を払っていないことは、私にとって驚きというだけではない。もしかの高名な著者がそれら〔私の諸原理〕に承認を与えてくださるなら、今後はますます注目を集めるようになるだろう。

5–10……ライプニッツからマルブランシュへ

✣

Leibniz an Nicolas Malebranche. [Ende Januar 1693].

(A II, 2, 656–661; GP I, 349–352)

清水高志✣訳

神父様がお手紙をくださったこと、同時にロピタル侯爵の手紙[★01]をもたらしてくださったことは、身に余るお心づかいです。ロピタル侯爵は、私の知るなかでも幾何学と解析にもっとも精通された方の一人であり、いま私が陥っているぼんやりした状態ではなおさらのこと、私が彼にもたらすべくもない諸々の解明を期待している方です。以前、新しい計算法についてお教えしたことが、彼のお役に立ったのだとしたらとても嬉しいです。暇さえあれば、『ライプツィヒ学報』で示したよりもう少しはっきりと、諸々の計算の規則や使い方を提示できるでしょう。また、複数の誤りがあって事柄をわかりにくくしているのかも知れません。そのために、多くの人がまったく理解していないのだと思います。

運動の法則に関しては、力は失われないということでわれわれの意見は一致しています。しかし問題は保存されるこの力が、俗に思われているように運動の量によって見積もられるべきなのかということです。カトラン神父は私の意見をまるで理解していません。もし彼が貴方に対して私の代弁者を務めていたのなら、正しい考えをまったく伝えなかったと私には思われます。

いくつもの物体が、ある時間のあいだ、ただ一まとまりのものとして力を伝達しあうと仮定しましょう。私の考えでは、力を伝達しあうにもかかわらず、それらはつねに総体として同じ力を

★01——これは一六九二年一二月一四日付のロピタル侯爵からライプニッツへの手紙(A III, 5, Nr.120)で、マルブランシュからライプニッツに宛てられた第4書簡(5–9)に同封されていたものである(A II, 2, 657)。

保存します。つまり私に言わせれば、もしそれらの力が、なんらかの重い物体を持ち上げるのに（消費されるまで）用いられるとすると、力を用いようとしたのが伝達の前であっても後であっても、結果はつねに等しく、つねに同じ重さを同じ高さに持ち上げたり、別のなんらかの決まった結果を生み出したりすることになるのです。しかし重さは、私がもっとも都合のいいように決めるわけです。それは同じ量の運動が保存されるのではまったくないのだということを、私が証明しているのに合致しています。私はまた、力についての通俗的な概念によれば、二つのケースが続いて起こったときに力学的な永久運動があることになってしまうことを証明しています。例えば、4リーヴルの重さで、速度1の物体Aの力の全体が、1リーヴルの重さの物体Bに移されるということがあるとすると、通俗の見解によれば物体Bは速度4を受け取ることになりますが、明らかに永久運動が得られることを証明しているのです。結果としてAとBは力において同じではなく、一般的にLとMを仮定し、Mの力がより大きい場合は、MがLによって引き起こされると想定するなら、永久運動に至りかねません。またそういった不条理を回避するために、保存される力が理解されねばならないというのは、この意味においてなのです。

貴方の諸々の法則の論証をもっと注意深く検討したいと思っています。神父様、貴方にもっと余暇がおありで、しかるべく明確にそれらを提示され、証明の形式を与えられたら望ましかったのですが。じつは、拝読しながら先に進めなくなることが少なからずあるのです。しかしながら、連続性の本性は必然的に連続性にともなうのであって、連続的に減少する不等性の事例は、同等性の事例のうちに姿を消してしまうべきであるように思われます。そしてそのことは、私がデカルト氏の『哲学原理』の一部に加えたいくつかの注釈で行ったように、輪郭の素描によって明瞭にされうるのです。そんなわけで、この**連続性の法則**、と一方で私が呼びならわしているものにまったく着目しない諸法則の基礎には、欠陥が潜んでいると私は主張します。

数学の研究を始めたころ、私は物体のうちに延長と不貫入性以外のものが何も想定されていない、絶対運動の理論を自ら作りました。真実と思われる絶対運動の諸規則を作り、諸事物のシステムを通じて現象と一致させることができると期待していました。しかし私はその後それがありえないことを認め、一六九四年六月一八日の『学術雑誌』では、延長の概念が物体のうちで起こっているあらゆることを説明するのに不十分であることを証明するためにすら用いたのです。

この理論に従うなら、ただ物体がすでにもっている衝動（conatus）と、それにさらに別の仕事を伝達する衝動（conatus）の合成だけが生じることになるのであり、その結果おのおのの衝動（conatus）は保存されることになる。とはいえ同じ観察対象のうちに相反する等しい二つの衝動（conatus）が働くときは、静止状態へと弱まってしまうのです。諸物体が、人が想像するとおりにあるなら、事態はこんなふうに進むはずです。

ロピタル侯爵様には、詳しくお返事しておきました。亡きプレステ氏の著作の第二版はまだ見ておりません。彼は解析に没頭するあまり視野を狭めてしまったようで、デカルトの解析に執着しすぎなければ、この学問を著しく前進させえたでしょう。

私はカルダーノの根が、三つの実数根の場合には見たところ不可能であるにもかかわらず、三次方程式に関して一般的なものであると見なせると貴方と彼にパリで述べたと思います。というのも、有るべからざるものは実質上なくなるからです。$1+\sqrt{-1}+1-\sqrt{-1}$ は実量であり2に等しい。そして $\sqrt[2]{1+\sqrt[2]{-1}}+\sqrt[2]{1-\sqrt[2]{-1}}$ は $\sqrt{2+2\sqrt{2}}$ と同じ値になりますが、これはかつて私がホイヘンス氏に検討してもらったときに驚嘆されたものです。

そんなわけで $\sqrt[3]{1+\sqrt{-1}}+\sqrt[3]{1-\sqrt{-1}}$ もまた、その式の中に虚量の値が発生したのを取り除く方法がつねにあるわけではないとはいえ、実量と判断していいのです。こうした値の式が、まったく作図の役には立たないというのは本当です。しかし、人はそもそも十分に作図をしているのですし、この式は解析と計算を満足させれば事足りるのです。また私は高次の方程式についても、そうしたことを同様に望んでいます。プレステ氏が、高次方程式でいくらか進展を見せたものか知ることができれば、嬉しいかぎりです。

彼が方程式の根に関してチルンハウス氏の企て★02に文句をつけたことは、私のさまたげにはまったくなりませんが、ただ高次では事態はチルンハウス氏が理解したと思われるようにはいかず、低次の方程式によって諸項を消去するのは容易ではないのです。『学術雑誌』に掲載されたプレステ氏の反論★03では、二つの根の和である量が恣意的であるとチルンハウス氏を非難していますが、私は同意しません。チルンハウス氏の発見が不完全なのは、その点ではありません。今しがた述べたことに加えて、この発見は無限計算へと向かわせるものであり、おそらくそのため彼は、五次方程式で成功する見込みはないでしょう。五次方程式〔の根の公式〕は、未知のもののうちでもっとも単純なものなのですが。

いずれにせよ神父様、私はつねづね貴方の形而上学における寄与を尊敬し、感嘆してきました。いまだ、全面的には同意しかねる諸部分においてさえも。貴方はもっとも抽象的な諸事態を、感知できるようにする秘密を見出されただけではありません。それらを心地よく、感動的なものにし、真の形而上学の上にじっさいに築かれた道徳への影響をそこから示す秘密を見出されたのです。貴方は確かに、われわれが魂について★04、完全に判明な観念をまったくもっていないことを指摘されました。おそらく次には、身体(corps)についての観念もまた判明なものではないのをお認

★02——チルンハウスは高次方程式の一般解を求めようと企て、すべての五次方程式を$x^5+ax+b=0$という式に変換することができることを証明したが、その変換のためには六次方程式を解かねばならないという事態に陥った。ずっと後の一九世紀になって、五次方程式の一般解が成立しないという証明が、アーベルやガロアらによってなされている。

★03——このプレステの反論は、一六八九年八月二二日刊行の『学術雑誌』三七七頁から三七九頁に掲載された。

★04——マルブランシュは、人間はみずからの魂を内的に感じ取るものの、それについて明晰判明な観念をもたないと主張した。神のみが自己について明晰判明な観念をみずからのうちにもち、人間の魂はその光を受けるべき暗い存在であるとされた。

めになるでしょう。ある主題が、まだ証明できない諸々の特性をもっているならば、私にとってそれは不完全な知である証拠となります。ですから、直線の諸々の特性について、わかっているつもりでいまだ論証できていない幾何学者たちは、いまだ十分に判明な観念をもっていなかったわけです。身体（corps）は、ただ延長、すなわち多様性、連続性、諸部分の共存といった概念を含んでいるだけではありません、そのうえさらに、反復され拡大した主体の概念を含んでいます。その反復の概念に、つまり延長に、先立っているのが主体の概念です。とはいえ、デカルト氏の哲学の建物は魂と身体についてのいわゆる明晰かつ判明な知の上に築かれています。彼はあまりに速く進みすぎていましたし、学派の長としての彼の肩書がそれを決定的なものにしたのです。彼の大胆さは有益であり、真理の閃きをもたらすものですが、それを辿るにあたって彼は着実ではありませんでした。

そろそろ諸学派の名前はお払い箱にし、幾何学者たちの流儀で証明に専心するべき時なのではないでしょうか。そこではアルキメデス主義者とユークリッド主義者の区別などまったく無用なのです。いつの日にか貴方の美しくて重要な諸々の思想を、後で注解を発展させられる論証という形式で、われわれに示す労を取ろうとお望みになられるよう期待しています。心に秘めておられた、無数のすばらしい事柄についてもっと語ってくださるように。さらに多くの知の光明をもたらすため、十分なご長寿とご健康に恵まれますよう、祈念しております。

5-11……ライプニッツからマルブランシュへ

✣

Leibniz an Nicolas Malebranche. Hannover, 27. Dezember 1694/6. Januar 1695.
(A II,3, 3–5; GP I, 352–353)

清水高志✣訳

一六九四年一二月二七日、ハノーファー

敬愛すべき神父様

ロピタル侯爵から提示された一件がなければ、お手間を取らせることもなかったでしょう。ロピタル侯爵は、貴方が出版するために彼から借りた文書を放置したままにしていると知らせてきています。[★01] また、彼は私が部分的に同じ題材について書くつもりでいることをご存知でしたので、彼の文書が出版されることが喜ばしいかどうか早急に知らせるよう求めてこられたのです。この誠実さに対し、私はしかるべく返答しておきました。神父様、「もしまだ掲載許可を認められていないなら、その文書を入手して参照し、私自身多くのすばらしい事柄を学ぶためにもご協力します」と書いたのです。

しかし侯爵はパリから遠いところにおられ、私の手紙は少し遅れて届けられるでしょうから、私へのご配慮でご計画をいささかも妨げたり違えたりするべきではないことを早急にお知らせするために、貴方に同時にお手紙をさしあげるしだいです。侯爵への手紙も同封します。それがその手紙をより速く、より確実に届かせる方法になるであろうと信じて。

アルノー氏がとうとう亡くなってしまい、イエズス会の神父たちはおそらく彼に勝ったと思う

★01——5-9注10に既出の『曲線を理解するための無限小の解析』(*Analyse des infiniment petits pour l'intelligence des lignes courbes*)の編集にマルブランシュが携わったことを指す。なおこの書物は一六九六年に匿名で出版されている。

★02——原文ギリシャ語。ἀγαθὴ δ' ἔρις ἥδε βροτοῖσι. これはヘシオドスの『仕事と日』の冒頭、二四行目にある詩句の引用である。ヘシオドスによれば、人々の争い(エリス)には二種類あり、一つは邪な戦いをもたらすものだが、もう一つは職人や大工や歌人を互いに切磋琢磨させる、「善き争い」をもたらすものだという。その生涯を通じてアルノーがいくつもの論争に関わったこ

以上に負けたのだと、友人の一人が面白がって書いていましたが、それももっともなことです。あのような監視人は有意義でした。ソレハ、死スベキ人間タチニトッテ善キ争イナリ。[★02] 慈悲深いことで知られるイエズス会総長も、アルノー氏が彼を手助けするつもりで示していた配慮を、心苦しくは思っていなかったことでしょう。貴方に関して言えば、神父様、彼に勝ったわけでも負けたわけでもありません。さほど重要ではない主題をめぐって最後に論争がむし返されたのを見て、残念に思ったことを告白します。それはただ哲学の題材についての聖アウグスティヌスの意見にまつわるものにすぎなかったのですから。[★03] この偉大な人物の死にもかかわらず、そして少し前から五命題についての反論をくり返すのを禁止している、教皇の勅書や教皇書簡にもかかわらず、まだ特赦文庫が現れるのかどうか存じません。私にとっては、重要な題材についての如才ない著者たちのさまざまな小著が、一括して集められているのを見られるのは、悪くないことです。というのも、私は何年ものあいだ、まさにこの自由な素材についてさんざん思いめぐらせてきたからです。それに関して、パリでラテン語の対話篇[★04]を書いたほどです。これをアルノー氏に見せたところ、少しも軽蔑しませんでしたが、以来私は問題をさらに深く掘り下げてきたのです。

さて、一通の手紙の話の落としどころを見失いかけましたが、冒頭に書きつけたことこそ本題でした。歳の終わりに、さらに多くの幸福を貴方にもたらされますよう、神に祈ります。熱情を込めて

尊い師へ

貴方のこよなく謙虚にしてこよなく従順な僕　ライプニッツ

と、それが学問の世界に多大な影響を残したことをしのんで、ライプニッツはこのような引用をした。

★03――コルネリウス・ヤンセン(Cornelius Jansen, 1585–1638)の遺著『アウグスティヌス、あるいは人間の本性の健全さについての教説』(*Augustinus, seu doctrina de humanae naturae sanitate*)が一六四〇年に刊行されると、ローマ教皇庁とジャンセニストの見解の対立は激しさを増した。教皇インノケンティウス一〇世はこの書物が異端的な内容(「五命題」)を含んでいるとして、一六五三年これに異端宣告を発したが、アルノーは「五命題」がヤンセンの遺作に含まれていることを否定し、神の恩寵についての聖アウグスティヌスの立場と人間の自由を擁護しようとした。『ポール・ロワイヤル論理学』(*La logique, ou l'art de penser*)の著述など、大きな学問的業績を挙げる一方で、彼の教皇庁やジェズイットの迫害との闘いは終生にわたって続けられた。

★04――ライプニッツ『宗教についての田舎人の対話』(Dialogus de religione rustici, 1674. 11)を指す。

5-12……ライプニッツからマルブランシュへ

✣ 清水高志✣訳

Leibniz an Nicolas Malebranche. Hannover, 2/12. Oktober 1698.
(A II, 3, 465–466; GP I, 354)

一六九八年一〇月二／一二日、ハノーファー

トレッリ神父様[★01]が貴方にお目にかかることを請け合ってくださったので、貴方への私の変わらぬ深い尊敬の念の証をもって、彼がこの地を出発するよう望まずにはいられませんでした。こうした証を私はしばしば他の、たとえ完全に同じ見解ではないと認める相手にも示してきました。われわれは二人とも、真実の知を前進させることへの関心があまりに大きいので、一方が相手に、または読者に説明を提示できることをつねに感謝するであろうという点では一体です。貴方が運動の法則の修正をされたさい、私に説明してくださったのをありがたく思っています。オランダの雑誌でかつて私が主張した連続性の法則ですが[★02]、これはお気に召していただいたもので、貴方がご高説に変更を加えるきっかけになったほどでした。しかし私の考えでは、一見気づきにくいものながら、連続性の法則にはなおも少しばかり興味を惹くものがあり、とはいえそれなしで私に説明ができる貴方に対して、あえて強調するのは不適切であると思ったものです。私はじっさいのところ、自然の諸法則はよく想像されているように恣意的なものではないと思っているのです。事物においてはすべてが、幾何学のように必然性の理由によってか、道徳のようにもっとも偉大な完全性の理由によって決定されています。貴方のすばらしい文書は、神父様、人々が以前

★01——未詳

★02——『学芸共和国通信』一六八七年七月号で、ライプニッツが彼の「連続律」の要請に基づきつつ、デカルトの運動法則を批判したことを指す（K I, 8, 35–43）。

には至れなかった深い真理に至ることを大いに可能にしました。ご高説を有効活用させていただいていることに関しては、私は人後に落ちないつもりです。ベール氏[★03]は彼のすばらしい辞典のロラリウスの項で、私の体系に反論したことがあります。バナージュ・ド・ボーヴァル氏[★04]は『学術著作史』[★05]において私の応答を出版するでしょうが、それらの応答をベール氏に前もって伝えたところ、ベール氏は私の反駁に説得力があることを認めたとても丁寧な手紙を書いてくださいました。私は彼に、もし私の意見の妨げになるものがまだあるなら示してくださるようお願いするのを忘れないでしょう。貴方や彼のように深遠で見識のある方々から教えを賜る以上に、喜ばしいことはございません。熱情を込めて

尊敬する神父様

貴方のこよなく謙虚にしてこよなく従順な僕　ライプニッツ

★03——後出【6】参照。

★04——アンリ・バナージュ・ド・ボーヴァル（Henri Basnage de Beauval, 1657–1710）歴史家で辞書編集者。ナントの勅令に先立ち、カトリックとプロテスタントが対立する時代にあって、宗教的寛容を訴える著作を刊行するが、オランダへの亡命を余儀なくされた。ピエール・ベールが一六八七年に病のため『学芸共和国通信』の刊行を続けられなくなったことから、亡命中ベールの庇護を受けたバナージュ・ド・ボーヴァルが『学術著作史』を後継として出版することとなった。

★05——バナージュ・ド・ボーヴァル『学術著作史』（Henri Basnage de Beauval, *Histoire des ouvrages des savants*, Rotterdam）。オランダでバナージュ・ド・ボーヴァルによって一六八七年から一七〇九年までに全二四巻が刊行された。

5–13……マルブランシュからライプニッツへ

✣ Nicolas Malebranche an Leibniz. Paris, 13. Dezember 1698.

清水高志✣訳

(A II, 3, 489–491; GP I, 355–356)

トレッリ神父様が携えてこられた貴方のお手紙を、たいへん嬉しく拝受しました。光栄にも私を覚えていてくださったことを、おおいに感謝いたします。賜った友情は、気紛れな情熱による友情のように移ろいやすいものではないと、私はまさしく確信しています。心と心をしっかりと結びつけるものは、真理への愛しかありません。そして貴方が、真理への愛を私がいくらかもっていると信じることにお墨付きをくださったのですから、貴方が真理にもたらすものは、つねに貴方のいとも謙虚な僕にまで溢れ出してくると、確信しております。あらゆる真理の使徒たちが貴方に負っている個々の恩義は、学問において前進するために貴方がもたらされた新しい見解によるものですし、皆、貴方の功績に無関心ではいられません。もし無関心であったり、無関心に見える人たちがいるなら、彼らは少なくとも学識者の精神においては、間違っているのです。貴方が考案された無限小の方法だけでも、非常に美しく、また非常に豊饒な発見であり、学者たちの精神において貴方を不滅の存在にするでしょう。しかし積分学について、ご存知の内容の一部分を幾何学者たちに伝えることをお望みのはずですのに、何が妨げているのでしょうか。忘れないでください、ライプニッツ様、貴方はそうする義務を負われているようなものだということを、貴方が約束した著作『無限の学について』[★01]こそ、心待ちにされていることを。無知な者たちや嫉妬

★01――*De scientia infiniti.* ライプニッツは微積分学をscientia infiniti（無限の学）と呼んでおり、この学問についての著作を完成させる意図を持っていた。5-9からも窺われるように、マルブランシュは早くからこうした書物を懇望していたが、残念ながらライプニッツが彼の「無限の学」を一冊の書物の形で大成することは実現しなかった。

深い人たちの忘恩のせいで、貴方の富の崇拝者たちを失望させてはなりません。豊かさを減らすことなく、貴方は富を皆に施すことができるのです。私よりも貴方こそ、私が光栄にも申し上げていることをご存知でしょう。また私を無知から解放するように貴方を急き立て、煩わせるように仕向ける私の熱情を、貴方が好ましく思われることも確信しています。

余暇を過ごしていた地方で、運動の伝達についての瑣末な小論[★02]を読み返してみて、第三法則でみずからを納得させようとしつつも、絶対運動はつねに同じであり続けるという、デカルトのあの原理を経験と一致させるのは不可能であることがはっきりわかりました。したがって私はこの論考をすっかり改めてしまいました。私はいまや絶対運動はたえず失われたり、増大したりするものであり、同じ部分の運動が衝撃のうちで同一性を保つにすぎないことを確信しているのです。それゆえ私はこの論考をすっかり訂正しましたが、いつこれがまた印刷されるのかは未定です。このことを貴方に語るのは、私が真理を誠実に探究していることを今後とも貴方に確信いただくため、また私の精神の傾向によって、私が貴方を敬うように貴方からいささかなりとも愛され続けるに値するためなのです。数学と物理については、私の見るところ、新しいものは何もありません。アメル氏[★03]がラテン語でもたらした、『諸学アカデミーの歴史』[★04]を除いては。皆、静寂主義や純粋な愛と言われているものを論駁することにかまけています[★05]。私もまた、不本意ながらこの題材について書くよう勧められました。一年前、神への愛についての小論を書きました[★06]。ベネディクト会のラミ神父[★07]に宛てた三通の手紙を付け加えたものですが、聞くところではリヨンのプレニャールから出版されたとか。ここには届いていません。国王の允許(いんきょ)なしで出版されたものなので、この本がパリに自由に届けられるかどうかはわかりません。私がロピタル侯爵について何も申し上げていないのは、彼が私に貴方に手紙を書くつもりだと語っていたからです。そしておそらく私は、この手紙を彼の手紙に同封するでしょう。

★02――5-9でおもに論じられている『運動伝達論』のこと。

★03――ジャン＝バティスト・デュアメル（デュ・アメルとも）(Jean-Baptiste Du Hamel, 1624-1706)。コルベールが創設したフランス諸学アカデミーの第一秘書を一六六六年から一六九七年まで務め、初期の諸学アカデミーの仕事に大きな影響を及ぼした。

★04――『諸学アカデミーの歴史』(*Regiæ scientiarum Academiæ historia*. Paris, 1698; enlarged edition, 1701)。

★05――フェヌロンとボシュエの間で起こった静寂主義論争を指す。マルブランシュはこの論争で、静寂主義とフェヌロンの側に立った友人のラミ神父を批判した。

★06――『神への愛についての論考』(*Traité de l'amour de Dieu*. Lyon, 1697)を指す。

★07――フランソワ・ラミ(François Lamy, 1636-1711)。敬虔なベネディクト会士で神学者。静寂主義に共鳴し、ボシュエ、アルノー、マルブランシュらと論争したことで知られる。

ライプニッツ様、ご功績への絶大なる敬意と全面的好意を込めて
貴方のこよなく謙虚にしてこよなく従順な僕　オラトワール会神父　マルブランシュ
ハノーファー公爵閣下宮廷顧問官　ライプニッツ様

一六九八年一二月一三日、パリにて

5–14……ライプニッツからマルブランシュへ[★01]

梅野宏樹✣訳

Leibniz an Nicolas Malebranche. Hannover, 13/23. März 1699.

(A II, 3, 539–541; GP I, 356–358)

一六九九年三月一三／二三日、ハノーファー

お手紙をさしあげる理由が二重にあります。まず、貴方に思い出していただいた栄誉に感謝するため、そして、今後貴方が光明によって王立諸学アカデミーに寄与し、いっそう公共善に貢献されることについて、貴方、いやむしろわれわれを祝福するためです[★02]。哲学者が数学者である必要と同じくらい、数学者も哲学者である必要があります。そこで、神父様、その両者であり、正当にも当代随一の哲学者の一人として周知の貴方は、この同盟を結ぶのに世界でいちばんふさわしいのです。

ご要望にお応えするために、無限についての学を存分に、あるいは到達できそうなところまで、私が進められたらよいのですが。かなり計算が必要なのですが、そんなことをあえてやろうとする人がこの国にいないので、うんざりします。それ自体では無味乾燥なこの種の研究も、誰かと分担できれば、より快適なものとなります。ですが、私は助けもなしに計算に長時間従事する状態にはないのです。

神父様、改善の意向を示された貴方のご高著『運動伝達論』[★03]についてですが、そこには著者の洞察力と誠実さが同時に現れていると思います。自分の著作の中で変えるべきことを見つけるため

★01——5-12に対するマルブランシュの返信(5-13)に、さらにライプニッツが答えたもの。ライプニッツは本書簡で『神への愛についての論考』を求め、次の書簡で受け取ったことを感謝していることから、本書簡と次の書簡の間にマルブランシュからライプニッツへ宛てた未発見の書簡がある、と推測される(A II, 3, 539)。

★02——一六九九年、マルブランシュはパリ王立諸学アカデミー(Academie Royale des sciences)の名誉会員となった(A II, 3, 539)。

★03——正式名称は『運動伝達の諸法則について』(*Des lois de la communication des mouvements*, 1692)(A II, 3, 540)。デカルトの運動量保存の法則を受け入れている。しかし、この往復書簡が機縁となり、マルブランシュは同書の一七〇〇年版で、デカルトの運動量保存の法則が経験と合致しないことを認めるようになる。

には、他の書物でそれを見つけるよりはるかに多くの洞察力が必要です。また、『真理の探究』に書き入れられた運動法則に関してすでになさったように、変えるべきことを告白するまったき誠実さが必要です。それは貴方が一六九二年の短い論文(「運動伝達論」)の中で、私の反省★04が新しい思索の機会を与えたと称えてくださったときのことです。しかしながら、その短い論文にも私はいくつか、克服できない困難に陥っていると思われる事柄を見出し、そのことを考察いたしました★05。好んで異議を唱える人間と思われたくないので、何も申し上げたくなかったのですが。今や再考されているごようすですので、その考察をお送りいたします。時宜を得ているとお考えになったご反省の一助として。今や貴方は私とともに次のことをお認めになっています。絶対的運動の同一量が保存されるのではなく、同じ側の運動の同一量が保存される、あるいは私の言い方では方向の同一量が保存されるということです★06。しかしさらにお伝えすべきなのは、私は絶対的力の同一量★07だけでなく絶対的原動作用(action motrice absolue)の同一量もまた保存される★08と信じていることです。これは運動量と呼ばれるものとまったく異なっていることがわかりました。それは、重さも反発も前提せずにもっとも単純な諸概念から引き出される、驚くほど容易で明晰な推論を用いたときにわかったのです。私は同一目的に至るたくさんの方途を知っていますので、フローニンゲンのベルヌイ氏★09は、この途に参入すると真理の力に抗しえなかったほどです★10。

いつか貴方の純粋愛についての論★11を拝見できたら、有頂天になるでしょう。お言葉はいつも深遠ですし、かつて私は法の原理を考えるさいにそのテーマを吟味したことがあるのです。さらに、『国際法史料集成』★12の序言に次のような定義を与えました。すなわち、「正しい」とは、知恵に適合する仕方で慈愛に富んでいることである。「知恵」とは至福についての学識(science)である。「慈愛」(Charité)とは普遍的善意であり、「善意」(bienveillance)とは愛する習性である。「愛する」とは他者の善・完全性・幸福のうちに快を見出させる傾向である、あるいは(同じことですが)われわれの至

★04——この「反省」とは、ライプニッツが『学芸共和国通信』(*Nouvelles de la république des lettres*)一六八七年七月号に載せた論文『神の知恵の考察によって自然法則を説明するのに有用な普遍的原理についての書簡の摘要：M神父の回答への再反論のために』(*Extrait d'une lettre sur un principe général, utile à l'explication des loix de la nature, par la considération de la sagesse divine; pour servir de réplique à la réponse du R. P. M.*)のことである(A II, 3, 540; K I, 8, 35–43)。

★05——『運動伝達の諸法則についての論考に対する考察』(Remarque sur le traité des Loix de la communication des mouvemens)のことである(A II, 3, 540)。

福のうちに他者の至福を入れる傾向である。また同じ箇所で（人がこれらの論争をする以前に）[★13]、この定義は難題を解決するのに役立つ、と付け加えています。いかにして愛は無私無欲（desinteressé）でありうるのか、人は自分自身の善が差し向けること以外何もしないのに、という問題です。その答えとしては、愛の本質から来るのはわれわれの善であり、われわれの利害（interest）ではないのです。喜ばせるものはそれ自体で善であり、利害がらみの善ではありません。それは目的に属すのであって手段に属すのではないのです。さらに言えば、神への愛、あるいは神の幸福と至高

★06――「自然の中には全体としてつねに同一の方向または方向づけが存続していなければならない」という主張は、心身関係を説明するデカルトの松果腺の説を批判するさい、すでに『アルノー宛書簡』一六八七年四月三〇日（K I, 8, 324）に見られる。また、『運動の諸法則に関する力学試論』（K I, 3, 469–）、『モナドロジー』第八〇節（K I, 9, 237）参照。

★07――デカルトが運動量（質料と速度の積）が保存されるとしたのに対し、ライプニッツは力または活力（vis viva）（質量と速度の二乗との積）が保存されるとした。『自然法則に関するデカルトおよび他の学者たちの顕著な誤謬についての簡潔な証明』（K I, 3）などを参照。

★08――原動作用とは質量と移動距離と速度との積で表されるものである。ライプニッツは『運動の諸法則に関する力学試論』（K I, 3, 474–）にて原動作用の説明と保存法則の証明を行っている。

★09――ヨハン・ベルヌイ（Johann Bernoulli, 1667–1748）のこと。数学者。同じく数学者であるヤコプ・ベルヌイの弟で、ダニエル・ベルヌイの父親である。父の意向に反して一六八三年にバーゼル大学に入り、数学、とりわけライプニッツの微積分学を学ぶ。その後、パリにてマルブランシュのサークルに入る。そこでロピタルと出会い、彼に微積分学を教える。その後、フローニンゲン大学およびバーゼル大学で数学教授を務める。主要な業績は、いわゆる「ロピタルの定理」の発見、指数関数の微積分法の確立などである。『ヨハン・ベルヌイへの手紙』（K I, 3, 100–）を参照。

★10――「ヨハン・ベルヌイからライプニッツへの手紙」（一六九六年一月二八日 A III, 6, N. 199）および『ライプニッツからベルヌイへの手紙』（一六九六年二月七日、三月一八日 A III, 6, N. 202 & 214）を参照（A II, 3, 540）。

★11――マルブランシュは一六九七年に『神への愛についての論考』（*Traité de l'amour de Dieu*）を発表した（A II, 3, 541）。

★12――『国際法史料集成』（*Codex juris gentium diplomaticus*, 1693. A IV, 5, 48–79）のこと（A II, 3, 541）。本著作集第II期第2巻所収。

★13――一六九七年から一六九九年にかけて、カンブレーの大司教フェヌロンと、モーの司教ボシュエとの間で行われた静寂主義（quiétisme）論争のこと。その最大の論点が純粋愛の可能性であった。フェヌロンによると、純粋愛は無私無欲な愛であり、「聖なる無関心」などと性格づけられる。これに対してボシュエは純粋愛の可能性を否定し、論争が展開された（マルブランシュはボシュエ側に付いた）。長綱啓典『ライプニッツにおける弁神論的思惟の根本動機』（晃洋書房 2011, p.120–122）参照。

の完全性を感じさせるものから得る快は、われわれの真の至福の内奥にあるものなので、その至福をまったきものにします。このことにより、他のあらゆる愛と他のあらゆる快が神への愛に従属します。神への愛は、堅固な快、すなわち至福に寄与するのに必要な快を、他の仕方で与えることなどありえません。至福とは持続的な喜びの状態にほかならないからです。以上のことはほとんど困難を解決するに足ると私には思われます。しかし、貴方のような有能な人々がものごとを検討するとき、幾千もの立派な反省の材料を見出すものです。貴方の読者に対して果たしてこられた役目を、今後も末永く果たされますよう願います。

まことに

〔貴方のこよなく謙虚にしてこよなく従順な僕　ライプニッツ〕

5–15……ライプニッツからマルブランシュへ[★01]

梅野宏樹✣訳

Leibniz an Nicolas Malebranche. Hannover, 17. Januar 1700.

(A II, 3, 616–618 [N. 229])

一七〇〇年一月一七日、ハノーファー

まず『神への愛』についてのご高著[★02]のことで感謝申し上げます。それに関して私がもっている諸観念について、先の手紙[★03]でいくらか示しましたが、同意いただけると思います。定義さえ与えたら、論争はすぐにやんだことでしょう。ですから、私は『国際法史料集成』[★04]の序文で自然法について語るさい、正義・知恵・慈愛・至福に定義を与えようとしたのです。この欠陥は哲学の中だけでなく、しばしば数学の中にさえ見られます。

フローニンゲンのベルヌイ氏[★05]に書き送って、力に対する彼の評価を転向させたもの[★06]は、まだ印刷されていませんでした。それは彼との往復書簡で、彼はロピタル侯爵[★07]にその手紙を渡したことでしょう。私が手紙による説得に成功したのは、これが初めてではないのです。ですが、いつもというわけではないし、書物によって人々を納得させうることは、いっそう少ないのです。とりわけ、人々が立場を公にしている場合にはそうです。なぜなら、こういったときに、貴方でしたらご人徳ゆえの誠実さを存分に示されるでしょうが、それができる人はほとんどいないからです。しかしながら手紙は、われわれに反対する人々を味方にすることにかけては、書物よりも適当に思われます。というのも、知らず知らずのうちに働いている名誉心を傷つけることが少ないから

★01——本書簡はゲルハルト版には収載されていない。この書簡以後、文通は長く中断されることになる（A II, 3, 616）。冒頭で謝辞を述べている『神への愛についての論考』はマルブランシュからライプニッツに宛てた未発見の書簡（おそらく5–14への返事）に添えられていたものと思われる。

★02——マルブランシュ『神への愛についての論考』（1697）のこと。5–14注11を参照。

★03——マルブランシュ宛の5–14を指す（A II, 3, 616）。

★04——5–14注12を参照。

★05——ヨハン・ベルヌイのこと。5–14注09を参照。

★06——「ヨハン・ベルヌイからライプニッツへの手紙」（一六九六年一月二八日 A III, 6, N. 199）、「ライプニッツからベルヌイへの手紙」（一六九六年二月七日、三月一八日 A III, 6, N. 202 & 214）および『ライプニッツからベールへの手紙』（A II, 3, N. 197; 後出6–4）を参照（A II, 3, 617）。

★07——ギョーム・ド・ロピタルのこと。5–9注10参照。

です。哲学について協議するには対談が最適なのですが、私のように大都市から離れた場所にいる者には、不運にも、パリやロンドンに満ちたすばらしい方々の思想をこの手段で享受することができないのです。そういうすばらしい方々には、手紙で説明する労を取ってくださるようあえてお願いしませんし、すべきでもありません。とりわけ神父様、貴方に関してはそうなのです。貴方や他の並はずれた天分をおもちの方々は、人類を教育する責任を負っておられます。そこで、もし貴方が手紙を書いて個別の人々を教育することに専念なさろうとするなら、お時間を不適切に用いることになるでしょう。

私については事情が異なります。なぜなら、私の思想はまだ秩序立った体系に十分固められておらず、友人の手紙の中で出会う反論や反省から利益を得ているからです。人が同じ事柄をさまざまな側面から取り上げるのを見ることは快いものです。そして、各人を（その人が真理を誠実に探究しているとして）満足させようとすると、私はいつも新しい手がかりを発見します。それは事柄の土台において何も変化させないのですが、より大きな光をつねに注ぐのです。それゆえ私は時間をまったく無駄にしませんでした。

三か月近く前、一人の機知と知恵にあふれる人物が、ギスカール伯爵[★08]の息子を連れてイタリアに行く道中、こちらを通りました。彼は貴方の知り合いであるのを誇りにしているようでした。この立派なご一行に生じた不幸には、強く胸を打たれました。ギスカール侯爵とダヴェンヌ氏[★09]が天然痘のためウィーンで死去したのです。この種の惨事について考えるたび、私は医者に怒りを覚えます（もっとも私は彼らを最大限に評価しているのですが）。というのも、体液のみによるまったく平凡な病気を癒す手段を知っておくべきだったでしょうから。

ロピタル侯爵がファシオ・ド・デュイリエ氏[★10]の問題について私に書き送ってきたもの[★11]は、彼への返事で説明したように[★12]、まずライプツィヒへ送られ、次にそこで編まれている雑誌に挿入され

★08——ルイ・ギスカール＝マニ（Louis Guiscard-Magny,1651–1720）のこと。ストックホルム駐在のフランス大使（在任期間1699–1701）。彼の一人息子ルイ＝オーギュスト（Louis-Auguste）は一六九九年末にウィーンで死去した（A II, 3, 617）。

★09——前注のルイ＝オーギュストの随員。

★10——ニコラ・ファシオ・ド・デュイリエ（Nicolas Fatio de Duillier, 1664–1753）。スイスの数学者。著書『線の最短の降下に関する幾何学的探求二論』（*Lineae brevissimi descensus investigatio geometrica duplex*, 1699）の中で、ライプニッツをニュートンの剽窃者とみなし、微分法発見に関する優先権論争に火をつけた。

★11——「ロピタルからライプニッツへの手紙」（一六九九年七月一三日 GM II, 336）を参照（A II, 3, 618）。

★12——『ライプニッツからロピタルへの手紙』（一六九九年八月七日 GM II, 337f.）を指す。

ました。[★13] 貴方から彼に、私の推薦とともにこのことを証言していただき、またファシオの私に対する問題の用い方がイングランドの王立協会の中で強い非難を招いていることを付け加えていただきたく存じます。さらに、彼がベルヌイ氏の問題を軽んじるどころか（そういうふりをしていますが）、きわめて長時間にわたってひじょうに熱心に探究したが徒労に終わったと、われわれは聞きました。[★14] こういう誠実でも適切でもないやり方は、学問の名誉を傷つけるものです。貴方の『真理の探究』の新版[★15]では、字体の違いや他の印によって追加や変更を他から区別して、より容易に気づけるようにしてくだされば、と願います。というのも、それは疑いなく相当数に上るでしょうから。ロピタル侯爵が新作[★16]のために働かれることと想像いたします。それは、彼が私たちに与えてくれているものと同様、重要なものとなるでしょう。

情熱とともに

尊敬すべき神父様

貴方のこよなく謙虚にしてこよなく従順な僕　ライプニッツ

パリのオラトワール会神父、マルブランシュ神父様へ

★13――ロピタル「丸い固体を発見する容易にして確実な方法」(Facilis et ecpedita methodus inveniendi solidi rotundi) のことである。『学報』(*Acta Eruditorum*, 1699.8, 354–359) に掲載された (A II, 3, 618)。

★14――ベルヌイはファシオの著書を一六九九年八月四日および七日付のライプニッツからの書簡で受け取り、一六九九年八月一七日付のライプニッツ宛書簡の中で、この著書に対して批判的な意見を述べている。ライプニッツはこの書簡を抜粋して一六九九年一一月号の『学報』のなかで公表した (p. 513–516)。それにはライプニッツ自身の手になる匿名の論評が添えられている (p. 510–513)。一七〇〇年五月号では、ファシオからの非難に対するライプニッツの、比較的おだやかな『回答』(*Responsio*) が公表される (p. 198–208)。これには、「最小の抵抗を伴う丸い固体について」(De solido rotundo minimae resistentiae) という表題の下に、ベルヌイの批判的な見解が添えられている (p. 208–214)。ファシオの著書に関するライプニッツとベルヌイの間の往復書簡についてはA III, 1, XL以下を参照 (A II, 3, 618)。

★15――マルブランシュの『真理の探究』の第五版が一七〇〇年にパリで出版されたが、それはマルブランシュの『運動伝達の諸法則について』(5–14注03参照) の改訂版を含んでいる (A II, 3, 618)。

★16――ロピタル『解析的円錐曲線論』(*Traité analytique des sections coniques*, 1707) を指す (A II, 3, 618)。

5–16……マルブランシュからライプニッツへ★01

Nicolas Malebranche an Leibniz. Paris, 14. Dezember 1711.

梅野宏樹✣訳

(GP I, 358–359)

貴方に思い出していただき、また光栄にも貴方の代理でルロン神父★02が貴重な贈り物をしてくださり、まことにありがとうございます。私がもっとも高く評価する著者たちの作品に対する習慣に従い、まずご高著（『弁神論』）を一読し、すでにかなりの部分を再読しました。貴方は次のことをアプリオリにみごと証明しています。すなわち、神は、自らの知恵のうちに見出す可能的な作品計画すべての中から、最善のものを選ぶべきであるということ★03。したがって、B氏★04が人間同士の義務から引き出す見かけの理由はすべて、魅惑的な比較にすぎないこと。そして、われわれは神についてあまりにも自分に引き寄せて判断しようとし、ほとんど知るところのない神の作品計画について判断しようとするため、比較するのは危険であることです★05。私は、貴方と同じく、次のことに納得しています。神はその被造物に対してできるかぎりの善をなすこと。にもかかわらず、神は行為すべき仕方で行為する、すなわち、自らの法に従って行為すること★06。その法とは、神が抗しがたく愛し、違反や無視のできない神的完全性の不動なる秩序に他なりません★07。また、それゆえに神の作品はありうるかぎりで最も完全であるが、しかしながらそれは絶対的にではなく、それを実行する方途に比較してであること。なぜなら、神は自らの作品の卓越性によってだけでなく、単純性と豊穣性、方途についての知恵によっても尊敬を集めるからです★08。作品の卓越性と

★01——二〇一四年一一月現在、アカデミー版第II系列（哲学書簡）で刊行されているのは、一六九五年から一七〇〇年までの書簡を収載した第3巻までである。したがって、本書簡と次書簡については、ゲルハルト版に拠る。本書簡はライプニッツによる前書簡から十年以上経過し、『弁神論』(1710)が公刊された後、一七一一年に書かれた(GP I, 359)。

★02——ジャック・ルロン(Jacques Lelong, 1665–1721)。オラトワール会神父で、フランスの文献学者・司書。

★03——『弁神論』(K I, 6)緒論四四節および本論七〜八節を参照。

★04——ピエール・ベール(Pierre Bayle, 1647–1706)のこと(GP I, 358)。フランス人哲学者であり、オランダで学術雑誌『学芸共和国通信』を出版した。『彗星雑考』(1682)や『歴史批評辞典』(1697)、『田舎人の問いへの答え』(1703–1705)などで知られる。理性と信仰を対立させる二重真理説を説いた。ライプニッツの『弁神論』は、ベールに対する批判として書かれた。次章【6】参照。

★05——『弁神論』緒論とりわけ三

方途についての知恵を複合する可能的なあり方全体のうちで神的属性の特徴を最も伝えるもの、それこそ神が選んだものです。なぜなら、神の意志は自分とその神的完全性に対する抗しがたい愛にほかならないので、それらの完全性の間にある不動の秩序こそ神の法であり、神はそこに自らの動機をすべて見出す、ということは明白だからです。したがって神はそれらを無視したり、それらに違反したりできないのです。何だと、神は最初の人間の罪とその全帰結を予見したし、妨げることもできたはずではないか、云々、とB氏[★09]は言います。そのとおり、ですが神はそうすべきでなかったのです。というのも、人間の堕落に対し不動に留まることで、そこから神は、最も卓越した被造物の礼拝さえ神にとっては無に等しいことを表しているのです。神の不動性はその神性と無限性の特徴を伝えます。いくら卓越していても被造物にすぎないものに神が心遣いをしたならば、神性や無限性に違反することになったでしょう。神は被造物の礼拝を神聖にするイエス・キリストのことを考えていたのです。その礼拝の中では、神は自らの本質的属性である無限性に違反することなく心遣いをすることができるのです。これこそ神の真なる第一計画です。

二～三八節および本論第二部を参照。

★06——同、本論二二～二五節などを参照。

★07——次の記述を参照。「神は至高の理由によって悪を容認する。もし神が、絶対的かつ全体的にみて最善ではないものを選んだとすると、そうすることによって防ぐことのできる個々の悪すべてをあわせたよりも大きな一つの悪を選んだことになろう。このような誤った選択は神の知恵や善意を転覆させることであろう」(同、本論一二九節)。また、同、本論一一六節を参照。

★08——マルブランシュの神は完全性よりも法則の単純性を優先するため、世界をより完全にするために法則の単純性を乱すべきではないとされる。したがって、あくまで法則の単純性に相対的にのみ、世界は最も完全であると言われる。マルブランシュ『アルノー氏の著作《真なる観念と偽なる観念について》への回答』(André Robinet (ed.), *Œuvres Complètes de Malebranche,* Tome VI, Paris: Librairie philosophique J. Vrin, 2e édition, 1978, 35-36)を参照。これに対し、ライプニッツは次の書簡で法則の単純性を世界の卓越性の一要件とする。したがって、法則が単純であればあるほど世界はより完全であることになり、絶対的な意味で世界は最も完全であると言われる。『弁神論』本論二〇八節を参照。

★09——ベールのこと。前注04を参照。

最初の人間の堕落はそれを促進します。イエス・キリストが、存在の無からではなく聖性と正義の無から未来の教会を建立する栄光をもつよう、神は欲しています。なぜなら、恩寵は功徳に対して与えられるのではないからです。[★10] それは、罪によって無そのものより悪い状態にある人間が、自らに栄光を帰するいかなる口実ももたず、自らの首(かしら)たるイエス・キリスト[★11]に恩義を負うようになるためです。このキリストによって人間は自らの永遠の幸福である神的栄誉を神に帰すことができ、緊密な認識によって神と結ばれるのです。告白しますが、B氏の最近の著作に私はしばしばいらだちました。また、彼の危険で魅惑的な思想の論難にこめた貴方の情熱とともに慎みをも賞賛します。神がこのことについて貴方に報い、まことに偉大なる貴方の君主[★12]を模倣するための恩寵を与えてくださいますよう、神にお祈りします。ありがたいことに貴方はずっと昔から私に友情を抱いてくださっていますが、その友情を失うのではないかと恐れます。それがイエス・キリストにあって永遠に続きますよう、貴方にお願いし神にお祈りするばかりです。そのキリストにあって、あふれる尊敬をこめて。

〔貴方のこよなく謙虚にしてこよなく従順な僕　マルブランシュ〕

一七一一年一二月一四日、パリにて

★10――「ローマの信徒への手紙」三章二三～二八節、「エフェソの信徒への手紙」二章四～一〇節などを参照。
★11――「エフェソの信徒への手紙」一章二二節、四章一五節などを参照。
★12――ローマ教皇を指す。

5–17……ライプニッツからマルブランシュへ

梅野宏樹✣訳

Leibniz an Nicolas Malebranche. 〔Januar 1712〕.[★01]

(GP I, 360–361)

ありがたくも頂戴したお手紙によれば、私の著作の要点がご不興を買うことはなかったようです。貴方以上の評者はほとんど存じ上げないので、私は有頂天です。

実のところ、神の作品について考えるさい、私は神の方途を作品の卓越性の一部として考えています。そして、方途における豊穣性と結合した単純性は、作品の卓越性の一部を成すのです。なぜなら、全体において手段は目的の一部を成すからです。[★02] しかしながら、神が人間の堕落に対し不動であり続け、それを容認したとき、神にとってはもっとも卓越した被造物も無に等しいことを示している、という方便に訴えねばならないかどうか、私にはわかりません。なぜなら、それを濫用して、被造物の善や救済も神にとってどうでもいいと推論できるからです。このことに

★01—— André Robinet, *Malebranche et Leibniz. Relations personelles*, Vrin, Paris 1955, 418.によれば一七一二年一月。

★02—— 5–16注08を参照。

は、堕落前予定論者(supralapsaires)★03の専制主義に回帰して、神に対してもつべき愛を減少させる可能性があります。根本的には、何ごとも神にとってどうでもいいことではなく、いかなる被造物もその行動も神において無に等しいとはされないのです。神と比較すればそれらは無のようなものだとはいえ。被造物やその行動は、神の前でも自らの均衡を保っています。あたかも、無限に短いいくつかの線を考えた場合、普通の線と比較する場合は無に等しいとするとはいえ、それでもそれらの線はお互いに有益な関係をもっているように。私はこの類比をすでに用いたと思います。しかし、神は人間の堕落を防ぐために自らの作品を乱すべきでなかった、というのは本当です。被造物一種類だけに対するそのような心遣いは、どれほどその被造物が卓越していようとも、過剰なことでしょう★04。また、恩寵が功徳に対して与えられるのではないことにも私は同意しています。もっとも、善行も悪行も他のすべてとともに斟酌され、全体の計画を形成するのであり、その計画の中に救済も含まれているのですが。祈りも、善意も、善行も、すべて有益で、ときには必要なのですが、なおどれ一つとして十分ではありません。[その上、貴方が手紙の最後に言及された偉大なる君主の範例は、次のように考える人々にとっては模倣できません。すなわち、根拠のあやふやな革新だと知っているものを不可欠な真理と信じる、と宣誓すべきと考える人々★05にとってです。尊大なイタリア人たちに翻弄されるための心遣いなど、他の諸国民はもつべきではありません。最近の公会議なるもの★06をでっち上げたことを、イタリア人たちはいつか後悔することになるでしょう。それは諸国民を和解不可能にしたのです★07。]

　また私はついでにロック氏★08やル・クレール氏★09やその同類のような弛緩した哲学者とも論戦しました。彼らは人間・魂・知性・さらには神性について誤った低劣な観念をもっており、彼らの大衆的で表面的な概念を超えるものはすべて空想的なものとして扱っています。彼らが誤ったのは、数学的知識に精通していなかったせいで、永遠真理の本性を十分に知らなかったためです。

　数学者たちは、貴方がかつてプレステ神父を指導されたことに感謝しています。レノー神父様★10

★03――ライプニッツは『弁神論』(K I, 6)本論八二節で、堕落前予定論者についてこう述べる。「神について次のように主張している著者たちがいることは確かである。つまり神は、われわれには知られないが神にとってはふさわしい理由に従って自らの慈悲心と正義とを表明しようとするのだから、アダムの罪も含めすべての罪を考慮にいれる前から、選ばれるべき人々を選び見放されるべき人々を拒絶したのである、と。このように決めた後は二つの徳を行使し得るために神は罪を容認するのをよしとし、ある人々を救済するためにイエス・キリストにおける恩寵を授け、他の人々にはその恩寵を拒絶して罰を与えられるようにしたのだ、ということである」。

★04――『弁神論』(K I, 6)本論一一八節を参照。

★05――プロテスタントを指す。

★06――トリエント公会議(1545–1563)のこと。宗教改革に対してローマ・カトリックの教義を明確にする目的で開かれた。義認や秘蹟の問題が論じられ、中でも聖餐における化体(実体変化)説を確認した。この公会議には彼の弟子だと思います。ですが、彼はプレステ神父より先に進みました。私はまだまだ彼の優れた才能と熱意に期待を寄せています。というのも、題材が汲み尽くされたと言うにはほど遠く、まだやるべきことが無数に多くあると思うからです。

よって、カトリックとプロテスタントの決裂が決定的となった。

★07――［ ］内の文章は、手紙の写しでは〔ライプニッツによって〕削除されることになった（GP I, 361）。

★08――ジョン・ロック（John Locke, 1632–1704）。イギリス経験主義の哲学者・政治哲学者であり、『人間知性論』（1689）や『統治二論』（1689）を記した。ライプニッツは『人間知性論』の仏訳版に対して『人間知性新論』（1704; K I, 4・5）を執筆したが、論敵であるロックが死去したため、一七六五年まで出版されなかった。

★09――ジャン・ル・クレール（Jean Le Clerc, 1657–1736）。アルミニウス派の学者。『精選文庫』などを編集した。

★10――レノー神父（Pere Reineau, ?–?）。微分法について書いた幾何学者。『論証された解析学』（1708）を著す。

【解説】「真理への愛」の交歓

清水高志

ニコラ・ド・マルブランシュ(Nicolas de Malebranche,1638–1715)は、デカルト主義の合理論に深い影響を受けつつも独自の形而上学を開花させた偉才であり、ライプニッツ、スピノザと並び称される一七世紀の知の巨人である。オラトワール会の敬虔な修道士であり、アウグスティヌスの恩寵の思想とデカルトの形而上学、およびその科学思想を融和させる多くの書物をあらわした。

ライプニッツとマルブランシュの交流は古く、数学者としてライプニッツが才能を開花させたパリ留学時代(1672–1676)に溯る。処女作であり、代表作でもある『真理の探究』(*De la recherche de la vérité*)を発表して脚光を浴びるマルブランシュに、まだ二〇代の若者だった無名のライプニッツは面会しているのである。その後も、手紙のやりとりはやむことなく続けられ、それら書簡やマルブランシュの著作から大いに刺激を受けつつ、ライプニッツは応答するように彼の学問を発展させていく。

マルブランシュは一六歳でラ・マルシュのコレージュに入り、最初は哲学を学んだ。翌年からソルボンヌで神学を修めたが、アリストテレス主義とスコラの伝統から距離を置くようになり、オラトワール会に一六六〇年に入会。アウグスティヌスに心酔し、四年ののち司祭に叙任された。この年、散歩していて書店でデカルトの『人間論』をふと手にしたのをきっかけに、その学問に深く傾倒するようになり、数学や自然科学の研究にも本格的に打ち込んだ。

一六七四年から七五年にかけて刊行された『真理の探究』は、こうした彼の一〇年におよぶ研鑽の集大成であり、機会原因(cause occationelle)論や、独自の「神においてすべての事物を見る」という彼の主要なテーゼが、ここではすでに明確に表れている。

デカルトの自然科学は、物体そのものが自らを動かす力をもつと考える、古代哲学の目的因的な解釈を徹底して覆す役割を果たした。そのため能動的な作用は精神の働きに帰せられねばならなかったが、しかし精神と物体の結合がいかなるものであるのか、また物体が相互に働きかけあうことをどのように理解するのかについては、その後さまざまな議論があった。マルブランシュが採ったのは、最終的に能動的な作用をもつものを無限の精神としての神のみに認め、被造物としての物体は一般的法則にしたがって諸現象を展開する神に、その機会を与えるのみであるとする立場である(機会原因論)。彼にとって人間精神は神と被造物の中間にあり、それらを結びつける役割を果たすが、みずからはかえって無力な存在であった。神の前での無力さや、そうしたあり方を通じて神との合一を果たす人間精神の強調は、アウグスティヌス思想の影響を強く受けたものでもあるが、近代合理主義の自然科学を、このようなかたちで彼は信仰と融和させたのである。

　同時代を代表する二人の哲学者のやり取りは、お互いの学問に刺激を与えつつ世紀をまたいで続けられた。ライプニッツはマルブランシュが『運動伝達論』で展開した議論を批判し、マルブランシュはこれによって自説に修正を加えたし、またフランスでマルブランシュ全集の編纂に携わったロビネ教授によれば、ライプニッツの著作や論文の少なくとも四つが、マルブランシュの著作に応答するものであるという。すなわち、『形而上学叙説』(K I, 8)は『自然恩寵論』に、『フィラレートとアリストとの対話』(K I, 9)は『形而上学と宗教をめぐる対話』に、『中国自然神学論』(K I, 10)は『キリスト教の哲学者と中国の哲学者との対話』に、『国際法史料集成』(K II, 2)は『キリスト教的対話』に対応しているというのである。

　機会原因説と予定調和説、物体のうちに運動の能動的な作用を認めるかどうか、一般的法則の単純性と結果の豊饒性についての考察など、ライプニッツとマルブランシュの見解は、彼らの思想のもっとも深い部分で鋭い対立をしめす。にもかかわらず、彼らの往復書簡が友愛に満ち、二つの異なる壮大な体系を構想する哲学者どうしの「真理への愛」を、生き生きと現代に証言しているのには驚くばかりである。

　なお、この『ライプニッツ著作集』第II期・第1巻『哲学書簡』の計画が始動したあと、二〇一四年初頭までにドイツでも、アカデミー版ライプニッツ全集の第II系列第3巻が刊行された。旧来のゲルハルト版全集との照合が可能になっただけでなく、これまで全集に収められていなかった書簡(本巻5–15; A II, 3, N.229)が含まれている点などで大いに注目される。本書では幸いにも、時宜を得てこの新たなアカデミー版の内容を反映させることができた。

ピエール・ベール
Pierre Bayle 1647–1706

【6】

Briefwechsel zwischen Leibniz und Pierre Bayle. 1687–1702

ベールとの往復書簡［全］

✣谷川多佳子＋池田真治＋谷川雅子＝訳✣谷川多佳子＝解説

6–1……ライプニッツからベールへ[★01]

✣

Leibniz an Pierre Bayle. [Hannover, 19. Januar 1687].

(A II, 2, 142–144: GP III, 39–40)

池田真治✣訳

ベール様（『学芸共和国通信』の著者）へ

先の九月にいただいた、意義深い『通信』に貴方が挿入されたC神父様[★02]の反論[★03]のうちで、私がもっとも感謝しておりますのは、おかげさまで、さるお方と知り合う機会を与えてくださっていることです。私の手紙の写し[★04]〔6–2〕を添付してお送りします。そして、貴方がそれを採用したいとお思いになる場合には、私の名前をフルネームで記す代わりに、M. L.とだけ書いてくださいますよう、お願いいたします。ライプツィヒの方々[★05]も同様に〔M. L.のイニシャルを〕用いてくれています。というのも、法律や自然学、数学にかかわる論稿を出版したときでも、ある大公が解明せよと私に命じた諸用件にかかわる論稿を出版したときでも、私は自分の名前を書き記すことをたいてい控えてきたからです。

ここに、一冊の本をグラン・フォリオ〔二つ折りの大判〕で出版しました。もしそうするのが適切であると貴方がお考えならば、ご高著の記事のなかでこの作品に言及いただければ幸いです。タイトルは、次のとおりです。『恭（うやうや）しい弟君であるオスナブリュック司教、ブラウンシュヴァイクおよびリューネブルク公エルンスト・アウグスト閣下[★06]による、ブラウンシュヴァイクおよびリューネブルグ公ヨハン・フリードリヒ[★07]閣下の正当な葬儀』(*Justa funebria Serenissimo Principi Johanni Friderico Brunsvi-*

censium et Luneburgensium Duci à R^{mo} *et* S^{mo} *Fratre Ernesto Augusto Episcopo Osnaburgensi Duce Brunsu. et Luneb. Persoluta*)。★08 いろいろ支障があり、亡きハノーファー公殿下を讃えるための本作品の早期出版がかないませんでした。ドイツの諸大公の邸宅で行われた葬儀では、賛辞や詩、銘句、肖像画、メダ

★01——一六八六年三月、ライプニッツは『ライプツィヒ学報』(*Acta Eruditorum*)に、論文『自然法則に関するデカルトおよび他の学者たちの誤謬についての簡潔な証明』を掲載した(K I, 3, 386–395)。これに対し、デカルト派のカトラン神父[次注参照]は批判論文を書いた(6–1付録)。ピエール・ベール(Pierre Bayle, 1647–1706)はそれを、自ら創刊した『学芸共和国通信』の一六八六年九月号に、先のライプニッツ論文の仏訳と併せて掲載した。これを見たライプニッツは、一六八七年一月一九日付で、公開を前提とした手紙の写し(6–2:『通信』一六八七年二月号にほぼ全文掲載)を同封してベールへの第一信を出した(6–1)。こうして、ライプニッツとカトランの論争が『通信』誌上で展開される。論争の主題は、デカルトの運動量保存則かライプニッツの活力保存則かをめぐる力学の問題、いわゆる「活力論争」である。ライプニッツの反論を受けて、カトランの二番目のライプニッツ批判論文が『通信』一六八七年六月号に掲載された。ライプニッツはさらにマルブランシュを論駁するべく、自然法則の基礎を連続律によって説明する論文を『通信』一六八七年七月号に寄稿した(K I, 8, 35–43)。続いて、ライプニッツのカトランに対する回答論文が一六八七年同誌九月号に掲載される(6–3)。これらの文書からは、デカルト派とりわけカトランの属するマルブランシュ派の論駁を通じて、自身の哲学のデカルト派の哲学に対する優勢を確立しようとするライプニッツの意図がうかがえる。この往復書簡で実際に議論し合っているのはライプニッツとカトランであって、ベールはあくまで雑誌編集者としてその仲介役である。少し間を置き、ベールが一六九七年に刊行した『歴史批評辞典』をきっかけに、ベールとの往復書簡が一六九八年に再開される(6–4, 6–5)。こうしてライプニッツとベールの往復書簡は、力学の問題にとどまらず、予定調和説に関する有名な論争へと発展することになる。

★02——カトラン大修道院長(abbé Catelan; François Abbé de Catelan)を指す。一七世紀後半に活躍したフランスの数学者・デカルト主義者。オラトワール修道会の秘書官をジャン・プレステ(Jean Prestet, 1648–1691)から引き継ぎ、師マルブランシュや、同時代の大数学者たちである、ホイヘンスやベルヌイ兄弟、ヴァリニョン、ライプニッツ、ロピタルらと議論した。数学的才能は平凡だったようであるが、プレステやマルブランシュらとともに、当時のフランスにおける物理学・数学の分野で重要な役割を果たした。

★03——二三三頁の「付録」参照。

★04——書簡の写し6–2は『学芸共和国通信』(1687. 2, 134–144)に掲載された。

★05——『ライプツィヒ学報』(*Acta Eruditorum*)の編者たち。

★06——エルンスト・アウグスト(Ernst August, 1629–1698)はハノーファー公爵で帝国九番目の選帝侯。

★07——ヨハン・フリードリヒ(Johann Friedrich, 1625–1679)は、エルンスト・アウグストの兄。一六七六年にライプニッツをパリからハノーファーに宮廷顧問官および図書館司書として呼び寄せた。

★08——同書のライプニッツの書評については、A IV, 3, N. 67参照。

ル、家紋などを紹介し、披露する典礼がありました。ある偉大な大公を讃えるために出版したこの本と似た性質の別の本も散見されますが、美しい図版とその他の特徴を考慮すると、本書を上回るような本は、ドイツを見渡してもほとんどありません。恭しい後継者は、亡きお兄様への愛を示すのになしうることを、いっさい出し惜しみされなかったのです。ハノーファー公がブラウンシュヴァイク家の摂政のお一人として、一般的な政務に関してどれほど多くを担ってきたか、誰もが〔知っております〕★09。個人に関する事柄（personalia）すなわちこの作品のなかに挿入された大公の人生が、その時代の歴史に役立つことになるのは、このためです。大公は特別私を厚遇してくださったので、貴方にお送りした詩によって〔私は大公に〕感謝の意を表しました。その詩も本作品に挿入しましたが、私自身も閲覧しやすいよう、別刷りにしました。貴方がご覧になれば、この偉大なる大公が、あらゆる種類のすぐれた知識を好んでいらっしゃったことに、お気づきになるでしょう。何年か前に発見された真なるフォスフォラス〔光をもたらすもの、すなわちリン（燐）〕すなわちこの御しやすい火（feu maniable）★10が、発明家★11によって加工され立証されたように、また、私の面前でさらに改良されさえしたように、すべては亡き殿下の命にしたがって、その〔リンという〕物質に少し多様な意味を含ませるために、この詩のなかにある叙述を挿入しました。諸学にはつねに、それらを愛した大公に多くの恩義があります。範例として役立てるために、その記憶を保存することが正しいのは、このためです。私がこの挽歌に追加した亡き殿下、パーダーボルンおよびミュンスターの司教（殿下ご自身、大いに賛辞に値しますが）によるこの賛辞が、きわめて表現豊かなものであることは疑いえないでしょう。貴方に差し出がましく〔本書に言及することを〕お願いするべきではないのですが、私はいたって本気です…

御許へ

★09――一語欠落。おそらくsçait（GP III, 40）。

★10――maniableは、「手で容易に扱える」すなわち「御しやすい」という意味。ライプニッツがリンを「御しやすい」と述べた理由として、リンは着火点の低さから着火が容易なこと（『百科全書』、「リン」の項、ド・ジョクール著）、液体ないし固形で保存できるため手で扱えることなどが考えられる。またライプニッツは、リンの火の光で部屋全体を明るくすることができると考えた。一六七七年、ライプニッツはクラフトによる液体リンと固体リンのデモンストレーションを見物し、『学術雑誌』（*Journal des savants*）に『クラフト氏のリン、すなわち強く輝く光を連続的に放つ液体および乾いた土状のリンの合成』を寄稿した。ライプニッツはブラントから教わった尿からリンを抽出する製造法を、さらに抽出率の高いものに改良した。それに感動したライプニッツは、リンの詩まで詠んだ（「ポースポルスの発見の歴史」Dutens版, *Opera omnia*, II, 106f.）。

★11――ハインリッヒ・ブラント（Heinrich Brand, c.1630–c.1692/c.

1710) のこと (A III, 2, 473–474)。

付録――前の反論に含まれていた偽推理をG.G.L.〔ライプニッツ〕氏に示した、C.〔カトラン〕神父様の短い批判[★12] (GP III, 40–42)

ライプニッツ氏は、世界でもっとも単純であると自ら信じている自身の証明[★13]が、デカルト氏の精神にも、デカルト派の人々の精神にも思い浮かばなかったことに驚いている。しかし、かくも明敏な哲学者であり幾何学者ともあろう人が、そのような思考において、うっかりしてしまうことがあり、彼とともにひじょうに学識のある人々までも、そうした考えに陥るとしたら、もっと驚かねばならない。自らの精神に対し過大な信頼を置きすぎたあまり――それは偉人にありがちな欠陥であるが――証明を誤っているのが、彼〔哲学者であり幾何学者でもある人、デカルト氏〕であるのか、それともライプニッツ氏であるのか、学者たちには良く判断してもらいたい。[★14] ライプニッツ氏は、デカルト氏の弟子たちが、彼らの嘲笑している逍遥学派〔ペリパトス派〕を模倣しているのではないかと恐れているが[★15]、彼の懸念は、確かにある高潔なる精神から発したものではあるとはいえ、いささか大時代 (a contretemps) にすぎる。それでは、彼が論破したと主張している、この重大な誤謬を少し見てみよう。

★12――本論文の著者はカトランでありライプニッツではないので、アカデミー版には収載されていない。ライプニッツを批判したこの論文をベールは自ら編集する『学芸共和国通信』(1686. 9, 993–1003) に掲載した。

★13――『自然法則に関するデカルトおよび他の学者たちの顕著な誤謬についての簡潔な証明』(『ライプツィヒ学報』1686. 3; K I, 3, 388–395) のこと。

★14――この一文でカトランは、『ライプツィヒ学報』の論文 (前注参照) の中でライプニッツがデカルト派を批判した表現をそのまま用いて、ライプニッツに応酬している。

★15――デカルト主義者たちが、正しい理性と事物の本性によって考察せず、ペリパトス主義者たちのように、ただ師の諸著作に助けを求めることに慣れてきてしまっている、とライプニッツが懸念していることを指す (K I, 3, 389)。

ライプニッツ氏は次のように述べている。①デカルト氏は、神が同一の運動量を宇宙のうちに保存すると断言している。②同哲学者は、動的力(force motrice)[★16]と運動量を等しい事象とみなしている。③数学者のなかには、運動量によって、すなわち物体〔の重さ〕にその速さを掛けた積によって、運動力(force mouvante)を一般に見積もっている者もいる。しかるに、ライプニッツ氏は、これらの事象は互いに矛盾しており、したがって動的力と運動量はおおいに異なるのであり、「自然のうちでは同一の運動量がつねに保存されている」というデカルト氏の規則は誤りである、と主張している。

ライプニッツ氏の結論の最後の部分については、いかにしてそれが彼の諸前提と結びつきえたのか、デカルトの読者たちが検討すべきものである。まず第一の前提について、彼は次のように証明している。デカルト氏および他の数学者たちにしたがえば、1リーヴル[★17]の物体を4オーヌ[★18]の高さまで上昇させるのに、4リーヴルの物体を1オーヌの高さまで上昇させるのと比べて、より少ない力ですむわけではない。そこから、高さ4から落下する1は、高さ1から落下する4と、ちょうど同一の力を獲得することになる。なぜなら、どちらの物体も、外的障害物が取り除かれているならば、そのような力を獲得するであろうし、いずれもそれが降下したところから、再び上昇することができるであろうから。さらにガリレオは、物体が4オーヌの高さから落ちるさいに獲得する速さが、1オーヌの高さから落ちるさいに獲得する速度の2倍であることを論証した。[★19]したがって、1リーヴルの物体に速さを掛けて1と2を掛けると、積つまり運動量は2となり、4リーヴルの物体に速さを掛けて4と1を掛けると、積つまり運動量は4となる。それゆえ、一方の〔運動〕量は他方の半分となるが、少し前で力は等しいことを見出したにもかかわらず、デカルト氏は力と運動量を区別しなかったのである。ゆえに…

ライプニッツ氏がこの証明の偽推理に気づいていなかったことに、私は驚いている。五つの平

★16——動的力(force motrice)は、ライプニッツが保存される力と考える活力(*vis viva*)のことで、質量と速さの自乗の積(mv^2)で表される。それは、デカルトの運動量すなわち重さと速さの積(mv)と区別される。ライプニッツは同じ力(force)の概念を、作用ないし活動(action)、推進力(pression)、潜勢力(puissance)、動的活動(action motrice)、動的力(force motrice)、弾性力(ressort)ないし駆動力(インペトゥス)など、さまざまな言葉で表現している。一七世紀において、「力」の概念はいまだあいまいであり、静力学と動力学ははっきり区別できていなかった。そのため、「力」をどう捉えるかという問題と、重さ(大きさ、質量)、速さ、距離、時間など、どの物理量を「力」を計測する変数として明示するかという問題が絡まっている。カトラン神父らデカルト主義者とライプニッツの「力」の計測をめぐる論争は、当時の落体問題や衝突問題に関する論争を背景として踏まえる必要があろう。

★17——リーヴルは重さの単位。1リーヴル＝1ポンド≒453.6グラム。

★18——オーヌは長さの単位。1オ

凡な機械[20]に関するデカルト派の原理[21]しか解さない、多少なりとも機械学の学識をもっている者で、二つの重さを一緒に比較するとき、それらの潜勢力（les puissances）を**等時**（isochrones）だと、すなわち運動を均等な時間に刻印されているものと見てしまう者が、いったいどこにいるであろうか？[22]『原理』〔デカルトの『哲学原理』〕において証明されるように、1と4を容積としてもつ点では不等だが運動量が〔共に〕4である点では等しいような二つの動体は、4対1のように、質量に反比例した速さをもつ[23]。したがって、それら〔二つの動体〕は、この速度に比例した空間〔距離〕をつねに同時に動き回る。なおかつガリレオは、それら〔二つの〕落下する物体によって描かれる〔それぞれの〕空間〔距離〕が、時間の自乗に比例することを示す。こうして、ライプニッツ氏の例では、1リーヴルの物体は、高さ4オーヌまで上がるのに時間が2かかるが、4リーヴルの物体が高さ1〔オーヌ〕まで上がるのに時間が1かかることになる。この落下事例とはまったく異なる、時間が均等な場合の落下においては運動量が等しいことが発見されたにもかかわらず、この事例は時間が不均等なので、氏が運動量を不等であることを発見するのは不思議ではない。今、これら二つの物体が同時にし

ーヌ≒1.2メートル。

★19――ガリレオの自由落下の第二法則、すなわち落下距離は落下時間の自乗に比例する。

★20――古代ギリシア、アレクサンドリアのヘロンに由来する、重い物体を動かす上で最も基礎的な要素となる五種類の単純機械、すなわち、てこ、滑車、くさび、輪軸そしてネジのこと。ヘロンの定義を拡大して斜面や車輪を加えることもある。

★21――デカルトは、一六三七年一〇月五日のコンスタンティン・ホイヘンス（クリスティアン・ホイヘンスの父）宛の書簡で小論文を付し、滑車や斜面、くさび、てこといった機械が、なぜより小さい労力で重い荷物を持ち上げられるのか、その原理について考察した（AT I, 435f.）。その結果、それらは距離と重さの積によって表される唯一の原理に還元されるとした。いわゆる「仕事」の概念である。

★22――原文ou est とあるのをoù estと読む。

★23――デカルトのいわゆる運動量保存の法則による。デカルトはそれを衝突の法則として『世界論』で提示し、『哲学の原理』において最終的な定式化を得る。後者によると、まず、神が運動の第一原因であって、神によって宇宙全体の運動量が保存されている（*Principia Philosophieae*, IIe partie, art. 36, AT VIII-1, 61）。デカルトはこの運動量保存の法則から、第三の自然法則である次の衝突の法則を導きだす。「もし動いている物体が、他のもっと力の強い物体と衝突するならば、前者はその運動をまったく失わないが、反対に、もっと力の弱い物体と衝突したならば、前者は後者に移されるだけの運動を失うであろう」（*ibid.*, art. 40, AT VIII-1, 65）。

か動かないように、すなわち同一の天秤に、大きさ〔重さ〕に反比例した距離で吊るされていると仮定しよう。われわれは、それらの運動に反する量、つまりそれらの重さの力が、質量と距離あるいは質量と速さを掛けるとき、等しいことを発見する。時間が不均等であるとき、事態は別様に生じる。そこから、デカルト氏も、他の誰も、ここでは誤っていないように思われるし、ホイヘンス氏の振動の中心に関する規則[★24]に対して、少し前から異議を申し立ててきた学識ある方々[★25]の誰も、ライプニッツ氏のこの反論のために、意見を変えるとは私には思われない。

★24――ホイヘンス『振り子時計』(1673)第四部「振動の中心」で述べられている規則。この規則は、力学的エネルギー保存の法則と同等の内容を含んでおり、ライプニッツの活力保存の法則は、ホイヘンスの規則を一般化したものと理解できる(K I, 3, 390注13参照)。

★25――ロベルヴァル(1602-1675)、ヤコプ・ベルヌイ(1654-1705)、ロピタル(1661-1704)らのこと。カトラン神父もホイヘンスの規則に反対した一人。

6-2……ライプニッツからベールへ★01

✣ Leibniz an Pierre Bayle. [Januar 1687].

池田真治✣訳

(GP III, 42–49)

貴方の『学芸共和国通信』を読むという益ある楽しみに恵まれましたときに、私はそこに、運動量に関する有名なデカルトの原理に対する私の反論を、C〔カトラン〕神父様という名の、パリにいるデカルト派の学者の論駁とともに見出しました。貴方がお望みとあらば、〔論争の〕経緯にかかわるすべての資料を一望いただけるように、私の論文の複写をお送りいたします。こうするのは確かに、私の反論を正当化するよりもむしろ追跡することで、題材を解明するためでしかありません。というのも、神父様は、実際には、私の反論に対して何も反対しておらず、私が望む以上に賛同してくれているからです。それでも私は、他のデカルト主義者たちが、私の反論を非難するのではないか、と強く懸念しております。

神父様の意見では、彼ら〔デカルト主義者たち〕の規則はきわめて限られた、ほんのわずかなものに帰着するものです。というのも、彼はその規則が、**五つの平凡な機械にかかわる一つの特殊な原理**にほかならず、力(puissance)を**等時的なもの、すなわち運動を均等な時間において刻印されたもの**だとみなしたいからです。私は、十分一般的なケースにおいて、また無数の似たようなケースにおいて、二つの物体が、同一の運動量をもたないにもかかわらず、同一の力をもつことを示しました。神父様はそのことをお認めになったので、私はそれ以上のことを要求しません。しかし、

★01——公開を前提としたこの手紙の写しは『学芸共和国通信』一六八七年二月号に掲載された。アカデミー版では現在準備中の第VI系列第5巻に補遺として収録される予定。

彼は付け加えました、そのようなことが示されたことについて驚いてはならない、なぜなら、提起されたケースでは、二つの物体は、それらの力を、不均等な時間において獲得したのだから、と。彼の口ぶりは、あたかもその原理が、均等な時間において獲得された力に限られなければならないかのようです。これは私に論争の勝利をもたらすものですが、私はそこまで要求もしていません。私は、デカルト主義者たちに対するいささか弱々しい弁護を有効利用しようとしましたが、それは誤りでした。なぜなら、C神父様が私の反論のうちに、デカルト主義者たちの規則に関する彼の制約を認めるような者を誰も、少なくともひとかどの幾何学者を誰も見出さないとは、思いもよらなかったからです。

ベール様ならば私の反論を容易に評価されるでしょうし、ご友人の学識あるデカルト主義者の方々ならば、私の反論を認めると信じております。ただし、時宜良くそのようなお方にご相談いただく機会があればの話ですが。以上のことについて、ご都合が許すかどうかわかればよいのですが、たいへん厚かましくて申し訳ございません。デカルト主義者たちは、全体として同じ力が保たれており、その力をつねに運動量によって計測していると一般的に主張します。また彼らによれば、もしなんらかの物体が各々の力を、あるいは各々の力の一部をなんらかの他の物体に移すならば、これらすべての物体全体のうちに、以前と同一の運動量、すなわち質量と速さを掛けた積の総量があることになるでしょう。例えば、もし速度1をもつ4リーヴルの物体があり、そのすべての力を今、1リーブルの物体に移すと仮定したら、デカルト主義者たちは、同一の運動量が保存されるためには、この物体は速度4を受け取らねばならない、と主張するのではないでしょうか？　なぜなら、質量4に速さ1を掛けた積は、質量1に速さ4を掛けた積に等しいからです。しかし、(後ほど証明しますように)私見によれば、この物体は、速さを2としてしか受け取る必要がありませんし、その結果、逆の場合〔すなわち質量4と、速さ1の自乗を掛けた積〕も十分明らかです。こうして、物体が獲得した力がこのようであると計測するならば、C神父様を除き、私が知っている方々も、他の皆様も、それらの力が、長時間で獲得されたか短時間で獲得されたか、あるいは均等な時間で獲得されたか不均等な時間で獲得されたかなど、意に介さないでしょう。じっさい、時間はこの〔力の〕計測には何の役にも立たないのですから。

ある大きさの物体が、ある速さになっていることがわかっても、どれだけの時間がかかり、どのような経路をたどりどのような遅速を得たのか、つまり現在もっている速さを獲得したのはどのようにしてかを知らずして、その力を計測することはできないというのでしょうか？★02　この件では、過去の状態を知らなくとも現在の状態について判断できると私には思われます。完全に等しく相似な〔つまり合同な〕二つの物体があり、かつそれらが同じ速さをもつが、一方はある突然の衝突によるもので★03、他方は一定時間持続する下降によるものとしますと、二物体の力は異なるとされるべきでしょうか？　これはあたかも、より裕福であるのは、お金を稼ぐのにより時間がかかった者である、とするようなものです。しかもそのうえ、私が提起したように、C神父様が想定していたようなこと、すなわち、二つの物体が異なる高さを不均等な時間で踏破することは、必要ですらないのです。彼は、気づいていなかったのです、線の傾きを多くしたり少なくしたりすることで、下降の線を変えるのに応じて、下降にかかる時間を望むように変えることができるということに、また、無限に多くの仕方で、これら二つの物体が均等な時間において各々異なる高さを下降するようにできることに。というのも、空気抵抗やその他類似の障害を捨象すれば、同じ高さを下降している物体は、その下降が垂直で速やかであろうと、あるいは傾いていてより遅かろうと、同じ速さを得ることがわかっているからです。★04

したがってまた、時間の区別は私の反論に対して何ら影響しません。こうした事柄はひじょうに明快なので、私はC神父様に、彼が用いているいくつかの表現をお返しする理由がおそらくあ

★02――ライプニッツはここで、物体が運動に要した時間や通った経路、速度の変化率などを、力を計測する方程式の変項として明示する必要があるのか、という問題を問うている。ガリレオの自由落下の法則、およびデカルトの仕事量や運動量保存の法則で問題になったこの論点に対し、ライプニッツは時間や経路、速度の変化率などは力の計測の本質的要件ではないと以下で回答し、この件ではデカルト主義者やカトランに同調を示している。むろんこれが成り立つのは、力学的エネルギーの保存が問われているケースに限られる。

★03――これは、デカルトの『哲学の原理』第二部第四六項で扱われている、衝突の第一規則の設定と同じ（AT VIII-1, 68）。

★04――いわゆる力学的エネルギー保存の法則。抵抗や摩擦などがない条件下で、物体が同じ高さにある場合、自由落下により得られる力学的エネルギーは、（斜面など異なる）経路や落下にかかる時間のいかんにかかわらず等しい。

るでしょうが、そのようなことに興じないほうが適切であると思います。じっさい、私の反論はあまりにも単純なので、つけこむ隙を与え、彼に信じてもらえず、〔私がその反論でなした〕あまりに容易な指摘を、多くの学識ある人々が見逃してしまったのだと私は考えます。彼は、時間の種差★05を遵守し、その問題に没入してしまったので、その種差が偶有的なものでしかないことを反省する暇（いとま）もなかったのです。今では私は、彼が私の反論を彼自身役立ててくれるだろうと期待するほど、彼の精神と彼の誠実さについて十分高く評価していますし、また以下で述べることが、私の反論が何であるのかについての認識を深めるのに、いっそう役に立つと考えます。私への反論の機会をうかがう者たちの疑いを先回りして未然に防ぐためにも、重さをもつ物体の下降を推進(presser)し、その加速をなす非可感的質料★06(la matière insensible)が、これら物体に与えている運動量をちょうど失ったのだ、と私は主張します。その重さの原因であるこの推進力(pression)については、依然として賛成である、と答えます。そして、このエーテルは、それが重さをもつ物体に与えているのと同じ力を失う(しかし同じ運動を失うのではない)、と考えます。しかし、このことはすべて、たとえ私が(真理に反して)、エーテルがその物体に与えていたのと同じだけの運動を失ったことに同意するとしても、私の反論に解答するためには何も影響しません。というのも、私の反論は、どのように力が獲得されたかは問題ではない類いのものとしてあえて形成されており、いかなる仮説に関する論争にも参入しないように、そのことを捨象していたのですから。

　私は、力と速さを、現にあるがままのものとして、獲得されたものとみなします。そしてそれが、他の物体からの急な衝突によって一挙に与えられたのか、あるいは、重さ〔重力 pesanteur〕や弾性力(ressort)の連続的な増加によって徐々に与えられたのかどうかについては、いちいちこだわらないようにいたします。また、上述したように、その力は運動の速さあるいは運動の量で計測されてはならず、そして、この物体は別の物体に対し、運動量を与えることなしに、その力を与え

★05――「時間の種差」とは、均等な時間と不均等な時間の区別のこと。

★06――「非可感的質料」は動的力すなわち活力のこと。以下で見るように、ライプニッツはこれを「推進力」や「エーテル」とも言い換えている。

ることができます。こうして、この〔力の〕伝達(transport)がなされると、運動量は、同一の力が存続しているあいだ、物体において減少したり増大したりする、ということがありうるし、またあるはずです。

では今から、先に述べたことの証明をしましょう。すなわち、その速さ(例えばその物体がある水平面を動いているときに何らかの仕方で獲得した速さ)が度合い1であるような、4リーヴルの物体のすべての力が1リーヴルの物体に与えられねばならないと仮定する場合、1リーヴルの物体は、デカルトの原理にしたがった度合い4の速さではなく、単に度合い2だけを受け取るでしょう。なぜなら、物体あるいは重さは、それらの速さによって上昇できる高さと、反比例の関係にあるからです。ところで、これらの高さは速さの自乗としてあります。また、もし速度1の4リーヴルの物体が、水平面にあって、振り子の端あるいは垂直な糸の端にたまたま結ばれているならば、それは高さ1ピエ[★07]上昇します。(同様に結ばれているケースで)4ピエまで上るためには、1リーヴルの物体は速度2をもつでしょう。というのも、4リーヴルを1ピエ上昇させるには、1リーヴルを4ピエ上昇させるのと同じ力が必要だからです。しかし、もしデカルトにしたがってこの1リーヴルの物体が速度4を受け取らねばならないとすれば、16ピエの高さまで昇ることになります。したがって、4リーヴルを1ピエまで上昇させることができるのと同じ力が、1リーヴルに移されると、16ピエまで上昇させることができるようになります。けれども、これは不可能です。なぜなら、結果は4倍になってしまっており、したがって、以前の力の3倍を無から引き出したことになるからです。

デカルトの原理の代わりに、別の自然法則を確立することができると私が考えるのは、このためです。それは、もっとも普遍的でもっとも不可侵なものであると私が主張しているもので、すなわち、充足原因と結果全体のあいだにはつねに完全な相等性がある、というものです。その法

★07——ピエは長さの旧単位。1ピエ=12プース≒324.8ミリメートル。

則は、結果が原因に対して比例的であると述べているだけでなく、さらに、各々の結果全体がその原因に等しい、ということまで述べています。★08 この公理は、まったくの形而上学であるとはいえ、自然学において採用しうるもっとも有用なものの一つであるにとどまらず、力を幾何学の計算で表現する〔に還元する〕方法をも与えます。

しかし、この公理が何に役立つのかをより良く理解するために、また、なぜデカルト氏や他の者たちがこの公理から離れてしまったのかを理解するために、例として、彼の運動の第三規則★09を考察してみましょう。各々〔の重さが〕1リーヴルの二つの物体BとCがあり、Bが速度100、Cが速度1で、互いに〔真正面から〕逆行しているとしましょう。それらの運動量全体は、101になります。しかし、もしCが、速度1によって高さ1プースを昇ることができたなら、Bは速度100によって10000プースを昇ることができるでしょう。したがって、両者の力は1リーヴルを10001プースまで持ち上げることになるでしょう。ところで、この**デカルトの第三規則**によると、衝突後、それら物体は50.5の速度で随伴していくでしょう。それを2（衝突後に随伴するリーヴルの数）で掛けると、当初の運動量101に戻ります。しかし、そうすると、これら2リーヴルは、2550.25プースの高さまでしか、一緒に昇ることはできません（これは50.5の平方です）。したがってそれら物体は、衝突前に1リーヴルを10001プースまで持ち上げる力があったという代わりに、1リーヴルを5100.5の高さまで持ち上げる力をもっていたということに等しくなります。したがって、この規則によれば、いかなる理由もなしに、ほぼ半分の力が何にも用いられることなく失われることになります。われわれが別のケースについて前の箇所で示したことは、同じデカルトの一般的原理のために、いかなる理由もなしに3倍の力を得ることができるということでしたが、これもまたほとんどありえないことです。

著名な『**真理の探究**』の**著者**は、これらの領域における、デカルト氏のいくつかの誤りを良く理

★08——いわゆる、原因と結果の等価原理。ライプニッツは、この形而上学的原理を自然学の公理とし、そこからエネルギー保存の法則を基礎づけようと言うのである。

★09——「第三の規則。第三に、両者が大きさにおいては等しいが、BのほうがCよりもわずかでも速く運動するとすれば、両者とも左へ向かって運動しつづけるだけでなく、BがCより超過している速度の半分が、BからCに移ることになるであろう。すなわち、最初Bには六の速度があり、Cには四の速度しかなかったとすると、互いに衝突したのちには、おのおの五の速度で、左のほうへ向かうことになるであろう」。デカルト『哲学の原理』第二部第四八節（AT VIII-1, 68; 井上庄七・小林道夫編集『デカルト』科学の名著・第II期、朝日出版社 1988, 90）。

解していました。[★10] しかし、〔マルブランシュ〕氏は、私の拒否した格率を前提にしていたので、デカルトの七つの規則のうち、最初の一つのみが自明で支持できるとする代わりに、第一、二、三、五規則が真であると考えました。同じ『探究』の著者は、弾性力をもたない剛体という仮定のもとに推論することで、二つの物体が、衝突後に、互いに跳ね返ったり分離したりしないとしています。両物体が、各々の大きさに反比例する速さで互いに逆行するとき、また、他のあらゆるケースでは、最初の運動量を保ちながら、衝突後に随伴する、と。しかし、私はそこに、ひじょうに大きな困難を見出します。

大きさ2、速さ1の物体B、および、大きさ1、速さ2の物体Cがあって、両者が互いに真正面から逆行しているとしましょう。彼〔マルブランシュ氏〕は、両物体が、それぞれ元の速さで跳ね返ることを認めます。しかし、もし物体のうちの一方、例えばBの速さあるいは大きさが、ほんの少し増加したとすれば、彼は、両物体とも、以前にBのみが進んでいた側へ一緒に進むとします。それは、およそ4/3の速さになり、Bに関してなされた変化があまりに小さい場合、運動量を計算することで、想定値〔4/3〕から大きくはずれないですむ、としています。

しかし、物体Bに関する仮定でなされたように、望みうるかぎり小さくとった変化が、出来事の結果に、かくも大きな差異をもたらすようなことが、考えられるでしょうか。[★11] すなわち、跳ね返りがいっさいなくなり、先の例では、Bは速さ1で来た道を戻らねばならなかったのが、今の例では、わずかなりとも力が増大すれば、戻らないばかりか、ほぼ4/3の速さで前方に進みすらするとは。衝突前は、Bはほぼ1の速さでしか前に進んでいなかったのですから、ますます奇妙です。衝突して戻りもせず、前進速度も落とさず、こうして物体は、衝突により前進速度をさらに増すという突拍子もない様相を呈することになるでしょう。デカルト主義者たちのきわめて重大ないくつかの偏見が修正されたのは、『真理の探究』の著者のおかげですので、この事柄とは別の

★10――マルブランシュ『真理の探究』第六巻、最終章参照。一六八七年初頭、ライプニッツはデカルトが運動の七つの規則を挙げた、『哲学の原理』第二部、第四六項–第五二項を読んだ。そして、その欄外に、『真理の探究』第六巻を分析していたことを示す、書き込みを残している。Cf. André Robinet, *Malebranche et Leibniz: Relations Personnelles*, Paris: Vrin, 1955, ch VI.

★11――ライプニッツは、『通信』一六八七年七月号において、「自然は飛躍せず」として後に要約されることになる「連続律」を定式化し、それに基づき、マルブランシュの自然法則では衝突問題を解決できていないと批判した(『自然の法則の説明原理』K I, 8, 35–43)。

事柄ではありますが、まだ言い残していることについて、ここでお知らせしておくのが都合が良いと思います。彼は明敏であるだけでなく誠実さももっていることは確かですから、悪く解釈される恐れからはほど遠い心境で、彼が賛同してくれるのを待ちます。

デカルト氏の諸規則では、〔大きさないし重さの〕不等な二つの物体が不等な速さで互いに逆行するときのケースはもれていますが、この場合は、『探究』の著者と同じことを言うべきだった、と考えます。それは、彼らが二人とも認めている第三規則によって、私が判断しうることと同じです。しかし彼はそこに、結果と原因の不等をふたたび見出すでしょう。そのことを、第三規則を範例として、計算によって示すことは容易ですから。この不等は、『探究』の著者が、デカルト氏の第四、六、七規則を訂正しようとして述べたことにおいても見出されます。

例えば、第六規則に関して[★12]、Bが1リーヴルかつ速さ4、Cが1リーヴルかつ静止しているとします。彼〔マルブランシュ〕は、衝突後に両者が速さ2によって随伴するとしています。それゆえ、以前には1リーヴルを16ピエまで上げられる力があったのに、今や2リーヴルを4ピエまで上げる力しかなく、力の半分が失われることになるでしょう[★13]。デカルト氏によれば、このケースではBとCは同じ側に進むのであり、Bの速さは3、Cの速さは1、それゆえ全体では1リーヴルを10ピエまで上げられる力があることになり、力の3分の1以上が失われることになります[★14]。

卓越した著者たちの心をとらえ、この題材をもっともややこしくしている問題は、先に見たとおり、速さと延長〔つまり大きさ〕が反比例する二物体が、均衡状態〔天秤〕においてであろうと、そうでなかろうと、互いを停止させ合う点です[★15]。これが、あえて物体の速さと延長以外は捨象して、両者の力は等しかったと考えた理由です。力と方向の区別、あるいはむしろ、何か実質的な効果を引き起こす（例えば、この重さをかの高さまで持ち上げる、すなわちこのゼンマイ〔弾性力 ressort〕をかの度合いに巻く）のに必要とする絶対的力と、ある一方に進む力、すなわち方向を保存する

★12——「第六の規則。第六に、静止している物体Cが、Cに向かって運動する物体Bと、正確に等しいとすると、CはBによっておされもし、Bを反対方向にはね返しもすることになるであろう。すなわち、BがCに向かって四の速度でやってきたとすると、Bは、一の速度をCに伝え、残りの三の速度で、逆方向に向かって反転することになるであろう。」デカルト、前掲書、第二部第五一節（AT, VIII-1, 69）。

★13——$4^2\times1+0^2\times1=16$; $2^2\times1+2^2\times1=8(=2\times4)$. ライプニッツは自らの活力（＝速さの二乗×重さ）保存則にしたがってこのように計算し、マルブランシュが改訂したデカルトの第六規則の矛盾を導く。

★14——$4^2\times1+0^2\times1=16$; $3^2\times1+1^2\times1=10$. ライプニッツは同様の計算によって、デカルトの第六規則の矛盾を導く。

★15——マルブランシュらが、錘を持ち上げる場合（天秤の場合）でも、正面衝突の場合（天秤でない場合）でも、二物体が同じように互いを停止させ合うとしている問題を指すのであろう。

力との区別を、有効に用いることができたのは、まさにこの点にあるのです。★16 なぜならば、速さ1をもつある物体2および速さ2をもつある物体1が、互いを停止させ合う、あるいは互いの進行を妨げ合うとしても、もし前者が1リーヴルを2ピエの高さまで持ち上げることができるならば、後者は1リーヴルを高さ4ピエまで持ち上げることができるでしょう。パラドクスだが疑いえないことが、われわれが述べてきた背後にあります。それでもきっと、運動量の原理に何らかの新しい解釈を与えられるでしょう。こうして訂正されたなら、原理は普遍的であり続けるでしょうが、しかしそのことに気づくのは容易ではありません。

形而上学に対するある重要な見解を付け加えましょう。力は速さと大きさの合成によって計測してはならず、未来の結果によって計測せねばならない、ということを私は示しました。それにもかかわらず、力(force)あるいは潜勢力(puissance)は、すでに現在において何か実在的なものであり、未来の結果はまだそこにはないようです。そこから、あらゆる作用の力を物体に対してあえて拒否でもしないかぎり、物体のうちに大きさや速さとは異なる何かがあるということを認めなければならない、との帰結に至ります。そもそも、物質や延長でさえ、われわれはまだ十全に把握していないと私は考えます。『真理の探究』の著者は、デカルト主義者らの共通見解とは反対に、魂と思惟に関するこうしたあいまい性を認めていましたが、物質と延長に関しては、デカルト主義者らと意見が一致しているようです。それでも、ある事柄が十分知られているかどうかを確認するための、一つの徴標が存在します。それは、観念およびいわゆる明晰・判明な認識の濫用に関するある小論★17のなかで私が与えたものです(一六八四年一一月の『ライプツィヒ学報』参照)。デカルト氏の幾何学と解析の不備に関しては、同誌の至る所で述べましたが、今一度付け足しましょう。なかなか信じてもらえないので言を重ねるのは、彼〔デカルト〕は原因についての認識がいささか甘く、欠けているところがあるので、彼の言に満足しないようにしてほしいからです。そし

★16——ライプニッツは、デカルトの運動量保存則が、方向に依存して成立しなくなるものであり、したがって、一般性をもたないものであると批判している。

★17——この小論は、『認識・真理・観念についての省察』のこと(K I, 8, 25-34 参照)。

て、この有名な著者にしたがっている方々は、(私もまた彼らの賞賛に劣らず敬服する)デカルトの諸著作を理性や自然と対決させるために、いろいろな場所で引き合いに出すよう望みます。彼のもっとも有名な見解同様に、もっとも良く確立されたと思われていることが、今まさに崩壊したのです。デカルト主義者と呼ばれる人たちにおいても真に学識ある方たちは、これらの指摘に憤慨しないだろうと確信しておりますし、中には、例えば塩について、あるいは虹について、デカルト自身がもたらしたものと同じくらい何かすばらしいものをもたらしうる方がおられると思います。実行を妨げているものは、おそらく師の見解に対するあまりに大きな愛着にほかならないでしょう。学派の精神は必然的に進歩に反するのです。前に進むためには、新しい観点からものごとを捉えねばなりません。権威が理性をはるかに凌駕して、借りものの思想があまりに精神を支配しているとき、それは容易なことではないのです。

敬具

6-3……デカルト氏の自然法則を支持する『学芸共和国通信』一六八七年六月号第一論文中のC〔カトラン〕神父様の批判に対するL〔ライプニッツ〕氏の回答★01

池田真治✣訳

✣

Réponse de M. L. à la Remarque de M. l'Abbé D. C. contenue dans l'Article 1. de ces Nouvelles, mois de Juin 1687, où il prétend soutenir une Loi de la Nature avancée par M. Descartes. 〔Juli 1687〕. (GP III, 49–51)

C〔カトラン〕神父様の批判に見るかぎり、私の考えを把握されていないというご自覚がないようなので、和解に至る道はまだ遠いようである。彼がいかなる根拠に基づいて、私が考えもしない見解をなすりつけるのか、理解できない。彼は三つの命題★02を引き合いに出し、五八〇頁で、私が見出した矛盾について同意できない、と述べている。ところが私は、矛盾を見出すどころか、デカルトの原理の誤りを証明するために、自らそれらの命題を採用したのである。

こうして、彼が述べている一連の内容のほとんどすべては、これらの命題を説明し支持することにしか役立つはずがなく、私の意見にかすりもしない。これらの無理解がほとんど純粋数学についての論争になるなら、道徳についての論争や、形而上学についての論争は後回しにするべき

★01――アカデミー版では現在準備中の第VI系列第5巻に補遺として収録される予定。『学芸共和国通信』一六八七年六月号第一論文、「デカルト氏の機械的原理に関するライプニッツ氏の反論についてのカトラン神父の批判」(*Nouvelles de la république des lettres*, juin 1687, art. 1er, 577–590)に対するライプニッツの再反論(同誌一六八七年九月掲載)。

★02――「三つの命題」とは、次のものである。

命題一。1リーヴルの重さを4ピエ持ち上げるためには、4リーヴルの重さを1ピエ持ち上げるのと同等な力が必要である。

命題二。重い物体がその落下において地球の中心に向けて通る、地平線に垂直な距離は、この落下が続く時間の2倍である。

命題三。二物体がもつ質量の比を表している数と、それらがもつ速さの比を表している数を掛けるならば、二物体の運動量の比例が得られる。

ではないだろうか？[★03]　神父様に、あるいはデカルト主義者の原理を主張できると期待する他のすべての方に、私がすでに最初に述べたことと、以下に挙げる諸項目について、逐一返答してくださるよう祈らざるを得ない。ご回答いただけないとしたら、われわれに道草を楽しんでほしいのであろう。

①私は問う。デカルト氏にしたがえば、速さが1の4リーヴルの物体が、その4倍の速さの1リーヴルの物体と同じ力をもつというのは、真ではないのかどうか。4リーヴルの物体の力全体が、1リーヴルの物体に**移される**とすれば、デカルト氏の諸規則が基づいている運動量の原理にしたがうと、最初の速さの4倍を受け取るはずである。

②さらに問う。速度1の第一の物体が、（その物体の重さである）4リーヴルを1ピエ〔の高さまで〕持ち上げられること、あるいは、（同値なことだが）1リーヴルを4ピエ持ち上げられることは、真ではないのか。また、速度4の第二の物体は、ガリレオや他の者たちの論証にしたがえば、（その重さである）1リーヴルを16ピエ〔の高さまで〕持ち上げられるのではないか？　なぜなら、物体は、上昇する以前の速さの自乗にふさわしい高さまで、上昇できるから。

③かくして、デカルト氏の見解から以下が導かれる。すなわち、4リーヴルの物体を1ピエの高さまで、あるいは、1リーヴルの物体を4ピエの高さまで持ち上げられる力を、1リーヴルの物体をその4倍の16ピエの高さにまで持ち上げられる力に**変換**できる。つまり、最初の力の3倍が過剰に得られたことになり、それは無から引き出されたものになる。これは明白な不合理である。

④しかし私の考えによれば、かつ真理にしたがえば、速度が1で4リーヴルの物体の力全体を、1リーヴルの物体に移すとすると、第一の物体が4リーヴルの重さを1ピエまで持ち上げられ

★03——ライプニッツはまず、確実に真偽が議論できる数学や力学の問題に関する論争から決着をつけることを優先し、より困難な倫理的問題や形而上学的問題に関する論争を後で論ずるべきだと提案している。この方針は、同じデカルト主義者であるデ・フォルダーとの往復書簡でも見られるものである（K I, 9, 61–130参照）。

るならば、第二の物体は1リーヴルの重さを4ピエの高さまで持ち上げるためには、速度2のみでよい。このように、保存されるのは同じ運動量ではなく、同じ力の量であって、力が生み出しうる効果によって、それは計測されねばならない。

かくも正確でかくも容易な事柄に対して、はっきりと返答したがらない人や、それどころか、私が抱いてもいない見解を私に帰したりする人を見ると、じつに驚くほかはない。もっとも有名な原理のうちの一つが疑わしいとき、もしデカルト主義者諸氏が知識不足のためにそうしようと〔はっきり返答しなかったり、私に謂れなき見解を帰そうと〕するなら、彼らが自負する判明に推論するという評判に、まったくふさわしくない。むしろ、師の過ちを擁護できないので、彼らはせめてその過ちを偽装しようと努めた、とは言えないだろうか？　でもそれゆえに、真理への愛から、これらの理性と一致する抗議がなされ、デカルトに反論できたのかもしれない。いずれにせよ、私は何かもう少し真っ当な反応を期待する。

なお次のことのみを付け加える。すなわち、時間によって力を計測できるという件について、私は神父様に同意するが、ただし慎重を要する。たとえば、下降の線がわかれば、重さをもつ物体が下降するさいに要する時間によって、獲得される力がわかる。下降線の傾き具合に応じて、かかる時間は変化するからである。下降するさいに物体が獲得する力を評価するためには、高さを知れば十分だが、時間はその代わりを果たすことができる。★04 ところで、この時間の多様性は、私が解決したばかりのきわめて愉快な問題を考えさせてくれる。われわれの論争が、学問の進展に何らかの契機を与えるために、披露しよう。すなわち、重さをもつ物体が一様に下降し、均等な時間において地平線に等しく接近するような、ある下降線をみつけること。デカルト主義者の解析なら、おそらく容易に答えを見出すであろう。★05

★04——エネルギー保存の法則は、質量と速度の自乗との積で表され、時間は変項として式には現れない。しかし、下降線すなわち運動の経路がわかれば、距離が得られ、下降に要した時間で割れば、速度がわかる。物体がもつ下降の力（すなわち位置エネルギー）は高さを知ればわかるが、下降の向きに加え速度と時間とがわかれば、それらをかけ合わせて距離すなわち高さが導出されるので、時間は高さの代わりとなる。

★05——ゲルハルトは「この論文はオリジナルを欠く、それゆえ変更された表記のもの〔に拠る〕」と注記している(GP III, 51)。これは、ゲルハルトが依拠した『学芸共和国通信』(1687. 9)では、編集者か印刷所によってライプニッツのフランス語表記に若干の変更が加えられているという事情を指す。

6–4……ライプニッツからベールへ

池田真治✣訳

✣ Leibniz an Pierre Bayle. Hannover, 27. Dezember 1698/6. Januar 1699.

(A II, 3, 518–521; GP III, 55–58)

一六九八年一二月二七日、ハノーファー

ベール様★01

バナージュ・ド・ボーヴァル氏★02が送ってくださった貴方の温かいお手紙をたいへん光栄に存じます。★03これ以上に喜ばしい手紙はございません。つねづねみごとなご高察に敬意を表してきた方からのお手紙は、ありがたいかぎりです。貴方の諸反論に対する私の答弁に★04、お気を害されなかったようで、本当に安堵いたしました。真理を愛する者として、また認識を大いに進展させるべく真理を深めておられる方たちの列に貴方を挙げている者として、貴方の光明にあずかることができ、ひときわ悦ばしく思っているしだいです。お許しを得て〔バナージュ・ド・〕ボーヴァル氏の雑誌に掲載されるはずの小さな論考が★05、〔予定調和の新説に対する〕貴方の難色を完全に解消するとは期待すべくもありませんが、私は、多くの人から賞賛を受けるよりも、貴方のもとに残っている、あるいは新着の情報について知りたいのです。

私は九月の『ライプツィヒ学報』で、哲学と数学に関する著作で知られるアルトドルフ大学の教授ストゥルミウス氏★06に対する返答を書きました★07。そこでは、活動的であること、および自らのうちに何らかの力をもっていることが被造的実体に属するということを、彼に示そうとしました。

また、当代一流と呼ぶにふさわしい哲学者の一人として通っている、さる高名な著者から、手

★01――手稿には、「ロッテルダムのベール様へ」とある。

★02――バナージュ・ド・ボーヴァル (Henri Basnage de Beauval, 1657–1710)。フランスの歴史家、辞典編纂家であり、ベールの『学芸共和国通信』と並びこの時代の影響ある学術誌の一つ『学術著作史』(*Histoire des ouvrages des savants*, 1687–1709) を創刊。ベールの友人であり、「予定調和の新説」に関する論争において、ライプニッツとベールの橋渡し役を果たす。

★03――このベールの手紙は残されていない (GP III, 55)。

★04――『ベール氏が魂と身体の結合の新説に見出した諸困難の解明』と題する論文のこと (GP IV, 517–524)。次注参照。

★05――ライプニッツがここで述べている論考は、『学術著作史』の一六九八年七月号 (329–342) に掲載された。

★06――ストゥルミウスはヨハン・クリストフ・シュトゥルム (Johann Christoph Sturm, 1635–1703) のこと。ドイツ、ニュルンベルク近郊アルトドルフの数学・自然学者。『自然幻像論』(*De naturae agentis idolo*, 1692) を

紙を受け取りました[★08]。それは、彼がつねに示している賞賛すべき誠実さをもって、次のことを告げる内容でした。すなわち、同一の運動量がつねに保存されるという、デカルト主義者たちから受け取り、彼自身によってもしばしば採用されていた見解を、最終的に放棄したこと、そして保存されるのは、同方向の運動の同一の総量のみであって、絶対量ではないことがわかった、と。私は答えるでしょう、おっしゃることは真ですが、私見によれば、それでは十分ではないと。もしそれ（＝同方向の運動の同一の総量）だけしかもたないならば、両物体が、各々の質量と反比例する速度で互いに反対方向から衝突する（concourir）とき、規則にしたがって、運動の総量は何も保存されないことになるでしょう。そして、一方が他方より少しだけ多くの運動量をもつときも、運動の総量はほんの少ししか保存されないでしょう。しかし、このようなことにはなりません。真理はというと、自然はつねに変わらず同じ絶対的な力を保存し、その結果、これらの物体は、衝突の後も、それらが以前に引き起こしたはずの効果と、同じだけの効果を引き起こすのです。ただしそれは、力の一部を吸収するような偶然的なことが起きないかぎりです。例えば、衝突する二物体が重さをもつとし、衝突前は斜面を各々が別々に登るように運動の向きを向けている、と想定しましょう。それによって、両者の共通重心がある高さに到達しうるとしましょう。衝突後、両物体が斜面を登れるようにするならば、いかなる力も失わないために、この共通重心は衝突しないときと同じ高さに到達するはずです。

じっさい、経験が私の考えを確証していますし、そのことを故ホイヘンス氏に伝えたところ、彼はそれを真とみなし[★09]、次のように説明しました。すなわち、同じ上昇力（force ascensionale）が保存されるのだと[★10]。しかし私は、同じ力が絶対的に保存される、と言うべきだと思います。というのも、その力は、単に上昇においてのみならず、われわれが遭遇しうるどんな結果にも現れるからです。衝突前に等しいゼンマイをある特定の数だけ正確に巻くなりして、ある特定の速度をある

著し、ライプニッツと自然の本性をめぐって論争する。

★07——『自然そのものについて』と題される論文のことである。*Acta Eruditorum*, sept. 1698, 427–440. これには河野与一による邦訳がある（ライプニッツ『単子論』岩波文庫、323–348）。

★08——マルブランシュからの書簡（A II, 3, N.192 ; GP I, 355f. ; 前出5–13）を参照。

★09——「クリスティアン・ホイヘンスからライプニッツへ」一六九二年七月一一日（A II, 2, N.156）。

★10——*Histoire des ouvrages des savants*, Juni 1690, 449–453.

特定の数の小球体（globules）[11]に与えることができたならば、衝突する物体の力の総体は、〔衝突〕前後で過不足なく一致する、と私は主張します。

フローニンゲンの教授、ベルヌイ氏[12]は、通説に賛成していましたが、私の見解を慎重に検討した後、完全に同意してくれました。[13]力のこの保存は、物質に含まれるあらゆる駆動力〔弾性力 ressort〕に着眼することによってのみ確証される、というのは真実です。そこから、諸事物の驚異を十分に認識できない者たちには奇妙に思われそうな、次の帰結が導かれます。すなわち、最も小さな物体のうちにもいわば世界があるのです。[14]あらゆる物体は、どれほど小さくとも、駆動力をもつのです。したがって、あらゆる物体は、感覚的諸物体の駆動力をなすものが想像しうるかぎりの微細な流体によって包まれ、貫かれていると見るべきです。また、第一元素など存在しません。[15]あるとすると、想像しうるかぎり最も微細な流体の最小の部分についてもうんぬんしなければならないからです。しかし、ここでこれらの事項に耽るのは、本意ではありませんでした。私が言い残していたのは、次のことです。貴方に返信するために、〔バナージュ・〕ド・ボーヴァル氏の『学術著作史』（*Histoire des ouvrages*〔*des savants*〕）を待ち望んでいました。貴方が私の考察に対するコメントをお寄せではないかと思いまして。しかし、まだ出版されていないと聞いております。義務を果たさぬまま、貴方への熱意を保証せぬまま、年を越したくはないのです…

追伸　ブレーメン共和国の代表者、マーストリヒト氏[16]は、ひじょうに学識のある人で、ハンブルクのプラッキウス氏の特別な友人ですが、彼より、プラッキウス氏[17]の匿名や偽名による優れた著作[18]〔に関する書物〕が完成したと、貴方に手紙でお伝えするよう仰せつかりました。[19]ある書店が同書をお譲りできるとのこと。マーストリヒト氏は、文学史の解明にすばらしく役立つ著作がしかるべく出版されるため、貴方に喜んで献本したいとお考えです。もし上に述べたことについて貴方の考えをお知らせいただくお暇をわずかでも見出していただけたら、両氏や私は大変ありがたく存じます。

★11——「小球体」(globules)とは、これ以上不可分な最小体である物体的原子ではないが、物体の運動や物体の衝突において、ライプニッツが物体の粒子として考えている微小な物体的球体のことである。ライプニッツは初期自然哲学において、小球体が、さらにうちに無際限に小球体を含むとし、「泡体」(bullae)あるいは「小地球体」(tellerae)といった、原子論の理論的不備を補う新しい概念を模索していた。すなわち、「世界の中に世界が無限にある」という仮説である。以下の叙述ではそうした初期の思想の名残が見られる。ライプニッツの初期原子論については、以下が詳しい。Richard Arthur, "The Enigma of Leibniz's Atomism," *Oxford Studies in Early Modern Philosophy*, vol. 1, Daniel Garber & Steven M. Nadler eds., Oxford University Press, 2004, 183–228.

★12——ヨハン・ベルヌイ(Johann Bernoulli, 1667–1748)。フローニンゲン大学数学教授をへて故郷スイスのバーゼル大学教授となる。長兄のヤコブ・ベルヌイとともにライプニッツの微積分学発展に寄与。

★13——『ライプニッツからヨハン・ベルヌイへ』一六九六年一月二八日〜三月一八日(A III, 6, N.202 u. N.214)。

★14——「最も小さな物体のうちにもいわば世界がある」(il y a pour ainsi dire des mondes dans les moindres corps)。これは、一見、モナドのことを示唆するようであるが、ここの「最も小さい物体」は物体である以上、モナドではない。物体を構成している、より小さな物体が無限にあり、「最も小さい物体」は先の「小球体」のことを指す。前注11参照。

★15——物体の分割によって最終的に至りうるような第一の物体的要素すなわち原子は存在しない、ということ。

★16——ゲルハルト・フォン・マーストリヒト(Gerhardt von Mastricht, 1639-1721)。デュースブルグ大学の教会史教授、後にブレーメンの法律顧問。著書に『教会法史』(1689)。

★17——プラッキウス(Vincent Placcius, 1642–1699)は、ハンブルク出身の法律家・博学者で、道徳学および弁論術の教授を二四年間務めたとされる。著書に『抜粋術』(*De arte exerpendi*, 1689)など。次注も参照。

★18——プラッキウス『匿名および偽名の劇場』(*Theatrum anonymorum et pseudonymorum*)。

★19——A II, 3, N.198 参照。

6-5………ライプニッツからベールへ

✣ Leibniz an Pierre Bayle. Hannover, 6/16. April 1699.

池田真治✣訳

(A II, 3, 554–557; GP III, 58–61)

ベール様

一六九九年四月六／一六日、ハノーファー

貴方のお手紙が遅きに失するということはありえません、なぜなら、いつも古びない事柄を述べておられるからです。また、お手紙が早すぎるということもありえないでしょう、もたらす喜びと教えがあまりに大きいので。ですから、お手紙が到着するまで感謝して待つべきですし、とりわけ私はお礼申し上げなければなりません。というのも、私はまったく特別な仕方で、お手紙の恩恵にあずかっているからです。貴方のすばらしい辞典[★01]がこれほど早く再版される[★02]と知っていれば、〔予定調和に関する貴方と私の論争の〕全貌が把握できるように、私の返答[★03]を挿入してくださるよう、お願いしたのですが。もし残された困難をお知らせいただけるなら、また、私が上述のことについて何らかの解明をもたらしえたならば、ご判断を忌憚なくお聞かせいただければ幸いです。

しかしながら、貴方のお手紙の筋道に従うことにします[★04]。まずお手紙で次のように指摘されました。自由思想家たち(les esprits forts)[★05]は、人間の自由意志(le franc arbitre)を認めがたいとし、魂が被

★01——ピエール・ベールの『歴史批評辞典』。(Pierre Bayle, *Dictionnaire historique et critique*, 2 tomes, à Rotterdam chez Reinier Leeres, 1697.;『ピエール・ベール著作集』、第3巻—第5巻、『歴史批評辞典』野沢協訳、法政大学出版局、1982-87)。その「ロラリウス」の項で、ライプニッツの「予定調和の新説」が議論される。

★02——『歴史批評辞典』の第二版刊行は一七〇二年だが、この頃には再版予定が告知されていたと思われる。

★03——6-4注04および注05の論考のこと(A II, 3, N.197)。

★04——このベールの手紙は残されていない。

★05——ベールの手紙を欠くため、正確には誰を指すのかは不明であるが、当時「強き精神」すなわち「自由思想家」と言えば、キリスト教の権威やその教義にとらわれず理性的思考を重視した一七世紀のリベルタン(libertin)、すなわち懐疑論者、不信心者、理神論者ないし反神論者を指す。一六九四年のアカデミー・フランセーズの辞書によれば、「強き精神」とは「共通の意見や格率に従わない人」、「何も信

造的実体ならば、魂は作用するための固有で内的な真の力をもちうることなど理解できないと言っていると。私は、なぜ被造的実体がそのような力をもてないのか、より判明に理解することを望みます。そのような力がなければ、それは実体ではそもそもないはずですから。実体の本性は、私の考えでは、諸現象を秩序のもとに生じさせる調整的な傾向(tendence reglée)のうちに存します。実体はまずその調整的な傾向を受け取り、そしてそれは諸事物の造物主によって実体のうちに保存されます。あらゆる実在性あるいは完全性が、連続創造によって、諸事物の造物主から、つねに流出するのです。

自由意志については、私は、あらゆることは予先決定されていると考えるトマス主義者たちや他の哲学者たちの考えに立っており、予先決定について疑う余地があるとは思いません。しかしそのこと〔すべてが予先決定されていること〕は、われわれが隷属状態を免れた自由だけでなく、必然性をも免れた自由をもつことを妨げるわけではありません。すなわち、自らの行為においてつねに決定されている神ご自身と同じように、われわれのうちにも自由があります。というのも、神は最善を選択せざるをえませんが、もし選択する理由をもたず、しかも神のなすことが可能である唯一のことならば、神もまた必然性の下に服することになってしまうからです。人は完全になればなるほど、より善へと決定され、また同時に、より自由になります。なぜなら、能力と知識が広がれば広がるほど、意志は完全な理由の境界のうちへと狭められるからです。

もし力についての私の思惟が、貴方や貴方に似た考えをもつ少数の方々に、何らかの充足をもたらすことができれば、十分満足です。おそらく、ここに記す解明は、さらに満足いただけるでしょう。私の最初の考察は、自然においては、〔ある事象が〕生じる理由〔原因〕に対してはつねにしかるべき等しい結果が保存される、というものでした。例えば、貴方が好まれるように、複数の物体が水平面において衝突するとして、摩擦や媒体、あるいは物体の非可感的な諸部分によって力

じず、何にも同意しない人」である。また、「リベルタン」は、「信ずべきことを信ぜず、敬虔な慣習を非難し、神や教会、高位にあるものの命令に従わないなど、宗教上の事柄に関して放縦なる者。聖なる事柄を揶揄し、四旬節中の断食には肉をくらう、無神論者」である。ラ・ブリュイエールの『カラクテール』(*Les Caractères*, 1688；『カラクテール：当世風俗史　下』関根秀雄訳、岩波文庫 1953)の第16章に「強き精神について」(Des esprits forts)が扱われている。

のいささかなりとも吸収されないとき、力の総体は、それらのインペトゥス〔駆動力〕(impetuosité)★06によって、同じ重さを同じ高さまで上昇させたり、ゼンマイを巻いたり(bander des ressorts)、あるいは、ある物体にある速さを与えたりすることがつねに可能であると、私は判断していました。しかし、子細に検討してみると、この力の保存は運動量の保存と一致しないことを、私は発見しました。力の保存が経験によって、あるいは機械的な永久運動の不合理性が確固とした理由によって確証されるのに対して、運動量の保存の根拠は、非常にあいまいであるように私には思われます。さらに考察を重ねても、この力と活動(action)が導かれる状態との整合性を見出せませんでした。しかし、貴方は、私が位置(place)を変えない物体のうちの駆動力(*nisus*)を、場所(lieu)から場所への移動に等しいものと考えているように理解されたので、改めて、力がつねに何らかの活動やしかるべき場所的な運動を伴っていると、私の考えをご説明する必要があると思います。保存されるのは、この運動量ではなく、力の量です。それは、二つの球体が一つになるとき、あるいはその逆のとき、立体性(solidité)はそれに応じた表面なしには決してありえませんが、表面の総和は保存されず、立体性の総和が保存されるようなものです。★07これこそが、困難を一刀両断するのに、いま必要なものであります。すなわち、私は、同じ力を保存するだけでなく、同じ動的活動(l'action motrice)の量の保存も理解できる、新しい方法を発見しました。それは、私自身も驚いた推論によってご覧いただけるように、運動の量とは異なるものです。かくも示唆に富む事柄に関して、かくも容易な指摘がなされなかったとは……。私の議論は以下のとおりです。同一の物体の一様な運動において、①二里を二時間かけて踏破する活動は、一里を一時間かけて踏破する活動の二倍である(なぜなら、前者の活動は後者の活動をちょうど二回含むから)。②一里を一時間かけて踏破する活動は、一里を二時間かけて踏破する活動の二倍である(あるいは同じ結果をもたらす活動は、それらの速さと同じである)。したがって、③二里を二時間かけて踏破する活動は、

★06——ライプニッツはインペトゥス〔駆動力〕の概念を動的力の概念と区別せずに用いている。ここでのインペトゥスは、物体の上昇に応じて(すなわち位置エネルギーの増加と反比例的に)減少していく物体の内にある動的力である。デカルト派によれば、力の総量すなわち運動量は保存されるが、そこでのインペトゥスは物体の運動の要因を担う動的力とされている。しかしこれは、動的力の保存を運動量の保存とみなすことにほかならない。こうしてライプニッツは、活力の保存の立場からデカルト派の立場を批判する。インペトゥスは、スコラの運動論に由来する概念で、投射体が投射者から離れた後も運動を持続しうる要因とされた。その用語は、慣性の法則が確立された一七世紀になってもガリレオやデカルト派らによって用いられ、一八世紀に盛んに争われた活力論争においても重要な概念として残り続けた。

★07——二つの球体が合一するとき、表面積は各々の球体の表面積の総和より小さくなるが、体積は各々の球体の体積の総和となるということだろう。

一里を二時間かけて踏破する活動の四倍である。この論証は、二倍あるいは三倍の速さを受け取ったある動体が、二倍あるいは三倍の結果が同じ時間のうちになされうるために、四倍あるいは九倍の活動を受け取ることを見せてくれます。こうして、活動は速さの自乗としてあります。ところで、このことは、経験から引き出されたにせよ、機械的永久運動の否定を根拠として引き出されたにせよ、私の力についての計測と一致することが、世界そのものから無理なくもののみごとに見出されます。私の計測では、ある重さの物体の力は速さの自乗に関連しており、速さの自乗が、その物体がその速さを得るために下降した高さに関連するからです。また、同じ高さへの再上昇にせよ別の結果をもたらすにせよ、力はつねに総量において保存されるので、世界のうちでは動的活動の同一の総量が保存されることもまた帰結します。すなわち換言すれば、宇宙においては、ある時間のうちに、何であれ他の時間のうちにあるのと同じだけの動的活動が存在する、ということです。★08 ただし、瞬間そのもののうちでも、保存されるのは同じ力の量です。実際、活動は力の行使にほかなりませんし、活動は時間と力の積に等しいものになります。こうして、われわれの哲学者たち、とりわけ故デカルト氏の計画は、活動を保存し、活動によって力を計測するべきだったのです。しかし彼らは、動的活動の量として、彼らが運動量と呼んでいるものをとるという取り違え(*qui pro quo*)を犯してしまったのです。この推論をお知らせした人はほとんどいません。抽象的思考を好まない者たちに、この推論を安売りしたくないのです。ここでは、別個に計測すべき相対的な〔各々の〕力や活動の保存についてはふれませんでした。造物主の一貫性のみならず完全性をも示す、驚くべき等価性や保存が他にもたくさんございます。

御許へ★09

貴方に対する多くの熱意と恩義をもって

ライプニッツ

★08——ライプニッツは、力の保存則が宇宙的規模で成立している、とする。

★09——ここから末尾までは、ゲルハルト版とアカデミー版で若干の相違があるが、後者に従う(A II, 3, 557)。

追伸　ベール様がなさってこられたこれら諸事実に関する膨大なご研究が、哲学のより深遠なテーマに関する貴方のすばらしい考察の本筋を損なってないことに、敬服が集まるのは大いに理由のあることです。私はこうした類いの〔哲学の深遠なテーマに関する〕議論につねに関われるわけではありません。というのも、仮に国家の利益がそれにあまり依らないとしたら、もっと軽んじられてしまうような、家系の問題に取りかかる必要もありましたので。私は当国に関係のあるものとして、ドイツの歴史について十分に研究しました。[★10] それは普遍的歴史（l'Histoire universelle）に属するいくつかの観察をもたらしました。こうして、私は諸事実に関する知識を無視しないことを学びました。しかし、選択の余地があるなら、私は文明史よりも自然史（博物学）を選り好むでしょうし、人間のあいだで観察される習慣や法よりも神が自然のうちに築いた習慣や法を選り好むでしょう。もしプラッキウス氏について何か教えていただけるなら、それをうかがいたいものです。[★11]

★10——一六八五年八月一〇日、ライプニッツはハノーファーのエルンスト・アウグスト公から、ヴェルフェン家の歴史を書くよう命ぜられた（A I, 4, N.159）。

★11——ライプニッツはプラッキウスに手紙を一六九九年一月に送ったが、まだ返事をもらっていなかった。プラッキウスは一六九九年四月六日に亡くなったが、これを書いた時点でライプニッツはまだその事実を知らなかった。

6–6……ベールからライプニッツへ

谷川雅子✣訳

✣ Pierre Bayle an Leibniz. Rotterdam, 5. Oktober 1701.

(GP III, 61–62)[★01]

私が〔バナージュ・ド・〕ボーヴァル氏の誌面[★02]への掲載を希望し、貴方が氏に送ったご論考についてですが、そのご論考を私が考察させていただいたものの写しは、お送りできないのです[★03]。と申しますのも、私にはお抱えの写字生がいないため、書いたものは、清書すらせずに印刷業者に渡しているからです。業者は原稿がどういった類いのものであれ、そのとおりに印刷し、校正が終わると、その原稿を破り捨てるか燃やします。そこで処置を講じるとしたら、私の考察の含まれている頁を印刷してお送りすることになりますが、そうしたところで、私ができることは、さしあたり何もお役に立たないでしょうし、『辞典』の読者にとっても同様です。というのも、貴方のお手元にその頁が渡る前か、遅くとも、私が貴方のお返事をいただく前には、業者は仕事を終えて

★01——アカデミー版第II系列（哲学書簡）は、第3巻（1695–1700）までが刊行されている。つまり本書簡以降（6–6〜6–10）についてはまだアカデミー版は存在しない。ベールからの本書簡は、現在準備中の第4巻に収録予定。

★02——『学術著作史』（*Histoire des ouvrages des savants*）のこと。ベールが一六八四年にオランダで刊行した『学芸共和国通信』は、一六八七年にベールが手を引いたのちも、ラロック（Daniel de Larroque）その他により同じ標題のもとに一七一八年まで続刊された。しかし同誌の真の後身はベールの依頼を受けてバナージュ・ド・ボーヴァルが刊行した『学術著作史』であって、一六八七年から一七〇九年まで刊行された。ボーヴァルを介した経緯については6–4参照。

★03——ライプニッツが6–4・5の手紙で述べている、ベールの考察を送ってほしいとの依頼に応じられない弁明が以下につづく。

しまっているでしょうから。[★04] 業者はすでに現物を糊づけし、書店が製本を急かしているでしょう。書店としては、この一一月からの冬のあいだに頁を乾かす面倒を避けたいでしょうから。[★05]

先だってのお手紙でご教示いただけたことが、もっと早くにわかっていれば、と本当に遺憾に思います。そうすれば、貴方の博学で比類ない考察で私の補足を豊かにすることができたのに。読者が読み損ねないように、〔バナージュ・ド・〕ボーヴァル氏の『学術著作史』に載せてもらうため、近いうちに貴方が原稿を送付される機会を設けることができると思います。

身に余るご依頼、まことに幸甚に存じます。貴方のような偉大な方のためにこそ、ご依頼に応じねばなりませんし、私以上の情熱で、この世にあらん限りの称賛の気持で動く者は他にいないでしょう…[★06]

一七〇一年一〇月五日、ロッテルダムにて

★04——『辞典』第二版は、一七〇一年一二月二七日印刷が終わり、一七〇二年初頭刊行される。この手紙の執筆は、ベールも業者も多忙をきわめ、切羽詰った時期だったと思われる。予想を超えて膨大なものとなった増補のさい、ベールは、「印刷屋がぶっつづけに仕事をしている間に、分厚い二折（フォリオ）判二巻を改訂し、三分の一余も増補して、さらに校正を見るという三つの仕事」に追われていた、という（ピエール・デ・メゾー『ピエール・ベール伝』野沢協訳、法政大学出版局2005, 216–217）。

★05——糊付けした本を書店で乾かすさい、晴天の少ないヨーロッパの冬、さらに低地オランダという条件では湿気も多く、ページ数の膨大なベールの『辞典』の扱いには苦労が多かったことが推測できる。

★06——6-1にも既出のこのアカデミー版の表記"…"は、ゲルハルト版ではetc. と記されている。手稿ではこの箇所は、" Monsieur Votre trés humble et trés obéissant seriviteur Bayle A Rotterdam le 5, d'Oct. 1701."と結ばれているのだが、両版とも定型的な挨拶を省いている。以下、アカデミー版の表記に従う。

6-7……ライプニッツからベールへ

谷川多佳子✣訳

✣ Leibniz an Pierre Bayle. Berlin, 27. Dezember 1701.

(GP III, 62–63)

一七〇一年一二月二七日、ベルリン

貴方の新しいご考察が難なく伝わることに気づいていたなら、このことで貴方を煩わせることのないよう気をつけたのですが。ボーヴァル氏に承諾いただき私がこれまでに用いた方策を、これから使えるでしょう。が、私の主たる目的は、事柄を深め真理を見出すことなので、必ずや私に大きく役だってくれたはずの貴方の思考がこんなにも長い間私に届かず、書店という経路によってしか伝わりえなかったのが、とても残念です。というのも、その価値を知り貴方の偉大な洞察力を確信しているだけに、私が、『学術著作史』★01に載せるものに関して貴方がお考えになることをほかに知りようがなければ、貴方のご高著を拝見するのが待ち遠しいですから。ご高著が読者を高めていくことをつよく願うのは、いずれにせよ確かですけれども、私がつねにご高著と同意見かは疑問です。パイヴァ・アンドラディウス★02について述べておられるところですが、この人はあまり知られておらず、ケムニチウス★03との関係でわずかに引かれるにすぎない、とされているのに気づいたのを想い起こします。彼が今日ではあまり知られていないことは認めますが、過去の時代には多く知られていました。彼の著書はイタリアで刊行されて、ケルンで再刊され、宗教論争の専門家たちは、彼に従う者たちをアンドラディウス派と呼んでいました。私にしても、この

★01——『学術著作史』については、6-6注02参照。

★02——パイヴァ・アンドラディウス(Payva Andradius, 1528–1575)。ポルトガル、コインブラの著名な神学者で、一五六一年のトリエント公会議に出席。ルター派のケムニッツとの論争が知られている。

★03——マルチン・ケムニッツ(Martin Chemnitz, 1522–1586)。ルター派第二世代の神学者。ライプニッツはケムニッツとアンドラディウスの論争をとりあげ、後者が前者に対して、イエズス会を擁護したことに触れている(*Esprit de Leibniz:ou Recueil de penseés choisies, sur la religion, la morale,.....extraites de toutes ses œuvres latines et françoises*, t.I, Lyon, 1772, 271–272)。

人を引用して故ペリッソン氏[★04]に書き送ったとき、この本を手元にもっていました。私たちにおいては見出されているのです。一般的に強調されていることに包み込まれないために申しあげることです。

プロイセン王妃のご命令で、そして兄上の選帝侯殿下のお許しのもと、私は数か月のあいだこの地におりました。プロイセン国王陛下は、設立したばかりの新しい諸学協会に関することを整えるのに私が寄与することを望まれました。ベルリンに天文台を建設することや、提示されている目的のために必要な他のいくつかのものを調整することです。しかしながら、選帝侯に命じられた用務を完全に怠っているわけではありません。私はそのために、まもなく自分の家に戻る準備をしています。王妃様は、ご自身で貴方に会われたと私におっしゃり、貴方ともっと長い時間お話できるよう願ったとのことです。[★05]それでも王妃様は、母上の選帝侯妃と同じように、ご高著を通して、貴方をいっそう良くご存知でいらっしゃいます。

★04——ポール・ペリッソン(Paul Pelisson-Fontanier, 1624-1693)。フランス、ベジエのカルヴァン派の家庭に生まれた。アカデミー・フランセーズ会員。財務大臣フーケの秘書を務めた。一六七〇年カトリックに改宗。一六九〇年に選帝侯妃ゾフィーがその著『宗教の対立に関する考察』(*Réflexion sur les différends de la religion.....*,Paris, 1686)について意見を交換するようライプニッツに依頼し、文通が始まる。一六九一年九月からボシュエも加わり、教会再合同、キリスト教の教え、近時の科学などが議論の主題となった。ベールの『歴史批評辞典』にも「ペリッソン」の項がある。

★05——一七〇〇年一〇月にゾフィーとゾフィー・シャルロッテはフランドルとオランダを訪れた。オランダで有名な哲学者ベールに会う希望をもち、実現した。ゾフィーは長時間ベールと話をし、たくさんの質問をぶつけた。ゾフィー・シャルロッテは、ベールとその作品のことを非常な敬意を込めて語り、作品はいつでも持ち歩いているとまで言った(デ・メゾー『ピエール・ベール伝』野沢協訳、法政大学出版局2005)。

6-8……ライプニッツからベールへ

Leibniz an Pierre Bayle. Berlin, 19. Aoust 1702.

谷川多佳子訳

(GP III, 63–64)

一七〇二年八月一九日、ベルリン

トーランド氏[★01]から、貴方がお元気でいらっしゃること、私のことを快く覚えてくださっていることをうかがいました。まことに嬉しく存じます。彼は、貴方からと私に挨拶をくださったほどで、私は、この手紙だけでなく、同封したものによっても、御礼申し上げます。貴方の卓越した辞典の新版を拝見しました。かくも多大な博識、知性、魅力があるので、そこから離れなければならない時には私自身大きな努力を要しました。私は、リュッツェンブルクのプロイセン王妃の離宮に滞在していますが、ここでは今、選帝侯妃とご一緒でき、他の場所では得ることのない余裕を与えられています。私はまず「ロラリウス」の項を読みました。同所には避けがたく引きつけ

★01――ジョン・トーランド(John Toland, 1670–1722)。アイルランドの思想家。理神論の立場をもち、またロックからの影響をうけた。合理主義の影響のもとに、教会が解釈する聖書の権威を否定し、理性によってキリスト教を理解しようとした。主著は『秘儀なきキリスト教』(*Christianity not mysterious or, A treatise shewing that there is nothing in the Gospel contrary to Reason, nor above it: and that no Christian Doctrine can be properly call'd a Mystery*. London, 1696;三井礼子訳、法政大学出版局2011)で、ロックの経験論的認識論と推論機能としての理性を神学に適用し、自然宗教を真の宗教とみなす。ゾフィー・シャルロッテの客としてしばしばリュッツェンブルクを訪れた(第2部2-2参照)。トーランドとライプニッツの交流については次の書が詳しい。Tristan Dagron, *Toland et Leibniz, l'invention du néo-spinozisme*, Vrin, 2009.

られましたので、私は答弁を作成しました。ここにお送り申し上げます。これは今は、一般読者のためよりも、貴方と、選ばれた幾人かの友人たちのためでしょう。私は、貴方にこれを検討する時間の余裕ができ、貴方のご意見をデ・フォルダー氏[★02]を介して承ることができれば、と願っています。デ・フォルダー氏のすぐれた知性は貴方もご存じですし、貴方の見解を見て彼も満足するでしょう。彼の見解をも知ることができれば私は嬉しいですし。ただし私の見当はずれで、最奥部が貴方にとってほとんど価値がないとすれば、敢えてこれをお願いすることはいたしません。読者のためにも、しかるべき貴方の貴重なお時間を盗み取るおそれがありますので。ご高著に関してたくさんのことを申し上げ得るのですけれども、この理由でやはり、私はこれで手紙を終えます……

★02——デ・フォルダー(Burchard de Volder, 1643–1709)。オランダ人。ライデン大学で哲学、数学、物理学を教えていた。初めデカルト派であり、のちやや距離をおくものの、力や実体についての考えは基本的にはデカルトに近い。ライプニッツとの文通は共通の友人ヨハン・ベルヌイの仲介により始まった(『デ・フォルダー宛書簡』K I,9)。

6–9……ベールからライプニッツへ

谷川雅子✣訳

✣

Pierre Bayle an Leibniz. Rotterdam, 3. Oktober 1702.

(GP III, 64–65)

貴方によろしくお伝えしていただくようお願いしたことを、トーランド氏がご記憶くださっていて、安堵しております。この八月一九日にお書きいただいた貴方のお手紙、デ・フォルダー氏[★01]から二、三日ほど前に、私のつたない反論の吟味を強くご所望いただいた旨のお手紙と併せて、いただきました。そのお手紙を、大変喜ばしく読み、また、非常な難題をこれほどみごとに展開できる貴方の才覚のひらめきと底知れなさに、改めて感嘆の念を禁じえませんでした。頂戴したお褒めの言葉は、貴方の紳士的で洗練された物腰の表れと受け止めさせていただきます。私が考えて申し上げられることなどすべて、僅かでしかないことは良くわかっておりますから。とくに、貴方のような立派で卓越した哲学者と比べてしまうと、ことさらです。これほど立派な方からお

★01――デ・フォルダーについては6–8注02参照。

褒めいただくことは光栄ですが、同時に自らの分不相応を省みると、貴方がお返事を出版する（そうなさるよう、私も格別に切望しています）さいにはこのような賛辞を削除してもらうようお願いせざるをえません。そのお返事は、私からデ・フォルダー氏に再送し、貴方に今一度写しの労をいただく手間を省くようにします。写しは、彼が確かに、この手紙と一緒にお手元に届けてくれることと思います。

お手紙を拝読させていただき、貴方の仮説をいっそう理解し、新たなご考察で補足できる機会となったことを喜ばしく思います。このご考察により、大変な高みに至ったお説の一部がますます発展するでしょう。新たな疑義はお送りしません。こちらで反駁できそうなことなどみな、私が推測する限り、最初の反論のおまけでしかないでしょうから。厳密に言えば、最初の反論は、それ以上つけ加えるものもなく、さまざまな道筋から同じことに至るようなものです。私が思うに、魂の実体的基底と、或る思考から別の思考へと魂が変化する様態とを、判明に区別しなくては、貴方の仮説の可能性には反駁できないうえ、おそらく、非常に判明な認識をしたところで、貴方がお考えになった以上のことはわからないでしょう。貴方以上に、われわれにこの大きな問題を明らかにしてくれる人はいません。貴方が論文の末尾で述べておられる観念のこのような分析は、人間の精神に与えうる最も大きな助けとなり、哲学における最も偉大な業績のひとつとなるだろうと確信しています。貴方の分析を理解した人が、それを公に広めてくれるよう祈っています。このようにお話ししているのは貴方のことなのです。お手紙の中で、どこが私の心に響いたか示すには、何頁も費やさねばなりません。そして、その詳細に立ち入れば、シュバリエ・ド・メレの本（?）について貴方がおっしゃっていることを置いてはおけません。★02 あれは、本当に興味深い。

それにしても、貴方のようなご多忙な方に手紙を書かせてもらえるさいには短くする、という

★02——シュヴァリエ・ド・メレ（Chevalier de Méré: Antoine Gombaud de Méré, 1607–1684）。エピキュリアンでありながら、社交界の紳士（honnête homme）として知られ、一七世紀フランスの理想像である紳士のあるべき姿を『会話録』（*Les Conversations*, 1669）などの劇作品に書き残した。パスカルの友人であり、「メレの賭け」と呼ばれる確率論の議論でパスカルと議論したことで知られる。ベールの『辞典』の「（エピクロス派の）ゼノン」注Dで、メレがパスカルへ送った手紙が揶揄をこめて紹介されている。数学を知悉したと自負するメレは、デカルトのように数学や物理の世界に留まる未熟さ、物的世界を超えた「無限の延長をもつ目に見えない世界」のすばらしさを語る。ベールは、数学を否定するメレが向かう「見えない世界」こそが、数学のめざす形而上学である点を皮肉を交え指摘する。これを受けライプニッツは、一七〇二年のテクストで、自然や物理的世界を超えた目に見えない非限定の世界について、真空、無限といった概念を交えつつ自身の見解を述べている（Réponse de M.Leibniz aux

自重を欠いていますよね。ですので、ここで筆をおき、ますますのご健勝によって、哲学の最も崇高な真理をお広めになるお仕事を続けられることをお祈り申し上げ、深い敬意とあらん限りの感謝の念をお伝えします…

一七〇二年一〇月三日、ロッテルダムにて

réflexions contenues dans la seconde édition du Dictionnaire Critique de M. Bayle, article Rorarius, sur le système de l'harmonie préétablie, *Histoire critique de la République des lettres*, art. 4, vol 11 (1716), 78–114, (cf. GP IV, 554-571), 1702, pub. 1716)。

6–10……ライプニッツからベールへ

✣ Leibniz an Pierre Bayle. Berlin, 5. Dezember 1702.[★01]

(GP III, 65–69)

谷川多佳子＋谷川雅子✣訳

お手紙をいただき光栄です。しかし、私の書いたものは[★02]、フローニンゲンの数学教授であるベルヌイ氏[★03]のところに留まっておりました。どなたかがもっと見たい場合に、さらにお届けするためです。

貴方のお気に召さなくはなかったようで、とても満足しています。しかし、貴方の美点を認めるような箇所をカットしたことは間違っていたかもしれません。その箇所は、貴方の洗練された深い思索力によってこのテーマを発展させるものに寄与された責務を示しています。

主として思考の自発的進展に関してのみ、貴方にとって難点が残るとしても、それがいつの日かおさまる見込みがなくはありません。というのは、能動しているものはすべて推移や連続の状態にある、そうでないものは自然の中にはない、と私は認識しているからです。こうしたことがなければ、変化はどこから生じうるのでしょうか。ある人が最近の哲学者たちとともに、神のみが能動作用をなす、というならば、神は少なくとも被造物への活動のうちで活動の自発的進展のなかにあることを認めなければなりません。かくして、このような自発的進展は可能なものであり、それが神のうちでしか可能でないということは、今や証明されなければならないでしょう。つまり、どうしてこの点で魂が神の倣いでありえないのでしょうか。そして本当のことを言えば、

★01——発信地ベルリンと一七〇二年一二月五日の日付はゲルハルト版による。次の英訳も参照した。R. S. Woolhouse & Richard Francks, *Leibniz's "New System" and associated contemporary texts*, Oxford U. P., 1997(以下Woolhouseと略す)。

★02——ライプニッツが一七〇二年八月にベールに送った『ベール氏の《批評辞典》第2版「ロラリウス」の項における予定調和の体系への批判への反論』。刊行されるのは一七一六年になる。GP IV, 554–571にテクストがあるが、オリジナルとの異同が指摘されている(Woolhouse, 107–126)。

★03——ヨハン・ベルヌイ(Johann Bernoulli, 1667–1748)。6-4注12参照。

★04——シャルル・アンシヨン(Charles Ancillon, 1659–1715)。亡命プロテスタントの歴史家。メッスの生まれで、マールブルク大学、ジュネーブ大学、パリ大学で法律を学び弁護士となった。ナント勅令廃止後ブランデンブルクへ亡命し、のちベルリンで高等

魂から能動作用を取り去り、その結果、能動の連続や他の能動への推移を取り去ると、何が残るのかわからなくなります。けれども、神のみが能動作用をなす、と言うようなとき、現今では、魂ないし何か他の実体は、それを別にして、自発的進展をもつ、したがって、この観点で自発的進展は、この場合、神と魂とに由来するということで、十分でありましょう。そしてこの全般的協同を抽象して被造物の間の関係のみを語るなら、そこには傾向、あらゆる実体のなかの自発的進展があるはずです。ほとんど顧みられなかったエンテレケイアという名でいっそうよく呼べるのが、この、力ないし傾向です。アリストテレスは、この名で呼んでいたものを、十分には把握しなかった、あるいは少なくとも説明しなかったようには見えますが、しかしながら、原理においてこれよりも重要で大切なものは、ほとんどありません。というのは、そもそも、ある機会に魂がこの自発性を持つなら、別の機会にも持つという仮説はさらに可能に思えるからです。しかし根本的に、現在はつねに未来を孕んでおり、実体ひとつひとつの未来のすべての状態を現時点から表出しているはずだ、と私が書いたのは、仮説以上のものであり、格率のようなものです。

もっとも、私は急いで本稿を出版すべきではありません。本稿の目的は、貴方と他の方々に向けた真理の解明のみであり、私のほうにもさらなる解明をいただくためです。そもそも、出版というよりは真理を深めるために私は書くからです。真理を判じる分別を欠くどころか曲解する門外漢の人たちに向けて出版することは、しばしば無駄、かえって害になりますから。

アンション氏という裁判官★04は、貴方が、あの偉大で立派な辞典の補遺という形で新たな巻をお考えになっていると、お知らせくださいました。何たる幸い！

まだ、ベネディクト会のラミ神父の著『自己認識について★05』は拝見できていないのです。そのため、彼がご自分の著書を、私にとって、というより真理にとって、意味あるものとできたのかそうでないのか、つまり、彼が難癖をつけただけなのか、真理を求める真摯な願いから著書を出し

裁判官に任命された。ベルリンの諸学協会の会員にもなった。多くの著作があり、ベールの『辞典』の補遺のために書いた『学芸共和国で有名な幾多の近代人の生涯と著作に関する覚書』(アムステルダム 1709)もある。ベールの古くからの友人で、ベールから彼への手紙も計一二通残っている。

★05——フランソワ・ラミ(François Lamy, 1636–1711)。初め軍人だったが、ベネディクト会サン＝モール派の修道士となり、同会で哲学を教え、ロオーに学んだデカルト主義をひろめた。その著『自己認識について』全5巻(*De la connaissance de soi-mesme*, 1694–98)でライプニッツの予定調和説を批判。これに対するライプニッツの反論は、『魂と身体の結合に関する新たな説の解明への追加、《自己認識について》と題された書物に因んでパリに書き送りしもの』(GP IV, 572–577)。なおラミには、スピノザに反駁した『新たなる無神論をくつがえす』(1696)、『理性によって不信者を宗教へ導く』(1710)などの著作があり、彼からベールに送られた一六八六年一〇月一六日付の手紙が残っている。

たのか、それすらわかりません。ただ、真理にとっていちばん良い事態をつねに思っています。貴方は、彼が「予定調和」という呼称を言い出した、としているようですね。そのことは大変喜ばしく思いますし、以下の個別な事情のためだけと、申し置きます。私自身かつて、クーザン総裁★06にその雑誌★07のために渡したある文書の中で、予定調和の呼称を自分の仮説に与えました。同誌にあったラミ神父の著書の初版からの引用を私が使ったもので、それによるとラミ神父は、彼が最近のデカルト主義者たちと共に主張しているように、魂と身体の結合は何らかの超自然的な事態だとしている、とされていました。その書面は、私の知る限り公にされませんでしたが、ラミ神父に届くようですし、この書面は、彼が私の体系について述べていることが、第二版の議論でお目見えすることになると思います。

　私の仮説についての、他の考察をご存知かどうかはわかりませんが、デ・フォルダー氏は、貴方とは別の考察をしてくれました。彼は、物質の中にある単純な衝撃力（インペトゥス）は、原始的エンテレケイアで十分ではないか、と問うています。しかし、実体の統一はこのようにして失われるのです。つまり、統一がないというのは、単純な事物がないので、合成とその結果がないのです。ただ、変様可能な実体的主体がまったくなくても、変様は存在しうるでしょう。というのは受動的でしかないものは、能動的な変様をもてないからです。変様とは、何らかの完全性につけ加わるようなものとはほど遠く、制限や可変的限定でしかありえません。したがって基体の完全性を超えることはできません。今は他の論拠にはあまり触れないでおきます。それをしたら、私は魂とエンテレケイアで紙面をみな埋め尽くす羽目になりましたから。言えるのは、理性のない魂を不滅と認めたような、動物や機械すら完全に不滅だというほとんどわかっていないことや、死は発展でしかない、といった根拠のない危惧は、以前にこの説を理解しえただろう人々を迂回させてしまった、ということです。

★06——クーザン（Louis Cousin, 1627–1707）。アカデミー・フランセーズ会員で、教会史や歴史に関する多数の翻訳や著作がある。高等造幣局総裁の官職を買ったため、通称クーザン総裁と呼ばれる。一六八七年から一七〇二年まで、『学術雑誌』を編集した。

★07——『学術雑誌』（*Journal des savants*）のこと。一六六五年一月にパリで創刊された世界初の学術誌（イングランドの『哲学紀要』創刊は同年三月）。科学はじめ文学、法律、神学など学問全般をあつかい、毎週刊行された。「その雑誌のために渡したある文書」とは、前注05にあげた『魂と身体の結合に関する新たな説の解明への追加《自己認識について》と題された書物に因んでパリに書き送りしもの』を指す。

あのイギリス人学者は、[★08]貴方の丁寧なご挨拶を私にもってきてくれた方ですが、オランダにお戻りになるようです。彼は、貴方の『辞典』の「ディカエアルコス」のところの一節について彼が貴方に書いたものを見せてくれました。ディカエアルコスは、キケロによれば、魂が実体であることを否定し、生体組織、あるいは物質や延長した物塊の変様としました。プラトンの『パイドン』で対話者の一人が、[★09]魂はひとつの調和だと言ったようなものです。エピクロス、ホッブズ、スピノザも同じ意見のように思えます。エピクロスは、小さな物体の戯れにすぎないと考え、ホッブズは、すべては物体であり、感情は、膨らんだボールが跳ね返るような反応によって説明されるとします。[★10]そしてスピノザは、魂は身体の観念、いわば、自然的身体にとって、形や数学的物体のようなものとします。つまり、デカルト主義者たちが目下、動物の魂について考えるのと同じやり方をしています。しかし、デカルト主義者たちが動物の魂には表象作用が無く、機械にすぎないとするのに対して、このイギリス人学者は、物質は、円に姿を変えるように、思考する状態に変わり、ある組織やある形象が思考を生む、としているようですね。そしてこの組織が壊れると、思考も消えるのだと。けれど、私は彼に言わせていただきました、思考とはまったく違うものなのだ、と。例えば、もし何でも見通せる目で、物体の構造の中で最小部分を見つけたとしても、それより先は見えないでしょう。そこに表象作用の始点を見つけることは容易ではありません。ここで例えるなら、機械を構成する部品がみな見渡せるような時計の中や、内部の歯車の間を歩いて回れるほどの風車の中でどれが始点なのか見つけることが難しいように。[★11]というのも、風車と、より緻密な機械の差は、程度の差にすぎないからです。機械がこの世界のとりわけ良くできたものを生み出すことはわかっています、しかし、機械は自身ではそれがけっしてわからないのです。鏡に写る像以上に、目に見える物の中で思考に近いものはありませんし、脳での思考の痕跡は、正確には再現できません。それに、像がいくら正確でも、その像のある場所での表象

★08——ジョン・トーランドを指す。ベール宛書簡6-8注01参照。

★09——プラトン『パイドン』85b–86dでのシミアス。

★10——ホッブズ *Elements of philosophy*, 4.25.2, *Leviathan*, I, I, *Human Nature*, 2. しかし、膨らませたボールのイメージはライプニッツ独自のものらしい。

★11——のちの『モナドロジー』一七節にも風車小屋の比喩があり、脳と表象作用が問題となる(K I, 9, 210–211)。

そのものは作れません。どんな機械の仮説を立てても、その表象そのものにはたどり着きさえしませんし、いつも際限なく遠ざかったままです。どうやってもばらばらな物は、どれだけ面を重ねても物体にはなれないようにです。さて、思考とは、同一のもののそれ自身への能動であり、形象や運動のなかには生じません。形象や運動は、真に内在的な能動の原理を示すことはけっしてできません。ですから、単純な存在がなければなりません。それがなければ、合成された存在、寄せ集め[★12]の存在はないのです。合成や寄せ集めの存在は、実体というより現象であり、デモクリトスによれば、ピュシス(φύσις)によるよりもノモス(νόμος)によって存在するのです(つまり自然よりも精神や理性でということです)。そして、もし単純なものの中に変化がなければ、合成されたものの中でも然りです。合成されたものの実在はみな、単純なものの実在においてのみ成り立つのですから。さて、単純なものにおける内在的変化とは、思考においてとらえられる変化と同じ種類のものです。つまり、全般に、表象とは、統一において多の表出であると言えます。このように思考が非物質的であることを解き明かしましたが、このことを多くの場で驚くほどみごとに論じた貴方には不要の話でしょう。そうは言っても、私個人の仮説にこの考察をつけ加えると、私にとっては、仮説と考察が互いに補い合い、より明晰になるのです。

しかし、この点について貴方のご意見をうかがおうとも、詳細に立ち入っていただこうとも思いません。そうすると、読者にとって大変有益になる他のお仕事の邪魔立てになりますから。貴方がそうなさりたいなら別ですが。たとえ貴方のご考察が私にたいへん役立つとしても、自分の利益を貴方の利益に優先していただこうなんて心得ちがいですし、強い友情とご温情を忘れないこの身としては、そのようなことを浅はかにもお願いする過ちはさけたく存じます……

★12——寄せ集め(aggrégation)。この語はライプニッツにおいて、現象の世界での物体のあり方を論じるさいに必ずでてくる。それ自身による一性がないにもかかわらず、精神がそこに一性を与えることによって生じる存在。「寄せ集めによる一」(une unité d'agrégation)についてはアルノー宛書簡(一六八七年四月三〇日付、K I, 8, 318-339)参照。

【解説】学者の共和国における議論と交流

谷川多佳子

ライプニッツは一六八六年三月の『ライプツィヒ学報』に、ラテン語の力学論文『自然の法則におけるデカルトおよび他の学者たちの顕著な誤謬……』(K I,3)を発表し、デカルトの運動量保存の法則(絶対量としての質量mと速度vの積)を批判する。その不整合の事例をあげ、保たれる量はmv^2であることを主張し、保存されるのは運動量でなくて、力だ、とする。同じ年にライプニッツは『形而上学叙説』(K I,8)を著しているが、そこでも同様の力学議論を示して、デカルトとデカルト主義者の「誤り」を述べる。$m \cdot v$のvは、直線等速運動をしか表せない。加速や減速は計量できず、ガリレオの物体落下の法則に劣るとしてmv^2を採用する。デカルトが運動量と力を混同していると批判し、力を運動量から区別する。力の概念は以降ライプニッツにとって、力学においても哲学においても重要なものとなっていく。

ライプニッツのこの力学論文に対しては、ホイヘンスの批判もあるが、デカルト自然学の根幹をなす運動量保存の法則を「顕著な誤謬」として初めて真っ向から非難したものだけに、多くの反論がでた。デカルト派のカトラン神父、ドニ・パパンなどの批判。さらにマルブランシュもそこに加わる。

ピエール・ベール(1647–1706)の編集する『学芸共和国通信』に、この論文の抄仏訳が、発表半年後の九月にカトラン神父の批判を付して掲載される。ライプニッツはこれを機にベールに手紙を書き、反論への答弁がまず一六八七年二月の同誌に出る。以降、カトラン神父に対する再反論が発表され、そこでマルブランシュの衝突規則の批判を始めている。さらにマルブランシュへの回答が『ライプツィヒ学報』にも発表され、これまでのデカルトの運動法則の批判というテーマを拡げて、自然法則についての形而上学的基礎づけが試みられる。ライプニッツは連続律を基にして、硬性と弾性、運動と静止といった反対概念を連続的にとらえ、また函数的に把握する方向を示している。すでに微分法を手にしていたライプニッツは「無限」の概念を活用する。楕円と放物線のような一見類似性の認められない二者までもが連続的に捉えられていく。

こうした方向での具体的内容が、本稿書簡集にみられる。両者の交流は深まっていく。ライプニッツは、ベールの学識と才能を高く評価するようになる。

ライプニッツは一六九五年、その哲学の基本構想を示す『実体の本性と実体相互の交渉ならびに心身の結合についての新たな説』(K I,9)を六月の『学術雑誌』に発表する。全体一八節のこの論文は、実体の本性を論じる一一節までと、心身の結合を論じる一二節以降に分けられる。用語の点ではまだ未整備であるが、予定調和説もここで述べられる。

この論文はただちに反響を呼び、当時活躍していたフーシェやラミの批判が公にされる。ライプニッツの答弁、解明も発表される。ベールは『歴史批評辞典』第一版(一六九七年刊)「ロラリウス」の項で、これをとりあげる。まずは好意的に叙述するが、やはり呑み込みにくい点がいくつかある、と批判する。それは精神と身体の関係、魂、実体にかんするものである。ベールが問題にしたのは、なぜ魂の活動はその本性から自発的に起こるのか、ということ。また単純で分割不可能な存在である魂が、掛け時計になぞらえられて、外的ないかなる原因にも動かされず、自発的能動性をもって多様に働くというのも不合理であること。機械のようにたくさんの部品のあるものなら、各部品の作用が他の部品の流れを変え、動き方も多様になろうが、単一の実体ではその働きを変える原因がいったいどこに見つかるのか、と。

ライプニッツはこれに対する回答を『学術著作史』誌を編集するバナージュ・ド・ボーヴァルに送る。『魂と身体の結合に関する新たな説にベール氏が見出した困難についての解明』として一六九八年七月に同誌に掲載される。実体は、ある秩序に従って絶えず変化し、その秩序は、そこに起こるだろうすべての状態によってその実体を自発的にみちびく、魂も、自らの自発性にしたがい、次々とさまざまな表象をもつ、と。表象の無限の多様性や、魂が錯然と感知する痕跡についても語られる。

これに対するベールの書簡は数か月後に同誌に掲載され、ライプニッツの『解明』を読み、『辞典』第二版でこれについて述べることを予告している。『辞典』第二版は一七〇二年初頭に出版される。両者のやりとりの続行が、本稿の書簡で具体的にみられる。ベールからの書簡で紛失されているのもあり、内容的にやや錯綜しているかもしれない。最後に書簡で、自然における力や、魂、実体、さらに予定調和についてのライプニッツの考えが示されている。

ベールは南フランスの寒村でカルヴァン派の牧師の子として生まれた。若いころ一度カトリックに改宗するが、翌年カルヴァン派に再改宗した。そのためスイスに逃れ、ジュネーヴ大学で学んだ。以後フランスに戻り、セダンのプロテスタント大学の哲学教授となる。しかしフランスの宗教迫害で同校が強制閉鎖され、オランダのロッテルダムに亡命した。

オランダでは、『学芸共和国通信』を刊行して、全ヨーロッパ的な名声がもたらされる。一六八五年のルイ一四世のナントの勅令廃止によるプロテスタント迫害に対して、『強いて入らしめよというイエス・キリストの言葉に関する哲学的註解』を著して、良心(信教)の自由を主張し、宗教的寛容を訴えた。王権に寛容を求めるその立場は、武力による王権打倒を唱えるピエール・ジュリューらと対立し、激しい論争が続いた。その結果と、さらに政治状況の影響も加わって、一六九三年ロッテルダムの教職を追われた。

以後はそれまで計画を温めていた執筆活動に専念して、一六九七年に刊行したのが『歴史批評辞典』である。ロッテルダムで刊行された第一版は、分厚い二折版(フォリオ)の二巻四冊の大きなものだった。

一七〇二年の第二版は、前よりも半分近くが増補されて、さらに大きくなる。巨大な本であるが、著者の死後も版を重ね、一八世紀前半までに九版までが刊行されるベストセラーであった。

項目は主に人名で、宗派名なども多少ある。簡潔に事実を述べた本文と、それに対する膨大な脚注からなり、脚注には多様な議論が展開されている。従来の歴史辞典や歴史書の誤謬を批判的に吟味する目的で構想されたが、実際の執筆の過程で、はるかに豊かな思想的内容をもつものとなった。それまでの歴史的事実の不正確さ、迷信性、偏見からくる歪曲を明るみに出し、哲学者をあつかう項では、その学説の詳細な批判検討を行っている。本書簡集にかかわる「ロラリウス」の項のライプニッツ説批判はその一例にすぎない。論議される問題はきわめて多岐にわたり、無数の文献を駆使する驚異的な博識とともに、批判の精神は誠実で鋭い。一八世紀の啓蒙思想に多大な影響を与え、啓蒙の最大の武器庫といわれるが、しかしベールの立場は伝統的カルヴァン主義の信仰絶対主義とみられており、こうした複雑さは深い魅力を培っているのかもしれない。

当時ゾフィーたちも、ベールの著作を読み、一七〇〇年オランダを訪れた折にベールに会っている。そこでゾフィー・シャルロッテはベールとその作品について敬意をこめて語り、作品をいつも持ち歩いている、とまで言っている。彼女がのちにライプニッツと交わすベールに関する談論が、『弁神論』(KI,6・7)を産み出す契機となることは知られている。

第1部——学者の共和国 ✣ Res publica litteraria

解説 ✣ 酒井 潔

1——収載書簡の選定と編成

『ライプニッツ著作集』第I期（8＋9巻 工作舎）に収録された哲学書簡（アルノーとの往復書簡、デ・フォルダー宛書簡、デ・ボス宛書簡、クラークとの往復書簡）は、いずれもライプニッツの中期（一六八〇年代後半）から最晩年に至るいわゆる後期に書かれた書簡であった。これに対し、本巻第1部には、ライプツィヒ大学学生だった最初期から、やがてデカルト主義の批判に転じ、彼の活動的実体の形而上学や、力を $m{\cdot}v^2$ と定義する自然学／物理学の立場を確立する中期へ至る思想形成・確立期に属する六つの書簡群：1トマジウスとの往復書簡、2ホッブズ宛書簡、3スピノザとの往復書簡、4初期アルノー宛書簡、5マルブランシュとの往復書簡、6ベールとの往復書簡全三五通を、各関連文書・同封文書・論文等一一篇とあわせて収載し、各文通の開始された年代の順に配した。これによって、学士論文提出直後の一七歳の学生ライプニッツが、論文指導教授でもあった師トマジウスに宛てた最初の一六六三年九月二日の手紙（1-1）から、ベールとの一七〇二年一二月五日付最終書簡（6-10）までの約四〇年に及ぶライプニッツの思想形成のドラマに光があてられる。この間にはパリ滞在（1672-1676）、スピノザ会談（1676）、『形而上学叙説』執筆（1686）、『新たな説』の発表（『学術雑誌』1695）など彼の思想発展にとって重要な出来事が含まれているが、そこにはライプニッツのどのような思いが伴い、そして同時代人とのどのような共感あるいは反発がはたらいていたであろうか。ちなみに、本巻第1部収載の最終書簡は、一二年近くに及ぶ文通中断の後、ライプニッツから新刊の『弁神論』を贈られたマルブランシュが出した礼状（一七一一年一二月一四日：5-16）と、それへのライプニッツの返信（一七一二年一月：5-17）である。この二通はライプニッツの形而上学体系に直接に寄与するものではないが、しかし貴重な一次資料であることにかわりはない。

なお、本巻第2部「サロン文化圏」に収載されたゾフィー、ゾフィー・シャルロッテ、マサム夫人との書簡は、いずれも中期以降一六九六年から一七〇四年にかけて書かれ、ライプニッツが「力」や「個体的実体」などの中期に確立された諸概念をふまえつつ、さらに「単純実体(モナド)と合成体」、「一なる魂と多なる身体」、「感覚と理性」等をめぐる形而上学思想を洗練させ、後期の代表作『モナドロジー』の諸発想を懐胎してゆく過程を読者は見ることができる。

2——書簡にみる最初期から中期へのライプニッツの思想形成

このように本巻第1部「学者の共和国」は、最初期から中期にいたる若きライプニッツの思想形成に焦点を当て、収載六書簡群のつながりを歴史的・発展史的に明示できるよう、1から6までを各文通の開始の年代順に配した。これらの六人の文通相手はいうまでもなく近世哲学史上の綺羅星たちであり、それだけでもすでに読者の興味をかき立ててくれる。しかし六人を選んだより積極的な理由は、ライプニッツの哲学・思想の形成プロセスを考えたときに、本巻第1部に収載した1~6の書簡群がそれぞれの仕方で重要な役割をはたしているからである。以下、1~6の書簡群とライプニッツ哲学の発展史との関わりを略述しよう:

【1】ライプニッツはライプツィヒ大学のヤコプ・トマジウスの指導の下、中世後期からの中心テーマであった「個体」を個体として規定する原理は何か、という形而上学および論理学の定義論からその哲学研究のキャリアを開始した。学士論文『個体の原理についての形而上学的討議』(1663)は恩師トマジウスの序文を冠する。アリストテレスおよび中世スコラ哲学の伝統、そして同時代のドイツ・スコラにも精通し、それらの潮流の中に/対して自分の哲学を位置づけようとするライプニッツの哲学スタイルはトマジウス譲りのものといえよう。トマジウスなくしてライプニッツ哲学の誕生は語れない。実際彼のトマジウス宛書簡を見ると、師に対する敬愛と信頼、師への情報提供、また師のコメントを懇請すると同時に、安心して異論を唱えもする青年ライプニッツが彷彿とする。

【2】一六六七年初めアルトドルフ大学で法学博士号を取得したライプニッツは、実社会へ船出するが、同時に哲学においても「(個体的)単純実体」の概念を旗印に学界にデビューしようとする。そこに立たちはだかっていたのが、当時の流行あるいは権威でもあったデカルトの哲学・自然学であり、無名の新人ライプニッツは、この権威を叩くことで自分の哲学をアピールしようとする。ライプニッツは政治・宗教・知識界の大物ボイネブルクの庇護を得、一六六八年初頭からマインツ選帝侯宮廷顧問官となる。水を得た魚のように法務や内務に従事するとともに、彼の学問的意欲も哲学、法学、自然学/物理学等多岐にわたり一気に高揚する。ライプニッツが一六七二年四月から一六七六年九月までパリに滞在し、その間の二度のロンドン訪問も含め、当時の最高の数学者、物理学者、哲学者たちに会い、多大な示唆と刺激を得たことは有名で

あるが、しかしそれに先立つこのマインツ時代もまた若きライプニッツの思想形成を考える場合決して看過されてはならない。ライプニッツは自ら名乗りをあげ、自説を披歴し承認または批評を得ようと、当代の碩学たちに手紙攻勢をかけ、まず挑んだ一人が老ホッブズだった(ちなみに当時、著名学者と文通すること自体、たいへんな名誉であり、特権的でもあった)。デカルトの「延長実体」論に抗して力の内在説を構築しつつあったライプニッツは、ホッブズの「コナトゥス」概念に賛辞を送り、自らの反デカルト主義のために碩学の支持を取りつけたいという思いで最初の手紙を書いた(2-1)。しかし彼は二度目の手紙では、ホッブズの「契約国家」論を取り上げ、「恐れ」としての人間本性の観察と「万人の万人に対する戦争」という想定は許容しながら、しかし同時に、ホッブズの「国家へのいっさいの権利の譲渡」という論点に対しては、服従する者から「抵抗」する権利を全否定することはできないであろうと、批判を隠してはいない(2-2)。

【3】さらに一六七一年一〇月、その前年『神学・政治論』を出版したばかりの話題の異才スピノザにもライプニッツは興味を覚え、フランクフルトから短い手紙を出す(3-1)。スピノザのために光学にかんする論文を書きおろして同封し、スピノザの見解を求める。このときのライプニッツの一番の意図がどこにあったか即断はできないが、しかし少なくとも有意の研究交流者としてスピノザの承認を得たい、さらには自分の思想を鍛える対話相手としてスピノザの知遇を得たい、という通例の期待は込めていたであろう。これに対しスピノザは腹の中を示さず、光学の内容だけに限定した返信を出した(3-2)。しかし、その数年後にライプニッツが相次いでスピノザについて記したコメント、すなわち本巻では特別に収載した文書3-4, 3-5, 3-6では、スピノザの『エチカ』の内容が知られてくるにつれて、その唯一実体、神即自然、必然性的世界などの思想に対しライプニッツが急速に明確に批判的となる経緯が示されている。

【4】このマインツ時代(一六六七年一二月～一六七二年三月)、ライプニッツは神学研究でも本格的に始動している。そこには庇護者ボイネブルクが、自身がプロテスタントからカトリックへの改宗者であって、教会再合同に向け各方面で陰に陽に動いていたという事情もあろう。ライプニッツ生来の宗旨はプロテスタント(ルター派)であり、それは終生変わることはなかったが、聖餐式における化体などの教義の哲学・神学的基礎を理性に従い吟味することで、新旧教会の対立が解消されるかもしれないと期待した。当代きっての碩学で旧教徒にしてジャンセニストのアルノーにライプニッツは一六七一年一一月初旬長文の手紙をマインツから出す。これが、本著作集第I期第8巻所収のアルノーとの往復書簡(1687-1690)に先立つ、初期アルノー宛ラテン語書簡である(4-1)。ここでライプニッツが本来の案件とは一見無関係なありとあらゆる情報を提供しているのは、著名人アルノーの好意を得ておきたいとの若輩

ライプニッツの思惑に他ならない。しかし先のホッブズ宛書簡と同様、このときも返信は得られなかった。ライプニッツの書簡はしばしば情報収集と情報提供の両面をもつ。すなわち相手から知見や批評を聞くuserであると同時に、各方面の情報を相手に供給するproviderとして、ネットワークのハブとして機能し、相手に必要とされたい、さらにそれによって彼の哲学他の学術活動を推進したいという狙いもあったはずである。

【5】その翌年、君主マインツ選帝侯の派遣外交団の一員として一六七二年四月にパリに入ったライプニッツは、翌春君主の急死により任をとかれたが、一人パリに残る。そして彼の学問的意欲のまま当時の最高水準の学術に接し、吸収しようと多くの哲学、神学、数学者他の知己を得た。一六七四年に『真理の探究』第一巻を出したマルブランシュにも、ライプニッツは翌一六七五年秋、パリで会談した。そしてパリ滞在中の一六七六年前半に第一信を書き(5–1)、これにマルブランシュも返信し(5–2)、文通が始まった。当初のテーマは物質、延長、空間や、物体の運動である。ここでもライプニッツはマルブランシュが依拠していたデカルトの延長実体の概念や運動理論を切り崩そうとする。(パリの四年半は、デカルト主義への懐疑がさらに批判へと先鋭化する時期でもあった)。文通はその後も計四度の長い中断(中断期間はそれぞれ三年、一三年、四年、一二年)を経ながらも続けられる。そしてマルブランシュは、ライプニッツの粘り強い議論の前に、彼の運動伝達論にあったデカルト主義の前提を放棄した(5–13)。マルブランシュに対しても、ライプニッツは単なる批判者ではなく、両者の意見の相違点をきちんと整理して相手に明示し、可能な一致点を見出すことに努めた。ライプニッツの思考が対話的思考と称される所以である。

【6】ハノーファー公爵国に宮廷顧問官として着任して一〇年が経過した一六八六年早春、中期哲学の最初の代表作となる『形而上学叙説』において、ライプニッツはデカルトが排除した中世の実体形相を復活し、これを個体的実体の本質として認め直す。そして物体の運動に関してもデカルト的な$m \cdot v$(質量×速度)を「運動量」に過ぎぬとし、これに替えて$m \cdot v^2$を「力」として強調する。このライプニッツの運動論を攻撃したデカルト信奉者カトラン神父の短い論文を、自らが編集主幹を務める『学芸共和国通信』一六八六年九月号に掲載し、両者の対立を世に紹介しようとしたのがピエール・ベールなのだった(ベールの編集による学術雑誌*Nouvelles de la république des lettres* は、従来は『文芸共和国便り』/『文芸共和国通信』などと和訳されてきたが、本巻以降では、内容に即して『学芸共和国通信』と訳すことにした)。それを見たライプニッツはベールに手紙を書き(6–1)、ここにベールとの文通が始まる。このときのライプニッツからみたベールは、後の『歴史批評事典』(1697)の作者でも、二重真理説の提唱者でもなく、もっぱら雑誌『学芸共和国通信』の編集者なのだった。ちなみにライプニッツの文通相手にはこのような雑誌編集者も多くいた(フーシェ=『学術雑誌』、バナージュ・ド・ボーヴァル=

『学術著作史』、メンケ＝『ライプツィヒ学報』、ショーヴァン＝『学術新雑誌』等）。つまり自身の運動理論を確立するためには、何よりもデカルトの運動論が否定克服されねばならず、よってカトランのような怪僧の難癖など一蹴しなければならない。そしてそのためには『学芸共和国通信』編集者ベールを、たとえ味方にはできないにしても、少なくとも自分の反デカルト的運動論を説明し意を通じておく必要があったのだ。したがって、ベールとの往復書簡は、有名な「二重真理説」をめぐるものではないことに留意しておこう。むしろベールとの往復書簡は、自説の確立を急ぐライプニッツが、当時なお強力であったデカルト派から受けた抵抗の激しさとともに、ライプニッツの思考の優れて対話的・ディスクルス的な特徴を今に伝えているように思われる。

以上のように、トマジウスからベールまでの六書簡群を年代順に配する本巻第1部は、伝統的形而上学から出発し、「個体」定義を手に入れたライプニッツが、当面の論敵デカルト主義への批判を強めながら、「個体的単純実体」と「mv^2」の「動力学」dynamica という自らの思想的立場を確立し、一六八六年の『形而上学叙説』と『動力学綱要』の執筆にいたるプロトコルであり、さらには、一六九五年の『実体の本性と実体相互の交渉ならびに心身の結合についての新たな説』を経て、実体モナドの自発性と世界関係性との両立、さらには「意志」と「必然性」概念の重層化へと展開する後期の『弁神論』とその最善世界説、さらには総合書『モナドロジー』を予想させるドキュメントである、と言えよう。

3――「学者の共和国」とは何か

本巻第1部は「学者の共和国」（「学術の共和国」）と題する。これはライプニッツ自身の言葉“la république des lettres”，“res publica litteraria”からとられている。学者のネットワーク（scientific community）という比較的広い、柔軟な意であって、大学やアカデミーのような何か特定の機関、組織、団体ではない。それはむしろ「共通善」（bonum commune）にも似た価値概念であって、手紙を出す側にも、送られた側にもポジティヴな含意を有する。

当時一七世紀中頃から一八世紀初頭にかけて、学者間の書簡は単なる私信ではなく、むしろ学術雑誌に相当する役割を兼ね、写しをとり、一定範囲の関係者に回覧されたのである。つまり、ただ当事者同士の意見交換、あるいは論争というだけでなく、何がそこで問題にされ、どのように論じられているかが当事者以外の学者たちにも広く共有されたのである。だから第三者が介入することもあったし、また書簡がそのままの形で雑誌（例えばベールの主宰する『学芸共和国通信』）に掲載されることや、当初書簡として書かれたものが論文として雑誌に掲載されることもあった。

ライプニッツは、（少なくとも哲学関係の）書簡を、単に自分の用件や問いを相手に伝達・報告するだけのもの、とは考えてはいなかった。ライプニッツは自分の発想や議論をただ自分の内部ですばやく直線的に結論へもたらし、著作にするというタイプではなかった。自分のアイディアや議論をそのつど他者にサウンドさせ、それがどのように他者には見え、理解されるかを重視した。それは自信の無さであるどころか、逆に「同一都市の比喩」(『モナドロジー』第五七節)に示されるように、同じものでも異なった「視点」point de vue からは異なったものに見られるが、しかしどの異なった「眺望」perspective も同一の事物に属している、というライプニッツの根本信念からくる。つまりどの文通相手の感想もあるいは異論や反論さえもライプニッツにとっては、(相手に映じた)自説の姿・相貌の一つに他ならず、だからこそ自説の吟味・洗練・深化のために有意義であり、必要ですらある。実際ライプニッツは相手の抵抗にあった場合には、自説を違った仕方で説明する、あるいは部分的な改訂または取り下げさえも厭わなかった。また議論が真っ向から対立した場合も、「両者は対立において誤っており、一致することにおいて正しい」との信条から、自説と相手の説をそれぞれパラフレーズして相手に示し、一致する点を共同で認識しようとした。つまりライプニッツは、他の少なからぬ哲学者が(おそらくデカルトも)そうであったように、モノローグ的ではなく、むしろ明らかに対話的・ディスクルス的な思索者なのである。ライプニッツはその哲学的立場を練り上げるためには他者を必要とした。ライプニッツにとって、「学者の共和国」のメンバーシップは、たんなる社交でも名誉でもなく、自らの哲学思索に絶対不可欠のものだったのである。

「学者の共和国」のエートスをよく表しているライプニッツの言を本巻第1部収載書簡から二点だけ引用しておこう:「すべて党派の名前というものは真理の愛好者にとって憎むべきものです」(5-4)。「そろそろ諸学派の名前はお払い箱にし、幾何学者たちの流儀で証明に専心するべき時なのではないでしょうか。そこではアルキメデス主義者とユークリッド主義者の区別などまったく無用なのです」(5-10)。ライプニッツが学派に属さず、ただ「学者の共和国」の理念から論客であろうとしたことも、彼の書簡に密接に連動している。

そして、「学者の共和国」というネットワークを実際に機能させるものとしては、交通手段は馬車か徒歩以外になく、また通信手段は、電話も電子メールもない当時、実質的には手紙が唯一の手段だったのである。実際一七世紀から一八世紀にかけてのヨーロッパでは、郵便インフラが、他のどの時期にもまして急速に改善されたことも看過してはならない。

4——ライプニッツ哲学書簡の特徴

「学者の共和国」の一員として手紙を書き続けたライプニッツであるが、それでは彼の書簡には他の哲学者たちの場合と比べ、どのような特徴が見出されるであろうか。

第一に、保存された手紙が非常に多いことがあげられる。ライプニッツは生前宮廷官吏であったために死後直ちに官命によりハノーファー市内の自宅にあった全ての書類や持ち物が封印され、その後すべての遺稿は手紙も含め王立図書館に所蔵され、それが現在のアカデミー版全集の基礎となっている経緯は知られている。また、ライプニッツが発送した手紙自体はハノーファーではなく他の地にある訳だが（例えば、ホッブズ宛書簡はロンドンにある）、しかし下書きまたは写しがハノーファーに存在する。現在の調査では、一九世紀末のボーデマン・カタログの数字は大幅に上方修正され、書簡総数二万通、文通相手は一三〇〇名、一六か国一六〇都市に及ぶ。そのうち哲学書簡はというと、一般・政治・歴史書簡（第I系列）や数学書簡（第III系列）にくらべ、その数は少ない。既刊三巻、すなわち一七〇〇年までで八〇二通であり、これに加え、第I系列に配当されている本巻第2部サロン文化圏の手紙（ゾフィー、ゾフィー・シャルロッテ、マサム夫人書簡他）、あるいは第III系列に配当され、マルブランシュ書簡でもしばしば名前のあがっていた数学者ロピタル侯爵の手紙などを算入して九〇六通という調査もある。一七〇〇年以降多少増えるとしても生涯総数は二〇〇〇通以内ではなかろうか。しかし哲学書簡には長いものが多く、また思想史上にはたした役割や知名度から他の二系列に勝っているといえよう。ところで、ライプニッツは手紙の他にもいろいろな書類、メモ、紙片をほとんど捨てずに全部残していた。細かな領収書の類も手紙に交じっていたのである。当時、自分の手紙を一種の記念碑と見做し、自ら編集し出版する学者が稀ではなかったのに対し（例えばエラスムス）、生前のライプニッツには、およそそのような考えはなかった（「個体概念」をめぐる応酬で知られるアルノーとの一六八七～一六九〇年の往復書簡について、周囲から出版を勧められたこともあったが、結局なさぬままだった；K I, 8, 426）。

第二に、ライプニッツの哲学書簡は、既述のように、対話的でディスクルス的な思想交換の場であり、その遂行である。

第三に、したがってそこには或る種のストラテジックな性格も存し、ライプニッツは手紙の中で、相手を自分の側に引き込むためのレトリックを駆使する。また、さしあたりは無害な話題、他の学者たちの消息などで行を埋めながら、本当に言いたいこと、聞きたいこと、あるいは政治的な機微に触れる件を最後に手短にさりげなく、しかし明瞭に相手に伝えるというテクニックも用いている。ライプニッツはさらに手紙の心理的な効用として、相手をその名誉心を傷つけずに味方につけることができるとも述べている。

第四に、ライプニッツは学者たちの新著や活動・消息について情報を欲した、と同時に自分が得た情報を相手にも供与し、自分が有用であると相手に印象づけようとした。彼の手紙は、“give and take”の原則に従い、情報網の結節点であろうとする彼の意志でもある。

第五に、彼の哲学書簡は、同時代の例に漏れず、功利的な側面を併せもつ。すなわち手紙を書くのは多くの場合、相手に人を紹介したい、あるいは人を紹介してほしい、あるいは借りた本の督促を当事者に代わって言う等、具体的な用件がある時でもあるのだ。例えば、三六年にわたるマルブランシュとの文通には四度の長期中断があったが、再開の直接の動機は一回目が友人チルンハウスをマルブランシュに紹介する必要、二回目はパリへ行く知人に、『運動伝達論』を発表したマルブランシュのために／宛ての覚書を託したこと、三回目はトレッリ神父のパリ訪問、四回目は『弁神論』をマルブランシュに贈ったことにあった。

5――収載書簡一覧〔文通開始年、アカデミー版とゲルハルト版〕

本巻第1部に収載されているライプニッツが書いた手紙およびライプニッツが受け取った手紙は以下のとおりである。ちなみに、スピノザへの／からの手紙各一通、およびライプニッツが筆写したスピノザの手紙（マイエル宛一通、オルデンバーグ宛三通：畠中尚志訳『スピノザ往復書簡集』岩波文庫）の他は、書簡・関連文書（筆写したスピノザの手紙へのライプニッツによる注解を含む）ともすべて本邦初訳である：

【1】トマジウス書簡〔抄〕一六六三年九月から一六六九年四月まで〔ラテン語〕＝四通（ライプニッツからトマジウスへ：三通、トマジウスからライプニッツへ：一通）

【2】ホッブズ書簡〔全〕一六七〇年七月、一六七四年〔ラテン語〕＝二通（ライプニッツからホッブズへ：二通）

【3】スピノザ書簡〔全〕一六七一年一〇月、一六七一年一一月〔ラテン語〕＝二通（ライプニッツからスピノザへ：一通、スピノザからライプニッツへ：一通）

さらに関連文書として、スピノザの書簡および『エチカ』にライプニッツがつけた注解（3-5）を収載している（→後述）。

【4】初期アルノー書簡〔全〕一六七一年一一月〔ラテン語〕＝一通（ライプニッツからアルノーへ：一通）

【5】マルブランシュ書簡〔全〕一六七六年前半から一七一二年一月まで〔フランス語〕＝一七通（ライプニッツからマルブランシュへ：一一通、マルブランシュからライプニッツへ：六通）

【6】ベール書簡〔全〕一六八七年一月から一七〇二年一二月まで〔フランス語〕＝一〇通（ライプニッツからベールへ：七通、ベールからライプニッツへ：三通）

なおゲルハルト版収録の関連論文二篇（6-1「付録」、6-3）も収載（→後述）。

ただし、ここで「全」というのは、「アカデミー版、ゲルハルト版に印刷されている手紙の全部」という意味である（実際には発送されなかった手紙の草稿や、ゲルハルトが彼の判断で、「付録」と名付けて収録した文書については、一部を割愛した）。また、当時の常として、手紙の中には、実際に発送されても不達だったり、後に紛失してしまうものも少なくなかったのである（例：一六九五年一月と二月に書かれたはずのライプニッツからマルブランシュへの手紙二通。A II, 3, XLII）。

一八七五〜一八九〇年に刊行されたゲルハルト版哲学著作集全七巻（*Die Philosophischen Schriften*）は、当時としては画期的な功績であり、長くライプニッツ研究の定本として役割をはたしてきた。しかし当時の資料、人手、技術その他の諸制約により、テクスト校訂や解説（成立事情、年代推定等）に誤りや不十分な点が少なくない。これに対し、ドイツの国家的事業として一九〇一年に開始されたアカデミー版全集（*Sämtliche Schriften und Briefe*）は、諸科学の基礎となる第一次資料を提供すべく、徹底的なテクスト・クリティークと歴史研究・資料調査とに依拠しており、とくに近年のめざましい刊行の進捗により、またデジタル化の推進ともあいまって、定本としての主役交替の日も遠くないと言われる。

とはいえ哲学関係の著作と書簡については、とくに日本ではゲルハルト版の人気はいまだ根強いものがある。とくに書簡に関しては、文通相手ごとに年代順に並べたスタイルにはそれなりの利点もある。これによりライプニッツと各文通相手との思想交渉を発展史的にしかも連続して追えるからである。一方アカデミー版は手紙を文通相手ごとに分けるのではなく、「一般・歴史・政治書簡」（第I系列）、「哲学書簡」（第II系列）、「数学書簡」（第III系列）に大別し、各系列内では、文通相手ごとに分けずに年代順にのみ従って編集してゆく。これによりライプニッツがそれぞれの時期にどのような問題に直面し、これに対処し、またどのような活動をしていたかを、あたかも記録映画や伝記のように再現できるという利点がある。しかし多くの日本の読者の希望は文通相手ごとの編集であると想像されるゆえ、本巻では（第I期著作集と同様）基本的にゲルハルト版の編成に従った。もちろん、各書簡のテクスト校訂、年代推定、成立事情等の歴史考証に関しては、ゲルハルト版の誤りを正し、不足を補っているアカデミー版に原則的に従った。ただし、アカデミー版第II系列（哲学書簡）は、二〇一四年一二月の時点で、まだ第3巻（1695–1700）までしか出ていない。したがって、一七〇一年以降の手紙（5–16, 5–17, 6–6〜6–10）については、ゲルハルト版に依拠した。

書簡の収載にあたっては、ライプニッツが実際に発送し、受け取った書簡に集中した。本巻第1部では、紙幅の都合上四書簡のみの収載となったトマジウス書簡以外では、全書簡を訳出・収載することを原則とした。さらに各書簡は、（1–4や4–1のように）相当長文のものであっても、英訳などにありがちな抄訳ではなく、全訳し、手紙の体裁や雰囲気も壊さないように努めた。

6——収載のポリシー

本巻は、既述のように、ライプニッツから／への送受信を、（トマジウス書簡以外では）すべて収載した。また、書簡の成立事情や内容に関係が深いとして、ゲルハルトが（「付録」と呼んで）併せて収録している論文等については、(アカデミー版ではそれらを第II系列「哲学書簡」ではなく、第VI系列「哲学著作」に配当している)、内容上重要であり、読者の関心も高いと推されるものを、例外として、数点収載することにした(3–3〜3–5および6–1, 6–3の一部)。以下、各書簡群の別に述べる：

【1】トマジウス書簡

ゲルハルト版に収載されている一六通の中から、最も早期のライプニッツの手紙1–1、続いて1–2、そしてトマジウスからライプニッツへの最初の来信1–3、その回答であり哲学的に最も重要とされ、かつ有名なライプニッツの手紙1–4を収載。

【2】ホッブズ書簡

アカデミー版、ゲルハルト版に収載されている全二通を収載。

【3】スピノザ書簡

アカデミー版、ゲルハルト版に収載されている全二通を収載。ゲルハルト版ではこの二通に続けて収録されているが、アカデミー版では第VI系列「哲学著作」(A VI, 3)に配当されている以下の三点を、本巻では収載した。

3–3　ライプニッツが、スピノザの友人シュラーから(おそらくチルンハウス経由で)入手したスピノザ情報で、その大部分は「無限」問題を論じたスピノザ発ロデウェイク・マイエル宛書簡(一六六三年四月二〇日)。ライプニッツはこれを筆写し、注を付した。

3–4　スピノザからオルデンバーグへのおもに神学的内容の手紙三通をライプニッツが筆写し、それに注を付けたもの。

3–5　ライプニッツがスピノザの『エチカ』を読んで書いたノート、および『エチカ』の所持本に書き入れた欄外注。

【4】初期アルノー書簡

現存するのは、アカデミー版とゲルハルト版に収載されているこの一通だけである。

【5】マルブランシュ書簡

A II, 1, 724–727; GP I, 334–339は発送されなかった下書き(L2)である。本巻ではこの下書きは収載せず、実際に発送されたヴァージョンA II, 1, 716–723; GP III, 330–333のみを5–6として収載。

5–9の後半に収載した「付録」(A II, 2, 613–615; GP I, 346–347)と「考察」(A II, 2, 615–618; GP III, 347–349)はどちらも挨拶や結びの文句を欠き厳密な意味での手紙ではなく、ライプニッツがマルブランシュのために書いた一種のメモである。「付録」(Beilage)という表記はゲルハルトが便宜的に挿入したのだが、あたかもその直前に印刷されているマルブランシュからライプニッツへの手紙への付記であるかのような錯覚を読者に与えるため適切とはいえず、アカデミー版では採用していない(A II, 2, 613)。ライプニッツはこの二篇を知人に頼んでマルブランシュに届けさせ、これにマルブランシュが返礼として5–9を書き、じつに一三年ぶりに文通が再開される機縁となった。この二篇のような文書のことを、"Für Stück"(のために／宛てた文書)とアカデミー版では呼んでいる。

二〇一三年に出たアカデミー版第II系列第3巻（1695–1700）には、ゲルハルト版には収載されなかった書簡「ライプニッツからマルブランシュへ（一七〇〇年一月一七日付）」（A II,3,N.229）が印刷されており、本巻ではこれを5–15として収載した。

【6】ベール書簡

ゲルハルトは、ベールとの送受信（全一〇通）の他に、四点の論文と、一通の手紙の下書きを収録している。

第一（GP III, 28–38）は、書簡の冒頭部に「付録」として置かれ、ライプニッツの動力学と形而上学を主題としたこの往復書簡にはない信仰問題を補うべく、ベールの啓示宗教論（二重真理説）についてライプニッツが書いたラテン語の無題の論文である。これは両者間の書簡そのものとも、また文通の成立事情とも一切関係がなく、しかも文通のずっと後になって書かれた文章に過ぎないゆえ、本巻には収載しなかった。

第二（GP III, 40–43）はゲルハルト版においては「付録」（Beilage）と称するが、「前の反論に含まれていた偽推理をG．G．L．氏に示したC．神父様の短い批判」というカトラン神父の論文であって、ベールによって『学芸共和国通信』一六八六年九月号に掲載されたもの。ライプニッツがベールに手紙を出すきっかけとなった。ゲルハルトはこれをライプニッツからベールへの第一信（1687.1.19）（6–1）の後ろに付け足したのである。しかしアカデミー版は、ライプニッツ自身のものではないとしてどの系列にも収録していない。

第三（GP III49–51）はライプニッツの論文「デカルト氏の自然法則を支持する『学芸共和国通信』一六八七年六月号第一論文中のカトラン神父様の批判に対するライプニッツ氏の回答」（6–3）である。アカデミー版ではこれは第VI系列（哲学著作）の第5巻に補遺として印刷される予定である。

第二のカトランの論文と、第三のライプニッツの反論は、文通開始の動機でもあり、内容的にもライプニッツがカトランらデカルト派の物体論を批判しながら自らの物体論・形而上学を練り上げてゆく経緯を知り、同時にライプニッツの反デカルト論がどのような抵抗にあったのか、またこの論争に注目した『通信』の編集者ベールの辣腕ぶり、ライプニッツ中期の思想形成や、「学者の共和国」におけるライプニッツの位置などを知る資料として重要と判断し、収載した（6–1「付録」、6–3）。

第四に、さらにゲルハルトは先の第三の論文に続けて、「神の知恵の考察によって自然の法則を説明するために有用な普遍的原理についてのライプニッツ氏の書簡。マルブランシュ師の返答への回答として」（GP III, 51–55）と題するライプニッツの論文を収録している。これは、ベールが、ライプニッツ、カトランさらにはマルブランシュまで巻き込んだデカルト物体論をめぐる論議を示す論文として、上掲の『通信』の翌月号、すなわち一六八七年七月号に掲載したものである。（その経緯については本著作集第I期第8巻『アルノーとの往復書簡』三四三頁訳註6参照）。ライプニッツとベールとの関係を示す資料で、内容的にも自然法則としての連続律が示されるなど注目に値する。しかしすでに第I期第8巻（三五－四三頁）に佐々木能章訳により収載されているので本巻では割愛した。

ゲルハルトは最終書簡（ライプニッツからベールへ：一七〇二年一二月五日）の後に、三つ目の「付録」を付している（GP III, 69–72）。これは、ライプニッツからベールへの手紙5–10（GP III, 65–69）の二つの下書きのうち長い方の下書きであるが、「発送せず」とライプニッツは記しているので、収載しなかった。

本巻第1部は、山内志朗、増山浩人、伊豆蔵好美、上野修、町田一、朝倉友海、根無一信、清水高志、梅野宏樹、谷川多佳子、池田真治、谷川雅子の一二名の方々の御尽力のたまものである。全員が日本ライプニッツ協会（二〇〇九年創立）の会員であり、それぞれ専攻領域に近い書簡群の翻訳と訳注をお願いした。また山内、伊豆蔵、上野、根無、清水、谷川（多）氏には、あわせて各書簡群の解説もお願いした。選定された書簡等のほぼ全部が本邦初訳であるうえ、時間的にも厳しい条件だったが、すべての方が快諾され、献身的に作業くださった。各氏の原稿は酒井がアカデミー版・ゲルハルト版と照合しつつチェック、再び各氏にフィードバックし、意見交換を行い、さらに校正段階でもやり取りを重ねた。こうした訳者と監修者との妥協を許さぬ真摯な討議の結果、完成に至ったのである。数学関係では数学史専攻の林知宏氏にご教示いただいた。ハノーファー・ライプニッツ文書室前所長ヘルベルト・ブレーガー氏、現研究員ノーラ・ゲデケ氏には、「学者の共和国」等に関する疑問や資料について多大な御教示を賜った。ライプニッツ手稿六葉ではブレーガー氏のお世話になった。これらの方々に衷心よりあつく御礼申し上げます。

第2部 サロン文化圏

Der Salon als Kultursphäre

ハノーファー選帝侯妃　ゾフィー
Kurfürstin Sophie von Hannover 1630–1714

【1】

Kommunikation mit Kurfüstin Sophie. 1696–1705

ハノーファー選帝侯妃ゾフィーとの交流

✣大西光弘＋橋本由美子＋山田弘明＝訳✣大西光弘＝コラム

ハノーファー選帝侯妃ゾフィーについて

ゾフィーの母は、エリザベス・スチュアート(英国王ジェームズ一世の娘)であり、父は、プファルツ選帝侯フリードリヒ五世である。二人は、カトリックの反動勢力に対抗するプロテスタント陣営の希望の星として一六一三年、ハイデルベルクで華々しい結婚式を挙げ、ボヘミア王位も継承した。しかし一六二〇年、三〇年戦争の最初の決戦となった白山の戦いで大敗を喫し、オランダに逃れてハーグで亡命宮廷を開いた。彼女の姉エリザベトは、デカルトから『哲学原理』を献呈された人。兄カール・ルートヴィヒは、スピノザをハイデルベルク大学へ招聘しようとした人。哲学者と因縁の深い一家である(詳しくはイエイツ『薔薇十字の覚醒』山下知夫訳、工作舎1986)。そのゾフィーのことを、ゲルハルトはこう書いている。

ライプニッツの生涯を知る人には周知のことだが、鋭い理解力と確実な知識で令名の高かったハノーファー選帝侯妃ゾフィー(Kurfürstin Sophie von Hannover, 1630–1714)は、ライプニッツを、信頼に足る助言者でありもっとも誠実な友人として高く評価していた。彼女にとってライプニッツは無くてはならぬ存在だった。彼がハノーファーを離れている時も、彼女は彼と頻繁に書簡を交わしていた。ライプニッツの手紙からは、彼が選帝侯妃と交わした学問的会話がどういう種類のものであったかがうかがえる。哲学、歴史、自然史、文学が代わる代わるその内容になっていた。そしてとくに哲学的問題が何度も選帝侯妃との会話の対象となったことが、ライプニッツの手紙からわかるのである。それらの問題はその後、手紙によってひきつづき討論された。ライプニッツが好んだのは、対話のなかで主張を述べ、その主張を反駁してもらい、概念や理論をあらゆる側面から検討し、解明し、決定することだった。だから彼は、とくにゾフィー選帝侯妃との哲学的対話の機会を捉えて離さなかった。なぜならこの選帝侯妃が、一つの哲学体系にとらわれず、十分な異論を唱えることのできる鋭い理解力をもった人だったからである。彼女からの異論に反論するためにライプニッツは、学問的な表現方法から地上にまで降りてきて、もっとも明らかで簡潔な表現方法を使わなければならなかった。それゆえ選帝侯妃ゾフィーへの手紙の中では、形而上学的問題がきわめて詳しく徹底的に述べられているのである(GP VII, 538–539)。

1-1……ライプニッツからゾフィーへ

✣

Leibniz an Kurfürstin Sophie. Hannover, 4. November 1696.

大西光弘＋橋本由美子＋山田弘明✣訳

(A I, 13, 83–93; GP VII, 541–544)

一六九六年一一月四日、ハノーファー

妃殿下

ご親切にも妃殿下は私の二、三の考察を、もっとも高貴な公妃のお一人[★01]にお送りくださいましたが、その公妃から称賛のお言葉をいただき、本当に嬉しく思っております。それは、数多（あまた）の学者たちから送られる意見よりもはるかに価値のあるものです。私が昨年パリの『学術雑誌』にこの

★01――オルレアン公爵夫人エリザベト・シャルロッテ(Élisabeth Charlotte de Bavière, 1652–1722)。ゾフィーの兄カール・ルートヴィヒの娘。つまりゾフィーの姪で、ゾフィー・シャルロッテの従姉である。ゾフィー・シャルロッテは、母ゾフィーと、このシャルロッテの名を取って命名された。両親の離婚によりゾフィーのもとに預けられて育ち、生涯ゾフィーを慕い続けた。ゾフィーもライプニッツからの手紙を頻繁に彼女に送り、彼女もそれを読むことを楽しみにしていた。彼女が嫁いだフランスのオルレアン公爵フィリップ一世（ルイ一四世の弟）の顧問長官が、ニコラ・レモンその人、つまりライプニッツに『モナドロジー』を書く機縁を与えた人物である。ライプニッツが亡くなったとき、イングランド王立協会もベルリン諸学協会も沈黙を続けるなか、パリ諸学アカデミーだけが、このエリザベトの尽力もあって、彼を讃える演説を行った（エイトン『ライプニッツの普遍計画』渡辺正雄他訳、工作舎1990, 366, 499）。彼女の詳細は、宮本絢子『ヴェルサイユの異端公妃』（鳥影社1999）参照。

種のある論文[★02]を寄稿したところ、深い洞察力をもつ人々から、うまく真実が言い当てられているという旨の手紙を受け取りました。学派の領袖であり、さらにデカルト主義に好意をもっていた故アルノー氏でさえ、書簡でこの主題を論じたさい、私が挙げた論拠のいくつかには啓発された、と告白したのです。私に不平をこぼした有能なデカルト主義者たちもいました。彼らは、私が動物に魂をもつ正当性を回復させようとしたこと、その魂に或る種の持続を認めようとまでしたこと、すべての物体は単なる延長の塊などではなく、活力と生命をその内に含むとさえ明示したこと、それらに不平をこぼしているのです。しかし、どうやら他の分野で私が成し遂げた発見のためか、私に反論しようという気が失せてしまう方々もいるらしいことに気づきました。といいますのも、デカルトの強みであった数学の領域においてさえ、私の「方法」が彼の方法よりもはるかに進んでいることに、人々は同意せざるをえないからです。これはロピタル侯爵が、最近公表した重要な論文[★03]で認めたばかりのことです。とはいえ私は、フランスに必ずいるはずの知性と節度ある方々のお考えから学ぶことができれば、大いに嬉しく思います。私の基本的な考察は二つのこと、すなわち一性と無限に関わるものです。魂は単一体です。物体は多ですが、無限であって、ごく小さな塵の一粒であっても無数の被造物に満ちた小世界を含んでいるようなものです。顕微鏡を使えば、一滴の水の中にも百万匹以上の生物がいるのを、この目で見ることもできます。しかし単一体とは、分割不可能で部分をもたないにもかかわらず、この多を表現しないではおかないのです。それはちょうど、円周〔上の接点〕から下ろしたすべての〔垂〕線が中心に集まるようなものです。感覚の驚嘆すべき本性は、この統合にあります。この統合があればこそ、魂は、自分なりのやり方で自分の観点からこの大きな世界を表現するので、それぞれの魂はそれぞれ別個の世界として存在しています。別個であるがゆえに、一度存在し始めたならば、どの魂も世界そのものと同じく存続することになります。あらゆる魂は、この世界を映し出す永遠の鏡なのです。こ

★02——『実体の本性と実体相互の交渉ならびに心身の結合についての新たな説』(『学術雑誌』1695. 6; K I, 8, 73-90)。

★03——『曲線を理解するための無限小の解析』(*Analyse des infiniment petits pour l'intelligence des lignes courbes*, Paris, 1696)。ロピタル侯爵(Marquis de l'Hospital,1661–1704)はフランスの数学者。

れらの鏡自体が宇宙的、普遍的であって、どの魂も宇宙全体を厳密に表現しています。なぜなら世界には、他の一切を感知しないものは何もなく、ただ〔相互の〕隔たりに応じて、その結果はより際立たなくなるだけだからです。しかしあらゆる魂のなかでもっとも気高い魂とは、永遠真理を理解できる魂であり、単に混雑した仕方で宇宙を表現するだけではなく、さらに宇宙を理解し、至高の実体のすばらしさと偉大さについて判明な観念をもつこともできるような魂です。それこそが、（すべての魂がそうであるように）宇宙を映す鏡であるだけではなく、この宇宙の中の最上のものを映す鏡でもある、ということなのです。すなわち、それは神そのものまで映す鏡なのであり、これは、精神や知性をもつものに定められたことですし、それゆえに彼らは創造主に倣（なら）って、それ以外の被造物を統治できるのです。

　こうしてあらゆる魂は宇宙を忠実に表現し、あらゆる精神は神そのものまで宇宙の中で表現しているのですから、精神は普通そう思われている以上に何か大いなるものである、と容易に判断できます。なんといっても、どの実体も自分に可能な最高の完全性に到達しなければならないのですが、その完全性はすでに実体に内包されている、ということは確実な真実です。たしかに感覚的な生においては、われわれは舞台の変更にすぎない死に近づくので、円熟した後に老いていくと考えるのは妥当ですが、魂のもつ永遠の生は、死を免れ、また老いも免れるのです。そういうわけで、魂は、自身がその反映でもある世界そのものと同様、継続的に前進し、円熟していきます。なにしろ、宇宙を妨げるようなものは宇宙の外部には何もないのですから、宇宙は継続的に前進し、展開するにちがいありません。

　そのような前進はどこにも見当たらず、いわば宇宙を後退させているような無秩序がたくさんあるとさえ思われる、と反論されるかもしれません。しかしそう見えるのは外見上だけです。天文学を例にとりましょう。地球上にいるわれわれにとって、惑星の運動は混雑したものとして現れます。こうした天体は、さまよい、また不規則に運行するように思われて、ある時に前進したかと思えばすぐに後退し、時には停止さえすると見受けられます。しかし、コペルニクスによってわれわれが太陽系の中に置かれたことにより、少なくとも精神の目によって驚嘆すべき秩序が発見されました。このようにして、すべては秩序に従って進んでいるだけでなく、われわれの精神もまた進展するに応じて、その秩序に気づくようになります。

では、動物の話に戻りましょう。宇宙の中では何も失われず、何も無視されはしないのですから、飼い主の御機嫌取りに懸命な妃殿下の犬たちでさえも、いつかは人間と肩を並べるようになります。

デカルト主義を奉ずるこの一所懸命な犬は、「それほど懸命なおまえは人間なのか機械なのか」という妃殿下の質問に当惑し、動物でも機械でもないということで降参する羽目になりました。じっさい、この犬はどう返答できたというのでしょうか[★04]。フランス人も、少しずつ機械論の学派から脱し、魂をもつという特権はわれわれにしか与えられてないというような、自然の恩恵を限定する狭い考え方を脱してほしいものです。『世界の複数性』の著者[★05]は、侯爵夫人に語りかけるなかで、宇宙は職人の仕事場にすぎないなどと考えているようですが、無限について私が示した考えが深く浸透すれば、人々はそのような考えから離れ、宇宙の崇高さについてそれとはまったく異なった別の意見をもつことでしょう。事実、自然のどの機械も無数の有機的器官からできており、さらに驚嘆すべきことに、そのことによって、あらゆる動物はどのような出来事にもびくともせず、死によってけっして破壊されもせず、ただ変化しながら保存されているのです。それは、ちょうど蛇が古い皮を脱ぎ捨てるようなものです。というのは、誕生と死は、外展〔展開〕と内展〔収縮〕にほかならず、外展が起こるのは新しい栄養を摂取するからであり、内展が起こるのはその後で摂取をやめるからです。その後でというのは、つまり栄養から精髄を吸収し尽くした後で、そ

★04——わかりにくい言い回しだが、デカルト的な動物機械論を揶揄した哲学的ジョークである。動物機械論に従うなら、精神をもつのは人間だけで、人間以外の動物は機械にすぎない。ところがこの犬は精神的な働きをもっているので、「人間なのか機械なのか」と問われて困ってしまった、ということである。

★05——フォントネル(Bernard le Bovier de Fontenelle, 1657–1757)。『世界の複数性についての対話』(*Entretiens sur la pluralité des mondes*, 1686; 赤木昭三訳、工作舎)は架空の侯爵夫人との対話の形をとっている。

して、とりわけかつての感覚の痕跡を自身に受け入れた後に、ということです。感覚はいつまでも残るもので、完全に忘却されても消失しはせず、その痕跡を想起する機会がつねにあるわけではないとしても、その観念はその後も、時の経過とともに折に触れてよみがえり、有用であり続けます。したがって、あらゆる活動は、たとえどれほど些細なものであろうとも、場所においても時間においても無限に拡がり、いわば全宇宙の隅々まで光を放射して、永遠に保存されるということ、これは数学的に証明されうることなのです。そういうわけで、単に魂だけではなく、その魂の全活動も永遠に保存されますし、すべてのものは息を合わせて共感しているのですから、それぞれの魂の一つ一つの活動さえもが、宇宙全体のどの魂にも保存されるのです。世界とは、その世界をなす諸部分のどの中にもそっくり含まれてはいるのですが、ただし、ある部分にあっては他の部分よりもこの世界がより判明に含まれています。ここに精神の優位があって、至高の知性〔神〕はこれらの精神のために、それ以外の残りのものを創造したのです。残りのものが創造された目的とは、至高の知性を表現しているこれらいわば生ける鏡において自らを増大させることにより、精神に至高の知性を認識させ、愛するようにさせる、ということにあるのです。

1-1 一六九六年一一月四日付ゾフィー宛書簡の経緯

1-1書簡の冒頭でライプニッツが「公妃〔オルレアン公爵夫人〕から称賛のお言葉をいただき」と言っているのは、ライプニッツが九月に書いた報告書のことである。

一六九六年三月、フランシスクス・メルクリウス・ファン・ヘルモントがハノーファーを訪れたので、ライプニッツは毎朝彼を伴って選帝侯妃ゾフィーの部屋に伺候し、そこで学問的会話を行った。その内容をライプニッツは九月に一編の報告書にまとめた。それをゾフィーは、オルレアン公爵夫人となっていた自分の姪に送ったのである。

ライプニッツとゾフィーとヘルモントがどのように会話をしていたのか、そのようすをライプニッツは、バーネットへの書簡(一六九六年三月七/一七日)の中で書いている。「二、三日前からこちらにはヘルモント氏がいらしています。彼と私は毎朝九時ごろ、選帝侯妃のお部屋に伺います。ヘルモント氏が書き物机のところに座り、私は聞き役を務めます。時々は質問をすることもあります。彼が明白に自説を説明できないところがあるからです」(GP III, 176)。つまり、まず客が自説を開陳し、ライプニッツとゾフィーは聞き役にまわり、その客が自分の考えを明らかにする手助けとしてライプニッツがときどき質問を挟む、というスタイルだったようである。

その報告書の主な論点は三点ある。①「ヘルモントの輪廻説の紹介とその批判」、②「魂の本性とその不滅性」、③「人間の魂の階梯」である。

①「ヘルモントの輪廻説の紹介とその批判」としては、まずヘルモントの輪廻説が紹介される。「彼が主張している主な考え方は、〈輪廻〉という考え方です。つまり、身体が死ぬと魂はすぐにその身体を抜け出し、新しく生まれた者の身体の中に入る、それゆえこの世界という舞台の上ではつねに同じ魂が自分の役柄を演じつづける、という考え方です」。魂は死後も滅びないと考える点では、ライプニッツはヘルモントと同じだった。「私は、魂はけっして消滅しないと考えています。動物の魂でさえも消滅しないのです。……ヘルモント氏も、この点では私と同じ意見です」。しかし魂には必ず、いかに精妙な素材のものであろうとも何らかの身体が伴っている、とライプニッツは考えていた。それゆえ、魂だけが身体を離れて離在する「輪廻」はあり得ないのである。

②「魂の本性とその不滅性」としては、ライプニッツは、魂の本性は「一」（単一体）であって、諸部分の合成によってできたものではないから、諸部分の崩壊はあり得ず、それゆえ魂が滅びることもあり得ない、と考えていた。「なぜどの魂も破壊され得ないのかというと、単一体というからには、魂は諸部分からできあがったものではないからです。もし諸部分からできているなら、魂は単一体ではなく多ということになるでしょう。諸部分からできたのではないものには、崩壊は起こり得ません」。

③「人間の魂の階梯」としては、ライプニッツは、人間の「理性的な魂」（精神）は神の似姿であって、動物の「ただの魂」よりも上位の階梯にあり、それゆえ動物よりも世界をより明らかに知り、また神が大きな世界を支配するのに倣って、自分のまわりの小世界を支配することもできる、と考えていた。「われわれの魂は、ものを知ったり支配したりすることができます。つまり神が大きな世界の中で行っているのと同じ事を、われわれの魂はいわば小さな世界の中で行っているのです」（GP VII, 539-541）。

1-2……ライプニッツからゾフィーへ

✣ Leibniz an Kurfürstin Sophie. [Mitte August 1697][★01].

大西光弘＋橋本由美子＋山田弘明✣訳

(A I, 14, 54–60; GP VII, 546–550)

妃殿下

フランスの有名な高位聖職者たち[★02]の間で生じた対立については、二、三の断片を読んだだけです。ただ、もしすべてを読んでいたとしても、それに口を出して巻き込まれたりしないように警戒したでしょう。この問題は教皇にお任せいたします。ここだけの話として、かつて私がこのテーマについて考えていたことを記します。そのうちのいくつかは選帝侯妃殿下のお心に背くものではなかったと存じます。ここで論じられるのは愛の本性ですから、神学が扱うあらゆる題材のなかでも、ご婦人方が判断されるにこれ以上ふさわしい主題はありません。これを判断するために何もご婦人方が、非常に深遠な著者たちをほとんど凌駕する洞察力に恵まれた、妃殿下ほどのすぐれた知性をもつ必要などはないのです。しかし、だからといってその方々が、ギュイヨン夫人[★03](?.)のようであっては、つまり無知な信心家気取りであっては困ります。ご婦人方には、小説や徳についての対話のなかで性格や情念をみごとに描き出したド・スキュデリ嬢[★04]であるとか、せ

★01——一六九七年八月中旬(A I, 14, 53)。

★02——フェヌロンとボシュエ。フェヌロン(François Fénelon, 1651–1715)はフランスのカトリック大司教、詩人、神学者。ボシュエ(Jaques-Bénigne Bossuet, 1627–1704)はフランスのカトリック司教、神学者。二人はもともと友人であったが、一六九四年七月から南仏のイシーで開かれた異端の静寂主義に関わる解釈を巡る相違(「イシー箇条」)から、王や教皇を巻き込んだ所謂キエティスム論争に至る。

★03——ギュイヨン夫人(Janne-Marie Bouvier de La Motte, 通称Madame Guyon, 1648–1717)。フランスの神秘主義者。異端とされた静寂主義に関わり、一六九五年から一七〇三年(この書簡当時)投獄される。イシー会議以前のフェヌロンに影響を与え、ボシュエとの関係悪化の一因となる。著作はオランダで出版されていた。「(?.)」は原文のまま。

★04——ド・スキュデリ嬢(Madeleine de Scudéry, 1607–1701)。フランスの女流作家。『クレリ』(*Clélie*)など多くの長編小説はドイツ、イギリ

めて最近無償の愛についてすばらしい作品を書いたとされるイングランドのノリス夫人★05のようであってほしいと思っています。それはともかく本題に戻りましょう。

「愛する」とは、他者の美点や長所に、そして何よりも他者が幸福であることに快を見出すことです。そういうわけで、人々はすばらしいものを愛しますし、とりわけ知性的な実体を愛します。それら実体が幸福であるのを見て快を感じる時にのみ、この実体の幸福がわれわれの喜悦となり、それによってわれわれは自分たちの喜びを願うのです。そういう次第で、妃殿下の比類なき美徳を知るという恩恵に与る者たちは、自分が生き返ったように感じます。

「他の何よりも〔それを〕愛すること」とは、誰かある人の美点や幸福に、あまりにも大きな快が感じられるので、それ以外のあらゆる快がつまらぬものに思えてくるということです。ただし、そのような誰かがいればのことですが。

ここから、他の何よりも愛されて当然という者がいるとすれば、その者はきわめて大きな美点、つまり他のどんな快もかすんでしまうほどの快を生み出す美点をもっているに違いない、ということが論理的に帰結します。そして、それは神のみに属しうることです。

それゆえ、神の美点を観想するさいにわれわれが見出す快こそが愛の本質なのですから、われわれの喜びをいっさい度外視しては、他の何よりも神を愛することなどできません。

しかし、この愛の本質とは異なる快が至福状態のうちに含まれているとしたら、われわれは、上に述べた外から来る快に突き動かされなくても、他の何よりも神を愛することができます。

それゆえ、この愛がもたらす快以外のいかなる快とも自分は無縁であるはずだと信じるときでも、まして自分は大きな苦痛を甘受すべきだと信じるときでさえも、人は神への愛を抱くことができるのです。

しかし、人が他の何よりも神を愛し続けるにもかかわらず、永遠の苦しみのなかにいると思い

ス、イタリアなどで翻訳され、広く読まれた。

★05——この「ノリス夫人」(Mistris Norris) という表現にはライプニッツの錯誤がある。トマス・バーネット・オブ・ケムニーはライプニッツに宛てた書簡(一六九七年五月四日)で、ケンブリッジ・プラトニストのジョン・ノリス (John Norris, 1657–1711) の「無私の愛」に触れた後、「二〇歳のアッシュ嬢がこのテーマについてすばらしい書簡をノリスに送った。」と書いた (GP III, 199)。このアッシュ嬢とは、メアリー・アステル (Mary Astell, 1666–1731) のことで、後にフェミニストの叙述家となる。彼女から送られた手紙に感動したノリスは『神への愛に関する書簡』と題してメアリーの名を伏せて出版した(一六九五年)が、すぐに真相が明らかになったということである。メアリーとノリスの関係が混線してしまった。

描くのは、起こるはずもない想定をしていることになります。もしこのような想定を正しいとみなす者がいたならば、その者は間違いを犯していますし、自分が神の善意を十分に理解してはいないこと、それゆえ神をまだ十分に愛してはいないことを露呈しているのです。

聖人たちは、神が何よりも神を愛する人を地獄に落としはしない、とおそらく認めはしながらも、ただ自分たちならば地獄に落とされてもなお神を愛し続けるだろう、と言いました。しかしその彼らが、この誤った想定を例に取って理解させようとしたのは、「博愛あるいは慈愛の徳」という動機と、「希望の徳あるいは貪欲の愛(本来はこれを愛と呼ぶべきではありません)」という動機とが、まったく別のものであるということでした。★06

神学者たちはつねに、〔スコラの〕学院用語で言われる博愛心への愛と、欲望への愛を区別してきました。前者は無償の愛です。それは、まさしく自分が愛している相手の美点と幸福を見て得られる快にのみ存し、それによってわれわれに生じるかもしれない喜びや利益は斟酌(しんしゃく)されません。後者は、欲得づくのものですが許容される範囲内ものであり、これは他人の幸せや利益を顧みずに、まさしく自分自身の喜びを視野に入れることから成立しています。彼らは、第一の種類の愛を慈愛の徳に結びつけ、第二の種類の愛を希望の徳に結びつけます。

それでも、神を愛する人々に向けて、神はそれ以外の喜びも準備しているのだという確信もまた、無償の愛を駆り立てる動機となるのは確かなことです。この確信により、神の美点の輝かしさはいちだんと引き立てられ、神の善意がさらに人々に認められるのですから。ただしこの時、神がこの善意をもつのはわれわれに対してなのか、それともわれわれ以外の者に対してなのか、そこに区別はありません。そうではなくて、もしそれが無償の愛が報われることへのある見きわめによってでしかないならば、それは無償の愛による行為というより、むしろ貪欲さからの行為

★06——キリスト教では、信仰、希望、愛を重要な徳とし、三元徳とか三枢要徳と呼んでいる。ここでは愛の徳に結びつくcharitéを「慈愛」と訳し、広い意味で用いられている心の働きとしてのamourをたんに「愛」と訳した。

となるでしょう。いずれにしても、この二つの徳の行為が結びついて実行されることを何ものも妨げはしないのです。

しかも、この二つの徳の一方から他方に対して、深い反省が生じることもあります。じっさい、現在の自分の愛情に不満があって、もっと大きな愛情をもてるようにさらに大いなる認識を神に要求するときなど、自分自身の喜びが動機となっている限り、希望という行為を遂行しているわけです。しかし、神がいかに完全であるのかを見てわれわれが感じる快によって、われわれは神がその被造物によってよりよく知られるよう、願わずにはいられなくなります。よりよく知られることで、神は被造物により愛されますし、われわれ自身の喜びの動機などことさらに介入させずとも、神の栄光がよりいっそう現われます。その限り、これは博愛という行為なのです。

たしかに、われわれは神にいかなる喜びももたらすことはできませんが、それでも神に対して抱く博愛は、われわれを勇気づけ、あたかも神を喜ばせることができるかのように、われわれを動かしてくれます。というのも、神の王国はわれわれなしでも十分到来するものですが、善く行いたいというわれわれの善意や熱意があってこそ、われわれはいっそう神の王国に参加できるのです。こうしたことなしには、われわれの中に博愛などけっして生じません。

誠実であり、無償である神への愛のもっとも大きなしるしのひとつは、すでに神が行ったことについて、それはつねに最善であったという確信をもって満足する、ということです。さらに、これからなされるであろうことについて、それは善いことであり神の推定的意志にかなっているとみなすように可能なかぎり努める、ということです。神を愛するためには、過去についてはすでに現われた神の確定的な意志を称賛し、未来については神の推定的な意志に満足するよう努めなければならないのです。

何年も前のことですが、この主題がフランスで問題となるより以前に、私はこれをもう少し深く掘り下げたいものだと考えていました。ずいぶん昔のことになりますが、ある法律についての書物★07の序文でこの主題を扱ったことがあります。そこでは、十分に理解された慈愛こそがまさしく正義の基礎であることをわきまえながら、この主題を語り、また次のような定義を与えました。

「正義」とは、知恵と一致する慈愛のことである。

「知恵」とは、至福についての学である。

「慈愛」とは、普遍的な博愛のことである。

「博愛」とは、愛する習慣のことである。

「愛する」とは、他者の善、美点、幸福に快を見出すことである。

以上の定義によって人々は、神学においてさえも重要である大きな難問を解決できます(と私は付け加えました)。その難問とは、希望や恐れ、つまり自分の利害をめぐるいっさいの考慮から切り離された無償の愛とは、いかにして可能なのか、という難問です。

それはつまり、他者の至福あるいは美点が、われわれに快を与えつつ、われわれ自身の至福のなかに直接入ってくることによります。というのも、喜ばれることとは、何らかの利益のためにではなく、それ自体が望まれることなのです。それは何かのために役立つ善ではなく、善そのものなのです。

そういうわけで、美しいものを熟視することはそれ自身で快適ですし、ラファエロの絵は、何の利益ももたらさないとしても、見る目をもってそれを眺める人の胸を打つのです。

それゆえ、われわれが気に入るような美点を備えた対象が、それ自体幸福でありうるとき、その対象に向けられた感情こそ、厳密な意味で愛と呼ばれてよいものになります。

しかし、いかなる愛も神を対象とした愛を凌駕せず、何にもまして正当に愛されうるものは神以外にありません。

★07——『国際法史料集成』(*Codex Juris Gentium Diplomaticus*)。次注を参照。

じっさい、神という愛の対象ほど上首尾のうちに活気づけられるものは他にはありません。神以上に幸福であるものはなく、それ以上幸福にふさわしいものはないからです。

したがって、神という愛の対象ほどにすばらしいもの、そして、神を愛し神の幸福を好ましく思う者たちに、これほどの快と満足を与えるものは、ほかにありません。

さらに、神の知恵と力はこの上なく高められているのですから、これらは、部分が全体のなかに入ったり、外から喜びや愛が入るようにして、われわれの至福へとただ入ってくるのではなくて、この神の知恵と力こそがわれわれの真の至福すべてをなしているのです。

以上が、一六九三年に私がラテン語で出版した著作[★08]の主旨となります。もっとも私は若い時分からずっとこういう考え方をしてきました。キリスト教の三つの徳についてドイツ語で書かれ、ケルンで何回も版を重ねたシュペー師[★09]の手になる著作がありますが、同時に偉大な高位聖職者でもあったある偉大な大公殿下[★10]が、この著作を私に薦めてくださったのが、こういう考え方を育てる大きな手助けとなりました。

シュペー師とは、この件では非常に重要な著作家の一人でして、もっと認められてよい人物です。魔女裁判への警戒を促し、数か国語に訳されて世間で物議をかもしたあの有名な著作を書いたのもシュペー師である、とこの大公殿下は私に教えてくださいました。それはもともと『犯罪

★08———一六九三年に出版された『国際法史料集成』(*Codex Juris Gentium Diplomaticus*)の序文の一箇所のこと。本著作集第II期第2巻所収。

★09———シュペー師(Friedrich Spee, 1591–1635)。ドイツのイエズス会士、詩人。魔女裁判を初めて批判した人物。ここで言及される著作は、信仰、希望、慈愛を説いた『黄金の徳の書』(*Güldedes Tugendbuch*, 1647)で、死後ケルンにて刊行。後注13にあるように、ライプニッツはこの著作の序文をフランス語に訳している。

★10———マインツ選帝侯ヨハン・フィリップ・フォン・シェーンボルン(Johan Philipp von Schönborn, 1605–1673)のこと(原注)。当時選帝侯の宰相であったボイネブルク男爵の知己を得たライプニッツは二三歳でマインツ宮廷の役職に就いている。

への警戒★11』というラテン語著作で、なぜ処刑するのかを知りえない火刑執行人をひどく不安にさせたものです。

私見では、キリスト教の三つの徳についての彼の本は、これまで読んだ信仰に関する書物の中でも、もっともしっかりとして的を射た本の一つだと思っています。ただ、ここに出てくる詩文は、基本的にはできれば削除してほしいものばかりです。なぜならシュペー師はドイツ語詩文の完璧さについては何もご存知ありませんし、その詩文の多くをわれわれが負っている、あの類いまれなオーピッツ★12氏の名前がどこにも見当たらないからです。

つまるところ、今も事情は同様ですが、ローマ・カトリックの人々はその宗教の下に生まれついたために、ドイツ語のすばらしい詩文の何たるかを知らないことが明らかでして、それゆえに彼らは、信仰の問題と同様にわれわれの詩に関しても何の改革もしなかった、と言えるでしょうし、このわれわれの詩文との相違こそが、彼らの側の教会に属しているというしるしだとも言えるでしょう。

しかしこのことは、ここで論じている主題に関係はありません。この著者が敬虔な信仰をもって亡くなったことは、本屋の献辞からわかります。

この師の序文にはすばらしい対話篇が含まれていて、愛と希望との違いが、わかりやすくかつ深遠な筆の運びで展開されています。それでもなお反論したいところはありますが。しかし私はかねてより、多くの点で優れている面だけに注目するようにしております。私が以前翻訳したこの対話篇★13をここに添えても、妃殿下にはご気分を害されないと存じます。

心からの献身をもって

敬具

★11――『犯罪への警戒もしくは魔術師を告発する者たちへの警戒』(F. Spee, *Cautio criminalis seu processibus contra sagas*, 1631)。匿名で出版。再版を重ね各国語に翻訳された。『弁神論』(K I, 6)第九七節参照。

★12――オーピッツ(Martin Opitz von Boberfeld, 1597–1639)。ドイツの詩人。一七世紀ドイツ・バロック文学運動の中心的人物。

★13――『キリスト教の三つの徳、すなわち信仰、希望、慈愛の本性についての対話篇：シュペー師《神的な三つの徳》序文のドイツ語からの翻訳』という表題が付けられたこの対話篇(A I, 14, 891–903[N. 503]; A VI, 4c, 2517–2529[N. 30(3)])は、シュペー師の『黄金の徳の書』(前注09参照)の序文のライプニッツによるフランス語訳である。

1-3……ライプニッツからゾフィーへ

Leibniz an Kurfürstin Sophie. 12. Juni 1700.

大西光弘＋橋本由美子＋山田弘明❖訳

(A I, 18, 113–117; GP VII, 552–555)

一七〇〇年六月一二日

この学識ある某氏[★01]の見解を称賛はいたしますが、私はそれを別のやり方で確立しています。彼のやり方は完全にデカルト的なもので、私はずっと以前からそこにはいくつかの難点があると気づいておりました。しかし、彼と合致するところもあります。それは、われわれが考えている対象は感官から到来するものだけではなく、感官からはけっして到来しない思考それ自体でもある、という点です。また、物質的なものの概念と共にわれわれに到来する概念の中には、たしかに物質を伴いながらも、それ自体は物体的ではないような観念がある、例えば、力、活動、変化、時間、同一、一、真、善、その他数多の概念がそれにあたる、という点でもこの著者に合致しています。そして感官を通じて脳に入ってくる物質的なものに関してですが、魂に入ってくるのは、この物質的なもの自体ではなく、その観念もしくは表現です。つまり魂に入るのは、物体ではなく、努力もしくは反応です。本格的な議論を好まない人々にはこれで十分かもしれませんが、問題を深く掘り下げたいという人のためにさらに書き加えておきましょう。

魂が物質的か非物質的であるかを理性によって判断するためには、魂と物質が何であるのかを理解しなければなりません。「物質」は部分をもち、したがって物質とは羊の群れのように、多く

★01——モラヌス (Gerhardt Walter Molanus, 1633–1722)。ドイツ生まれ。数学者、神学者、ロックムの僧院長。ライプニッツと書簡のやりとりがあった。ここでライプニッツは、デカルト的な思惟と延長の区別に同意しながらも、批判している。

の実体が寄せ集められた「多」であることは、誰しもが同意するところです。しかし多はすべて「真の単一体」を前提にしているのですから、明らかにこれら単一体は物質から成るものではありえません。そう考えなければ、これら単一体もなお多であることになり、最終的に多を構成するのに必要とされるような真の純然たる単一体ではないことになってしまうのです。したがって単一体とは、本来それぞれが別々にある実体で、分割不可能であり、それゆえに滅びることはありえません。なぜなら、分割可能なものはすべて、分割以前にも互いに区別されうるような諸部分をもっているからです。しかし、「実体である単一体」が問われているのであってみれば、この単一体そのもののうちに力と表象がなければなりません。それなしには、単一体から成立するものにも力や表象がないことになり、そこにはただ単一体のうちにすでにあったものの反復と、その諸関係しかなくなるからです。したがって、感覚をもつ身体のうちには、表象をもつ「単一な実体」もしくは単一体がなければなりません。このような単純実体、実体であるこの単一体すなわちモナドこそが、魂と呼ばれているものなのです。それゆえに、「実体的な諸事物」の破壊とはつまるところ分解にすぎないわけで、魂は、他のすべての実体である単一体と同じく、非物質的で、不可分であり、不滅なのです。そして、もしこの単一体がひとたび生命をもったなら、それらは不死であり、永遠に生きていることになります。これら単一体こそが真に諸実体を成立させていますし、それぞれの単一体だけが唯一の実体をなしていて、それ以外はただの寄せ集めによる存在、堆積もしくは集合体に過ぎないのです。後者は言い換えれば、偶有的なもの、実体に帰属するような持続的属性か一時的様態です。

さて、単一体のなかでも魂こそが、また魂のなかでも、理性的魂である精神こそが抜きん出ています。ですから、たしかに単一体はすべて永続的ではありますが、どれもが同じように気高いわけではありません。有機体の内部には一つだけ支配的で主要な単一体があって、これがその有機体の魂です。われわれの内にあって、それ以外の大多数の魂よりもずっと上にあるのが「この私」です。なぜならばこれは精神であって、精神は、普遍的、必然的そして永遠的な真理という手段で推論するからです。この真理の基礎は、感覚にもなければ、実例からの帰納にもなく、正しい理性を構成している諸観念の神的で内的な光にあります。というのも、経験から何らかの真理を学んできた場合には、たしかに未経験の実例に出会っても物事はつねにこんなふうに進むのだろう、と感覚や経験からあらかじめ予想することはできるのですが、物事の必然性を確信しようとするならば、感覚に依存しないで内的に基礎づけられた論証的な推論の助けがなければどうしようもないからです。これに気づいている者は哲学者でさえほとんどいないのですが、それというのも哲学者であり同時に数学者でもあることは非常に少なく、そしてほぼ数学以外で論証が見出されることはないからです。

例を挙げておくのがよいでしょう。数を順に並べてみます。

0　1　2　3　4　5　6　7　8　9　10 など

次にその自乗。

0　1　4　9　16　25　36　49　64　81　100 など

この自乗間の差。

1　3　5　7　9　11　13　15　17　19　など

数の自乗の差を順に並べると、これまた順に奇数となることがわかります。そして長い数列を吟味してみて、このような結果が現われてくるとわかれば、当然のことながら、これがどこまでもこのまま無限に続くと予想します。しかし予想したからといっても、ここには、何か根源的な、つまり「アプリオリ」な論証的な根拠に基づいた、必然性もなければ原因も見当たりません。この根拠ある推論を遂行できる魂が精神と呼ばれます。そして、精神である魂は神の像に似せて創造され、神と共にひとつの社会をなしている、と正当に言うことができます。したがって魂にとって、神とは建造物にとっての建築家というだけではなく、臣下にとっての君主でもあるわけです。

魂や思惟の非物質性に反対する議論は、ここまで申し上げたことによってすでに解消したと言ってよいのですが、しかしさらにこの点をはっきりさせておくのは有用なことでしょう。たしかに、感官を通してわれわれにやってくる物質的なものは、脳や精気つまり脳内の微細な流体のような内部器官に入りはしますが、しかし物質的なものは、孔（あな）も入口もない真の単一体に入ることはできません。さもなければ、それは単一体ではなくなって、多から構成されたものとなるでしょう。ですから、この単一体のうちにあるのは物質的なものではなく、それ自体は延長をもたずに延長するものを表現するような形質つまり物質的なものの表現です。どのようにしてそれが可能なのか、と問われることでしょう。しかし、それをまったく理解していなくても事実はそうでなければならない、ということだけではなく、数学的な実例からこれを説明することもできます。これは、つまり二本の線が作る角つまり傾きという比喩を用いた、とくに幾何学の実例です。

いわゆる直角すなわち円の四分の一の開口をもつような九〇度の角*BAD*を作る直線*AB*と直線*AD*があるとします。明らかにこの角度は、大きい弧*BCD*によってだけではなく、小さい弧*EFG*によっても測定されますし、その弧がどこまで小さくなっても同様です。ですから、この角はつまるところ中心*A*から開始していることになります。ということは、この中心そのものにも、二本の線*BA*と*DA*が作る角あるいは傾きが見出されます。それゆえ、完全に分割不能であるような中心それ自体のもとで、弧*EFG*や*BCD*にあるのと同じ孤、すなわち同じ角度が開始されています。したがって次のように言えます。その角度に関してこれらの弧は、中心との間にもつ傾きという関係により、中心のもとで表現もしくは表出されていますし、その同じ関係が、中心を起点とする二本の直線のもとにも成り立っているのだ、と。同様のことは、四五度つまり円の八分の

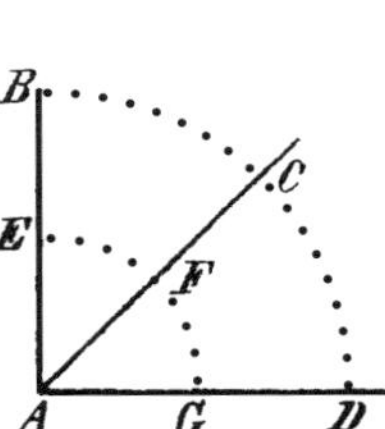

一の半直角*BAC*についても言えます。じっさい、この角度は大きい弧*BC*にも小さい弧*EF*にも、さらに点Aに至るまで小さくなっても、等しく見出されます。そしてこの点から二直線*BA*と*CA*の傾きが始まるのですが、その傾きは最初に点*A*つまり中心で始まるときから、二直線*BA*と*DA*の傾きの半分しかありません。こうして、次のことが了解されることになります。この中心のもとで角度が表現されているように、中心に相当する実体たる単一体すなわち魂は、多なるものにおいて生じることを自らのもとで表現すること。そして、多なるものは、各単一体すなわち魂の観点にしたがって魂に関わっているが、だからといって魂あるいは中心が不可分でなくなったり、延長なきものとなったりすることはないこと、です。

以上のように私の見解を示しましたので、ここでわが学識ある某氏のデカルト的推論について、思うところを補足いたします。われわれの魂が思惟し、身体が延長することについては、何の異論もありません。二つのものが、一方を考えることなしに他方が完全に理解されるほどに異なった属性をもつ場合、この二つのもの自体が異なった本性をもっている、という意見にも賛成です。けれども、思惟が延長を考えることなしに理解されうるのかどうかといえば、この点には疑念の余地があります。精神のうちには、われわれがいかなるイメージも形ももたないような思惟があって、こうした思惟には判明なものもある、ということにも私はたしかに同意しているのです。しかし、デカルト主義者たちがもち出す例のすべてには同意できません。というのも、ここで主張されている千角形[★02]は、何かあるきわめて大きな数と同様、判明には延長していないのです。これは、ものの代わりに記号で考えてゆく代数にあるような、はっきりとしない思惟なのです。こうしてわれわれは、しばしば簡略化するために、とりあえず必要ないとしてよく分析せずにものを考えて、言葉を用いるのです。

最後に、魂と身体はいかに合一するのかは人間理性には理解できない、とする見解にはやはり

★02――デカルト『省察』第六部の冒頭を参照。

同意できません。この問題は別のところで私が説明した『新説』[★03]によって、もはや完全に解明済みではないかと思われますが、ここで述べたことはさらに問題理解に寄与するでしょう。この『新説』そのものでは、なかんずく魂の不滅性がよりよく確証され説明されています。[★04]

★03——『実体の本性と実体相互の交渉ならびに心身の結合についての新たな説』(*Système nouveau de la nature et de la communication des substances,aussi bien que de l'union qu'il y a entre l'âme et le corps*, 1695; KI, 8, 73–90)。

★04——同右七節。身体をなす有機的器官の不滅性が、魂の問題として語られる。

1-3　一七〇〇年六月二日付ゾフィー宛書簡の経緯

ハノーファーのヘレンハウゼン宮の選帝侯妃ゾフィーから、ベルリン滞在中のライプニッツに一七〇〇年六月二日付の書簡が届いた。内容は、息子である選帝侯ゲオルク・ルートヴィヒ（Georg Ludwig; 後の英国ハノーヴァー朝の初代の王ジョージ一世）と、ロックムの僧院長で国の僧職の最高位にいるモラヌス（Molanus）との間に交わされた哲学的対話の場に居合わせた、というものだった。ゲルハルト版にはゾフィーからライプニッツへの書簡が三通収められている。本コラムで一通、次のコラムで二通、いずれも全訳する。

◎―ゾフィーからの書簡①（一七〇〇年六月二日）

さて息子である選帝侯が「思惟について」起こした論争のことを、貴方に少し考えていただきたいのです。選帝侯は、思惟とは自然的な性質のものだと考えて、彼（モラヌス師）に反対しました。思惟は、感覚を通じてわれわれの中に入ってくるものから構成されるのですから、なおさらそう思えるのです。また見たり触ったりするものの観念を作らないとわれわれは何も考えられない、ということからもそう思えるのです。それゆえ「神とはどのようなものだと思いますか」と質問された盲人は、「砂糖のようなものだと思います」と答えたのです。この問題のすべてに対するモラヌス師の回答をここに送ります。われわれの考えはまだ彼に伝えていません。なぜなら私の考えは息子のものと同じだからです（GP VII, 551）。

モラヌスはデカルト派の僧である。だからゲオルクに、思惟（そして魂）と物体の違いを説明するにあたっては、デカルトの「思惟実体と延長実体」という枠組を使って、「物体は拡がる実体であって物質的なものだが、魂は思惟する実体であって非物質的なもの」だと説明したことだろう。しかしゲオルクは（そして「私の考えは息子のものと同じ」と書いたゾフィーも）、その説明に納得できなかった。彼らは、魂や思惟を「物質的なもの」と考えたいのである。なぜなら、思惟を構成するもとのものが、感覚（例えば視覚や触覚）を通じて心の中へ入ってくる「物質的なもの」だからである。

モラヌスは、このゾフィー書簡の二日後の一七〇〇年六月四日付で、ライプニッツに書簡を送って、ことの仔細を説明している。「ご存知ではない部分をお耳に入れておきたく思います。ついこの前の朝食の間のことでした。腑に落ちないことがあれば捨ててはおかれぬ妃殿下のご臨席のもと、魂の定義について、そして魂と拡がる物体とをどうすれば明らかに区別できるかについて議論となり、私の見解に異議がとなえられました。そのあと、私はそれについて自分の考えを文書の形にまとめることになりました。私はそれを完成させて妃殿下に献呈しました。そのさいに選帝侯殿下から反論があり……最終的に殿下は、この論争の解決は貴方に委ねることにするから、私が書いた文書を貴方のもとへ送るようにとおっしゃいました。殿下がじっさいそうなさることは疑いないと思われます」。さらにモラヌスはこれに付け加えて「私は貴方が私と同じ考えだと思っているし、友人として私を窮地に置き去りにするようなことはなさらないと思っている。しかしもし私の期待に反して貴方が違ったふうに決心をされたとしても、どうかそのことを妃殿下には知らせないで欲しい」という旨を書いている(GP VII, 551)。

　ライプニッツはベルリンからモラヌスに宛てた同年六月二二日付の書簡で、こう返事をしている。「貴方がドイツ語で書かれた論証が、妃殿下から私のところに送られてきました。おっしゃることに私はまったく賛成です。つまり、物体は拡がるものであり、魂は思惟するものであり、この両者は互いに区別される、ということです。ただ告白しますと、この件についてのデカルト派の議論には或る難点があると思います。というのも、同一の主体の中では拡がりと思惟は相容れないはずですから、デカルト派の人々はどちらかの定義を放棄するべきではないかと思われるからです。……なぜなら魂こそが真の単一体であり、多や諸部分をもたない単純な実体だからです……」(GP VII, 552)。つまりライプニッツは、物体の本性は拡がることにあり、魂の本性は思惟することにある、という考えには賛成するが、物体を「実体」と呼ぶことには賛成できない。なぜなら物体は「寄せ集め」「多」であって、真に実体と呼べるのは「一」(単一体)である「魂」だけだからだ、と言うのである。

　そのモラヌスへの書簡の一〇日前に書かれたのが、1-3書簡である。本書簡の中でライプニッツがゾフィーに、魂と思惟は「物質的」なものではありません、と二度にわたって説明していることに注意されたい。その一は、「魂は他のすべての実体である単一体と同じく、非物質的で、不可分であり、不滅なのです」（三〇八頁）という箇所であり、その二は「魂や思惟の非物質性に反対する議論は、ここまで申し上げたことによってすでに解消したと言ってよいのです」（三一〇頁）という箇所である。

ライプニッツはつまり、「魂」は「一」（単一体）であって非物質的であり、「物体」は「多」（合成体）であって物質的であり、「物質的で拡がる諸物体」が「非物質的で拡がらない魂」の中で表現される、と言っているのである。しかし、「拡がるもの」が「拡がらないもの」の中で表現されると言われても、一般の人々は戸惑うばかりだろう。

そこでライプニッツはゾフィーのために、まさにゲルハルトの言うとおり「学問的な表現方法から地上にまで降りてきて、もっとも明らかで簡潔な表現方法を使って説明」するのである。それが、ゾフィーへの書簡の中にしか見られない幾何学的図形による説明である。まず、二本の直線ABとADが、直角BADをなしていると考える。そして、弧BCDよりも小さい弧EFGを考える。二本の直線ABとADが作る角BADが直角なら、長さがその半分の直線AEとAGが作る角EAGも直角である。そしてこのAEとAGがどれほど小さくなっても、それらが作る角は直角でありつづける。そしてここで、弧EFGを点Aへ向けて無限に小さくしてゆき、点Aを弧EFGの極限とみなすのである。すると、その「拡がらない点A」の中に、「拡がる二本の線ABとADとが作る直角」が見出されることになる。つまり「拡がる直線ABとADの性質」が「拡がらない点A」の中で表現されるのである。これが、「拡がるもの」が「拡がらないもの」の中で表現されることの実例である。

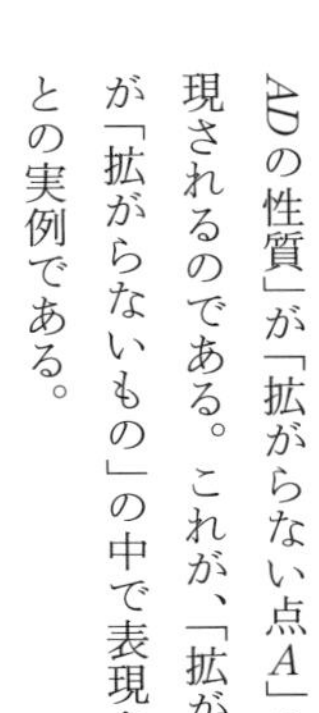

1-4……ライプニッツからゾフィーへ

大西光弘＋橋本由美子＋山田弘明❖訳

Leibniz an Kurfürstin Sophie. Berlin, 30. November 1701.
(A I, 20, 85–86; GP VII, 557–558)

一七〇一年一一月三〇日、ベルリン

妃殿下が、一は多ではないとおっしゃるのはまったくもっともなことです。それゆえにまた、多数の存在をいくら寄せ集めてもひとつの存在とはならないのです。しかし、この寄せ集めが多つまり数多性をもつとき、これら数多性つまり数が単一体から構成されている以上、そこには必ず単一体もあるはずです。ですから、ただひとつの単一体すなわち神しかなかったとしたら、自然のうちに多は存在せず、神のみが存在したことでしょう。

魂に生じる思惟について言えば、これは身体に生じることを表現しているのですから、脳内の痕跡が混雑しているときは、思惟も判明ではありえないのです。したがって、思惟が混雑したものであるためには思惟は場所をとるものでなければならない、ということには必ずしもならないのです。しかし物体のイメージは疑いもなく、互いに壊しあい、混ざりあうものです。それはちょうど、たくさんの石を同時に水へ投げ入れた場合のようなものです。それぞれの石は個々の波紋を作り出します。それらの波紋は、本当は互いに押し退けあうことはないのですが、それらを見分けることのできない観察者には、押し退けあっているように見えるのです。

脳内に形成される物体のイメージを説明するのにこれ以上ふさわしい比喩はなく、プラトンが用いた印章と刻印の比喩[★01]は私にはさほど適切だとは思えません。

普遍的な魂、いやむしろものの源泉であるあの一般的な精神〔神〕についてならば、妃殿下はこれこそが単一体であるとお考えなのですから、特殊な単一体もご理解いただけるのではないでしょうか。じっさい、特殊であるか普遍であるかは単一体にとって問題ではなく、むしろ単一体は特殊においてあるほうが容易であるように思われます。

妃殿下が現在の混乱がすっかり解決されますように、そして、公的混乱から生じる懸念も消え失せて、単一体のことや雑然と組み立てられた多である時計のことでも推論してみよう、と思われる日が来ることを祈っています。

★01――Platon, *Theaetetus*, 191D-E.

1-4　一七〇一年一一月三〇日付ゾフィー宛書簡の経緯

ライプニッツからの1-3書簡〔一七〇〇年六月一二日〕に対して、ゾフィーはハノーファーのヘレンハウゼン宮から同月一六日付の返事を送った。

◎――ゾフィーからの書簡②〔一七〇〇年六月一六日〕

魂について考える時間の余裕は、私には十分あります。しかし千金の価値ある題材について貴方から説明いただいたことを理解する十分な能力はないようです。貴方のお言葉ではありますが私には、一つのもの〔一・単一体〕が何千ものものと同じ価値をもつとは思えないのです。もしこの一つのものが全体だというのなら、いったいそれはどういうものなのでしょう。私にはそれは、つねにさまざまなものに働きかけるという点で、神と何か共通点をもつもののように思えます（GP VII, 555-556）。

つまりゾフィーは、ライプニッツのいう「一〔単一体・魂〕の中に多がある」〔多が一の中で表現される〕ということが、やはり納得いかないのである。そして、もし或るものが全体と関係をもつというなら、それは神ではないか、というのである。

ライプニッツは、次の書簡(日付なし)で返事を書く。

まず「一の中に多がある」という点については、自分は、一の中に多が「現実的・物理的に入っている」と言っているのではなく、一の中には多が「表現」されるという仕方で入っているのだ、と説明する。「世界にあるすべてのものがほんの小さな空間に、例えば目や鏡の中に閉じこめられ得るように(といってもただ表現という手段によってなのですが)、魂についても同じことがさらに強い理由によって言えるのです」。

次に神については、神こそが典型的な魂あるいは精神である、と説明する。「神もまた無限に存在する精神たちの一員ですし、逆に言えば神こそ典型的な魂あるいは精神なのです」。そして「神」と「われわれの魂」の違いを説明する。神は「普遍的な中心」であり、いわば町の中心の宮廷から町を見ているのだが、われわれの魂は「特殊な中心」であり、いわば町をある側面から見ているのだ、というのである。「神は普遍的な中心です。そして神は世界を、ちょうど私が町の中にある宮廷から町を見るように、つまりはっきりと見ているのです。われわれは或る特殊な中心でしかありません。……ちょうど町を、ある側面から見ているようなものです」(GP VII, 556)。

翌一七〇一年一一月一九日付のベルリン発の書簡で、ライプニッツは再びこの単一体のことを述べる。魂は単一体だからけっして消滅はしないが、それでも「変化はする」というのである。「それゆえ真の単一体は構成されたものでもなく、分解されることもありません。ですから永遠に存続しつづける実体(ただつねに変化はしていますが)なのです」(GP VII, 556–557)。

これに対してゾフィーはハノーファーから同月二一日付の返事を書いている。

◎—ゾフィーからの書簡③(一七〇一年一一月二一日)

われわれはものに自分の望む名前を付けることができます。でもそうできるのは、それが哲学者の言葉ではない場合のことです。一は複数ではないと私は思います。また単一体があって、その中にさらに単一体が複数個ある、などということは言えないと思います。そして物質的ではあり得ないとおっしゃった思惟についてですが、思惟は単一的というよりむしろ無限的だと思います。私は貴方のおっしゃる単一体があまりよくわからなかったので、そのお詫びかたがた、こういうことを言っているのです。また神すなわち、あらゆるものに働きかけもする唯一の存在者についてですが、それを人々は理解することなく見ているのです。思惟は場所を取らないというお言葉には、まったく納得できません。なぜなら頭の中が想像で一杯になりすぎてしまって、過去がはからずも思い出されたり、現在のための場所がもはや頭の中になくなったりすることも、よくあるからです。私は人々のイメージすら忘れることがあります。ですから記憶を与え観念を作り出す何か物質的なものが、使い果たされたり一杯になったりして、この〔頭という〕容れ物の中で息づいているに違いないのです。他者に対する単一体と名づけられ得るのは、普遍的な魂だと私は思います。それがどのようなものか私にはわかりませんが、でもそれぞれの人が自分のやり方でそれを理解しているのです（GP VII, 557）。

ゾフィーはやはり、思惟を「物質的」なものだと考えたいのである。だからゾフィーは、「記憶を与え観念を作り出す何か物質的なものが、使い果たされたり一杯になったりして、この〔頭という〕容れ物の中で息づいているに違いないのです」とか、「思惟は場所を取らないというお言葉には、まったく納得できません」と言うのである。

　この部分を見ると、ゾフィーにとって「物質的」であることの目印は、「場所を取ること」つまり「互いに押し退けあうこと」（＝不可入性をもつこと）だったことがわかる。

　例えば、ある部屋が人間たちで一杯であるとしよう。力の弱い人は部屋の出口から外へ押し出されることもあるだろうし、外にいる人はもう部屋の中へ入れない。なぜそういうことになるかというと、人間の身体が「物質的」なもの、つまり、「場所を取り」「互いに押し退けあう」ものだからである。

　「頭の中でもこれと同じことが起こっているではないか」とゾフィーは言うのである。頭の中（上記の「部屋」にあたる）が、例えば過去の出来事のイメージでいっぱいのとき、その過去のイメージのうちの一つが自然に心の中へ押し出されてくる(=過去がはからずも思い出される)こともあるし、現在のイメージがもう頭の中へ入れない(=現在のための場所が頭の中にもうない)ということもある。だから、「記憶を与え観念を作り出す何らかの物質的なもの」が、頭の中で一杯になったり(このとき他のイメージはもう頭の中へ入れない)、あるいは使い果たされたり(このとき他のイメージは頭の中へ入れる)して、この(頭という)容れ物の中で息づいているにちがいない、とゾフィーは言うのである。じつに首尾一貫した考えである。

デカルト主義を鵜呑みにしてモラヌスの言葉に納得することも、あるいは自分の信頼するライプニッツの言葉に盲従することも、簡単である。でもゾフィーはそうしない。たしかにゲルハルトの言うとおり、この人は「一つの哲学体系にとらわれず、(首尾一貫した)十分な異論を唱えることのできる鋭い理解力をもった人」だと言える。

ライプニッツはゾフィーの出してきたこの比喩に対抗するために、「いくつもの石を同時に水の中へ投げ入れた……(ときにできる)波紋」という比喩を出してくる。人間の頭の中のイメージは、ゾフィーのいう「場所を取って押し退けあう物質」というよりむしろ、この波紋のようなものだ、というのである。水面を拡がるその波紋どうしのように、人間の頭の中に生ずるイメージどうしは、たしかに互いに壊しあったり混ざり合ったりする。でもじつは、そのイメージどうしは、互いに押し退けあったりはしていない。それらをうまく見分けることのできない観察者にだけ、押し退けあっているように見えるのである。だから、イメージや思惟が「物質的」だということにはならない、とライプニッツは言うのである。

1-5……ライプニッツからゾフィーへ

✣Leibniz an Kurfürstin Sophie. Hannover 31. Oktober 1705.

大西光弘＋橋本由美子＋山田弘明✣訳

(A I, 25, 79–86; GP VII, 558–565)

一七〇五年一〇月三一日、ハノーファー

妃殿下や、ご令嬢である王妃殿下[★01]のご関心に導かれて、かつて私が哲学や魂の不死性の基礎を述べたことを、妃殿下にはおそらく覚えておいでのことと存じます。そのとき、「単一体」に話が及びました。魂こそ真の単一体つまり単純実体で、それらを構成するためにそれ以外の実体がそこに入ってくることはない。他方で、物体とは多にほかならず、したがって物体はそれを構成している諸部分の分解により滅びるが、魂はけっして滅びはしない、と私はその折りに申し上げました。

これに対する意見はきわめてさまざまでした。ある者たちによれば、私は単一体をこのように語ることで、この語の新たな使い方を流行させて人々を当惑させたかったのだ、ということです。妃殿下はご自身のためだけでなく他の人々のためにも、これをさらに説明せよとお命じになりました。王妃殿下はといえば、私が単純で部分のないものを示すために挙げた線上の点や時間の中の瞬間という例に、触発されたご様子でした。私は王妃殿下に、真の単一体なしには合成されたものも多もない以上、単純実体へ至ることは必然的なのだ、とご指摘いただきました。私が光栄にも王妃殿下のお供をしていたとき、この議論によってシャルロッテンブルクで楽しいひととき

★01――ゾフィー・シャルロッテのこと。後出【2】参照。

を過ごしたのです。そして、物事を深く掘り下げることを好まれた王妃殿下は、誰か熟考型の人間を見つけては、この話題をもち出されたものです。それはあまりに広まったので、職を異にする人たちにも単一体のことが耳に入り、オプダム氏[★02]などは私に、オランダにもって帰るのでそれについて一筆書いてほしいと申し出られました。氏はライデン大学の運営に携わる人物です。

どういう意図から私がまたこの単一体について話し始めたのか、と妃殿下はお尋ねになるでしょう。しかし、現在もっとも名高い著者の一人(それはごく最近知ったことです)とそのとき幸いにも出会ったことを妃殿下に知っていただければ、私が胸がいっぱいになってお気に入りの単一体をつい語ってしまっても、妃殿下は訝(いぶか)しく思われはしないでしょう。この著者は、哲学者でもなければ職業的な学者でさえなく、ただ大いなる天分をもち、生まれながら素質に恵まれた人物であるだけに、その存在は私には心強いのです。自然本性と精霊が彼のもとで語り始めたようでもあって、読書や教育による判断よりも、私はそれらの判断をはるかに重視しています。

では私がこれほどに高く買う著者はいったい誰なのか、と妃殿下はお尋ねになることでしょう。妃殿下にはその人物を言い当てるのはご無理と存じますので、一言で申し上げておきます。それは、ブルゴーニュ公殿下[★03]です。妃殿下の驚かれたお顔が目に浮かぶような気もしますが、それが正真正銘の真実であるとお認めいただいてよろしいのです。じつはこの著者の本をまだ読んでいなかったのですが、アムステルダムの『学術雑誌』本年九月号の三五六頁で、その著書の抜粋を目にしていました。この本が生まれたきっかけは、次のような事情です。

ブルゴーニュ公殿下はごく幼い時分に数学を教わりました。鋭い洞察力が備わっているのがわかったので、彼は前日教わったことを日々手書きするよう勧められました。教えられたことを自分で書き取り、幾何学の真理をその繋がりにそって、順に時間をかけ、何度も復習することによって、ゆっくりとではあってもより確実に進むという習慣が身につくから(という話)です。私が

★02——オプダム氏
(Jacob van Wassenaar Heer Van Obdam, 1645–1716)。オランダの貴族。

★03——ブルゴーニュ公爵
(Louis de France, duc de Bourgogne, 1682–1712)。ルイ・ド・フランスのことで、この時期ブルゴーニュ公爵であった。ルイ一四世の孫にあたり、ルイ一五世の父。

付け加えますに、この方法によって彼に注意力が与えられ、自分で省察したことを書き記さずにはいられぬようになったのです。さらにその成果は彼に喜びをもたらし、継続するよう駆り立てました。このような省察が集められ、『ブルゴーニュ公爵の幾何学原理』[★04]が生まれたのでした。これは四つ折りで二二〇ページの本として出版されたばかりです。しかしここでは、その著書の中で私の単一体に関連する箇所を述べましょう。

公殿下は本書の三三ページで通約不能数の説明を始めます。例えば、「一辺」が一ピエ[★05]の完全な正方形があるとすれば、その一つの角から対角への直線である「対角線」は、一ピエの辺とは通約不能となります。ということは、対角線はいかなる複数のピエの数によっても一ピエの部分によっても（例えば、二分の一、三分の一、四分の一…、十分の一、百分の一、千分の一…、つまり何分の一の諸部分によっても）、表現できません。しかし、尺度とする部分が小さければ小さいほど（百分の一よりは千分の一、かくして無限に）、われわれはそれだけより正確な数値に近づきます。ここから帰結するのは、一本の線分は無限に分割され、その線分上で無数の点をとることができるが、しかし線分そのものはこれらの点から構成されてはいない、ということです。しかしこの種の真理を考察したあとで、注意しなければならないことがあります（以下は、この本の抜粋によります）。「存在者が存在することを注意深く考えるならば、存在しているのは単一体であって数（あるいは多）ではないということが、きわめて明白に理解される。二〇人の人間が存在するのは、その人間一人一人が存在するからである。数とは単一体の反復にすぎないが、これらの単一体のほうだけが存在していると言われてよいものである。これらの単一体が存在しなかったならば数もけっしてありえないことになるだろう。これを十分に理解したうえで（とこの高名な著者は語ります）、では、物質でできた一ピエの立方体はただ一つの実体なのか、それとも多くの実体から成るのか？――ただ一つの実体だとは言えないだろう。じっさい（一つの実体であれば）、

★04――*Élémens de géométrie de Mgr le duc de Bourgogne*, 1705. 公爵の家庭教師であったマレジュー（Nicola de Malézieu, 1650–1727）の編著。

★05――一ピエは三二四・八ミリメートル。

これはけっして二つにさえ分割できはしないはずであるのだから(分割以前には物体中に二つの実体はなかったのだと言うならば、分割のたびにわれわれは新しい実体を生じさせることになってしまいます)。もしも、この立方体のもとには多くの実体があるのだから、それは多くの実体なのだ、と言われるのであれば、その多である数は、もろもろの単一体から成っている。かりに多くの実体があるとしても、そこには一つの実体がなければならず、その一つの実体が二つの存在に分かれることはありえない。したがって物質は不可分な実体から合成されていることになる。かくしてわれわれの理性は(とこの鋭敏な公爵殿下は付け加えます)、かけ離れた両極に追いやられてしまう。幾何学は、われわれに物質の無限分割を証明してみせているのに、同時にわれわれは、物質は不可分なものから合成されると見出すのである」。私は驚嘆とともに読み終え、私の単一体についての思想がここにきわめてみごとに言い表されていると思いました。しかし、公爵殿下が指摘される難点に、われわれはどう答えればいいのでしょうか? これは、ちょうど片方の手で積み上げたものを、もう一方の手で倒してしまうようなものです。もし私が学問になんらかの貢献をしたとするなら、それはこの難問を解決したということ、つまり非物体的実体の認識に関する真の哲学を樹立したことにある、と私は考えております。故コルドモワ氏は、身体と魂の区別についての著作[★06]において、この点については、まったくしどろもどろでした。アルノー氏に単一体についての拙論を伝えたとき、この著作を私に思い出させてくれました[★07]。コルドモワ氏は、デカルト主義者であったにもかかわらず、合成されたものは単純なものの帰結でしかありえないことを知って、その師デカルトを離れ、原子に依拠せざるをえなくなりました。すなわち、破壊不可能な硬さをもつ小粒子を受け入れ、これを物質中にある第一元素で、もっとも単純な実体と認めざるをえなくなったのです。しかし、すべての物体は現実に諸部分をもっているのだが、ただその諸部分がばらばらに切り離されていないだけである、ということに加えて、破壊不可能で

★06——コルドモワ(Géraud de Cordemoy, 1620–1684)の『身体と魂の区別』(*Le discernement du corps et de l'âme*, 1666)のこと。

★07——ライプニッツ・アルノー往復書簡を参照(GP II, 78; K I, 8, 298)。クロップ版にはここでコルドモワおよびアルノーの名前があげられている(Klopp 9, 149)。

完璧な硬さというものでは奇蹟とならざるをえないことを、氏は考察していませんでした。また、すべての物体は、その大小を問わず現実に相互に隔てられた諸部分をもち、この諸部分は他の諸部分に押されるに応じてそこで内的運動を行う——さもなければ何ひとつ感応しない物体もあることになる——とは考えませんでした。物質が無限に分割されていることを示す他の多くの根拠までは、ここでは控えておきます。このように考えない人々は、無限を秘めた作者——その刻印は至る所に見られます——の作品がもつ多様性と広がりというものを、まるで理解する気がないわけです。これについてはまだいくらでも申し上げたいところですが、それではあまりに話題が逸れてしまうでしょう。

さて、先ほどの難問に戻ります。物質が無限に可分的であるとしても、★08 物質が単純で不可分な諸実体から合成されることに変わりはない、とお答えします。なぜならこれら実体つまり単一体の多さは、無限だからです。しかし観念的なものであり、点から合成されるわけではない数学的物体もしくは空間となると、話は異なります。それは、抽象的でそれ自体で解される数が、きわめて小さな分数や最小の数から合成されはしないのと同様です。さらに数とは、位置や存在の関係を表現するようなものではないのですから、最小の分数であるとか、なんであれ空間的な点や端点に対応するような数などは考えることはできません。たしかに数学者たちが、ある分数を窮極のものと見なすというのはありがちなことです。なぜなら、下位分割をそれ以上進めないでおくとか、例えば1/1,000,000,000,000の誤差を無視したりするのは、数学者しだいということになるからです。私が覚えている限りでは、カヴァリエリ★09はある対数の元をこのように用いています。さらに以上のことからわかるのは、数（整数であろうが端数や非有理数であろうが）とは、分数の〔形で表せる〕ような（単一体に対する多数性のような）離散量ではなく、線分、時間、速度における強度のような、連続的な量だということです。★10 ですから、たしかに物質は無数の単純実体

★08——ゲルハルト版では「このような難問があっても」となっている（GP VII, 561; A I, 25, 82）。

★09——カヴァリエリ（Francesco Bonaventura Cavalieri, 1598-1647）。ボローニャ大学数学教授。ヨハネス・ケプラーと並ぶ近代的求積法の始祖。

★10——「分数……」以下句点まではアカデミー版に拠る（A I, 25, 83）。

の集積からできていますし、被造物の持続および現実の運動は瞬間的な状態の集積ではあるのですが、しかし他方で、空間は点から合成されはせず、時間は瞬間から、数学的運動はモーメントから合成されず、強度は極値の度合いから合成されない、と言わねばなりません。つまり、物質、ものの衰退など、おしなべて現実に合成されたものは、離散的な量なのです。それに対して、空間、時間、数学的運動、速度やそれ以外の性質において考えられる強度つまり連続的増加、さらに可能的なものにまで至ると推定されるすべてのものは、連続的でそれ自体では規定されない量です。つまり、場所を占めていて自然のうちで現実にとらえられる諸部分とは無関係な量である、ということです。これに対して物体の塊のほうは、規定的なしかたで現実に分解されており、厳密に言ってここには連続しているものは何もありません。他方で、空間つまり観念内にある完全な連続体は、任意に分割される未規定な可能性を示すものにほかならないのです。物質および現実に実在するものにおいては、全体は諸部分の結果です。しかし、観念すなわち可能的なもの（ここには、この宇宙だけではなく、解されうるすべての他の宇宙も含まれていて、神の知性はこれら可能的なものを実際に思い描くのです）においては、分割されたものよりも先にまず未規定の全体があります。それはちょうど、整数の概念は分数の概念よりも単純で後者に先行するようなものです。

あらゆる分数は（和音を成すあらゆる音程と同様に）神の知性によって実在化された永遠真理の領域に常住してはいますが、それでもやはり、数や分数は、それよりも小さな他の分数の集積であると考えられるべきではないのです。点も、瞬間も、ある数学的法則に従って連続量が増減する場合の極値も、諸部分などではなくて、時間や空間といったものの端点なのです。

物質は現実に無限分割されること、そして未規定で厳密な連続体はそこから排除されることをよく理解するには、以下のことを考察しなければなりません。つまり、物質のうちにこれまで導入されえたかぎりの秩序と多様性は、すでに神によって創造されたということ、それゆえそこに未規定なものは何もないこと、それに対して未規定性とは連続体の本質であるということです。これこそ、神の完全性がわれわれの精神に教えることであり、さらに経験自体が感覚を介して確証してくれることなのです。いくら観察しても多様性が認められないほどに、混じり気のない水など一滴もありません。ひとかけらの石でもいくつかの粒子から構成されており、顕微鏡を使えばこれらの粒子は岩石のように見え、そこには自然の戯れが無数に詰まっています。われわれの視力がいくらずっと増大し続けても、その視力を発揮すべき対象はずっとあり続けるでしょう。至る所に現実の多様性があって、完全な画一性はありませんし、ミクロにあってもマクロにあっても相互に完全に類似した二つの物質片などもありません。

かつてヘレンハウゼンの庭★11で、妃殿下が故アルフェンスレーベン氏★12に、完全に類似した二枚の木の葉が見つかるかどうか示すように命じられ、彼にはそれが見つけられなかったあのとき、妃殿下はこうしたことをよくご存知だったのです。ですから、存在する物体の塊においては、それがどこまで小さくなっても、たえず現実の分割と多様があります。われわれが自然の物体を、未規定的な数学的存在として捉えざるをえないのは、われわれが不完全な者だからであり、われわれの感覚が不備なものだからです。有限な精神が定義しうるような直線や曲線その他がもつ諸特質を、最小の空間と時間によって厳密に与え、画一的に保持している線や形などというものは、自然界には存在しないのでして、これは証明可能なことです。精神は想像力によって、どんな形の物体をも貫くような思いどおりの線というものを考え、引くことができます。例えば、いくつかの球の中心を想像上の直線で結びつけたり、一個の球のもとで、その球が現実にもちはしない回転軸や円を考えたりすることができるのです。しかし、限界づけられた本質しかもたないこうした形を厳密に描くことなど、自然にはできないことですし、神の知恵も望んではいないのです。

★11――ハノーファーのヘレンハウゼン王宮庭園の造園は、ゾフィーの夫エルンスト・アウグスト公の先代、ヨハン・フリードリヒ公のもとにはじまり、エルンスト・アウグスト公の時代に大幅な整備・改造が行われた。ゾフィーはこの改造計画に積極的に関わり、ライプニッツも運河や噴水、夜間の光の演出など、多くの提案をメモやスケッチで示した(ホルスト・ブレーデカンプ『ライプニッツと造園革命：ヘレンハウゼン、ヴェルサイユと葉っぱの哲学』原研二訳、産業図書 2014)。

★12――アルフェンスレーベン(Karl August von Alvensleben, 1661-1697)。ハノーファーの宮廷顧問官。二枚の木の葉の逸話は、クラーク宛の第4の手紙で、匿名で紹介されている。不可識別者同一の原理を説く(K I, 9, 301)。

この種の形とは、神の作品のうちで、何か限界あるもの、したがって不完全なものを前提として成り立っているのです。けれどもこのような形は、現象のもとに、言いかえれば限界ある精神の対象のもとにならば見出されます。なにしろ、われわれの感覚は、無数の微小な不規則性には気づきませんし、われわれの知性のほうは、それをあえて無視してしまいます。この不規則性は、たしかに有限な被造物にとっては把握しきれないのですが、しかし、だからといって神の作品の完璧な規則性を妨げるものではありません。それでもやはり、永遠真理は限界ある数学的諸観念に基礎づけられてはいても、めざす目的にとってさほどの誤差を生じない程度の、ごく微小な不規則性を捨象することが許されるかぎりでならば、実用面で役立つのです。それはちょうど地面に正多角形を引く技師が、一辺が他辺よりも数プース[★13]長くても気に留めないようなものです。

時間が実体ではないことはよく知られています。というのも、一時間あるいは別の任意の時間の一部分は、一つの全体として存在しているのではないし、諸部分の総体として存在しているのでもないからです。時間というものは、複数のものが継起的に存在するものとしてとらえられ、同時に存在するものではないとされる限りでの、関係性の原理であり、ものの間にある秩序の基礎にすぎないのです。空間にも同様のことが言えます。ただし空間のほうは、ものが共に存在するととらえられる限りでの、ものの秩序の関係性の基礎となります。これら二つの基礎は、観念的ではありますが、確かなものです。斉一的に規則づけられた連続性とは、想定上の抽象的なものでしかないとしても、やはり永遠真理と必然的な諸学問の基礎となっているのです。それは、あらゆる他の真理がそうであるように神の知性の対象なのでして、神の知性の光はわれわれの知性にまで拡がっております。現実的なものと同様に想像上の可能的なものも、この秩序の基礎に与っていますから、虚構の物語も本当に起こった歴史と同じく、場所や時間についてはよく規則だてられているのです。われわれにとって物質は一個の連続体のように思われますが、そう見え

★13――一プースは一二分の一ピエ、二七・七ミリメートル。

るだけのことで、これは現実の運動にも言えることです。つまり、われわれの表象は分離した場所や時間を結びつけてしまうために、例えば、白大理石の粉末を火にかけると連続した流体のように見えたり、ぎざぎざの歯車が高速回転すると、歯のある場所と歯の間の空虚な場所との区別ができないので、半透明の連続したものに見えたりしてしまうわけです。以上のことから次の帰結が生じます。つまり、物質の塊はじつは実体ではなく、単一体を作っていてもそれは観念上のものでしかありません。そして(知性を別にすれば)、これは真の諸実体を無限に集めて作られた寄せ集め、集積、多であり、よく基礎づけられた現象にほかならないのです。このような現象は、純粋数学の規則に反するものをけっして与えず、むしろこの規則以上の何かを含んでいるのです。さらに以下のような帰結も生じます。ものの持続すなわち瞬間的諸状態の多とは、神の無数の閃光の集積にほかならず、この閃光はそれぞれがまさにその瞬間ごとに、一切のものの創造もしくは再創造なのです。ですから厳密に言えば、ある状態から次の状態への連続的な移行などというものはない、ということになります。

以上のことは、神学者やキリスト教哲学者たちが主張するかの有名な真理、ものが保存されるとは連続的に創造されることである、という真理を正しく証明するものです。さらにそれは、すべての可変的なものは、それなしには何もありえず、持続もしえないような、根源的で絶対に必然的な実体である不動の神に依存している、ということを立証するためのきわめて特別なやり方を示すものです。まさにこれこそ、哲学者たちの間でよく知られる連続体の合成という迷宮[★14]の最も有効な使用であると思われます。すなわち、ものが時間のうちでもっている現実の持続を分析することによって、われわれは論証的に神の存在へとたどり着くのですが、それはちょうど、空間中に現実に見出される物質を分析することによって、われわれは論証的に実体である単一体、すなわち単純、不可分、不滅の諸実体、したがって不死であり自然の至る所に行き渡った魂すな

★14——ライプニッツは大きさのない点の無限集合が連続的な線になるのか、という問題を「連続体の迷宮」とし、自由意志と決定にかかわるもう一つの迷宮とともに自らの課題とした。『形而上学叙説』第一〇節参照(K I, 8, 157)。

わち生の諸原理へとたどり着くようなものです。それぞれの単一体がもつ受動的なものと結びついたエンテレケイア、もしくは根源的な力こそ（被造物は能動的であると同時に受動的なのですから）、すべての源泉であることがわかります。こうして、単一体がどのように成り立つのかが理解されると存じます。魂がどのようにしてなんらかの身体を保持するのか、その結果として動物そのものがいかに存続するのか、ということは、別のところで述べました。心身の交流についても私はすでに明確な説明を施しております。さらに、理性的魂もしくは精神が高位の秩序に属していること、そして神は精神に対して、申し分のない建築家としてのみならず完全に善き君主としても配慮しているということ、これも私はすでに示しました。

心からの献身をもって

敬具

1–5　一七〇五年一〇月三一日付ゾフィー宛書簡の経緯

1–4書簡（一七〇一年一一月三〇日）から1–5書簡（一七〇五年一〇月三一日）までは、ほぼ四年の間隔がある。この間にベルリン王妃ゾフィー・シャルロッテが亡くなるのである。そしてライプニッツは1–5書簡で、ゾフィーと単一体の話を再開するのである。

1–5書簡に続くのが、一七〇六年二月六日付のゾフィー宛書簡である（GP VII, 565–570）。この書簡の主な論点は4点ある。①「単純な実体」、②「表現」、③「一なる魂と多なる物体」、④「二種類の表象と魂」である。

①「単純な実体」については、それは「表象」し「諸物体を表現するもの」だ、と説明される。「単純な実体とはどういうものか、という妃殿下のお尋ねにお答えしておきましょう。表象するという本性をもち、したがって合成された諸物体を表現するもの、それが実体です」。

②「表現」とはどういうことか。或るものが他のものを「表現」するとは、一方と他方との間に「対応して変化する」という関係が成立することだ、と説明される。「他のあらゆるものを生じさせる元である単一体そのものが、まわりにあるものすべてと対応して変化するのでなければならないということ、それが、単一体が自分に振り当てられた表現を行うということです」。

「表現」（とくに「一の中で多が表現」）されることの実例として使われるのが、前述の「中心点の中で諸半径が表現される」ことである。「合成されたものがいったいどうやって単純なものの中で表現されうるのか、つまり多がどうやれば一の中で表現されうるのか、と尋ねる人もいるでしょう。お答えしますとそれは、無限数の半径が中心点で合流して角を作っていながら、この中心点は単純で分割不可能である、というようなことです」。

③「一なる魂と多なる物体」とは、「魂は一であり、物体は多である」ということである。まず「魂」が説明される。「魂は、単純な実体つまり一であり、諸部分をもたないのですから、諸部分の合成によって作られたものではあり得ず、したがって分解によって破壊されることもあり得ません。以上のことからさらに出てくるのは、魂は一であり物体は多である、ということです」。「物体」については1–5書簡から再録する。「われわれが自然の物体を、未規定な数学的存

在(=連続体)として捉えざるをえないのは、われわれが不完全な者だからであり、われわれの感覚が不備なものだからです。……物質の塊はじつは実体ではなく、単一体を作っていてもそれは観念上のものでしかありません……これは真の諸実体を無限に集めて作られた寄せ集め、集積、多であり、よく基礎づけられた現象にほかならないのです」(三二七—三二九頁)。

例えば、いま目の前にあるこの本は、「一冊」の本だから「一」(=単一体・連続体)である。でもわれわれよりもはるかに微細な次元で生きている生物(例えばバクテリア)にとってはこの本(の紙)は、粗大な要素たちが数多く集まってできたほとんど隙間だらけの「多」(=合成体・不連続体)である。そういう「多」がわれわれに「一」と見えるのは、われわれが「不完全な者」であり、われわれの感覚が「不備なもの」だからである。もしわれわれが、バクテリアの世界すら経験できる「完全な者」であり、その感覚が「不備なもの」でないなら、われわれはこの本を、「連続的な一」の姿によってではなく「不連続な多」の姿で表象しただろう。だから「一冊の本」が「一」を作っていても、その「一」は「観念的な一」でしかない。そうやって、本当は「不連続な多」であるものが「連続的な一」という姿でわれわれに現れたもの(=物体)を、ライプニッツは「(よく基礎づけられた)現象」と呼ぶのである。

④「二種類の表象と魂」については、まず「表象」に二種類ある。「反省を伴わない表象」と「反省を伴う表象」である。そして「魂」にも二種類ある。「反省を伴わない表象をもつ魂」が「通常の魂」であり、「反省を伴う表象をもつ魂」が「理性的な魂」である、と説明される。「表象には二種類あります。一方は単純な表象で、他方は反省を伴う表象です。この反省こそ、学問や理性的推論を生じさせるものです。同様に魂にも二種類あります。一方は通常の魂で、この魂の表象は反省を伴っていません。他方は理性的な魂で、この魂は自分が行っていることを考えるのです」。

ゾフィー・シャルロッテ
Sophie Charlotte 1668–1705

【2】

Leibniz an Königin Sophie Charlotte. 1702–1704

ゾフィー・シャルロッテ宛書簡

✣大西光弘＋橋本由美子＋山田弘明＝訳✣大西光弘＝コラム

プロイセン王妃ゾフィー・シャルロッテについて

ゾフィー・シャルロッテ(Sophie Charlotte, 1668–1705)は、ゾフィーの娘であり、またフリードリヒ大王の祖母にあたる人である。有名なベルリンのシャルロッテンブルク宮殿は、彼女の名を取って命名されたものである。

彼女は一六八四年、一六歳でブランデンブルク選帝侯(後の初代プロイセン国王フリードリヒ一世)に嫁いだ。若いころの彼女はライプニッツを、ただ母の友人としてしか見ていなかったが、王妃となり環境が変わるにつれて、ライプニッツを頻繁にベルリンに招いて、師あるいは友として話を聞くようになった。ライプニッツもこの聡明な弟子との対話を心から喜んだ。彼女の死後、二人の哲学対話をまとめる形で成立したのが『弁神論』である(エイトン『ライプニッツの普遍計画』渡辺正雄他訳、工作舎1990, 366–380)。

彼女が亡くなったとき、彼女が書いた手紙と受け取った手紙を焼却せよという王命が下ったので、彼女の言葉の多くが失われた。残存するものはクロップ版に見ることができる。フリードリヒ大王に発する有名な伝説として、彼女は臨終の床で「私はいま、ライプニッツが説明することのできなかった、空間、無限、存在、無など、事物の根源について、私の好奇心を満たしにゆこうとしているのです」と言ったということである(同書381)。そのゾフィー・シャルロッテのことを、ゲルハルトはこう書いている。

一七〇〇年から王妃ゾフィー・シャルロッテの死(一七〇五年二月一日)までの時代が、ライプニッツにとって人生でもっとも幸福な時代だった。彼は二つの進展めざましい君主の宮廷で、もっとも輝かしい地位を占めていた。そして二人のきわめて才能ある選帝侯妃から信頼を寄せられていた。ベルリンでは、パリやロンドンの王立アカデミーに倣ってドイツでも諸学アカデミーを設立しようという彼の長年の計画が実現した。彼はその初代の総裁となった。ベルリンでは彼は、学者たちの巨大なサークルを作りあげた。ライプニッツは彼らと、学問的対象について口頭で話し合うことができた。これはライプニッツが心から望みながらも、ハノーファーではできなかったことである(GP VI, 475–476)。

2–1……ライプニッツからゾフィー・シャルロッテへ

❖

Leibniz an Königin Sophie Charlotte. [Berlin, Anfang Januar 1702].★01

大西光弘＋橋本由美子＋山田弘明❖訳

(A I, 20, 711–718; GP VI, 522–528)

妃殿下

妃殿下のおそばに伺う名誉をいただきましたのに、風邪のためほとんど手紙でしか妃殿下と言葉を交せなくなりました。つい先だって、妃殿下の書斎に有名な著者が対話篇で記した『よく考える術』★02という本を見つけましたが、妃殿下におかれましては生来この術が備わっており、ご自分ではそうとは気づかず日々示してくださるお手本から、われわれはきわめてすぐれた教えの数々を得られるのですから、このような本は妃殿下には少しも必要ではありません。それゆえ、この本の気に入らないいくつかの箇所をあえて書かせていただこうと存じます。私は批判を好むわけではありませんが、他人を不当に批判する人たちについてなら話は別です。

『才気あふれる作品のためのよく考える術』の著者は、こうした類いの人です。この人物は疑いもなく有能で、多くの長所をもっていますが、雄弁さという点であの監察官・大カトー★03を気取りすぎています。批判したいという欲望がこの本の大部分を占めていたとも思われ、彼は凝りすぎた思惟を非難しますが、私にはそうしたことが彼の判断にはあまりに多すぎると思われるのです。ごく仔細に注意しないかぎり、彼が非難している表現上の欠点は気づかれるものではありません。私見では、表現上の好みが問題となるときには、刺激をうければ十分で、心地よく騙(だま)されてもい

★01——一七〇二年一月初旬、ベルリンにて（A I, 20, 711）。

★02——Bouhours, *Manière de bien penser dans les ouvrages de l'esprit*, Paris,1687. ブウール（Dominique Bouhours, 1628–1702）はフランスのイエズス会士、歴史家、当時のフランスを代表する文学者。なお、ライプニッツは本書簡で一貫してブウールを批判しているが、実名は挙げず、「この著者」などとしている。

★03——大カトー（Marcus Porcius Cato Censorius, BC 234–BC 149）。古代ローマの政治家、執政官、監察官。古きローマへの回帰を唱えて当時のギリシア文学の流行を批判し、スキピオを執拗に追い詰めて失脚させるなど、生涯その鋭い舌鋒が失われることはなかった。

いわけですし、私は最初の一撃で魅了されたならば、熟慮してから見つかる些細な欠点などは許すことにしています。隠れている欠点が最初から見えてしまうほど洞察力のある精神をもつ人は、わずかの香りで頭痛を引き起こすようなあまりにも感覚の鋭い人と同様に、ものごとの楽しみを失うという点で不幸なものです。並程度の洞察眼しかもたない者ならば、むやみに掘り下げて読書をしたり、自分が感ずる悲しみや空しさをわれわれに伝えたりといった、骨折りはしないで済むというものです。その考えが快いと同時に厳密であるならば、いっそう価値あることだとは思います。しかし、あまりに細かいことにこだわる著者たちの作品には、生命と活力が欠けているものです。彼らの文章は、ド・ラカン★04があまりにも単調だとみなしたギリシアのエピグラム〔風刺詩〕に似ています。彼は、これを味のないギリシア風ポタージュと呼んだのですが、このように命名したのも彼がこうした趣味の悪いものを通してしかギリシア人を知らなかったからです。こういう純粋派の著者の散文を読むと、私は、文体の純粋さ厳密さを濫用して力強さを犠牲にした何人かのフランス人著者を悪く言わず、透き通ったスープと呼んだド・グルネイ夫人★05の判断を思い起こします。われわれの著者は、けっしてこうした人ではありません。彼はきわめてみごとに叙述しています。そうはいっても、彼をこのような類いの者にするのは容易なことでしょう。ただし他人の欠点のあら探しをする気は私にはありませんので、いま私の目にとまった一例をあげるにとどめておきましょう。彼は、トラヤヌスが皇帝に即位したさいに小プリニウス★06が認めた頌辞の一節を取り上げ、拙い訳で小プリニウスにこう言わせています。「ある者は十分生きたと知った後で、またある者はさらに生きねばならないとわかった後で、所信表明をする」と。小プリニウスが述べているのは、ある者は十分に生きたと言い、また別の者は今こそが生きる時だと言う、ということなのですから、これでは彼の考えを弱めてしまうことになります。私が意表を突かれたのは、この著者が些細なことをわざわざ取り上げていることです。例えば、ロレンソ、別名バ

★04——ド・ラカン (Honnorat de Bueil, seigneur de Racan, 1589–1670)。フランスの詩人。アンリ四世に仕え軍隊生活を送った後、試作に励む。マレルブの弟子。作品には牧人劇『牧歌』など。

★05——ド・グルネイ夫人 (Marie de Gournay, 1565–1645)。フランスの著述家。多くの小説を書いた、フェミニズムの先駆的人物。モンテーニュと交流をもつ。

★06——小プリニウス (Gaius Plinius Caecilius Secundus, 61–112)。帝政ローマの文人、政治家。

★07——バルタサール・グラシアン (Baltasar Gracián Morales, 1601–1658)。スペインの著述家、イエズス会司祭。『エル・クリティコン』(*El Criticón*, 1651–57) は『ドン・キホーテ』に並ぶこの時代の代表的なスペイン文学。兄弟からとったロレンソの名前で多くの

ルタサール・グラシアン[07]について、彼は「バルタサールが彼の本名であると私に教えてくれた人がいる。われわれはこのすばらしい発見を当代のある学者に負う[08]」と語っています。そんなことを発見していったいどうするのでしょうか。これに劣らず驚かされたのは、彼ほどの厳格な審判者が、テルトゥリアヌス[09]による宗教の神秘についての極端な表現を称賛しようとした点です。テルトゥリアヌスは(『キリストの肉体について』の書で)次のように語っています。[神ノ子ガ死ンダ。不合理ユエニ我信ズ。埋葬サレタ方ガ復活シタ。不可能ユエニ確実ナリ[10]]。神の子の死、それは不合理だからこそ信じうることであるのだし、埋葬された救い主の復活、それは不可能だからこそ確実なのです、と。ここで引き合いに出すのは適切ではないかもしれませんが、想起されるのは、クリスティナ女王[11]が発したとされる「信仰に関して言えば、はっきりと見るためには目をくり抜かねばならない。ことが理性に関わるのなら、目で見るだけで結構だ」、という言葉です。これは、ド・オカンクール元帥の食卓にド・サン・テヴルモン神父[12]と共に列席した、かの神父[13]によるものです。このような機知は宗教に害を及ぼします。宗教とは、優れた神学者たちによれば、理性的であるべきですし、理性に基礎をおかねばならないはずです。われわれの著者ご自身は、自分を理性的だと公言してはいますが、どうやらあまり理性的ではなかったようです。ですから、彼がもっとも精通するエスプリの効いた作品中で一目瞭然たる過ちを見過ごしたときには、彼の

作品を著述。

★08――アムロ・ド・ラ・ラセ(Amelot de la Houssaie, 1634–1706)。フランスの歴史家。

★09――テルトゥリアヌス(Quintus Septimus Florens Tertullianus, c.150–c.220)。カルタゴの初期ラテン教父。異教の学問、とくにギリシア思想とグノーシス派を攻撃した。

★10――この文はラテン語。[ ]は原文のまま。

★11――クリスティナ女王(Christina, 1626–1689)。若くしてスウェーデン女王となり、デカルトなど多くの学者と親交をもった。後に退位してローマに住んだ。ライプニッツはイタリア滞在中、彼女に会おうと試みたが、その死によって会見は成らなかった。

★12――これはド・サン・テヴルモンの著作『オカンクール元帥とカネー神父の会話』(*Conversation du maréchal d'Hocquincourt avec le père Canage*, c.1660)のことと思われる。ド・サン・テヴルモン(Charles de Marguetel de Saint-Denis, segneur de Saint-Evremond, 1613–1703)。フランスノルマンディーの名門に生まれる。ガッサンディの弟子、自由思想家。モンテーニュとモンテスキューを繋ぐ側面をもつ著述家。政権を批判して一六六一年に国外追放、主にイングランドで過ごす。

★13――ド・カネー神父(Jean de Canaye, 1594–1670)。フランス生まれ。イエズス会士、文学者。ド・サン・テヴルモンの師。

得意とするところで叩いたほうがよいのです。例えば、彼はアウソニウス[★14]のエピグラムの次のような翻訳を称賛しています。

哀れなディドン[★15]、汝は夫たちを
何と悲しい運命に導いたことか。
その一人の死が汝に逃亡をもたらし、
別の一人の逃亡が汝に死を与えた！

アエネイアースが幸福だったことを思えば、悲しい運命が待っていたのはディドンの夫たちではなくディドン自身だったわけですが、彼はそれに気づいていません。かつてあるフランス人の学者[★16]が、このエピグラムをラテン語と同じほど簡潔なフランス語の二行詩に誰もうまく直していない、と私に言いました。そこで私が試してみましょう。

何という夫をディドンはもっていたことか。夫の不運が彼女を苛（さいな）む。
一人が死んで彼女は逃げ、もう一人が逃げて彼女は死ぬ。

またこの著者はヴォワチュール[★17]に肩入れしており、あらゆる機会をつかまえてはどこでも彼を支持するつもりだと公言するほどでして、この贔屓（ひいき）のために、ひどく浮かれた冗談を言うことまで許しています。ヴォワチュールは、ダンケルク占領の後にアンギャン公[★18]への手紙の中で「もしそうしようと試みたならば、貴方は月を歯でつかまえることでしょう」と言っているのです。どうやらヴォワチュールはこの著者の称賛の対象であり、ド・バルザック[★19]のほうは侮蔑（ぶべつ）の的となっ

★14——アウソニウス (Decimus Magnus Ausonius, c.310–c.393)。ローマ帝政末期の詩人、執政官。アカデミー版では、このエピグラムはアウソニウスのものではない、とする。

★15——ディドン、ディードーとも言われるギリシア・ローマ神話に登場する女性。カルタゴを造った女王。兄ピュグマリオーンに夫を殺され、自らも命を狙われて逃亡し、カルタゴの地にたどり着いて国を造る。しかし、その地で知り合う新たな夫アイネイアースがわけあって逃亡し、彼女は自ら火に飛び込んで死ぬ。

★16——デュ・ロゼル・ボーモン (J. du Rozel Beaumont)。

★17——ヴォワチュール (Vincent Voiture, 1597–1648)。フランスの詩人、散文家。

★18——アンギャン公 (Louis II de Bourbon, Prince de Condé, Duc d'Enghien, 1621-1686)。フランスの軍人。大コンデとも呼ばれる。三〇年戦争からルイ一四世の時代まで三〇年以上にわたって武勇を馳せた名将。ダンケルク攻略は一六四六年。

ているようです。毎年カトゥルス[★20]の霊前にマルティアリス[★21]のエピグラムめいたものを捧げていたかのイタリア人[★22]のようなことを、彼はしなくてもよいのです。彼は先入見にとらわれすぎていたために、例えば、ド・バルザックが暗い小さな森について「夜だと思われない程度の光しか射しこまない」と言うのはあまりに凝りすぎている、と考えています。しかし、いったい誰がこれ以上正確に、また自然に語ることができるものでしょうか。彼の中ではタッソ[★23]もまた同じように扱われます。総じて、この著者はアルプスの向うの作家たちに公然と戦いを仕掛け、彼らを赦（ゆる）すにしても、それがまた批判よりも無礼なものです。フランス人を相手にしたならばこれほど容易には赦さないなど、あたかもフランス人はもっとまともな精神をもっているはずだからとでも言わんばかりです。彼は、タッソにはけばけばしさがある、とボアロー[★24]に倣（なら）ってくり返し、この有名なイタリアの詩人が瀕死のアルガンテ[★25]について語る以下のような一節を、わけもなく攻撃しています。

タトエ私ニ死ガ訪レテモ、衰エナドハ生ジナイ[★26]

この著者は、「衰エナドハ生ジナイ」という句には真実味がなく、英雄の魂の強靭さをもってし

★19——ド・バルザック (Jean-Louis Guez de Balzac, 1597–1654)。フランスの自由主義思想家。著述家。

★20——カトゥルス (Gaius Valerius Catullus, BCc.84–BCc.54)。共和政ローマの詩人。恋愛詩を著す。

★21——マルティアリス (Marcus Valerius Martialis, c.40–c.102)。イベリア半島出身のラテン語詩人。『エピグラム』15巻を草し、現代のエピグラム[風刺詩]の起源となる。

★22——ナウゲリウス (Andreas Naugerius, 1483–1529)。イタリアの人文主義者、詩人。カトゥルスを讃えるために、まったく作風の異なるマルティアリスの本を墓前で焼いたと言われる。アカデミー版ではこの「かのイタリア人」を不詳としている。

★23——タッソ (Torquato Tasso, 1544–1595)。イタリアの叙事詩人。

★24——ボアロー (Nicolas Boileau-Despréaux, 1636–1711)。フランスの詩人、批評家。理性と自然を重視して、キリスト教の奇蹟などを詩に取り入れることを禁じた。『風刺詩』(守屋駿二訳、岩波書店1987)、『詩法』(守屋駿二訳、人文書院2006)。

★25——アルガンテは、タッソ『解放されたエルサレム』(*La Gerusalemme liberata*, 1575) 中に登場する勇者。

★26——この文はイタリア語。『解放されたイエルサレム』19–XXVIの一部。

ても身体は衰弱する、と解しているのです。そうはいっても、衰弱する余裕もなく人は亡くなることもありますし、とりわけ暴れまわっている途中で急死したときなどがそうですが、怒りや喜びという情動の最中に突然死を迎え、その最後の感情が顔に刻みつけられることもあります。

『星になったフィリスの目』[★27]は、世間の大喝采を呼び、アカデミー・フランセーズにさえ称賛された作品です。かの著者〔ブゥール〕は、自分も人々と同じようにこの作品に魅了されていたと語りながら、それに飽きてしまいます。年齢のために好みが変わったのかもしれませんし、批判し、批判によって人の上に立つという快感のほうが、感動に身を任せる無垢な喜びよりもずっと大きなものに見えたのかもしれません。彼はこの作品中の泉の描写に難癖をつけています。

そこでは、心地よい新たな混沌によって、
天と地は水の中で出会う。
そこでは、甘い偽りに苦しむ目が、
あらゆる対象とその像を混同する。
そこでは、木の上に魚が見え、
釣り針の傍らに鳥を見つけて、
欺きの偶像に魅せられた感覚は、
鳥が泳ぎ、魚が羽ばたくのかと惑う。

しかし、彼は、自分が不満を感じている箇所を指摘していませんから、私のほうでこの詩を考えてみますと、若干の疑問の余地があると思われる言葉は一つしか見つかりませんでした。それは、水そのものと同様に古くからのものを「新しい」混沌と称している箇所です。しかし、これは、

★27——ド・ロトゥル(Jean de Rotrou, 1609–1650)の作品。ロトゥルは、この他に多くの作品を残したフランスの劇作家、詩人。

★28——セネカ(Lucius Annaeus Seneca, BCc.55–ADc.39)。ローマの修辞学者。

★29——タキトゥス(Cornelius Tacitus, c.55–c.120)。ローマの政治家、歴史家。浩瀚な歴史書を残す。『ゲルマニア』(98)、『歴史』(105)など。『ゲルマニア アグリコラ』(國原

この世界に先立つ古い混沌とこの新しい混沌とを対置させているとみなすことで、私は即座にこの箇所はこれでいいのだ、と判断しました。タッソとド・バルザックを手ひどく扱ったこの著者のことですから、彼がセネカ★28を責めるのも当然のことでした。セネカの発想はすばらしいものですが、あまりうまく配列されていないからです。さらにそれにとどまらず、この著者は、小プリニウスの美しい頌辞にヴォワチュールと同じ判断を下しますし、そうでもしなければ自分の判断力が疑われるとでも思ったのか、文体が硬くさえ見えるなどと、タキトゥス★29にも一撃を与えます。私は、言われるところの硬さがいったいどこにあるのかを示してほしい、とタキトゥスを批判する人々に何度も申し上げてきました。実は彼らは、アミアヌス・マルケリヌス★30やシンマクス★31のことを語っているようです。「初めローマは王によって治められていた」とタキトゥスは切り出しますが、これがティトゥス・リウィウス★32の冒頭部分「ワタシガソノ労ニ値スルダロウカ」(私がその労に値するものをこなせるのかどうかわからない)よりも硬いものでしょうか。しかし、私はものごとを正当に評価したいので、この著者がド・バルザックの無謀な判断に反対し、偉大なポンペイウス★33の箴言(しんげん)をラ・モット・ル・ヴァイエ★34に倣って支持したことに感謝したいと思っています。激しい嵐の中でポンペイウスは船乗りたちの意見に反対して乗船し、思いとどまらせようとした人たちに向かって「私が出発することこそ必要なのであって、私が生きていることは必要ではない」と言ったのです。ギリシア語ではもっとまろやかで美しく聞こえる言葉遣いになっています。「出航スルコトガ必要デアッテ、生キルコトハ必要デハナイ」★35と。これに対して、それは矛盾している、前に進むには生きていなければならない、などと言うのは、とってつけた反論で、前に進むことは現在のことで生きることは未来のことだと理解★36すればよいのに、まるでそうではないかのような反論です。また、このような高貴な語り口で言わなければ、生きることよりも責務を選ぶべきだということがわからないかのようです。もっとも、ド・バルザックという人は時として

吉之助訳、ちくま学芸文庫1996)。

★30――アミアヌス・マルケリヌス(Amianus Marcellinus, c.325–391)。四世紀のローマの軍人、歴史家。タキトゥスを念頭に置き、三百年近くにわたるローマ史を大部の『歴史』に著した。

★31――シンマクス(Quintus Aurelius Memmius Symmachus, c.342–402/403)。ローマの貴族。政治家、著述家。

★32――ティトゥス・リウィウス(Titus Livius, BCc.59–AD 17)。ローマの歴史家。『ローマ建国史』を著す。以下の引用文はラテン語。

★33――ポンペイウス(Gnaeus Pompeius Magnus, BC 106–BC 48)。共和政ローマの軍人、政治家。カエサルに敗退して没する。

★34――ド・ラ・モット・ル・ヴァイエ(François de La Mothe Le Vayer, 1588–1672)。フランスの著述家。アカデミー・フランセーズ会員、ルイ一四世の家庭教師を務める。

★35――この文はギリシア語がローマ字表記されている。

★36――ゲルハルト注「判読できない」。アカデミー版では's'としているので、それに従う。

放心することがあって、彼の『アリスティッポス』[★37]の冒頭からして、つじつまの合わないところがあるのは確かなことです。それでも彼がすばらしい著者であることには変わりがありませんし、彼が気に入られないのは、ひとえに彼の境地に達することができないのを皆残念に思うからなのです。

最後にひとりの古人についての箇所を取り上げましょう。それはルカヌス[★38]です。たしかにウェルギリウスほどの力をもってはいませんが、広く称賛され箴言(しんげん)にまでなった箇所は容易に批判されてよいものではないのです。しかし、われわれが批判しているかの著者はこれに反対しています。それは、

勝利スル事柄ハ神々ヲ喜バセルガ、敗退スル事柄ハ大カトーヲ喜バセル。[★39]
天はカエサルに味方したが、大カトーはポンペイウスに味方した。[★40]

という箇所です。私はというとド・ブレブフ[★41]の以下の訳を好ましく思います。

神々はカエサルに仕え、大カトーはポンペイウスに従う。

ただしこれも、大カトーをポンペイウスに追従する者にする、ということです。それに対してラテン詩人は、大カトーを、神々に対して、判断の均衡を保つような一人の審判者にしています。われわれの著者は、それは偽りの輝きでしかなく、賢者は神々に似ることでしか賢者たりえないと思いたいのです。しかし、詩人が抱いていた異教徒の神学はそれほど非理性的であったと言えるものでしょうか。となれば、詩人ではなく異教徒を責めなければなりません。これではまるで、

★37——『アリスティッポス』(De Balzac, *Aristippe ou De la cour*, 1664)。

★38——ルカヌス (Marcus Annaeus Lucanus, 39–65)。コルドバ生まれのローマ詩人。短い生涯だったが、傑出したローマ詩人とみなされている。

★39——この文はラテン語。『内乱』(*Pharsalia*)。カエサルとポンペイウスの内乱を描いたルカヌスの作品。

★40——前行のラテン語にブウールが付したフランス語訳。ブウールについては前注02参照。

★41——ド・ブレブフ (George de Brébeuf, 1617–1661)。フランスの詩人。殉教者ジャン・ド・ブレブフの甥。

どこかでヘロドトスが語っているように、神は嫉妬深いものであるかのようです。正直者が不幸であるとき、彼らはそのことを神々の犯す罪だと言い立て、今も残るいくつかの墓碑銘では神々を罵(ののし)ってさえいます。この著者は、ここで自分が咎(とが)めだてしていることを、他の箇所では弁明しています。というのも、彼は著書の後のほうでは、イフィジェニーにアガメムノンが語るこのような言葉を称賛したりしているのです。

> 汝が息を引き取るとき、自分がどこから生まれたかを示すがよい。
> 汝に死を宣告した神々を赤面させてやるがよい。★42

今日でもわれわれはしばしば、宇宙という観点から、天が自らの無罪を証明してくれるのを望みます。それを証(あか)しするのがド・バンスラード★43のソネットであり、これをラテン語に翻訳した者も一人ならずおりましたし、フランスでは本当に人気があった作品ですが、一部の人々にとっては何か気に入らないところがあったようです。神々はルフィヌス★44の失墜によって赦(ゆる)された」(ソシテ神々ヲ無罪放免シタ★45)、といったクラウディアヌス★46の表現は、いつでもすばらしいものと思われてきました。また、摂理が完全に明かされる前であれば、天が味方するのとは反対の側についても罪を犯したことにはならないのですから、ルカヌス★47のように語ってもキリスト教徒として赦されるのではないか、とさえ私は思うのです。そういうわけで、幸運な側が公正な側ではない場合には、カトーの言い分は理にかなっているのです。よき愛国者ならば、事態が悪いほうに進んでいるのを見ても気を確かにもつべきで、この点では、絶望しなかったことを民衆に感謝された「彼ハ祖国ニ絶望シナカッタノダカラ★48」あのローマの執政官・大カトーに倣うのがよいのです。しかし、摂理という運命に逆らって頑迷であったり、悲しんだりしてはなりません。

★42――ラシーヌ（Jean Baptiste Racine, 1639–1699）の悲劇『イフィジェニー』（1675）。イフィジェニーは神の生け贄となる。ラシーヌはフランスを代表する劇作家。

★43――ド・バンスラード（Isaac de Benserade, 1612–1691）。フランスの詩人、劇作家。アカデミー・フランセーズ会員。

★44――ルフィヌス（Flavius Rufinus, ? – 395）。西ローマ帝国の政治家。クラウディウスの作品に登場する。

★45――この文はラテン語。

★46――クラウディウス（Claudius Claudianus, c.370– c.404）。ローマ帝国末期の詩人。寓意と神話に満ち作品をきわめて技巧的に表現した。

★47――前注38参照。

★48――この文はラテン語。［ ］は原文のまま。

運命ト神ニ近ヅクベシ★49

じっさい、もののごくわずかな部分しかわからないような、われわれがいま置かれている立場からすれば、普遍的調和に何がもっともふさわしいのかを判断することなどできはしないのですが、それでも、神が最善を期してすべてを行っていることを、われわれはつねに確信しなければなりません。神が善きもののなかでも最善のものを実現させているとわれわれに信じさせ、われわれを満足させるこの神への信頼こそが、本来、自然宗教の信仰と呼ばれるものであり、この信仰は啓示宗教と同様に、人の目に見えるものを凌駕（りょうが）しているのです。しかし王妃殿下は、天の正義についてより明瞭な証拠をおもちです。それは、天の導きによって王が、風や潮の干満とも戦わねばならなかった困難多きあの遠征から凱戦されたことです。われわれはこれを、妃殿下の毅然とした揺るぎなさから生じた、すばらしい帰結だと考えずにはいられませんし、これはヨーロッパの命運を分かつべき戦争★50の開始において、けっして些細なことではないのです。

心からの献身をもって

敬具

★49――この文はラテン語。ルカヌスの『内乱』による。

★50――フェールベリンの戦い（1675–1679）。ネーデルランドをめぐるスウェーデンとの戦い。ゾフィー・シャルロッテの夫、ブランデンブルク選帝侯フリードリヒ・ヴィルヘルム（1620–1688）は大勝利を収め、その後のスウェーデンの弱体化を招いた。

2-2……ライプニッツからゾフィー・シャルロッテへ

✣大西光弘＋橋本由美子＋山田弘明✣訳

Leibniz an Königin Sophie Charlotte. [Berlin, Anfang Dezember 1702].★01　(A I, 21, 720–725 ; GP 6, 514–519)

妃殿下がご親切にもお知らせ下さったこの手紙を書いた学識ある方★02は、われわれが思惟するには感覚器官が必要であるという、私が否定した覚えのないことを私に対抗して証明しようとしているようです。もし彼が私の見解をこちらに問い合わせる労をとってくださっていれば、私が魂と身体との厳密な関係を確立したことが彼にもわかったことでしょう。どれほど抽象的な思惟であっても、それは脳の中の何らかの痕跡によって表現される、と私は考えていますが、それがどのようにしてなのかは、別のところで★03解明いたしました。また同様に、どれほど意志を欠いた身体の運動でも、あまりにも一様であったり、あまりにも混雑した印象を与えたり、こちらが馴染みすぎたりしていて、気づかれることがないにせよ、やはり魂に何らかの印象を与えずにはおかない、と私は考えています。

しかし、魂は感覚を強く必要としますし、後述いたしますが、自然の秩序からして魂は永遠に存続しつづけるようになっているのですから、魂がそのさまざまな状態に即して多少なりとも感覚的であるためには、多少なりとも表出的な器官なしで済ますわけにはいかないことになります。そういうわけで、魂はたとえまどろんでいるときでも、いくらかの感覚をもち、何か器官を用いずにはいません。そのときの器官は十分に強くまた十分に秩序だった印象を受け取るわけではな

★01——一七〇二年一二月初旬、ベルリンにて（A I, 21, 720）。

★02——トーランド（John Toland, 1670–1722）。イギリスの自由思想家。この当時、王妃の客としてしばしばドイツを訪れていた。第1部6-8注01参照。

★03——『実体の本性と実体相互の交渉ならびに心身の結合についての新たな説』（『学術雑誌』1695. 6; K I, 8, 73–90）

いのですから、魂のほうも、やはり混乱した表象や、あまりにも微小で互いに同じようで見分けのつかなくなった表象しかもたないでしょう。そこには、際立つものや、注意を引くほど十分に区別されるものは何もなく、したがって記憶されるものもありません。これが幼年時代およびそれ以前の状態です。これは深い眠りや失神状態でもあり、死の状態でさえあります。

それはちょうど、目立った秩序もなければ調和もなく、相互に識別できない微小な無数の音から成る大音響が耳を聾するようなものです。これは潮音(ちょうおん)を聞く場合にも言えることで、もしひとつひとつの波の微小表象をもたなければ、この波の音も聞こえはしないでしょう。

しかしその音がずっとわれわれの耳の中で鳴り続け、それ以外の音を聞くことがなく、耳以外の器官や記憶から気を引くような何ものも与えられなくなってしまったならば、この音さえももはや気づかれなくなり、混雑した表象は依然として持続しつづけるものの、われわれはまったくの麻痺状態となってしまうでしょう。大砲の一撃が耳を聾したときや、激しい光に目が眩んだときや、激怒して身体が震えにとらわれたときもこうした状態で、激しさはどんどん増幅され、器官の運動は混雑したものになってゆきます。

過剰と過少はともに等しく害を及ぼすのですから、弛緩しきった諸器官が十分に強い印象を与えない場合も、事態は同様です。しかし、われわれが非常に強い印象によってしか動かされない習慣に馴染(なじ)んでいるときには、十分に感覚できないと思われたものでも、何らかの感官が黙しているうちに、しだいに気づかれてくることもあります。それは例えば、極上の味の肉しか食べない習慣の人々が、そのような肉ばかりを食べ過ぎるのをやめるまでは、他の肉をほとんど味わえないようなものです。

表象のこの混雑した状態が一般的なものになって持続し、何ひとつ際立つことがなくなるとき、この状態は通俗的見解からすれば機能の完全停止でもあり、動物の消滅でさえあるわけですが、これを魂そのものの消滅とみなす者もあれば、魂と身体との分離とみなす者もいます。しかし、分離について言えば、魂が全身体から完全に分離することはけっしてありません。死んだ後もなお魂は、どれほど微細であっても有機的であるものとつねに結合したままなのですから、人が機械[★04]を修復〔して識別〕できるときはいつでも、魂もまた気づかれるようになるのです。魂やそして動物さえもが消滅することなく、すでに説明したように際立った表象がないとしても、魂が機能停止するのは見かけ上のことなのです。判明な思惟が停止、いやむしろ中断しただけなのを、すべての思惟が停止したとみなすのは、この点で諸々の誤謬の大きな温床となります。じっさい、私が示したような解明を考察しないために、多くの人々が魂は死ぬものだと考えるほうに傾いてきました。これは、地球の回転のように振動のない一様な運動のあるところには静止[★05]がある、と通俗的な人々が考える場合と同様の誤謬なのです。

自然法則を熟考する人々ならば、物質においてさえいかなる印象も失われはしないことに気づいています。それはちょうど、水の中に一度に数個の石を投げ込むと、それぞれの石は互いを壊すことなく交差するような幾重もの波紋を描きますが、投げ込む石の数があまりに多ければその波紋は互いに入り混じり、目ではとらえきれないようなものです。実体そのものとなれば消失することがさらに少なく、あらゆるもののなかでもっとも消失することが少ないのは単純実体もしくは単一体であり、魂はそこに数え入れられます。なにしろ、単純実体はけっして分解にさらされることがなく、こうした実体の存在を否定するわけにはいかないのです。なぜかといって、合成されたものの実在性はすべてそれを合成するものに由来しますし、この合成されたものはむしろ見かけだけの存在者にすぎず、真の意味でひとつの実体を構成しているわけではないからです。つまり、例えば社会や羊の群れの実在性を考えるとき、この集合には関係以上のものは何もないので、その関係の実在性とはその基礎をなすものを超えて、もっぱらこの関係を考えている精神

★04——「機械」はゲルハルト版では「物質」(GP VI, 516; A I, 20, 721)。
★05——「静止」はゲルハルト版では「真空」(GP VI, 516; A I, 20, 721)。

のうちにしかないわけですから、群れの実在性のすべては個々の人や羊にしかないのです。それと同じように、合成しているものがこれもまた合成されているかぎりは、固有の実在性をもつもの、すなわち真に実在的な実体へと到達することはありません。それゆえ、実在的なものなど何も存在していないか、あるいは単純実体に到達しなければならないか、のどちらかなのです。このことは、まったくの消滅というものは考えられないにもかかわらず、合成された存在者はなぜ滅びうるのか、すなわちそれらはなぜ真の実体ではないのか、ということの理由ともなります。しかし、私はさらに話を進めます。私は魂だけが保存されるのではなく、動物もまた、その機械的な仕組は分解すると思われる合成であるにせよ、保存されると考えているのです。ここに自然の最大の秘密の一つがあります。なんといっても、(動物のもとで観察されるような)自然的である有機的な機械的仕組はいずれもが、襞をもち、その襞の中にもさらに襞をもち、それが無限に続くのですから、破壊不可能ですし、起こりうるどのような攻撃にも耐えられる予備の砦をつねにもっているのです。したがって、スワメルダム氏★06の観察によれば、蚕と蚕蛾が同じ動物であるように、外展〔展開〕するときも内展〔収縮〕するときも変形するときも、機械的仕組は存続し、同じものであり続けます。彼の示したところによれば、蚕蛾の諸部分はすでに幼虫の中に含まれていますが、それは、種子の中にある小さな植物や小さな動物が発生と栄養摂取を通じて変形し成長しながらも、やはり同じ植物や動物であり続けるのと同様です。なんといっても、物質は絶え間ない流れの中にありますから、同じ物質がとどまることがないとしても、構造の基礎はつねに変わりはしません。

有能な観察者、とくにスワメルダムとレーヴェンフック★07両氏の行った実験から、われわれが新しい動物の発生と呼んでいるものは、じつはすでに形成されていたある動物の成長によって外展〔展開〕した変形でしかないことになりますし、有機化され、生命をもった種子もまたこの世界と同

★06――スワメルダム(Jan Swammerdam, 1637–1680)。スワムメルダム、スヴァンメルダムとも表記される。オランダの昆虫学者。さなぎの中に蝶の部位を発見して、前生説を優位に導いた。

★07――レーヴェンフック(Anton van Leeuwenhoek, 1632–1723)。オランダの商人、科学者。一六七四年、自作の顕微鏡で微生物を発見した。

じくらい古いということになります。以上のことから、世界を開始させないものはそれを終焉させることもなく、死とは減少によって内展〔収縮〕した変形でしかないのですから、死も時が来れば再び外展〔展開〕する、と判断してよいでしょう。したがって、疑いもなく自然とは、自らの習慣に従って、事物を熟させ完璧にするような美しい秩序を守るものなのです。理性的な魂、すなわち神の似姿として創造され、神とともに社会の一員となることのできるような人間たちに対して、神が保っている秩序については、私はそれを別に扱います。つまり、神は人間たちのことを、神がその第一動者である宇宙という機械的仕組の部品と見なすだけではなく、自分が君主をつとめる最完全な国家の市民とも見なしているのです。そこでは、動物〔としての身体〕だけではなく市民すなわち人格も、したがって今生の記憶も、保存され想起される、と判断されるのです。

魂はその本性からして消滅するものであり、物質的なものであるとする人々は、魂が思惟するために器官を必要とし、感覚的経験を通じて魂は完全なものとなり、感覚器官が障害をきたせば魂は何も思惟しないようである、といったことを示しては、自分たちが勝利したつもりになっています。それというのも、感覚とは無縁の思惟があって、死によって魂が身体から切り離されても魂は器官なしに思惟するのだ、と主張する人々が、われわれに観察できる自然法則からひどくかけ離れたことを語るものですから、前者〔魂を物質であるとする人々〕に勝利を確信させる多くのきっかけを与えてしまうのです。動物は魂も感覚ももたないただの自動機械だとみなす人々や、動物の魂は非物体的なものでありながらそれでも消滅すると考える人々もまた、同じようなきっかけを与えています。けれども、魂の本性が不死であることに反対する人たちを武装解除させるには、彼らがやっきになって証明しようとして、それに成功したと思い込んでいるようなことがらが、じつは彼らにとって無益であり、それはむしろ不死性と完全に符合し、動物にまで及ぶような不死性を白日の下に晒すものなのである、ということを示してみせればよいのです。

この手紙の著者は、（私の思うには）別の目的のために、数々の根拠を用いています。といいますのも、彼は、物質概念すなわち延長と不貫入性は純粋に受動的であって、活動性の原理を与えられないこと、この物質概念の諸様態すなわち形と運動、要するに機械的仕組は表象や思惟を産出できないこと、これらに明らかに気づいていることからして、彼が魂の非物質性に真っ向から反対しているとは思われないからです。彼はまた、魂の中には外的感覚では供給できないような素材があるという点で私と同意見です。なにしろ、彼は建築家の比喩を用いています。彼によれば、感覚の対象とは家の材料のようなものであり、感覚内容を理解してそれを理性的推論に用いる能力とは、自分なりの規則をもつ建築家のようなものです。そして（彼の言うには）、この両者は区別されなければなりません。そのとおりであり、私が要求しているのもまさにそれなのです。しかし、魂にあっては自分なりの規則をもつこの建築家もまた、もろもろの材料つまり思惟の諸対象のうちに数え入れるべきだとしなければなりません。なぜなら、われわれが考えているのは、われわれ自身、われわれの能力、規則、思惟、理性的推論についてなのですから。そして、これらの規則こそ、私が論文の中ですでに述べた、諸帰結と必然的真理の間に成立する内的な光なのです。

以上、私の手紙に反対するように見えた手紙を考察してきましたが、それは基本的には私に合致した考え方を受け容れうるものだと思います。たしかに詳細に立ち入れば、まだ語るべきことはありますが、双方にとって大いに有意義というのならばともかく、これ以上語るのが実り多いものかどうかはわかりません。またこの手紙の書き手であるあの学識ある方が、それに大きな喜びを見出すとも思われません。しかも彼は、ご指示に従ってこれを書いたにすぎない、と断っています。

さらに、いたずらに彼と争っても彼を味方につけることにはならないのですが、私は味方につけることができると勘違いしていました。というのも、彼はこの次は感覚に反対して知性の弁護をするのではないか、と期待させるからです。しかし首尾よく彼を見方につけたにしても、本人が率直に認めていますように、それはただ妃殿下の光明のおかげなのです。彼は、かつて万人の喝采をもって正義を褒め称えたその翌日に正義を罵ったカルネアデス★08とは、反対のことを行うのでしょう。あるいは、それはデュ・ペロン枢機卿★09が行ったのとも反対のことです。伝えられるところでは、この枢機卿は、アンリ四世の御前での説教で魂の不死を論証したそのすぐあとで、それを否定する旨の申し出を行ったのです。

もし彼がこちらの味方について、物質主義者の考えに自らが反論することになるなら（彼ならきわめて有能にやってのけるでしょうから）、彼は黒から白に転じることになるでしょう。物質主義者の説とは、敷衍され度を超すならば混乱と危険を招き、知性と秩序でもって魂の本性的な不死性だけではなく、神の実在まで破壊するような代物です。このような見解から彼はずいぶん離れていると私には思われますし、人類そして宇宙さえもろもろの完全性から切り離されている、などと考える気配も彼にはないようです。その完全性の美しい痕跡を、われわれは妃殿下の気高い精神に見出しております。

心からの献身をもって

敬具

★08——カルネアデス（Carneades, BC 214/213–BC 129/128）。キュレネ出身の懐疑主義の哲学者。懐疑主義の論理では、正義を自然法に基づくものとして称えることもできるし、正義とは実用性にすぎないとして不正義を称えることもできるとした。

★09——デュ・ペロン（Jacques Davy du Perron, 1556–1618）。フランスの高位聖職者、外交官、詩人。アンリ四世のカトリックへの改宗を支援した。

2-2　ゾフィー・シャルロッテ宛書簡の経緯

2-2書簡の前提となっている二つの論文（論文Ⅰと論文Ⅱ）の概略を、以下で見る。

論文Ⅰは、「感覚と物質とから独立なものについて」（ライプニッツからゾフィー・シャルロッテへの書簡、佐々木能章訳 K I, 8, 105–119）である。

論文Ⅱは、「トーランドからゾフィー・シャルロッテへの返事」である。

まずライプニッツからゾフィー・シャルロッテへの書簡「感覚と物質とから独立なものについて」が書かれた。これが論文Ⅰである。

ライプニッツはベルリンに一七〇二年の五月に入っているので、この書簡はおそらくライプニッツ自身が王妃のところへ持参したと思われる。この後も続く哲学をテーマとした王妃宛書簡の、これが最初のものである。これらの書簡によって、王妃ゾフィー・シャルロッテの宮廷での哲学的交流の姿が明らかになるのである（GP VI, 475）。

ゾフィー・シャルロッテはライプニッツからのこの書簡を、当時（一七〇二年）ベルリンに滞在して宗教的な宣伝活動をしていたトーランド（John Toland）に見せ、その感想を尋ねた。ライプニッツとはハノーファーで知り合っていたトーランドはゾフィー・シャルロッテへ返事を書いて、その感想を述べた。これが論文Ⅱである（GP VI, 476）。

ゾフィー・シャルロッテはこのトーランドからの返事を、さらにライプニッツに見せた。そこでライプニッツがゾフィー・シャルロッテ宛に書いたのが2-2書簡である。

ライプニッツは、基本的にトーランドの考えは自分の考えと合致している、と述べているが、おそらくは政治的な理由から、彼をさらに煩わすのはあまり得策ではないだろうと考えたのであろう（GP VI,476）。

ではまず、論文Ⅰ「感覚と物質とから独立なものについて」を「トーランドからの返事」と関係のある部分に注目して概説する。

この論文は、「認識論」（われわれの思惟の内には、感覚から生じてこなかったものがあるか？）と「存在論」（自然の内には物質的でないものがあるか？）（K I, 8, 106）を含むものである。トーランドは主に「認識論」について感想を述べているので、ここでも論文の認識論の概要を述べる。この中でライプニッツが、とくに「共通感覚」という言葉を使って、「数学的諸科学」の成立過程を考えていることに注意されたい。

人間が認識する対象には三種類ある。①「個別的感覚」の対象と、②「共通感覚」の対象と、③「知性」の対象である。

まず①「個別的感覚」の対象である。これは、個々の感覚器官を成立の場とする「個別的感覚」（視覚、聴覚、嗅覚、味覚、触覚）が、「特定の色と音と香りと味と触感からできた感覚的現実」を捉えるということである。「外的感覚によってわれわれは、個別的対象としての色や音や香りや味や触感を認識するのです」（K I, 8, 106）。

次に②「共通感覚」の対象である。これは、想像力を成立の場とする「共通感覚」が、「数と形からできた理念的現実」を捉えるということである。まず「共通感覚」が紹介される。「われわれは〔諸感覚を結びつけることで〕より判明な概念を与える明白な性質を認識できるようになるのです。このような性質は、共通感覚によるものとされています。……たとえば……数の観念や……形の観念がそれです」（K I, 8, 107–108）。そして共通感覚の成立する場が「想像力」だと言われる。「異なる外的感覚からくる表象が結び付けられる場としての内的感覚がなければなりません。それが想像力といわれているものです」（K I, 8, 108）。そして、想像力を成立の場とする共通感覚が数学的諸科学を成立させる、と言われるのである。「想像力に支配される明晰で判明な概念は、数学的諸科学……の対象です」（K I, 8, 108）。

その数学的諸科学の原型としては、例えば事故でデコボコになった車を修理工が修理する場面などを考えればよいだろう。彼は当然、「特定の色と音と香りと味と触感からできた感覚的な現実の車」を見ている。これは①「個別的感覚」が捉える感覚的な現実である。しかしもし彼が腕のよい修理工であれば、彼には、感覚的にはそこに存在していない想像上の「理念的な車」（＝修理が完了してデコボコが消えた車）の姿が、「現実の車」の上にいわば二重写しになって見えているだろう。これは、②「想像力を成立の場とする共通感覚」が、「目指す〈数値〉と理想的な〈形〉からできた理念的な車」を志向的に構成した、ということである。この「数と形からできた理念的な現実」が、共通感覚の捉える数学的な「理念的現実」である。

次に③「知性」の対象である。これは、以上で見た「個別的感覚」の対象でも「共通感覚」の対象でもなく、内省によって自分の心の働きに気づくことによって捉えられる対象

(=私・自我)である。「感覚的なものと、想像的なものとの他に、知性そのものの対象……があることになります。これは、私が自分自身のことを考えている際の、その私の思惟の対象のようなものです」(KI, 8, 109)。

以上が論文I「感覚と物質とから独立なものについて」の認識論の概略である。

論文II「トーランドからゾフィー・シャルロッテへの返事」

ライプニッツの上記論文を読んだ感想を、トーランドはゾフィー・シャルロッテへの返事の中に書いた。彼はそれを、一二項の箇条書きにまとめている。以下で順に略述する。大事な箇所は「　」に入れて原文を訳出する。

①ライプニッツ氏が上記論文で使った言葉を正確にそのまま使って、問題の状況を確認してみる。

②この問題について、ライプニッツ氏の行う全推論は、三つにまとめられる。一「われわれは感覚によって、外部の事物を発見する」。二「感覚によって発見したその事物について、われわれは無限の仕方で理性的推論を行い得る」。三「われわれが行う理性的推論は、推論される事物そのものとは別のものである」である。

③しかし、どれほど抽象的な理性的推論を行うときでも、もし感覚の対象がまったく存在しないなら、われわれはどんな種類の理性的推論も行えないのではないだろうか?「家を建てるためには、地面や石や材木や石灰や砂や鉄やスレート等々の素材とは別に、さらに何かが必要だということを、われわれはよく知っています。つまり、計画を立て建築術の規則に従って仕事をする建築家です。しかしもし、材木や石や石灰や砂やスレートや建築する場所等々が存在しないなら、どれほどすばらしい建築家であろうが建築術の規則……であろうが、すべてはただの無にすぎないのです……」。

④それを解明するには二つの道しかない。その一は「内省」で、理性的推論を行う魂がどういう性質のものかを、反省して検討することである。その二は「経験」で、われわれが何かを思惟するとき、われわれの中で一体どんなことが起こっているのかをよく考えることである。

⑤その一の「内省」つまり、魂の中に沈潜してその本性を探ることは、まったく実現不可能である。なぜならいわゆる魂は、われわれの感覚ではけっして捉えきれないものだ

からである。

⑥そこで、その二の「経験」が残る。「経験」がわれわれに教えることは、「われわれは、感覚や感覚的事物という手段を通じて以外では何も認識し得ない」ということである。

⑦たしかに人間は、高い段階の理性的推論を行える。でもその高い段階にまで登ってゆく方法は、ただ感覚的経験あるのみである。「人間が感覚的事物について行うあらゆる理性的推論と、その理性的推論が与える原理と、その原理から導出される結論と、その上に打ち立てられる体系は、感覚的事物そのものとは別のものだ、ということはよくわかっています。しかし再度主張しますが、もし感覚的事物が存在しないなら、この理性的推論も原理も結論も体系もすべて、人間にとってはただの無にすぎないのです」。

⑧死とは、人間があらゆる感覚を失うことである。あらゆる感覚を失うとは、魂と身体とがまったく分離することであり、私という者が完全に滅びることである。私が滅びるからには、「われわれの思惟の中には感覚から来たのではないものが存在するのであってその一つがこの〈私〉だ……という〔ライプニッツ氏の〕主張は間違いということになり、逆に、〈私〉とは、感覚的事物が脳に刻みつけた印象から生じた結果に他ならない、という結論になります」。

この感覚的印象にはさまざまな段階がある。同じ感覚的印象が、ⓐ昆虫の脳においては、感覚しか生じさせず、ⓑ動物の脳においては、その動物の生存に役立つ分別を生じさせ、ⓒ人間の脳においては、認識を生じさせ、それが磨かれて理性的な存在者が成立し、社会生活も営めるようになるのである。

⑨ここで言える最大限のことは、感覚的事物と、その感覚的事物の活動が作り出すものとは別のものだ、ということである。

⑩もしわれわれが、言語を習う前に自分の感覚全体を無くしてしまったとすれば、そこに「私」は生じない。なぜなら、脳と感覚的事物が出会った結果として「私」が生ずるのに、ここではその出会いの前に「私」の源泉が無くなるからである。

⑪それゆえ、ライプニッツ氏のいう「感覚がなくても働く知性」については、もう検討する必要はない。なぜなら、感覚がないなら知性はまったく働き得ないだけでなく、知性そのものも存在しない、ということを私は示し得たからである。

⑫でも結局、ライプニッツ氏は私と同意見なのだ。なぜなら書簡の終わりで彼は、「現段階においては、(外的)感覚がわれわれの思惟に必要でありそれなくしては思惟できない、ということに私も同意します」(K I, 8, 114)と書いているからである。

そして返事の最後にトーランドはこう書く。「そんなふうに言うのなら、感覚を通じてこれほど多くの推論を行ってこの手紙を今まさに書いているその誰かとはいったい何者なのか、それを説明せよ」とおっしゃる方もあるでしょう。それにお答えいたします。一、私はそれについてはまったく何もわかりません。二、私にはそれに答える義務はありません……(GP VI, 508–514)。

以上が、論文II「トーランドからゾフィー・シャルロッテへの返事」の概略である。

この論文IIとライプニッツの2–2書簡との関係の深い部分を、以下で簡単に見ておく。

第③項。トーランドの「建築家の比喩」を、ライプニッツは逆に自分の主張を強めるために使っている。「建築家」が「家の材料」を使って家を建てるように、「理性的推論能力」は「感覚の対象」を使って認識を行う。トーランドがこの「建築家の比喩」を使うということは、彼は、「感覚から生じたのではないもの」である「理性的推論能力」が魂の中に存在することを認めているのだ、と言うのである。

第⑧項。トーランドの「魂は消滅する」との主張に対してライプニッツは、「魂が滅び得ない」理由を詳論する。

最後に、ライプニッツが論文Iでとくに考えた「数学的諸科学」についてである。

「共通感覚」が捉える、数と形からできた「理念的(ideal・イデアル)な数学的現実」は、「理念化」(idealization)によって成立する、文字どおり「イデア」論的な現実である。だから「イデア論」の意味がわからない人には、この「数学的諸科学」の成立は説明できない。両者は論文の中で、まさにその「イデア論」に言及している。ライプニッツは、「古代のプラトン主義者の指摘は実に正しく、傾聴に値します」(K I, 8, 110)とこれを肯定的に捉え、トーランドは、「最高度に不可能なことは、存在しない物あるいは存在したことのない物の観念をもつことです。このことは、プラトンやプラトン学派の言う永遠のイデアに反対するために申し上げるのです」(GP VI, 513)とこれを否定的に捉えている。イデア論についてのこの評価の違いが、両者の認識論的な姿勢の違いを表している。

第⑦項でトーランドは、「共通感覚」という言葉こそ使わないが、「数学的諸科学」（それを彼は「体系」と呼んでいる）に言及している。そして「体系が、感覚的事物とは別のものである（＝それとは独立に存在している）ことはよくわかっていますが、もし感覚的事物が存在しないなら、この体系もすべてが無にすぎません」と言う。つまり彼は、「もし〈素材〉（＝感覚的事物）が無いなら、ただ〈形式〉（＝数学的諸科学）だけがあっても、何の認識も生じない」と言っているのである。しかし、その「形式」の成立をこそ、ライプニッツは考えたいのである。でもトーランドは、「数学的諸科学の根底には〈個別的感覚〉がある」と言う一点張りで、数学的諸科学の「内容や成立過程」にはいっさい踏み込まない。だからライプニッツは、選帝侯妃ゾフィーへの書簡の中でトーランドのことを「議論に入ることを放棄した」人と呼んだのである（後出）。またこの「トーランドからの返事」の一種異様な終わり方も、ライプニッツの印象を裏づけているように思われる。

本書簡に続いて、ゲルハルト版には「ライプニッツから選帝侯妃ゾフィーへの書簡」（日付なし）と、「ライプニッツから王妃ゾフィー・シャルロッテへの書簡」（日付なし）が載せられている。どちらも短いものなので、その要点だけを示しておく。

ゾフィー宛の書簡では、ゾフィー・シャルロッテとトーランドとの交流の内容を報告し、ライプニッツにしては珍しいことだが、かなり厳しい口調で、トーランドの学問の姿勢を批判している。

◎—ライプニッツから選帝侯妃ゾフィーへの書簡（日付なし）

> トーランド氏は王妃殿下に、自分の考えを説明しました。……正しく推論していると主張するトーランド氏が、肝心な三つの点を説明できていないことに、すでに王妃殿下はお気づきでした。……〔そして私が彼に自説の詳細な説明を求めると〕彼は議論に入ることを放棄しました。明らかにそれは、彼が自説について十分に精通していないからです。この点について自説の証明をもっているか否かを、私は彼に尋ねました。もしそうなら、自説に反対する他者の推論を検討せずに済ませてよいと私は認めます。しかし、もっていないとの返事でしたので、私は彼に、それ

では自説が真実であると断言するべきではない、と言いました。……彼は真理というものを少しも心に掛けた人ではなく、新奇なことを述べてその奇抜さで自分の存在を際だたせたいだけの人なのだと、私は判断しました。なぜなら、もし人が真理を愛しているなら……その人は自分からでも厳密な議論に入ってゆくものだからです(GP VI, 519–520)。

哲学的な議論を放棄したトーランドに代わって、ベルリンの王宮にはライプニッツの友人で陸軍元帥だったフォン・フレミング伯爵が登場した。王妃ゾフィー・シャルロッテへ送った書簡の内容を、ライプニッツは彼に知らせていた。フレミングはその内容について王妃へ書簡を書き、その中で自説を展開した。彼の書簡は、ライプニッツによってじつに好意的に扱われ、彼の考えは「まさに私の考え」とまで記している(GP VI, 476)。

◎—ライプニッツからゾフィー・シャルロッテへの書簡(日付なし)

妃殿下。私の書簡についての〔フレミング氏の〕小論文をお送りいただき、ありがとうございます。拝見しました。非物質的なものは活動的(能動的)であり、物質的なものは受動的である、と述べられているところは、私の好みのとおりで、まさに私の考えです。また活動性に諸段階があると私も思っています。例えば生命、表象、理性という段階です。ですから魂には、物体の場合よりも多い種類、いわゆる植物的魂、感覚的魂、理性的魂が存在しうるのです……(GP VI, 521)。

なお、トーランドがハノーファーの宮廷に来たのは、ゾフィーとゲオルクの英国王位継承問題がらみであること、そしてライプニッツをはじめとする廷臣たちが彼に対して警戒感を抱いていたことは、「ライプニッツからバーネットへの書簡」(一七〇二年二月二七日)(佐々木能章『ライプニッツ術』二九八頁)に書かれている。

2-3……ライプニッツからゾフィー・シャルロッテへ

❖ Leibniz an Königin Sophie Charlotte. Hannover, 8. Mai 1704.

大西光弘＋橋本由美子＋山田弘明❖訳

(A I, 23, 343–349; GP III, 343–348)

一七〇四年五月八日、ハノーファー

ド・ペルニッツ嬢[★01]の具合がわれわれの心配したほどに悪くなく、まもなく妃殿下のおそばに戻りそう、もしくはすでにおそばにお仕えとのこと、喜ばしく存じます。

マサム夫人というイングランドのご婦人が、カドワース氏という亡き父上のご著書をこちらに送らせてくださいました。それは『知的体系』[★02]という二つ折り本で、その礼状を書きましたところ、たいへん丁重な英語の返信が届きました。ベール氏の本[★03]と『学術雑誌』の中での私の主張[★04]をご覧になったこの方は、少しその解説をしてほしいとおっしゃっています。そのため、先だってこのご婦人にいくぶん詳しく書き送りましたが[★05]、そこで私は、自然の事物に関する私の大原理は、月の帝王アルルカン[★06](とはいえ、これに言及はしなかったのですが)の大原理、すなわち「いつでもどんなところでも、すべてはここととまったく同じ」であると申しあげておきました。すなわち、たとえ完全性の大小つまりその度合いに多様性があるにしても、ものの根底では自然は斉一であるという原理です。ここから、この世でもっとも容易で、もっともわかりやすい哲学が生まれます。最初に、われわれ自身と他の被造物とを比較してみましょう。

例えば、人間の身体のような物体は、いくらか完全性のあるものだとみなされます。しかし、

★01——ド・ペルニッツ嬢はゾフィー・シャルロッテの侍女。ライプニッツとも直接手紙を交わし、数学の手ほどきをうけたこともある。

★02——マサム夫人からライプニッツへ一七〇四年三月二九日(本書第2部3-1参照)。

★03——P. Bayle, *Dictionnaire historique et critique*, 1697.(『歴史批評辞典』I, II, III 野沢協訳、法政大学出版局 1982, 84,87)。

★04——『実体の本性と実体相互の交渉ならびに心身の結合についての新たな説』(『学術雑誌』1695. 6 ; K I, 8, 73–90)。

★05——ライプニッツからマサム夫人へ一七〇四年五月初旬(本書第2部3-2参照)。

★06——Nolant de Fatouville, *Harlequin Empereur dans la lune*. 一六八四年にフランスで上演。この芝居の原作は、シラノ・ド・ベルジュラック(Cyrano de Bergerac, 1619–1655)の『月世界諸国の諸帝国』(1657; 有永弘人訳、岩波文庫 1952; 赤木昭三訳、同 2005)。

その身体を構成する物質の微小部分だけが、それをとりまく他のすべての諸部分から限りなく、しかも本質的に区別されるようなある有利な点をもつというのであれば、この部分はあまりにも優遇されていることになってしまいます。したがって、生命と表象は至る所にある、と判断しなければなりません。けれども、われわれ自身の表象も場合によって反省を伴うこともあればそうでないこともあり、明晰判明さの度合いにも大小がありますので、曖昧で混雑した表象しかもたず、われわれにとっては知識の母である反省というものさえ欠いた生きものが存在する、と容易に判断できるでしょう。こうして、自然は斉一でありながらも豊かにしつらえられているのですから、宇宙の中でわれわれ〔人間〕だけが反省能力を持った存在者ではなく、われわれをはるかに凌駕するものさえあって、それゆえに「精霊」と呼ばれるものをわれわれが心に抱くこともわかります。しかしながら、根底では「どんなところでも、やはりここと同じ」でしょうから、私見では、こうしたもろもろの精霊も、それにふさわしい有機的な身体をもつでしょう。つまり精妙でありながら、崇高な精神の認識や能力に対応する力をもつ身体をです。この原理からすれば、身体から離在した魂や、完全に物質から切り離された知性などはないことになりますが、ただ至高の精神、すなわちすべてのものの、さらには物質そのものの創造主だけは例外です。

　これまで私は、そのすべてが根底においては合致しているような被造物全体を比較検討しました。今度は、これら被造物の過去と未来の状態と、現在の状態とを比較いたしましょう。そのために申し上げておきたいのは、世界の開始以来、そしてこれから未来永劫ずっと、「すべてはここと同じ」であり、かつ将来もそうあり続け、ものの根底においてすべては現在と同じであること、しかもそれはさまざまな存在者について言えるだけではなく、ひとつの存在者をそれ自身と比較した場合についても言えるのだ★07、ということです。すなわち、生ける存在者つまり表象をもつ存在者はいつまでも存続し、自分に対応した器官を保つでしょう。表象および物質は、その場所と

★07――諸々の存在者を相互に比較した場合だけでなく、同一の存在者において過去・現在・未来を比較検討した場合についても言える、ということかと思われる。

いう点でも普遍的なのですが、時間という点でも普遍的であり、普遍的である以上は、ただ将来も各実体が表象と諸器官をもつだろうというだけでは足りず、つねにたえずそうである、ということなのです。私がここで言うのは「一つの実体」のことであり、動物の群れや魚の満ちた池のような「実体の寄せ集め」ではありません。後者については、それぞれの羊や魚が表象と器官をもつと言えば十分でしょう。ただし、空隙の中にも、たとえば養殖池の魚と魚の間にある水の中にも、さらに微小な別の生きものがいます。このように事態はどこまでも同じで、空虚などはどこにもありません。さて、表象がどのようにして自然に始まりうるのかは、物質の始まりと同様に、まったく理解できることではありません。なにしろ、どのような機械を考えてみても、それはつねに物体の衝突、大きさ、形、そしてそれに特有な仕方で産出された運動でしかないわけで、この仕方は表象とはまったく別のものであるとわれわれは考えます。したがって、表象は自然に開始しえないのですから、自然に終わることもありません。また、一つの実体そのものがもつ相違は、他の実体とのあいだの相違と同じようなものです。つまり、同じ実体であっても、場合によって生き生きとした表象をもつこともあれば、そうでないときもありますし、それに伴う反省も大きかったり、小さかったりします。

さらに、物質とは至高の知性の帰結であり、この知性による連続的流出なのですから、至る所で有機的であって、巧みに作られているのが物質の本質である以上、いかにしても実体のもつ全器官を破壊しつくすことはできないでしょう。なにしろ、目に見えるもので判断するならば話は簡単ですが、たいていの場合は、目に見えない微小部分に有機的器官や技巧が見出されるはずですから。ここでも、つまり目に見えないものにおいても見えるものにおいても、「すべてはここと同じ」という最高原理が成立しています。その結果として、自然的には、そして形而上学的に厳密に言っても、同一の動物に生滅はなく、もっぱらその外展〔展開〕と内展〔収縮〕しかない、ということにもなります。そうでなければ、ここにはあまりにも大きな飛躍があることになるでしょうし、自然は説明のつかない本質的変化によって、斉一性というその性格から大きく逸脱することになるでしょう。われわれは変態する動物がいることを経験的に知っていますが、この変態という仕方で、他の場合には隠されているささやかな実例を自然そのものが示してくれているのです。本当に熱心な観察者の目には、動物の発生が変態に結びつく発展であることはわかるものです。となれば、死がその反対であることもわかるわけで、その相違といえば、前者では変化が徐々に生じるのに対して、後者では変化が突然に急激に生じるということしかありません。また経験的によく知られていることですが、頭を殴打されたときのように、ほとんど判明ではない微小表象が多数ありすぎると、われわれは目を回してしまいますし、気絶したときには、まるで自分が何も表象しなかったかのように表象をほぼ思い出さないし思い出せるはずもない、といったことが生じます。そういうわけで、斉一性という規則からすれば、自然法則に従っている動物において死そのものは別である、とわれわれが判断すべきではないのです。というのも、物事はすでに知られ体験されたやり方で容易に説明されますし、それ以外のやり方では説明できないのですから。じっさい、ほかのやり方では、存在もしくは表象の原理である活動が、いかにして始まりあるいは終わるのかは理解できませんし、その分離[★08]もまた同じく理解できません。思いますに、あまねく秩序と技巧がある以上は、動物に生じる一連の変化は、疑いもなくやはりきわめて美しい秩序をもつだろうと容易に判断されますし、これは大いに納得できることです。わかりやすい例として、これらの存在者を高い山に登ろうとする人間にたとえてみます。この山は緑茂るものの、ところどころに避難小屋や階段のある城壁のように険しく、人はよじ登って小屋や胸壁に近づいたかと思うと、次はもっと下まで幾度となく急に降ろされてしまうので、再び困難な登りを強いられます。それでも人は少しずつ、ある段階から次の段階へと達しているのです。人はしばしばよ

★08——魂の物体（身体）からの分離。

く跳ぶためには後ずさりするものです。そうはいっても、神の摂理の秩序は、反省する存在者をきわめて特別なしかたで、すなわち疑いもなくもっとも適切な、さらにはもっとも望ましいしかたで、扱うのです。

それにしても、物質はいったいどのようにして魂つまり表象する存在者に働きかけることができるのか、そしてまた魂はどのようにして物質に働きかけることができるのか、と問われることでしょう。たしかにわれわれは、身体がしばしば魂の意志に従っていること、そして魂が身体の作用を意識していることを、自身のうちでわかっています。しかし、この二者の間にわれわれはいかなる影響関係も理解することはないのです。古代の哲学者たちはこの難問について何も語っていないのですから、彼らはこの難問を絶望的なものとして放棄したのです。現代人たちはこのゴルディオスの結び目をアレクサンドロスの剣で断ち切ろうとして、ちょうど歌劇の終幕で事を解決するために神々が舞台に降りてくるように、自然の事物のうちに奇蹟を介入させました。というのも現代人たちは、神はたえず魂を身体に合致させ、身体を魂に合致させるが、神はある協定もしくは一般意志によってそうせざるをえないのだ、と主張しているからです。しかしこの主張は、自然の斉一性という原理に真っ向から対立します。通常、物体は機械論的で知性的に解されるような諸法則に従って、物体間で影響しているはずなのに、魂が何かを望むと、神がふいにやってきてこの物体秩序をかき乱し、物体の方向を変えるのでしょうか。なんと真実から遠い見せかけでしょうか。

しかし、これがマルブランシュ師[★09]や現代のデカルト主義者たちの考えです。いかに有能なベール氏[★10]であっても、なかなかこの考えから抜け出すことはできなかったのです。もっとも、私が彼の気持を動かしたとは思いますが。では、いったいどのように考えればよいのでしょう。

解決は、われわれがもつ通常の原理のなかにこそあるのです。物体は、ある機械において衝突

★09——第1部【5】参照。

★10——第1部【6】参照。

の機械的法則に従い、魂は、ある熟慮において明白な善悪の道徳的法則に従うことを、われわれは知っています。ですから、これほどはっきりとは見えず、識別もできない他の事例の場合も事情は同じで、「すべてはここと同じ」だと言うことにしましょう。すなわち、われわれが混雑した認識しかもてないものが問題のときは、われわれが判明な認識をもてるものによってそれを説明することにしましょう。物体においては、すべてが機械的につまり運動法則に従ってなされ、魂においては、すべてが道徳的につまり善悪の現われに従ってなされる、と言いましょう。ですから、身体だけの問題だと思われるような本能や非意志的な作用の場合でさえも、たとえわれわれが反省によってその混雑を解きほぐすことはできないとしても、魂には善を求め、悪を回避したいという欲求があるのであって、これが魂をぐいと押すのです。けれども、魂と身体がこのようにそれぞれ別々に自身の法則に従うのだとすると、両者はどのようにして合致し、身体が魂に従うこと、魂が身体から影響されることはいったいどうやって起こるのでしょうか？　自然のこのような神秘を説明するためには、ものにおける秩序と技巧の最初の理由が問われる場合のように、たしかに神に訴えなければなりません。ただし、神に訴えるといっても一回かぎりのことで、神が魂に身体を呼応させるために物体の法則をかき乱したり、その逆をする〔魂の法則をかき乱す〕ことではありません。そうではなく、神はあらかじめ身体を、物体の法則と運動における自然の傾向性に従いながらも、しかるべきときが来れば魂の望むことをするようにしておいたのです。そして神は、魂をもまた、欲求の自然の傾向性に従いながらも、いつも身体の諸状態を表現するようにしておいたのです。じっさい、運動が物質をある形から次の形へと導いていくように、欲求は魂をあるイメージから次のイメージへと導くものです。ですから、魂が何かを欲求し、その欲求が判明な表象を伴っていて適切な手段を魂に思いつかせるなら、そのとき魂は支配的なものとなって身体を従えるようにあらかじめ作られているのです。しかし、魂が混雑した表象にしか至らないなら、魂は身体に従うようにあらかじめ作られてもいるのです。なぜなら、われわれが経験しているように、ものはすべて変化へと傾くのですが、身体は運動する力によって傾き、魂は欲求によって傾くのであって、しかもこの欲求は、魂の完全性の度合いに応じて、魂を判明な、もしくは混雑した表象へと導くからです。魂と身体の間に最初からこうした一致があるといっても、それはなんら驚くべきことではありません。なにしろ、身体はすべてある普遍的精神の意図に従って配置されていますし、魂のほうはすべて各々の射程と視点に応じて本質的に宇宙を表現するもの、つまり宇宙を映す生きた鏡であり、それゆえに世界それ自身と同じだけ存続するのですから。それはあたかも、神は魂が存在するのと同じ回数だけ宇宙を多様化したかのようでもあり、根底においては合致しながらもその現われでは多様な宇宙を、魂と同じ回数だけ、縮図の形で創造したとでもいうようなことなのです。完璧な秩序を伴ったこの斉一な単純性ほど豊かなものは他にはありません。こうして、魂とは宇宙の一定の表出であり、凝縮された宇宙のようなものなのですから、別々にある各々の魂が完全に合致するかどうか、人は判断を下すことができるでしょう。この合致については、われわれの身体も含めてあらゆる物体が、他のすべての物体からなにがしかを蒙り、それゆえに魂もこれに関わるということからも、立証されます。

以上が、私の哲学を短くまとめてみたものでございます。たしかにこれは大変わかりやすいものでしょう。なぜなら、ここではわれわれの日常経験に対応しないようなものはなにも受け容れておりませんし、いずれも通俗的な二つの言い回しを基礎としたものだからです。それらは、「どんなところでも、すべてはここと同じ」というイタリア演劇の台詞と、タッソの「自然ノ多様性ハナント美シイコトカ」[★11]という言葉です。この二つは互いに矛盾しているようでもありますが、一方はものの根底について、他方はそのあり方と現われについて語られている、と解すればよいかと思います。真理の探究を愛し、真理を洞察する能力をもつ方々にとって、これはかなりよいと

★11――この文はイタリア語。

ころを突いていると映るでしょう。しかし、妃殿下のような第一級の方々からすれば、これはあまりに低俗で安っぽく映るのではないかと存じます。第一級とはご身分のことではなく、精神のことを申し上げているのです。妃殿下にはこの種のことを申し上げるべきではなく、もっと高尚なことをお伝えすべきだったのは、承知しております。どなたかが、私よりもっとうまくこの高尚なことをお伝えになるでしょう。けれども、このような軽口もしばらくのあいだは妃殿下のお心の憂さ晴らしにならないともかぎりません。王妃殿下には、もし拙文がその役目を果たせますならば幸甚です。

献身を誓いつつ

敬具

ダマリス・カドワース・マサム
Damaris Cudworth Masham 1659–1708

【3】

Briefwechsel zwischen Leibniz und Lady Masham. 1704–1705

マサム夫人との往復書簡

✣大西光弘＋橋本由美子＋山田弘明＝訳✣大西光弘＝コラム

マサム夫人について

マサム夫人（Lady Masham; Damaris Cudworth Masham, 1659–1708）は、哲学者レイフ・カドワース（Ralph Cudworth, 1617–1688）の娘で、フランシス・マサム卿（Sir Francis Masham）と結婚し、エセックス州のオーツで暮らしていた。彼女の家には晩年のロック（John Locke, 1632–1704）が出入りしていた。ロックはここで亡くなったのである。おそらくはロックの勧めによって彼女は一七〇三年の終わり、父親の主著『宇宙についての真の知的体系、第1部。無神論の根拠と哲学がすべて論破され、その不可能性が立証される』（ロンドン 1678）を一部ライプニッツに送った。彼はローマに滞在中に、この書物を見て知っていたのである。

ライプニッツはマサム夫人と往復書簡を交わすこの機会を逃さなかった。彼女がロックときわめて親しいことを知っていたので、おそらくロックとさらに近い関係を結べるのではないか、と期待したのである。

ライプニッツからの少数の書簡は、自分の形而上学的体系を明確にマサム夫人に説明するため、きわめて慎重に仕上げられ、自分の哲学体系がどのようにして成立したのかを順序だてて示している。彼は連続性の原理を根底に置き、あらゆる事物の本性はこの原理に従うと考えていた。この原理の力によって、われわれの観察にかからない実体も目に見えるものと比例的な関係にある、と結論するのである。彼は、われわれの内部には「活動性と表象を具えた或る単純な存在者」が存在していると信じて疑わなかった。連続性の原理に従えば、このようなものが人間の身体の中だけに存在しているはずがない。それゆえこのような「活動的存在者」は物質の内部の至る所にも含まれている、と想定されるべきなのである。この「単純な存在者」は、われわれの内部にある場合には魂と呼ばれて表象と反省を行い、それ以外はこの反省を行わないとされた。こうして魂は、物体の内部のそれ以外の「単純な存在者」と区別されるのである。われわれの魂が不滅である如く、動物やそれ以外の被造物の魂も不滅なのである。これらは自然の力によってはけっして生まれることも消滅することもあり得ない。これらの魂つまりエンテレケイアは、自分がもつ表象に比例的な、ある種の有機的に組織された身体を永遠に保持しつづけるのである。だから魂だけでなく、被造物(動物)もまた不滅なのである。誕生と死とはつまり、内展(収縮)されていたものを外展(展開)させ、また内展させることに他ならない。それゆえ、(最初で最高の存在者(神)を例外として)物質から完全に切り離された魂は存在しないのである。以上すべてがまず前提となり、それに対応する形で、われわれの眼前の現象が生ずるのである。こういう前提を通じてライプニッツは予定調和の体系へと導かれた。魂と身体の合一を説明するあらゆる仮説のなかで、これが唯一自然なものであり、それゆえ仮説以上のものである。このことはとくに3-3書簡で詳論されている(GP III, 333)。

マサム夫人の手紙の背後にはロックがいる、とライプニッツが考えていたことは、トマス・バーネットへの書簡(一七〇四年八月二日)を見ればわかる。「マサム夫人と交わしている書簡を私は、部分的にはロック氏と交わしているものと考えています。なぜなら、彼はオーツの田舎にある彼女の所で暮らしているからです。この婦人が私に手紙を書き、私の哲学的仮説に関して返答し、〈ロック氏がわれわれの手紙をご覧になっています〉と書かれるとき、私にはどうも彼が手を貸しているように思えるのです。少なくとも判断を下しているのはまちがいなく彼でしょう。この婦人のそばにいるとき、彼には隠しだてするようすがまったくないのです」(GP III, 333原注より。バーネットへの書簡はGP III, 297–298)。

3–1………マサム夫人[★01]からライプニッツへ

Lady Masham an Leibniz. Oates, 29. März 1704.

大西光弘＋橋本由美子＋山田弘明✣訳

(GP III, 337–338)

一七〇四年三月二九日、オーツ

貴方がイングランド女性に認めてくださっている美質[★02]をもつ者のうちに、私が数え入れられるわけではなくとも、私は学識ある方々ときわめて親しくさせていただいておりますので、彼らにとって本当に重要なことを(私にできる限りですが)偏りなく受け入れてまいりましたし、学芸の世界で貴方がどれほどのお方であるのかも承知しております。そういうしだいで、私は以前から貴方への大いなる敬意を示すどのような機会でも喜んで受け入れたいと思っていたのですが、最近、私の父の『知的体系』[★03]はお気に召していただけるのではないか、という感触を得たのです。この著作への貴方の好意的なご意見は、そういう意味でも、また私といたしましては父の成し遂げたことの価値への新たな確証としても、たいへん嬉しく思います。

私は知的世界をいっそう深く知りたいと願う者ですから、貴方が示される体系を正しく理解したいと思いました。そこで、ご丁寧なお手紙をいただいてすぐに、ベール氏の『辞典』[★04]初版(第二版は手元になかったものですから)の「ロラリウス」の項目に目を通しましたが、ここで引用されている貴方の一六九五年の『学術雑誌』に目を転じて、ご発表の内容[★05]を拝読しました。おそらく私がこうした抽象的思索に慣れていないせいでしょうか、貴方の仮説の基礎となっていると思われ

★01——マサム夫人(Damaris Cudworth Masham, 1659–1708)。イングランドの女流哲学者。マシャムと発音されることもある。前出のコラム「マサム夫人について」を参照。

★02——ライプニッツはマサム夫人への最初の書簡(一七〇二年一二月一四/二五日)で、イングランド女性に見られる洞察力を指摘している。後出コラム3-1を参照。

★03——R.Cudworth, *The True Intellectual System of the Universe*, 1678.(『宇宙についての真の知的体系』)。

★04——P. Bayle, *Dictionnaire historique et critique*, 1697.(『歴史批評辞典』I, II, III　野沢協訳、法政大学出版局 1982, 84, 87)。

★05——『実体の本性と実体相互の交渉ならびに心身の結合についての新たな説』(『学術雑誌』1695. 6; K I, 8, 73–90)。

る「形相」というものがよくわかりません。というのも（私にはこう思えるのですが）、この形相を貴方はしばしば「根源的な力」と呼びながら、場合によっては「魂」また「実体を構成する形相」さらに実体そのものとも呼んでおられます。しかし、形相はいまだ精神でも物質でもないのです。というわけで正直に申し上げて、私には貴方が「形相」と呼ぶものの明晰な観念をもつことができません。

貴方のように、その書簡がヨーロッパ中の学識ある人々に高く評価されている方に、無知な女性を教育するためにわずかなりとも貴重なお時間を割いていただくことなど、私が貴方のお人柄をただ学識ある方としか存じ上げなかったとすれば、おこがましくもお願いしたりしなかったでしょう。と申しますのも、学問的研究と高い思索の最先端にある方々は、このような配慮はしなくてよいと考えがちだからです。けれども貴方は、いかに無知であろうとも真理を愛する者ならば軽蔑なさらない、と私は確信しています。加えて私は、女性なのだから宮廷に出入りする男性がたしなむべき教養などもたなくともよい、などと思ってはおりません。そこで失礼を省みず、貴方の「形相」を理解する一助として何か説明か定義を示していただけたら、とご厚意を請うしだいです。といいますのも、私に勧められたこの体系をどうしても理解したいと思うのは、その著者である貴方が卓越した方であるからというばかりではなく、その体系がとりわけ神の美点とその作品の美しさについてわれわれがもつ観念に広く心を向けているからです。『辞典』の第二版のベール氏の反論に対するご返答を短くまとめて付け加えていただければ、この問題にいっそうの光明が与えられますので、重ねて感謝いたすことになります。

『知的体系』と共に、父の『聖餐論』[★06]が同じ荷で貴方宛に送られるよう手配いたしました。この著者に示していただいた敬意から拝察するに、そのほかの作品にも目を通していただけるのではないかと存じました。これは父が若い時分に書いたものですが、わが国の著名なセルデン氏[★07]により

★06——*A Discourse concerning the true Notion of the Lord's Supper*, London, 1642.

★07——セルデン氏（John Selden, 1584-1654）。イギリスの政治家、歴史家。

高く評価されました。貴方を崇拝し尊敬する者からの贈り物として、受け取っていただければ幸甚です。

私は幸いにもわが家でロック氏とのお付き合いを享受していますが、氏からも貴方にはくれぐれも宜しくとのことです。

3–1　一七〇四年三月二九日付マサム夫人からの書簡の経緯

3–1書簡に先立ってライプニッツはマサム夫人へ最初の書簡（一七〇三年一二月一四／二五日）を送った。ライプニッツはまず、マサム夫人からの贈り物（彼女の父カドワースの書いた『知的体系』）の連絡に対して礼を述べる。「故カドワース氏の『知的体系』を、一部送ってくださると伺いました。送ってくださる方のことや、送っていただく贈り物のことを思うと、これ以上の名誉はほとんど考えることもできません。この書物は、最初にローマで拝読しました」。そして、自分もこれと同じ内容を考えてきた、と述べる。「その題材もたいへん興味あるものでした。なぜなら私も同じ問題をずっと考えてきたからです」。そして書簡の最後で、イングランド女性の洞察力への賛辞を述べる。「イングランドの婦人がおもちの洞察力の見本は、他のあらゆるものをさしおいてまず、故コナウェイ伯爵夫人の作品の中に見られると私は考えています」(GP III, 336–337)。

3-2……ライプニッツからマサム夫人へ

Leibniz an Lady Masham. Hannover, Anfang Mai 1704.

大西光弘＋橋本由美子＋山田弘明✣訳

(GP III, 338-342)

一七〇四年五月初旬、ハノーファー

ご自身の筆になる貴重なお手紙によるご依頼を拝受し、また大変な名誉である私への贈り物が首尾よく海を渡ったとの知らせも、時を同じくして私の元に届きました。この著作を少しでも早く拝見したいものです。何度もそう望んできました。というのは、『知的体系』[★01]という書物も、貴方がご親切にもこれに付け加えてくださった、同じ高名な著者の手になる神学のきわめて重要な諸問題を扱った作品(これによって私の恩義はさらに大きくなりました)も、言葉のせいでこの国やその近隣ではけっして入手できないからです。この『体系』の再読は私にとって大いに重要となるでしょう。というのも、私はそれに近い主題を扱った私自身の省察の再検討を考えているとこ

★01――第2部3-1注03参照。

ろだからです。そのことから、貴方のご依頼にはうまくお応えできるのではないかと思っています。ご期待に添えるよう努力いたしますが、しかしながらこのことは、お叱りをいただいて当然の自惚れの産物としてではなく、私の感謝のしるしとして受け取っていただければと存じます。

自然は、そのあり方や完全性の度合いでは多様であっても、ものの根底においては斉一性を保持しているとする斉一性の原理に、私はまったく賛同しています。ですから、私の仮説全体から、われわれの視覚や観察の及ばない諸実体のうちにも、われわれの観察が及ぶ実体に認められることに対応する何かがある、という帰結が導かれるのです。さて、われわれの中には作用と表象を具えた単純な存在者がひとつある、ということに同意が得られるとしましょう。しかし、これが人間身体をなす物質の小粒子で、この小粒子だけに自身を他から無限に隔て、その他既知のすべての物質とは異質にさせるものが具わっているのだとしたら、自然にはほとんど統一などないことになるだろう、と私は思います。そこで私は、物質の至る所にはこうした能動的存在者があって、それらは表象の仕方においてのみ区別される、と判断するにいたりました。ところで、われわれ自身の表象は「反省」を伴ったり伴わなかったりします。この反省から「抽象作用や普遍的で必然的な真理」が生じますが、動物のうちにはそのようなものの痕跡は見られませんし、われわれの周囲の物体にいたってはなおさらです。そこで、われわれの内にあって魂と呼ばれるこの単純な存在者が、既知の他の物体の単純な存在者から区別されるのは、この点においてではないか、と考えられます。

今このような作用と表象の原理を「形相」、「エンテレケイア」、「魂」、「精神」と呼ぼうと思います。これらの言葉は、人がそれらに帰属させようとする概念に応じて区別してもよいのですが、ことがら自体についてはどの言葉も変わりありません。動物の中にも、そして他の被造物であってもそれが有機的に組織されているならその中にも、私が認めている単純な存在者もしくは魂とは、それではいったいどのようなものなのか、と問われるでしょう。それに対しては、われわれの魂と同様にこうした魂も滅びはしないし、自然の力によって生成消滅することはありえない、と私は答えるでしょう。

しかし、さらに私が考えるところでは、われわれが「現在」「自分の身体のうちで」経験していることと、「未来」または「過去」に「他者の」身体が経験することとの類似を維持するために、こうしたすべての魂ないしエンテレケイアは自分の表象に対応する有機的身体のようなものを、もっているだけでなく、魂が存続するかぎりこれをつねにもち続けるだろうし、これまでもつねにもってきたのです。したがって、魂だけではなく動物そのもの（ここでは名称については論じませんが、あるいは魂と動物との類似を有するもの）も存続するわけで、となれば、発生と死は、外展〔展開〕と内展〔収縮〕でしかありえないことになります。このことについて自然は、そのやり方でいくつかの見本をはっきりとわれわれに示し、自然が隠蔽しているものをわれわれが発見できるよう手を貸してくれているのです。というわけで、鉄や炎その他自然のいかなる猛威が、動物の身体のなかでどれほど激しい破壊作用を行おうとも、だからといって魂が何らかの有機的身体を維持できなくなる、ということはありえないのです。なにしろ作品とはつねにその作者の痕跡を保つものであり、「有機体」、言いかえれば秩序と技巧は、至高の英知によって産出され、配置された物質の本質なのですから、そのように維持されないことはありえないのです。そこで、私はさらに、最初の至高の存在は別として、完全に物質から切り離された精神などは存在しないし、精霊がどれほどすばらしいものであっても、やはりつねに自分にふさわしい身体をもっている、と判断するにいたりました。魂についてはやはりこのように語るべきなのですが、しかし魂はこの粗雑な身体から切り離されると言われることもあります。以上で述べたことのすべてが前提としているのは、完全性の度合いはさまざまであるにしても、「いつでもどんなところでも、今あるこことまったく同じ」（超自然的なことは例外ですが）ということがわかっていただけるでしょう。

これよりもわかりやすく少なくとも単純であるような仮説を思い描けるものかどうかは、ご判断におまかせいたします。

「とくに必要のないかぎり、被造物のもとでは、われわれの経験に対応することしか想定しない」というこの格率によって、私はさらに「予定調和の体系」へと導かれました。身体どうしは機械論的法則に従って相互に作用し、魂は自身のうちで何か内的な働きを生み出す、ということをじっさいわれわれは経験しています。しかしわれわれは、魂が物質へ作用することを、そして物質が魂へ作用することを理解する方策を知りませんし、それに対する答えも何ひとつわかりません。なにしろ、いかなる機械をもってしても、物質的変化すなわち機械論的法則が表象を引き起こすことは説明できませんし、また表象が、粗雑な物体であれ精妙な物体であれ、動物精気やその他の物体において、速度や方向に変化を生じさせることも説明できないのですから。そういうわけで、それ自体で斉一な自然のよき秩序以外のいかなる仮説も不適切であること（ここでこれ以外の考察に言及はしませんが）から、私は、物体的法則が魂の作用をこうむることもなければ、身体が魂へと影響を送りこむような窓を見出すこともなく、心身はそれぞれが別個に自身の法則に完全に従うのだ、という判断を下したのです。それではいったいどのようにして心身のこの合致は生じるのか、と疑問に思われるでしょう。機会原因論を擁護する人々は、神があらゆる瞬間に魂を身体に合致させ、身体を魂に合致させるのだと主張します。けれども、このようなことは奇蹟以外の何ものでもないわけで、自然の通常の進み方を解明すべき哲学にふさわしくありません。じっさいこれでは、神がたえず物体の自然法則をかき乱すことになるでしょう。そういうわけで私は、神があらかじめ魂と身体を、それぞれが自身の法則に従いながらも互いに合致するように創造しておいたと結論するほうが、神の配剤やその作品の斉一性と恒常的秩序に、はるかにふさわしいと思ったのです。このような創造が、その英知と力能が無限であるような者にとっては可能であること、これは誰にも否定はできません。要するに、私が魂や身体にいつでもどこでも帰属させているものは、経験が判明であればそのつど経験されること、つまり身体における機械論の法則と魂における内的作用にほかならないのです。すべては、変化への傾向性に結びつけられた現在の状態のうちに含まれているのであり、その変化は、身体においては動かす力に従って生じ、魂においては善悪の表象に従って生じるのです。

ここから、きわめて驚異に値することが帰結してきます。それは、神の作品はそう思われていたよりもずっと美しく、ずっと調和がとれているということです。たしかに、目にするものの美を論拠としてわれわれが行っているこういう議論に反対するために、エピクロス主義者たちがとった逃げ口上があります(それは、偶発性が無限に産出されるのだから、或る世界、例えばわれわれの世界がどうにかこうにかうまくいっていても、それは別に驚くべきことではない、と彼らが言う場合です)。しかし、これは、相互に影響しあわない存在者が永遠に対応することは、この調和の共通の原因からしか生じえない、という私の観点から論破されるのです。この私の仮説がもたらす帰結を熟慮した上で、ベール氏[★02](彼は考えの深い人です)は、神の美点についての理解にこれほどの高尚さが与えられたことはなかったが、神の無限の英知はきわめて偉大とはいえ、予定調和のようなものを産出するほどではない、とみなして、予定調和の可能性には首をかしげているようでした。そこで私は彼に次のように考えるようにうながしました。人間でさえも、まるで理性をもっているかのように動く自動機械を作ることができる。だから神(神は無限に偉大な芸術家であり、むしろ神のもとですべては可能なかぎり芸術作品です)は、精神が望むときに物質が作用するように、あらかじめ物質にその筋道をつけてくれたのだ、と。このように考えれば、物質がこれほど理性的に作用するのに驚嘆する必要はありません。それは、誰かが操作している

★02——第1部【6】および第2部3-1注04参照。

ように思わせるような、目に見えない弾道に沿う打ち上げ花火の動きに驚嘆する必要がないのと同様です。人は、自分が見出す完全性の度合いに応じてしか、神の計画を捉えることができません。身体はあらかじめ、時間の経過とともに魂の意志的な作用に合致するように、魂に従属していますし、魂のほうは、もともとその本性が身体を表出することですから、非意志的な混雑した表象によってでも身体を表出するはずです。ですから、それぞれがどれほどの完全性もしくは不完全性を含んでいるかに応じて、オリジナルであるか、自分以外のもののコピーであるかが決まるのです。

貴方にお手紙を差し上げているのだということを、ほとんど忘れておりました。われに帰り、冗長になってしまったことをお許し願いたく思っています。貴方の洞察力をもってすればわずかの言葉で十分であったことを、そして多言を弄さねば貴方にご説明できないことなどは、そもそも誰にも理解できないのだということを、考えておくべきでした。しかし、いったん開始したことを首尾よく終わらせるのは難しいことですし、どのみちいたらないのならば、説明は多いほうがいい、と私は考えてきました。そういうわけで、少々冗長ながら言うべきことを言い落としていなければ、幸いに思います。

奥方さま、貴方の知己というかねてよりの栄誉に優るとも劣らず世に知られた、才能ある著者ロック氏の善意のしるしを、ご厚意によって改めて知るにいたり、私は二重の幸せを得ることができました。こんなあつかましいお願いをしてよいかどうかわかりませんが、ロック氏に、私の深い称讃の気持と、彼の賛同とご教示に与りたいという願いをお伝えください。ロック氏が公表された重要な著作には、私自身もこれまで熟慮してきた多くのことがらが含まれていましたので、私はこれを注意深く拝読し、その結果として覚書[★03]にさえ着手しました。有能な人物が始めたことをさらに推し進めるのは本当に簡単なことですから、私はそこに見える難点を指摘して、多少は

★03——『人間知性新論』(K I, 4・5)のこと。

「欠落」を埋められたように思っています。私にこうして自画自賛するだけのものがあるのかどうか、それはこの手紙の中で貴方にお知らせしたばかりの計画によって判断されることです。そうはいっても、貴方がおもちであるほどの鋭い判断力を満足させられるとまでは、私は自惚れておりません。お気に召さないところがあれば、それはなおさらです。貴方の判断力は私の判断力をさらに照らし、私が感じております恩恵を増幅してくださることでしょう。

敬具

可能なかぎりの尊敬と感謝をもって

3-3……ライプニッツからマサム夫人へ

✣ Leibniz an Lady Masham. Hannover, 30. Juni 1704.

大西光弘＋橋本由美子＋山田弘明✣訳

(GP III, 352–357)

一七〇四年六月三〇日、ハノーファー

私の手紙が、貴方のように細部まで識別することのできるお方を満足させるには到底おぼつかないものであることは、書き記しながらもよくよく身にしみてわかっていました。貴方のご厚意があればこそ、私の手紙もかろうじて読むにたえるものと映るのです。並々ならぬ深さに加えて、明晰さと魅力とを備えた貴方のお返事を拝見しますと、私の筆のおぼつかなさがますます思い知らされ、どうしてもまだうまく手紙を書くことができませんでした。しかし、名誉なことに貴方からご要望をいただいたのですから、それが私の心を強くしますし、少なくとも手紙を書く理由を与えてくれます。

貴方はまず、ご自身が正しく内容を理解しているかどうかを私に判断させようと、私の仮説をわずかの言葉で表現するという労をとっておいでです。[★01] これは、このような内容のやりとりにはきわめて有効なやり方ですし、私が驚いたのは、これほど抽象的な主題を扱いながらも貴方の表現が正しくかつ簡潔なことです。いつか誰かに自分の考えを説明する機会があれば、私自身もこうありたいと思わずにいられません。

次いで貴方は、私の仮説への見解を述べておいでです。それはたしかに貴方ほどの方にふさわ

★01——この書簡は一七〇四年六月三日付のマサム夫人の手紙を踏まえている。そこにはライプニッツ形而上学の要約とそれへの感想が述べられていた。後出コラム3-3参照。

しいものですので、ぜひ私もこれに参加して、私自身の概念をこの見解に照らし合わせてみたいと思います。貴方はまず、私の仮説は、貴方の目に可能なものと映り、自然の斉一性を遵守(じゅんしゅ)しており、人の望みにかなうものを含んでいる、とまで称讃してくださっています。

　他方で貴方は、これはいまだ「仮説以上のもの」とは思われないと付け加えて、次のようにおっしゃいます。この仮説は他の仮説よりも理解できるものではあるが、「神の諸々の道」はわれわれの理解によって制限されはしない以上、理解できるからといって真であることにはならない。それゆえにただひとつの道以外のすべての道が知解不能で理解できないものだと思われたとしても、だからといってこの唯一の道が論証的に示されたことにはならない、と。

　ではご要望に従って、私の注釈を加えていきましょう。私が申し上げたいのは、①他のすべての仮説が可能とは思えない場合に、ある仮説が「可能である」と思われるのは、かなり重要なことではないか、そして②その仮説が真であるのは大いに「ありそうなことである」、ということです。最もわかりやすい仮説が最終的に真であることは、天文学や自然学でこれまでずっと経験されてきました。例えば、天体を見かけどおりのものとはみなさない地動説もそうですし、かつては自然が真空〔空虚〕を嫌うせいだとされていた吸い上げポンプやその他の引力を説明する重力説もそうなのです。

　さらに③われわれの知性は、神に由来し、この太陽からくる光のようなものとみなされるべきなのですから、われわれの知性にきわめてよく合致するものは（人が順序を踏む場合、そして知性の本性そのものがそれを要求するので）、神の英知に合致する、と判断しなければなりません。そして、このような仕方で判断することで、われわれは神が与えた諸秩序に従っていると考えるべきなのです。こうして、われわれがいつも見出してきたのは、④われわれの判断があの自然の光に即して与えられたとき、この判断は出来事によっていわば裏切られることはない、ということです。懐疑主義者たちがこれに向ける反対意見は気の利いた言葉遊びにすぎないと、これまで理性的な人々によってみなされてきました。

ところでさらに問題に立ち入るなら、⑤「神の道」には二通りある、と考えるべきでしょう。一方は自然的な道であり、他方は超自然的すなわち奇蹟の道です。「自然的な」道とは、被造的精神が洞察としかるべき機会をもてばわかるような道ですが、「奇蹟の」道のほうは、どのような被造的精神をも超えたものです。例えば、磁石の作用は自然的なものでして、なるほど情報不足のためにわれわれが詳細にわたって解明する段階にはいたっていないとしても、全体として機械論的であり説明できるものです。しかし、もし誰かが、磁石は機械論的には作用せず、仲立ちや媒質もないままに可視的なもしくは不可視の媒介も必要としないものであり、すべては純粋な遠隔からの引力によるものである、などと主張したとしましょう。このようなことは、どれほどの洞察力と知識をもってしても、被造的精神によってはけっして説明できることではありません。要するに、これは奇蹟的なことになるでしょう。ところで、神の英知の理性と秩序そのものは、わけもなく奇蹟に頼ることを望みません。それは「魂と身体の合一の説」についても同様です。なんといっても、魂と身体のように完全に異なった実体が互いに直接作用しあうなどと言うのは、物体が仲立ちも媒介もないままに遠隔作用を及ぼすと言うのと同様に説明のつかないことだからです。しかも本性の間にある隔たりは、場所の隔たりなどよりも、ずっとはなはだしいものです。したがって、これほど異なった二つの実体間の交通は、遠く隔てられた二つの物体間の無媒介の交通と同様に、奇蹟によってしか起こりえないことになりますし、こうした事態を一方の他方に対する何かしらの「影響」なるものに帰そうとすることは、意味をなさない言葉の陰に奇蹟を隠すことになるのです。機会原因の道についてもやはりこれと同様のことが言えますが、ただ影響説と違っているのは、それを彼らが認めるかどうかは定かではないながら、機会原因の道の主張者たちが永続的奇蹟を導入したこと、それも影響の道の場合は隠れていたのを堂々と導入したことです。とにかく、身体を機会として魂を動かし、魂を機会として身体を動かすという神の働きは、それがたとえ持続的で広く行使されるとしても、奇蹟であることに変わりはないのです。というのも、その帰結が神の直接的な働きのみに依拠しており、そこには他の手段や説明がなく、また神は身体を魂に合致させるために連続的に物体法則をかき乱す〔また逆に魂を身体に合致させるために魂の法則をかき乱す〕ことになるのですから、被造的精神がいかに知識をもち、神からどれほどの資質を与えられていたとしても、神のこうした働きは被造的精神にとってはどうしても説明不可能なことなのです。それに対して、説明可能であることは、ものの自然法則に合致しており、この法則だけで説明されるべきなのです。

こういうわけで⑥私の仮説は、ただ単に可能であるのみならず、神の英知とものの秩序にきわめて合致してもいますから、仮説以上のものではないかと思うのです。神は自らの美点にきわめてふさわしい仕方で働く、ということは確実だと思われます。そして英知こそ、神の最大の美点のうちの一つなのです。ところで、自然のもののうちに神が前もってしつらえた合致ほどみごとでよく考えられたものはないこと、そして、それをなしたのが神であるのをこれ以上に示すものはないこと、これは明白です。後になってものの本性にかなった諸規則に逆らうようなことを何もしないように、すべてをあらかじめ規則だてておく、というのはまさに神にふさわしいことなのですから。したがって、もし自然のものが一つの共通の原因から生じたのではないなら、さらにこの原因が正確にもののすみずみまで広く浸透するほどの無限な力をもち、先を見るものでないなら、自然のものが予定調和によってこれほど完全に互いに合致しあうことは不可能だったでしょう。

そしてさらに、⑦通常のものがそうなるのは自然的にであって奇蹟によってではないはずである、と前提されたのですから、私の仮説はこれで「証明済みだ」と言えるでしょう。というのも⑤に示したように、他の二つの仮説はいやおうなく奇蹟に依拠せざるをえないのであり、さらにはこの三つ以外に仮説は考えられないからです。身体と魂のそれぞれの法則は、かき乱されるか、もしくは保持されるかのどちらかです。この諸法則がかき乱されるのだとしたら（それは外部のなにものかによるのですから）、身体と魂の一方が他方をかき乱すという（スコラの）学院で通常考えられていたような「影響説」をとるべきか、あるいは第三者つまり神がこの諸法則をかき乱すという「機会原因説」をとるべきか、いずれかになります。そして三番目が、魂と身体の法則はかき乱されずに保持されるとみなす「予定調和説」であって、これだけが自然的な仮説なのです。

⑧自然の通常の事例にあっては奇蹟よりも自然を優先すべきであるということについては、（モーセの哲学を考えたフラッド★02のように半ばとり憑かれた人は別として）あらゆる哲学者たちが、これまでに同意しています。物質が考えるのではなく、物質に結びつきながらもそれとは別個で独立したある単純な存在者が考えるのだ、と私が主張するのも、この自然を優先することに促されてのことだと申し上げたく思います。たしかに、高名なロック氏は、その優れた『試論』★03や故ウスターの主教★04への手紙のなかで、神は考えられうるすべてを超えたことをなしうるのだから、物質に思惟能力を与えることもできるだろう、と主張しました。しかし、物質そのもののうちには、つまり延長と不可入性のうちには、そこから思惟が導出され基礎づけられうるようなものは何もないのですから、物質が思惟することは連続的な奇蹟によることになります。こうして、「魂が自然的には不死であること」が証明されることになり、その消滅を支持するなら奇蹟を支持することになる、と言えるのです。奇蹟を支持するとは、物質のうちに奇蹟によって「受け入れられ維持された」思惟する力を認めるということでして、このとき魂は奇蹟の終わりとともに消滅することになるでしょう。あるいは物質から区別された思惟する実体が絶滅すると考えようとしても、

★02――フラッド（Robert Fludd, 1574–1637）。イギリスの医師で神秘主義の思想家。

★03――J.Locke, *An Essay concerning Human Understanding*, 1690.（『人間知性論』大槻春彦訳、岩波文庫 1972–77）。

★04――イングランド国教会ウスター主教、スティリングフリート（Edward Stillingfleet, 1635–1699）。

これまた奇蹟的なことになるでしょうが、それはまた新たな奇蹟によることなのです。ところで、物質は神によって新たな本性をもたらされない限り、〔自身の思惟する〕根底というものをもってはいないのですから、私はこの思惟する物質の事例において、神は物質に思惟能力を「与える」のみならず、たえず同じ奇蹟によってそれを「維持する」のでなければならない、と申し上げます。けれども、神が物質にこの新たな本性すなわち根底から思惟する力を与え、以後物質自体がその力を維持してゆくというのなら、神はまさしく物質に思惟する魂を与えたことになるでしょうが、これでは言葉においてのみ異なるにすぎないでしょう。こうした根底から思惟する力は、そもそも物質の様態ではなく（というのも様態は、変容する当のものの本性によって説明されるはずですが、このような力はこういう仕方では説明できないからです）、物質に依存しないものだと思われます。

それでは、貴方のお心に生じた重要な問題にとりかかりましょう。貴方は⑨もし魂でことが足りるのなら、有機的器官は何の役にもたたないように思われる、とご指摘なさいます。お答えします。もし自然のうちに（例えば）カエサルの魂しかなかったとしたら、創造主は彼に有機的器官を与えずにすますことができたでしょう。しかしこの創造主は、無数の他の存在者をも創造することを望み、それらが有機的器官のうちで互いに含み合うことを望んだのです。われわれの身体は、無数のこれまた存在するだけの意義のある被造物に満ちた一種の世界でして、もしこの身体が有機的に組織化されていなければ、このミクロコスモスつまり小世界はあるべき完全性を欠いていることになって、大宇宙のほうもこれほどまでには豊かでなくなってしまうのです。

⑩私は何も「有機体は物質の本質をなす」と言ったのではなく、「至高の英知によって配置された物質の本質である」と言ったのですが、これにしても、上と同じ根拠によるものです。そういうわけで、私は「有機体」つまり自然の機械を定義するときは、その諸部分が機械であり、その技巧

の精緻さが無限に続き、そのどれほど微細な部分も無視されてはならないもの、と言うのです。これに対してわれわれの作る機械の諸部分は、もはや機械ではないのです。これは、われわれ現代人が十分に考えてこなかった「自然と技術と」の間の本質的な相違です。

⑪ところで、力はいかなる実体の本質でもありえない、と貴方はお考えのようです。それは疑いなく、われわれが通常理解しているような可変的な力について貴方が述べておいでだからでしょう。それに対して、私が「根源的な力」と言うときに理解しているのは活動性の原理のことでして、可変的な力とはその諸様態でしかないのです。

⑫こういう単純実体もしくは根源的な力の内部には、われわれの魂との類似性に従って考えれば、表象の規則立った進展があるはずですから、こういう単純実体や根源的な力の「明白な観念」は、ほぼ得られたも同然なのです。

⑬魂は「何らかの部分」なのか、もしくは「いかなる部分でもない」のかという問いは、言葉の問題でしかありません。というのは、魂の本性は延長にあるのではなく、魂とは自身が表現する延長に関係するものだからです。したがって魂は、その視点のありかである身体の中に置かれなければなりません。この視点に従って、魂は宇宙を今まさに表現しているのです。それ以上のことを望んで、魂をある大きさの中に閉じ込めようとすることは、魂を物体的なものだと想像しようとすることなのです。

⑭延長をもたない完足的な実体については、私も貴方同様、そのようなものは被造物のうちにはない、という考えです。なんといっても、身体をもたない魂あるいは形相などというものは、何か不完全なものだからです。私の見解では、「動物」もしくは何かそれに類するものなしには「魂はけっして存在しない」のですから。そして、われわれが神を知ることさえも、「延長」との関係を含んでいるひとつの観念によってのみなのです。ここで延長とは、神の産出した存在物がもつ連

続的かつ秩序ある多様性です。このように、われわれが神の存在にいたるのは結果からなのです。しかしその後で至高の理性は、その〔結果の〕中には延長以上のものがあるとわれわれに知らせるのです。それが延長の根源であり、また延長において生じる変化の根源でもあるのです。これが想像できないものだからといって、驚くには値しません。実際のところ数学も、想像できない無数のものをわれわれに提供しています。真であると証明される「通約不能数」〔無理数〕がその証拠です。ですから、想像力が及ばないからといって、真理に背を向けてはなりません。想像できるかどうかが、賛成するか否かの境界を決めるのではないのです。[★05] 内省によって生じる観念が、感官による想像以上のなにものかをもっていることは、ロック氏がみごとに示されました。

そのすばらしい方の健康があまり優れないと聞いて、私は心を痛めています。彼のような方々はあまり長命を保てないのです。もし彼がまだ貴方のところに滞在しておられるのなら、それは快適この上ないことでしょうし、彼にとっては最高の保養ができていることになるでしょう。そのこと〔学者の庇護〕で学究たちは貴方に計り知れない恩義を負うことになるでしょう（とりわけ私は、そのことから、彼の光明によって私の試論[★06]が照らされることを望む者です）。貴方が讃えてくださることは学説にとって名誉なことであり、学究たちが貴方に負うものはそれゆえ、ただ増加するばかりです。

敬具

追伸　貴方からのすばらしい贈り物を受け取ったところです。楽しく拝読し始めました。重ねてお礼申し上げます。

★05——これは、マサム夫人が先便（一七〇四年六月三日付）で行った以下の告白にライプニッツが答えた箇所である。「延長をもたない実体という考えを支持する父や別の方々が、〈理性が本来働くべきところで想像力が働くと、延長をもたない実体が存在していることを理解できなくなる〉とおっしゃったことを思い出しました。私にとって大きな権威であった父……から禁じられても私は、つねにイメージ〔想像力〕の影響下にあることから逃れられませんでした。……或ることがわからないときや、正しいかどうかが不明な命題の真理を証明するときなど、その主張に賛成すべきか否かを私は決められないのです。というのも、ひとたび決めてしまえば、自分はどこで止まるべきなのか、賛成の境界はどのあたりであるべきなのか……が私にはわからないからです」(GP III, 351)。

★06——第2部3-2注03参照。

3-3　一七〇四年六月三〇日付マサム夫人宛書簡の経緯

3-3書簡に先だって、マサム夫人は一七〇四年六月三日付書簡をライプニッツに送った。

マサム夫人はまず、五月初旬の書簡(3-2)でライプニッツが自説を概説してくれたことへの礼を述べる。「ご提案になっている仮説についてもう少し詳しいお話を伺いたいという、望むべき範囲を超えた不躾なお願いを、ご好意に甘えて申しました。礼節あるお返事をいただき本当に感謝しております」。

そして、概説されたライプニッツ理論について自分なりの「短いまとめ」を作って、批評を乞う。「自分が理解したところを聞いていただこうと思うしだいです。……もし何かの点で考え違いがありましたら、訂正をお願いできれば幸甚です」。

そしてライプニッツ理論がじつに的確にまとめられるのだが、そのまとめに続いて、貴方の予定調和の仮説は、たしかに内的には矛盾していないが、でも「仮説以上のものとは思えない」と鋭い感想を述べる。「以上が私の捉えた限りでの貴方のお考えです。ここには(拙い感想を述べさせていただきますなら)奇妙な点、不可能に見える点は一つもありません。このお考えの中にはたしかに斉一性が存在しており、私はそれを好ましく思いました。またお説は、たいへん望ましい利点も持っています。しかしこれが仮説以上のものであるとは、私には思えないのです」。この二か月後のバーネットへの手紙(一七〇四年八月二日)で、既述のごとくライプニッツは、「判断を下しているのはまちがいなく彼(ロック)だと思います」と書くのだが、このあたりの舌鋒の鋭さも、ライプニッツにそういう印象を与えたのではないだろうか。

そしてマサム夫人は、自分がそう判断する理由として、有限な知性しかもたない人間に、無限の知性をもつ神の振舞いをそこまで限定して捉えられるとは思えない、と言う。「なぜなら神の道は、われわれの理解によって制限を受けることはないからです。われわれがただ一つの道しか理解できず考えることもできないからといって、それが神が使うべく選んだただ一つの道であるとは、私には信じられません」。

とくに以上の二つの指摘に対して、ライプニッツは3-3書簡で、詳細に解答を試みるのである。

マサム夫人の書簡は、ロックの体調への懸念で結ばれていた。「……彼と友情を交わす幸せをわれわれが感じることができるのは、もうほんの少しの間でしかありません。今それを知り、われわれ友人一同は皆悲しんでいます。相当お年を召しておられますので、肺の病気で彼は日に日に衰弱してゆくばかりです」(GP III, 348–352)。

3-4……マサム夫人からライプニッツへ

大西光弘＋橋本由美子＋山田弘明✣訳

✣ Lady Masham an Leibniz.Oates, 24. November 1704.

(GP III, 364–366)

一七〇四年一一月二四日、オーツ

貴方の最初のお手紙を拝受したのはさほど前ではないとしても、その日付からはずいぶん経ちました。貴方からお手紙をいただくという光栄を貴重なことと思っておりますだけに、貴方のことをなおざりにしているのではないか――そのようなことはけっしてございません――、と貴方からそう思われはしないかと畏れることしきりです。そういうわけで、先だっての大きな喪の痛み[★01]の中にありながらも、今こうして筆をとっているしだいです。その後、私のたった一人の息子を自立させ、初めて世間に出すにあたっての細々(こまごま)としたことがありまして、現在いくぶん体調を崩しています。

貴方の九月一六日付のお手紙は、一〇月三一日になってやっと手元に届きました。それは、私の半生をこえてずっと友人だった方の葬儀が執り行われた日でした。ロック氏のことです。この友人は、じつに意外なことに心穏やかで朴訥な方であり、私の家族とはまったく無縁だったのですが、その方が父や兄のように私に人生計画を与えてくださったのです。もし息子が健康な身体と健全な精神に恵まれたなら(おそらく大丈夫とは思いますが)、私は息子の人生計画を、神の慈愛に次いで、とくにこの方のお導きに従わせたいと思っていました。けれどもこうしたことは、

★01――ジョン・ロック逝去。一七〇四年一〇月二八日。

ロック氏との友情の最善の結果のごく一部にすぎません。と申しますのも、彼は遺言で私の息子に(息子が亡くなった場合は私に)、血縁がない場合にはめったにないほどの額を遺産として残してくださいました。それ以外に、息子への贈り物には蔵書があり、これは息子、親戚の方々、遺言執行者のピーター・キング氏★02とで分けることになりました。キング氏は多くの点で、とりわけ国会議員として優れた方です(プロテスタントの利益に、彼ほど間違いなく忠実な議員はいないと囁(ささや)かれています)。

ロック氏への恩義の数々をこうして書き記しましたが、この非凡にしてすばらしい友人の回想に十分ふさわしい思いを捧げながら、私の心が命じるこうしたこと以外の思索にまでまだ頭が回っていないようでしたら、申し訳ございません(お詫びしたく思います)。

貴方の二通目の手紙がようやく二日前に届きました。物質の産出について、ロック氏からお考えを説明していただいたかどうか、今となってはよく思い出せません。ロック氏と知り合う前、これは非物体的実体の創造よりもわかりにくいものだと私は想像しておりましたが、おそらくはそのために私は、貴方が引用された章で彼が述べている内容に払うべき注意を、ほかの章ほど払わなかったのではないかと思います。

先だって、オックスフォード大学の図書館司書よりロック氏に、彼の著書をボードリアン図書館へ贈呈するようにとの申し入れがありました。この要請に応えて、ロック氏は氏の名前を冠して出版されたすべての本をこの図書館に寄贈しています。ところが氏の遺言補足書によると、これでは氏への要請に完全に応えたことにならない、ということなのです。つまり彼は、彼の名を冠していないそれ以外の論文の著者でもあったようなのです。それゆえ(彼の言葉によりますと)「著書の全範囲にわたってという要求に従い、また自分の著書を、あの威厳ある学問の殿堂で学者たちの著作のなかに置くに値するものとみなしていただいた名誉への返礼として、オックスフォ

★02――ピーター・キング(Peter King, 1669–1734)。ロックの甥で、後年、大法官を務めた。キングが手元に残したロックの草稿や書簡が、のちにロックの著作として一九世紀以後流布している。

ード大学の公共図書館に次の書物を贈呈した。『寛容に関する三書簡』、『統治二論』、『聖書に述べられたキリスト教の合理性』、『エドワード氏の考察からのキリスト教の合理性等の擁護』、『キリスト教の合理性の第二擁護』[★03]。これらが、自分が著者であるにもかかわらずその名を冠することなく出版された著作のすべてである」ということです。しかし、これ以外にもロック氏のものとされてきた多くの匿名の著書があります。どれが彼の本当の著作であり、どれがそうでないのか、貴方にもご興味をもっていただけることでしょう。そこで、きわめて公式な申告書を筆写しておきました。もし貴方が『聖書に述べられたキリスト教の合理性』をお読みになったのでしたら、どうかそれへのお考えをお聞かせください。もしまだこの本をご覧になっていないのでしたら、ぜひ献呈させていただきたく存じます。この本は、息子の家庭教師をしていただいていた方の手で、ずっと以前にフランス語に訳されています。それは、ロック氏の『試論』の翻訳者であるコスト氏です[★04]。

　貴方のご厚意を本当に有り難く存じています。それはいつも私の大きな喜びであり、必ずやそれにお応えしたいと思っております。

敬具

★03――これらの書物の原文表記は以下のとおり。
Three Letters Concerning Tolleration.
Two Treatises of Government.
The Reasonableness of Christianitie as deliver'd in the Scriptures.
A Vindication of the Reasonableness of Christianity etc. from Mr.Edwards Reflections.
A 2d vindication of the reasonableness of Christianitie.

★04――ピエール・コスト(Pierre Coste, 1668–1747)。『聖書に述べられたキリスト教の合理性』のフランス語訳は一六九五年、『試論』とある『人間知性論』のフランス語訳は一七〇〇年。

3-4　一七〇四年一一月二四日付マサム夫人からの書簡の経緯

3-4書簡に先立つ一七〇四年八月八日付の書簡で、マサム夫人はライプニッツに、主に四つの質問をさらに行った。

①神が配置した物質の本質は有機的に組織されていることだと言われるが、有限な人間に、無限の知性をもつ神の行いがどんなものかを限定して言うことができるのか？「有機的に組織されていることは、絶対的に物質の本質だとは限らないが、至高の知性によって配置された物質の本質である、というお言葉がよくわからないのです。……われわれに見える視野は短く狭いものにすぎませんから、無限に知恵のある存在者の行いがどのようなものでなければばならないかまでは、われわれには決定できないはずです」。

②ライプニッツのいう「根源的力」や「活動性原理」と魂は同じものなのか？「根源的力と呼ばれている活動性原理は、実体であるとのことです。それについて、まだはっきりした観念がもてません」。

③「拡がりをもたない実体」とはどういうものなのか？「拡がりをもたない実体がいったいどんなものかまったくわからない、とつくづく思うのです」。

④ライプニッツの体系は「自由」と矛盾しないのか？　これは、アルノーがライプニッツ思想を知ったときに最初に感じた疑念でもある。「貴方の仮説のなかにある難点（と私には思えるのですが）を述べさせていただきましょう。……これは私にとってはひじょうに重大な問題です。つまり、貴方の体系を、自由あるいは自由な行為と和解させるにはどうすればよいのか、という問題です」。

そして書簡は、ロックの近況で結ばれる。〔3-3書簡で〕「健康を心配してくださったことを、ロック氏は大変感謝していました。この世の最高の友人の一人であるこの方をお世話するよう貴方にお勧めいただいたことを、私もそれに劣らず嬉しく思いました。彼のように貴重な方の命を長らえさせることにもし貢献できますなら、それは私がこの世にできる最高の奉仕の一つだと考えています。彼は私のところにいらっしゃいますが、おそらくここを離れられるだけの健康はもう残っていないでしょう。彼が人生の多くの時間をここで暮らすことを選んでくださったので、ここは多くの人々にとって本当に心地よい場所になりました」(GP III, 358-361)。

ライプニッツは同年九月の書簡で、マサム夫人からの質問に順に答えてゆく。

①への答えは、「相容れないものを除外するという方法によって、一般的なレベルまでは限定できる」というものである。「私からの返答は〈互いに相容れないものを除外することによって一般的には限定できるが、詳細までは限定できない〉というものです。……例えば原子は存在し得ないでしょう。なぜなら原子を作っている諸部分を見ると、そこには多様性も装飾もないからです。これは(原理はもっとも単純で、現れはもっとも多様なものを選ぶという)神の建築術と相容れない欠陥です」。

②への答えは、「それは言葉の問題だ」というものである。「あらゆるエンテレケイアは魂と呼ばれるに値するのかという問題は、おそらく名前だけの問題だと思います。またこの用語をどのように定義するかにも関わると思います」。

③への答えは、いわゆる「合成実体」(魂と身体とが合成されてできる人間)なら「拡がり」をもっているが、「単純実体」は合成によって成立したものではないから「拡がり」をもたない、というものである。「もし実体という言葉で、魂と身体の合成されたもの(例えば人間)が理解されるなら、思惟と拡がりを同時にもつ実体が存在しているのは本当です。でももし実体という言葉が、単純な実体という意味に理解されるなら、その実体そのものが拡がっていることは決してあり得ません。なぜなら、あらゆる拡がったものは、合成されたものだからです」。

④への答えは、「自由」の問題へは深入りせず、単純に「私の体系と自由は矛盾しない」と主張するものである。「自由であるためには、われわれは自発的に選択しつつ行為しなければなりません。私の体系は、われわれの自発性を増大させるものであり、またわれわれの選択を減少させることのないものです」。

そして書簡の最後で、晩年のロックの世話をするマサム夫人へねぎらいの言葉がかけられる。「かけがえのないロック氏の命が長らえるようお世話され、そのことで貴方が大きな喜びを感じておられると伺うことは、われわれにとっても大きな喜びです。この方面や、また他のあらゆる方面へのお心遣いが報われることを祈っています」(GP III, 361-364)。

さらにライプニッツから同年一〇月七日付、「先便で言い忘れた点があった」と始まる短い手紙が送られる。「神にとって難しいのは、物質を創造することよりも、むしろ精神を創造することだ」とロックが考えるのはなぜなのか、それを貴方から尋ねてもらえないか、という依頼の手紙である。「問題は、どういうふうにして物質が創造されたと考えるかであり、またなぜ精神を創造するほうが難しいと考えるかです。……貴方は彼の信頼厚い方ですので、できれば仲介していただいて、彼からこの問題について何らかの光明をわれわれに与えていただければ幸いです」(GP III, 364)。

3-5……ライプニッツからマサム夫人へ

✣

Leibniz an Lady Masham. Hannover, 10. Juli 1705.

(GP III, 366–368)

大西光弘＋橋本由美子＋山田弘明✣訳

一七〇五年七月一〇日、ハノーファー

プロイセン王妃殿下が逝去[★01]されましたので、私は長らく書簡を書くことも省察することもできませんでした。この偉大な妃殿下は私に無限のご厚意を寄せてくださいました。彼女は私が考えたことを教わるのを喜んでくださり、ご自分でもそれを深められました。また貴方からいただいた手紙をお見せしたり、私が返事にと書いたものをお見せしたこともあります。これほど完璧でかつ哲学者でもある王妃殿下は、おそらく二度と現われることはないでしょう。このような妃殿下のお側にたびたび伺い、真理を知ることへと向かう彼女の情熱に勇気づけられた時、私がどれほどの喜びを感じたかをご想像ください。彼女がハノーファーに向けて出発された時は、私もすぐその後を追うべきだったのです。なぜなら光栄にも彼女のほうから、私がそうすることを本当に頻繁に望んでくださったからです。彼女が逝去されたと聞いたとき、私の、そしてベルリン全体の驚きはどれほどのものだったでしょう！　とくに私にとってこれは青天の霹靂（へきれき）であり、公の不幸のうちでも特別の、最大の喪失でした。病気になるのではとも思いました。頭ではわかっていても、感覚は別なのです。この不運で私もまたひどく調子を崩しました。しかし最後には自分自身を取り戻し、友人たちの所へ帰ってきたのです。そして今、長い無沙汰のお詫びをするため

★01——王妃ゾフィー・シャルロッテ（第2部【2】参照）は、三六歳で一七〇五年二月一日急逝。

に、貴方に詳細をお話ししているのです。

ロック氏ご逝去のお悔やみをまだ申し上げていませんでした。これは、公的にも大きな喪失ですが、貴方個人におかれては〔とくに〕大きな悲しみをお感じになって当然です。しかしこの偉人の業績が人々によって正当に評価されたのを見て、私は満足してもいるのです。誰もが彼の思弁的体系に立ち入るということはたしかにできませんが、誰もが彼の実践哲学に従うべきなのです。彼のご逝去と著作についてお知らせいただいたことは、それを活用すべく『ライプツィヒ学報』の編集者に知らせておきました。彼がどの著作を自分のものと認めたのかを知ることができて、本当にありがたく存じますし、とても満足しています。

私は、この高名な著者の『キリスト教の合理性』は以前読んだことがあり、信仰と理性の一致を首尾よく示している人々に強く賛同する者です。私見ですが、理性に反していることは神学でも哲学でも誤謬のしるしであるのを、われわれは大原則として認めなければなりません。

私がとても残念に思いますのは、われわれのものとはかなりかけ離れている、とご本人が語っていた概念を彼が終生もち続け、そのために彼が〔物質的実体よりも〕非物質的な実体の創造のほうが理解しづらいものだと考えられたことです。しかし、私に言わせれば、それはまったく逆で、物体は本来の意味での実体でさえありえないのです。なぜなら物体とはつねに、単純実体すなわち真のモナドが集積したもの、つまりそれらの帰結でしかないからです。単純実体は延長をもつものではありえず、したがって物体ではありえません。そういうわけですから、物体は非物質的実体を前提にしているのです。

貴方とロック氏の礼節ある態度を拝見して、彼のすばらしい『試論』[★02]を読みながら感じた難点を整理し始めていたのですが、彼亡き今となっては、彼自身からの釈明に浴することもできない以上、私はこれを断念しました。しかし、とりわけシャーロック[★03]氏のように、他にも彼に反論しよ

★02——*Nouveaux Essais sur l'entendement humain.* その執筆は一七〇四年。(『人間知性新論』K I, 4・5)。

★03——シャーロック(William Sherlock, 1641–1707)。英国の宗教指導者で、論争家。

うとしている人々がいると聞いています。

真理が完全に必然的であるとか、つねにそう帰結しなければならないということは、感官による経験や観察ではけっして証明できないのですから、私は、必然的真理の源泉はわれわれの精神に生得的であるとみなす人々にまったく同意見です。とくに私の念頭に浮かぶのは故カドワース氏の『知的体系』です。彼と同様、私は宿命というものに反対しますし、以下の点でも同意見です。すなわち、正義とは自然的でありけっして恣意的ではないこと。神は諸事物を、別なふうにも創造できたとしても、これよりよくはできないという仕方で創造したこと。物体の構成そのものからして、われわれは非物質的実体の存在を認めざるをえないこと。物質から生命や感覚が生じるとする物活論的な仮説は支持できないし、他方で感覚をもつものが何もないのに感覚が生じることはありえないこと。魂はつねになんらかの有機的身体に合一している、もしくは私見ではむしろ、魂は自分がもつ器官からすっかり離れることはないこと。非物体的実体は、あるエネルギー言い換えれば内的な活動力をもつこと、以上です。形成的自然というものに関しては、それを私は一般に認めますし、動物が非有機的な何かによって機械論的に形成されたとするデモクリトスやデカルト氏の考えを、カドワース氏と同様に私は支持しません。むしろ、私は、この形成的力それ自体が機械論的なもので、予先形成から成り立つ、すなわちそれのみが他の有機的組織を形成しうる既存の有機的組織から成り立つものだ、と考えています。以上のように、カドワース氏が説明しなかったことを、私はただ説明しているだけなのです。原子に関しては、もしこれがきわめて微細な小粒子のことであるのなら、私はこれを認めます。しかしもし無限に硬い小粒子のことであるなら、私は認めません。なぜなら、物質とは、想像されうる最小部分であっても、いたるところで形成的もしくは有機的であって、諸部分を分離できないように結びつける原理は、自然的な仕方では物質中には見出されえないからです。同様に真空〔空虚〕は、ものは可能なかぎり最善の仕方で創造されているという規則に反していますから、物質は真空を許さないのです。さて、手紙を終わらせる時間がきました。

尊敬を込めて

敬具

3−5 一七〇五年七月一〇日付マサム夫人宛書簡のその後

3-5書簡に対し、マサム夫人は一七〇五年一〇月二〇日付の返信を送り、まずゾフィー・シャルロッテが逝去したことについてのお悔やみを述べる。「貴方がしばらくの間手紙さえ書けなくなったその理由を伺って、私の中の悲しみがいっそう深まりました。私はこの悲しみを、世界の人々と共に分かち合うことができるだけです。尊敬すべき王妃殿下の偉大な才能と業績は、あまねく世界に知れわたっています。その方のご逝去が、貴方をかくも悲しませたのです。このかけがえのない方を失った貴方の特別の嘆きを、私以上に深く分かち合っている人間はおりません。もし悲しみというものが存在するなら、貴方のような悲しみこそが、悲しみという名にふさわしいものでしょう」。

そしてマサム夫人は、父カドワースが主張した「形成的自然〔本性〕」(plastic nature) という仮説が正しいのか否かについて、ライプニッツの判断を求めるのである。「父が主張いたしました形成的自然という仮説に対して、ベール氏〔＝反対者〕とル・クレール氏〔＝賛成者〕の間で生じた論争をもしご存知なら、ベール氏の意見は論点のはぐらかしではないのかという点をぜひ伺いたく思います」。

カドワースのいう「形成的自然」とは、動植物のもつ「自らを有機的に〈形成〉してゆく〈本性〉」のことである。ただの死物とは違って動植物の身体は、成長とともにみごとな有機的組織へと自然に「形成」されてゆくが、そういう「本性」〔能力〕をカドワースは「形成的自然」と呼んだのである。マサム夫人はそれを次のように説明している。「動物のような作品を形成するには〔父の考えでは〕二つのものが、つまり①〈〔神の知性の中にある〕遂行さるべき作品の観念〉と、②〈その観念を実在世界へともたらす遂行段階での力〉とが協力しなければならないのです」〔①と②は引用者による〕。もし①の「神の観念」を不要だと考えれば、そこからは「無神論」が帰結するが、カドワースは①を必要だと考えた。そしてこの②の「力」が、「形成的自然」である。もしこれを不要だと考えれば、身体の組織化のさいにも神が直接的に特別に手を下すという「機会原因論」が帰結してしまう、とマサム夫人は言うのである。「デカルト主義者たち〔ここでは機会原因論者のこと〕は、動物の身体が形成され組織化されてゆく時……でさえ神自身が直接すべてに手を下すことになっているではないか、と非難されても自分たちの正しさを信じて疑いません。この考えは父が、形成的自然という考えに反対する仮説が二つだけある、と述べたうちの一つです。もう一つは、あらゆる事物は偶然に生ずるという考え〔無神論〕です」。

動植物の身体が有機化されることを説明しつつも、無神論にも機会原因論にも陥らないという理論が、カドワースの「形成的自然」だった。ベールは、「知性をもたない物質が、自分の力で目的をめざして活動できるはずがない」として、この理論に対して否定的な態度をとったのである。

父の仮説が正しいかどうかを、以上のことを踏まえて判定してほしい、とマサム夫人はライプニッツに言うのである（GP III, 369-373）。

これに対する返信（日付なし）で、まずライプニッツは、マサム夫人からのお悔やみへの礼を述べる。「プロイセン王妃殿下を失ったわれわれの悲しみを共にしてくださったこと、心から御礼申し上げます。たとえ理性をもってしても悲しみは、ある種の気晴らしによらなければ弱められはしない、と通常言われております。しかしこの一大事がもたらした悲嘆は、そのような生やさしい悲しみではありませんでした。その悲しみの力によって、彼女と会話を交わすことが常だった人々の振舞いさえ目に見えて変わってしまいました。でも奥方様、いつか貴方とこちらでお会いできるかもしれないというお知らせをいただいて、私の心に喜びが生まれました〔マサム夫人は一〇月二〇日付書簡で、ひょっとすると一年のうちに息子と一緒にハノーファーへ旅行できるかもしれない、とライプニッツに知らせているが実現しなかった〕」。

そして「形成的自然」についての考えを述べる。ライプニッツはこの「形成的自然」を、自分の考える①「予定調和」や②「予先形成」に近い理論だと考えていた。

まず①「予定調和」との近さを述べる箇所を見る。「私の考えでは物質は、たとえ知性をまったくもっていなくても、或る目的に到達するにふさわしいやり方で活動することがありうるのです〔＝ベールへの反論〕。そして物質がその活動をしている間、神やなんらかの知性的存在者がその物質に特別の指図を行う必要もないのです〔＝機会原因論への反論〕。なぜなら、神がその物質にあらかじめ、理性に適った活動性を時間が経つにつれて行うような仕組を与えておいた、と考えることもできるからです〔＝ライプニッツの予定調和説〕」。

次に②「予先形成」との近さを述べる箇所を見る。

「予先形成」説とは、動物の精子や卵子の中に何重にも入れ子になった将来の有機体たちがもともと（「予先」的に）「形成」されている、とする説である。精子や卵子の中に有機体がすでに「形成」されて存在しているのだから、これで「形成的自然」が説明しようとした「有機体の形成」という事態は、説明されたと言えるわけである。

「動物がどうやって形成されるかを理解するためには、そこに常に予先形成があると考えれば、つまりそれと同じ姿をした動物が常に存在していると考えればよいと思います」（GP III, 373–375）。

同じ頃ライプニッツは「生命の原理と形成的自然についての考察」（『学術著作史』1705. 5; 佐々木能章訳 K I, 9, 9–21）という論文を書いている。そしてその中で、カドワースや形成的自然や予先形成に触れ、カドワースは「非物質的な形成的自然」（natures plastiques immatérielles）を考えたが、もし「予先形成」説をとれば、それで有機体の形成は「物質的」に機械論で説明できるから、「予先形成説」は「物質的な形成的自然」（natures plastique matérielles）だと言える、と述べている。

「私はカドワース氏と同意見である。……私は、カドワース氏の見解をさらにしっかりとしたものにするため、次のことを考慮に入れるようにしている。すなわち、神の知恵によって整えられた物質は本質的に至る所で有機化されているはずで、それゆえ、自然の機械の部分にはどこまでも限りなく機械がある。そしてまたそこには多くの包蔵関係と、相互に包蔵しあった身体とがあるので、何らかの予先形成なしには、有機的身体をまったく新たに生産することなど到底できないし、すでに存続している動物を壊滅させることもできない。こうすることによって私の場合は、カドワース氏のように非物質的な形成的自然（本性）に依存するという必要もないのである。……予先形成と無限の有機化の考え方とがあれば、これによって私は、求められているものに応ずるだけの物質的な形成的自然（本性）を手にすることができるのである。……その機械論的仕組によって動物は、先在する有機的身体から展開や変形を通じて引き出され得るのである」（傍点は引用者による）（K I, 9, 16–17）。

第2部――サロン文化圏 ✣ Der Salon als Kultursphäre

解説✣佐々木能章

◎――貴婦人たちとの華やかさに包まれた誠実な知的空間

　ライプニッツの文通相手は、数の多さもさることながら、素性もさまざまである。あらゆる分野の学者、知識人に加え、政治家や宗教者、技師、職人、好事家など多種多様だ。その中で、いかにも宮廷人ライプニッツにふさわしいと思われるのが、王侯貴族とのやりとりである。革命思想家ならざるライプニッツは、自分の政治理念の実現のためには為政者たる王侯貴族の力が欠かせない。そのための献策は切実であったろうし、デリケートな政治問題は文書すら残されていないかもしれない。その一方で、ライプニッツは宮廷の女性たちとは知的なやりとりを交わしていた。下世話な政治や戦争に現(うつつ)を抜かす男たちを尻目に、宮廷に暮らす女性たちは学術文化に才能を傾けることができた。もちろんそのようなことができる女性は一握りでしかないだろう。しかし幸いなことに、ライプニッツが仕えたハノーファーやベルリンの宮廷にはライプニッツと哲学や科学、文学を対等に論じ合える女性たちがいた。このことはライプニッツにとって実に幸運な巡り合わせだったと言える。だがその巡り合わせを自分に引き寄せる才こそがライプニッツの天性というものである。

　この天性によって、ライプニッツは王侯貴族の女性たちだけではなく、広い階層の女性たちとも知的なやりとりを交わすことができた。そしてそれはライプニッツの度量を示すだけではなく、ライプニッツの思想そのものの質にも大きな役割を発揮することになった。こうした面を、ほんの一部だけでも明らかにするのが、ここに訳された手紙群である。しかしこの内容に入る前に、ライプニッツが生きた一七世紀当時のヨーロッパの宮廷の様子を少しだけ押さえておきたい。

◎――サロン文化の興隆

　この時代、ヨーロッパで絶大な力を誇ったのはフランスであり、宮廷の様式はフランス以外の各国にも取り入れられた。ドイツの各宮廷はベルサイユ風の宮殿を築き、絵画、音楽などの文化、風習にもフランス様式を取り入れていた。そればかりか、宮廷で交わされる言葉もフランス語であった。宮廷の文化様式は各国の王室だけではなく、貴族階級においても取り入れられ、さらに裕福な市民の間にも滲透していくこととなった。本書で訳した二人のドイツ人王妃とのやりとりとイギリス人女性への手紙は、いずれもフランス語によるものであった。

そこに登場したのが、サロンと呼ばれる文化的空間である。多くの場合、そこでは女性が中心的役割を演じていた。サロンが展開するのはまずはフランスであり、ランブイエ侯爵夫人などがその嚆矢となる。そこにはさまざまな階層の学者、思想家、芸術家たちが出入りして新旧の文化が紹介され議論され、競い合った。学者同士のアカデミックな対決の場とは別に、素人を巻き込んだ知的なバトルが繰り広げられていたのである。サロンに学者の存在が不可欠というわけではないが、話の種を持ち込むという貴重な役割を担っていた。このような風習はフランス以外にも広まり、知識人はここで最新の学説や成果を披露し、批判されながら、質を高めることになっていった。ホワイトヘッドが「天才の世紀」と名付けた一七世紀のヨーロッパにおいて哲学や科学の面で大きな功績を残した、デカルト、スピノザ、パスカル、マルブランシュ、ロック、そしてライプニッツなどは、宮廷や貴族のサロンに呼ばれ、時には貴人との個人的な場で、自説を開陳し意見を交わしていた。デカルトが最晩年に招かれたスウェーデンの宮廷もその好例であり、クリスティナ女王の前でデカルト自らが自説を展開していたのである。

このような現実空間としてのサロンとともに、一種のバーチャルなサロンも開かれていたと言えよう。それは手紙を通した意見交換である。実際のサロンとは異なり、丁々発止の談論や当意即妙の座興は見られないとしても、そのぶん時間をかけて吟味した言葉が用意された。そしてこの交換が何より貴重なのは、現在にまで文字の形で残されているということである。

現実空間であれ、手紙の仮想空間であれ、サロンでの意見交換に参加する者にとっては、学者同士とは異なるいくつかの事情がある。学者同士の手紙のやりとりも当時は盛んに行われ、こちらは半ば公開状態で外部からの評価にさらされていた。それだけに火花の散るような真剣勝負が繰り広げられることもある。さらに、学者たるものは自分の学問的素養を前提にした方法や体系と表現の手法を身につけている。また、当時のヨーロッパの学者は分野を問わずラテン語を事実上の公用語としていた。自然言語に引きずられず厳密で正確な表現が可能になるものとして、ライプニッツ自身もその有用性を認めていた。しかしサロンの女性たちの多くはラテン語の素養を持ち合わせていない。それどころか哲学や諸科学の基礎知識も方法論の心得も十分ではない。それでいて多くの場合その女性たちは高い身分のために、気位も高いだろう。

そうであるなら、お相手をつかまつる学者の側にはそれなりの流儀が求められる。まずは服装、立居振る舞い、挨拶などの儀礼にしかるべき配慮が必要である。いかに独創的な学者であってもシノペのディオゲネスを気取るわけにはいかない。次に、もっと大事なこととして、自説の論じ方に工夫が肝要となる。学者相手のときのように、専門用語や外国語を当たり前のように用いることは控えなければならない。だからといって話の水準を落としてありきたりのことを述べるにとどまれば、その場に居合わす意味はない。サロンに集う女性、あるいはむしろサロンを開く女性たちからは、世間に阿る(おもね)ような浅知恵は見透かされてしまう。したがって、自説の水準を決して落とすことなく、しかし専門語などに頼らず平易な表現で伝えなければいけないことになる。しかも厄介なことに、平易な表現に徹しすぎると、これはこれで相手の機嫌を損ねかねない。適度に新しい用語をちりばめて知的な好奇心をくすぐることも必要となる。以上の配慮は何も当時のサロンにまつわるものというだけではなく、現在でも市民講座などで講師に求められることである。専門的になり過ぎてもいけないし、平易すぎてもだめだ。好奇心を刺激する適度なレベルが大切である。ここに社交儀礼が加われば、とりあえずはサロンの流儀となる。

学者の側からすると、この流儀は、学説の錬磨とは別のことである。余計なことだと思う人もいただろうし、やろうと思ってもうまくできない人もいたに違いない。これまた現代と同じことだ。しかしデカルトやライプニッツはこのサロンという場で自分の哲学を練り上げていった人である。単に座を沸かす芸人風情で場に居合わすのではなく、また単に無知な人々を啓発するというのでもない。その場が自分の哲学を研ぎ澄ます大切な場だと自覚していたことになる。だからこそ真剣にならなければならない。聴衆も真剣である。質問の矢は途切れることはない。そのうちのいくつかは幼稚なものかもしれない。学問の素養がなければこれは致し方のないことである。しかしだからといって一蹴するわけにもいかず丁寧な説明をしなければならない。これが実は基本的な場面での理解を自らに促すことに役立っている。さらに質問は時に学説の核心に容赦なく切り込んでくることがある。専門用語によらない分その質問は辛辣である。返す刀はこれまた平易な表現を求められるのだから、時には手に負えなくなることもあろう。これは、学者同士の対決以上に難しいかもしれない。

ライプニッツの場合にはもう一つ触れておかなければならないことがある。それは、特に手紙の場合にライプニッツは相手の思想的傾向、学問的素養にあわせて書いている、ということである。哲学的、宗教的、政治的立場が異なれば用語も方法論も論理構成も説得術もそれぞれ異なる。ライプニッツはそうした相手の素養を見極めて独自のバイアスをかけながらそれぞれにオーダーメイドの書き方で対応している。別の言い方をすれば汎用性が利かないのである。後世の読者はしばしばその前提を素通りしてしまい、文字通りの理解をしようとする。これではライプニッツの真意を図り損なってしまう。ライプニッツが相手にあわせてかけたバイアスを戻しながらテキストを読まなければならない。そしてこのことは、手紙だけではなく学術論文の場合にも程度の差こそあれ見られることである。ライプニッツを読む難しさの一つはここにある。そしてその意味において、貴婦人たちとのやりとりは貴重なものとなる。全くの無前提ということではないにしても、学問的素養や傾向でしっかり身固めした学者と違って、知的な融通さが期待できる相手であれば、ライプニッツの書き方にも自ずと自在な気分が漂うことになる。もちろん相手の身分があるので表現に節度は欠かせないが、それと内容は別である。華やかさの中に刺激に満ちた知的な空間が展開していたと言える。

世紀が替わり一八世紀になるとイギリスやフランスでは刺激的な知的空間はサロンから市民の場へと移る。カフェの時代である。フランスの啓蒙主義はカフェでの談論風発が育てたと言っても過言ではない。一方、文化の進展が一歩遅れているドイツでは一八世紀後半、フリードリッヒ大王の時代がサロン文化の最盛期となる。ライプニッツを取り巻く環境はドイツとしては早すぎたのかもしれない。

◎――ゾフィーとゾフィー・シャルロッテ母娘との深い交流

ライプニッツに戻ろう。一七世紀の天才たちの中でライプニッツはその活動の拠点を宮廷に置いた人であった。哲学や数学はあくまでも余技であり、本業は廷臣であった。その働きも、内政、外交のみならず図書館運営や鉱山開発、修史事業までに及ぶ。そのような多忙な実践的仕事の傍ら、該博な知識を買われて宮廷のサロンでの話題提供者にもなっていた。これはこれで重要な仕事である。ただ、その様子を直接覗くことはもはや不可能である。せめて間接的に、手紙のやりとりを通じて伺い知るしかない。だが好都合なことにライプニッツは手紙のやりとりを後世に残してくれている。ライプニッツは受けとった手紙は誰のものであれほとんど保存していたし、出した手紙はその控えを取っておいた。先方が廃棄していたとしても手元には残っている。こうして千人をはるかに超える人数との手紙の交換が残されているのである。ハノーファーの図書館が所蔵する書簡の相手をボーデマンのカタログ（注：Eduald Bodemann: *Der Briefwechsel des Gottfried Wilhelm Leibniz in der Königlichen öffentlichen Bibliothek zu Hannover* 1895, 1966, 増補版では総数一〇七五名が収録されている。）でざっと調べてみたところ、この中には二一名の女性が含まれている。王侯で一二名、それ以外（貴族も含めて）で九名だった。最新の資料で見ればもっと多いだろう。王侯は男女合わせた総数でも三六名なのだから、王侯女性の比率が高いことがわかる。

その中でも突出して手紙の数が多いのが、本書でその一部を翻訳したハノーファー選帝侯妃であるゾフィーとプロイセン王妃ゾフィー・シャルロッテである。この二人については、それぞれのコラムで紹介をしているので参照してほしいが、周辺の事情を簡単に見ておきたい。二人はそれだけで見れば母と娘でしかないが、当時のヨーロッパの王家諸侯の縁戚関係から見ると、実に複雑で興味深い歴史的背景が浮かび上がってくる〔当時のヨーロッパ王家系図(416–417頁)参照〕。英仏両大国の王家であるスチュアート家とブルボン家にドイツのブランデンブルク、ハノーファー両選帝侯家、さらにはプロイセン王家が絡み合っている。革命で廃位や処刑に遭った王や血統が絶えて断絶した王家(スチュアート家)もある。ゾフィーはスチュアート朝のジェームズ一世の孫であったため、その子でハノーファー選帝侯であるゲオルク・ルートヴィヒつまりはゾフィー・シャルロッテの兄が、断絶したスチュアート朝を継承する形でイギリス国王ジョージ一世として即位し、ハノーファー国王を兼務しつつ英国のハノーヴァー朝(第一次世界大戦時に敵国名を避けてウィンザー朝と改称し現在に至る)を立てた。一方、ゾフィー・シャルロッテはプロイセン王妃となり、その孫フリードリヒ二世は音楽史にも名を連ね「大王」と称された開明的な国王であった。母娘とも、ヨーロッパの王家継承の要衝を占めている。

しかし重要なのはそのような政治的な血統の位置よりも学術的な意味である。ゾフィーとゾフィー・シャルロッテを相手に交わしたライプニッツの膨大な手紙によって、後世の読者はライプニッツの活動の姿を「素人」の姿勢から見ることができるのである。素人というのは、専門的な学問素養を前提にしてはいない、という意味である。しかし用語や論理に配慮をすれば届くだけの知性を備えている人である。この人たちを相手にしたことによって、ライプニッツ自身の思想が練り上げられ研ぎ澄まされていったことは確かである。

こうした中、選帝侯の妻であり母であったゾフィーは一貫してライプニッツに敬意を抱き、支え、多くを学んだ。最良の庇護者であり教え子であり、時には知的なライバルでさえあった。ゾフィーの夫エルンスト・アウグスト選帝侯は、その兄で前任選帝侯のヨハン・フリードリヒがライプニッツの才能をきわめて高く買っていたのと比べると、ライプニッツに対してはやや冷淡であった。さらにその子ゲオルク・ルートヴィヒはライプニッツを忌避さえしていた。したがって、ゾフィーがいなかったらライプニッツはハノーファーを脱出していたかもしれないほどである。このゾフィーにライプニッツは自分の哲学の核心を余すところなく開陳することができた。内容的には、数学の話も含まれ、また無私の愛にまつわる倫理的、宗教的な問題も熱心に論じられた(ハノーファー選帝侯の居城はヘレンハウゼン宮殿で、現在もフランスのベルサイユを思わせる宮殿と庭園が残っている。庭園建造にはゾフィーの意向が生かされているといわれている。そのプランや庭園内の噴水建設には、これまたライプニッツが深く関与している。不可識別者同一の原理をめぐるエピソードなどでも知られている。現在、庭園内には神話に題材をとった無数の像とならんでゾフィーの石像もある。椅子に腰掛けてゆったりとした衣装を纏った姿は優雅で威厳もある。右手に書物を持ち人差指を頁の間に挟んでいる。表題は『弁神論』(*Théodicée*) のようにも見えるが定かではない)。

一方、ゾフィーの娘、ゾフィー・シャルロッテも、母に劣らず聡明な女性であった。ライプニッツはベルリンに滞在している間はしばしば宮殿を訪ねた。王妃との会話は双方にとって有意義であったろう。そこで交わされた哲学談義が、王妃の死後『弁神論』としてまとまるのである。その意味では『弁神論』は、亡き王妃へのオマージュでもあった。そんな宮廷の雰囲気だったからこそ、ゾフィー・シャルロッテの急死はライプニッツには衝撃であったろう。このことはマサムのところで触れることにする(現在ベルリン市内にあるシャルロッテンブルク宮殿は、もとはリーツェンブルクもしくはリュッツェンブルク (Lietzenburg, Lützenburg) と呼ばれていたが、ゾフィー・シャルロッテの死後、その名にちなんで改名された。第二次大戦で破壊されたが現在は修復され、ライプニッツが行き来していた当時のバロック式宮殿と庭園が復元されている。宮殿内の小部屋の目立たない壁にさりげなくライプニッツの肖像画が掛けられている)。

ライプニッツとゾフィー母娘との交流は学芸にかかわるものだけではない。宮廷人としての仕事も常に忘れていない。その一例が、イギリスの理神論者ジョン・トーランドが来訪した時である。これに関連することは、本書でのゾフィー・シャルロッテ宛書簡(2-2) で触れられている。ライプニッツは、ゾフィー、ゾフィー・シャルロッテ母娘を通じ、ハノーファーとベルリンのそれぞれにトーランドの招聘を思いとどまるように進言している。理神論という、時代の新しい潮流がライプニッツには危険思想の持ち主と写っていたようだ。何しろ『秘儀なきキリスト教』を唱えているのだから、敬神の心など持ち合わせていないと考えられる。聡明な母娘ではあったが、猜疑心は持ち合わせていなかったようで、多様なものを受け入れるという点ではライプニッツ以上でさえあった。ライプニッツは何とか引き止めようとするがそれも叶わず結局はドイツに滞在し、あまつさえ長逗留してライプニッツをやきもきさせるのである。だがそこは宮廷人ライプニッツ、来訪してしまったトーランドには然るべき応対をして、丁寧な議論を重ねている。

ちょうどこのようなやりとりがなされている時に、ライプニッツは哲学的な著作として『感覚と物質から独立したものについて』を執筆する。これにはライプニッツ自身が推敲を重ねたいくつかの草稿が残っている(この詳しい経緯についてはコラム参照)。数学の問題も含む点では、この間のゾフィー・シャルロッテや後に述べるペルニッツとの関係が反映されているとも読める。

母娘の一族にも目を向けてみよう。ゾフィーの姉のエリザベト (Elisabeth 1618–1680) はデカルトの哲学上の弟子として名高い。二人の書簡集は重要な文献である。その兄のプファルツ侯カール・ルートヴィヒ (Karl Ludwig 1617–1680) はスピノザをハイデルベルク大学に招聘している(結果的には断られた)。その娘のエリザベト・シャルロッテ(Elisabeth Charlotte 1652–1722)は叔母ゾフィーからライプニッツのことをよく知らされ関心を抱いていたようである(本書ゾフィー宛書簡1-1注01参照)。その夫のオレルアン公フィリップ(Philippe d'Orléans 1640–1701)はルイ一四世の弟で、それに仕える貴族のニコラ・レモンこそがライプニッツに『モナドロジー』執筆を促した人物である。

ジョージ一世の子ゲオルク・アウグスト(後のジョージ二世)の妃はブランデンブルク=アンスバッハ家のカロリーネ(Caroline 1683–1737)で、一七一四年義父ジョージ一世即位に伴い渡英し、王太子妃(プリンセス・オブ・ウェールズ)となり、英語読みのキャロラインとなった。渡英以前からライプニッツとは多数の手紙のやりとりがあり、その大部分はクロップ版全集第11巻に収められている。渡英後は故国との関係を気遣い両国を代表する科学者であるニュートンとライプニッツとを和解すべく、ニュートン側の神学者クラークとライプニッツの間の往復書簡の仲介役となった。カロリーネ(キャロライン)なくして、ライプニッツ=クラーク論争は存在しえなかったのである。

このように、当時の王侯が、というよりその妃たちがライプニッツとの知的な交流を交わしていたことになる。さらにその妃の周辺にまで知的な空間が広がっていた。ゾフィー・シャルロッテの筆頭侍女ペルニッツ(Henriette Charlotte von Pöllnitz ライプニッツはPelniz とも綴っている)は主人とライプニッツとの間の知的な関係については熟知している。ハノーファーとベルリンを往復するライプニッツであったがベルリンに不在の間、ゾフィー・シャルロッテは話し相手に事欠いていたのであろう、ライプニッツをベルリンに呼び戻す手紙をたびたび書いているし、その様子を察知したペルニッツもライプニッツに何度か手紙を送ってもいる。さらに面白いことに、王妃は、ペルニッツが数学に興味を持って本も買い勉強しようとしているが用語が難しくて助けが要ると言っているので何とかしてほしいとライプニッツに頼んでいる(一七〇二年三月末 A I, 20, 855. Klopp X, 1137)。そしてどうやらライプニッツはそれに応えたようである。その後の王妃宛の手紙ではペルニッツを利発だと賞めながら、数学と哲学では「一」の意味が違うということを説いている(一七〇二年四月二二日 A I, 21, 184. Klopp X, 145)。当然ペルニッツの目に留まることを予想しての記述であろう。当代随一の数学者を家庭教師代わりに頼む侍女の大胆さにも感心するがそれを引き受けるライプニッツもお人好しではある。

◎——父カドワースと寄宿人ロックを背景にしたマサム夫人との往復書簡

さて、本書で扱ったもうひとりの貴婦人に話を移そう。マサム(Lady Damaris Cudworth Masham 1659–1708)である。この女性は、ケンブリッジ・プラトン主義者として知られるレイフ・カドワース(Ralph Cudworth 1617–1688)の娘で、マサム卿と結婚して夫人(Lady)

と呼ばれるようになった。詳しくはコラムの中で説明しているので、ここでは周辺を説明しておく。父親のカドワースはケンブリッジ・プラトン主義の代表者とされるが、この呼称自体は後世のもので、特別何らかの組織や明確なグループ活動があったわけではない。共通しているのは、ケンブリッジ大学を中心にした神学者や哲学者の一団で、プロテスタントの信仰を持ちつつもプラトンやプロティノスを崇敬する精神性をもった人々だということである。カドワースとならんで中心人物のひとりとされるヘンリー・モア（Henry More 1614–1687）は、デカルトとの往復書簡で精神が延長していることを説き、デカルトと対立している。カドワースも自然の中に自ら組織化する力（形成的自然）を認めようとしている。いずれも当時主流となりつつあったデカルト的な機械論的自然観とは異なる思想を唱えていた。この頃イギリスで大きな力をもちつつあった哲学潮流は、ジョン・ロックを筆頭とするいわゆるイギリス経験論であった。人間の知識の源泉は感覚であり経験がそれを結びつけるとする考え方である。ロックの哲学からすればプラトンのイデア（idea）は生得観念そのものであって到底認められない。人間の心の中にある観念（アィデア idea）は経験の世界を構成するものとされるのである。イギリス哲学史の流れの中ではこちらが有力となり、ケンブリッジ・プラトン主義はその陰に隠れてしまった。マサム夫人はそのちょうど境目からライプニッツに接近することになる。

父親の主著である『知的体系』をライプニッツに送ったことから交流が始まる。一七〇三年から一七〇五年までに、往復で一二通の手紙が交わされた。マサムがライプニッツのことを知るに至った経緯などはよくわからないが、デカルト主義が興隆していく時代にあって、それに抗しようとした父の業績を、高名なドイツの哲学者なら共感してくれると思ったのであろうか。この時すでにライプニッツは父カドワースの著書のことを知っていた。それについては、後の一七〇五年に発表された論文『生命の原理と形成的自然についての考察』で論じている（本著作集第I期第9巻所収）。この論文の冒頭では、生命の原理に関する議論がライプニッツ自身を巻き込んで賑やかになってきたのでまとめて見解を述べておくとしている。その中で、カドワースの生命に対する考え方を評価し、それを一層しっかりしたものにしたいとも意気込んでいる。一見したところ、ライプニッツとカドワースとの間に思想的な類似性もないわけではないが、根本的には大きな隔たりがある。それでも好意的な言い方になっているのはマサムへの配慮があったからかもしれない。

それにしてもマサム夫人は不思議な人である。マサム卿と結婚してからエセックス州のオーツの邸に暮らしていたが、どういうわけかジョン・ロックがそこに居候となって住み着くこととなった。一六九一年から死去する一七〇四年までの実に一四年間にわたって、ロックはマサム邸で過ごすのである。そこではたっぷりと哲学談義が交わされたことだろう。ロックの代表的著作である『人間知性論』の冒頭部分には、何人かの集まりで人間の知識の起源がひとしきり話題となったことが執筆の動機だったとあるが、時期的にはマサム邸に逗留する前のことである。だがその頃から、サロンの場での会話が革命の思想家ロックの思索を促していたことは確かである。オーツでロックの最期を看取ったのはマサム夫人その人である。生得観念を否定する経験論者ロックの哲学と有機的な自然観を奉じるプラトン主義者カドワースの哲学とは相性が良いとはとても言えない。だが、当時としてもまれな存在であった女性哲学者として『神の愛について』(1696)などを書いていたマサム夫人のことだから、おそらくはそこに重要なつながりを見ていたのかもしれない。あるいはその違いを享受できるような懐の広さがあったのだろうか。ロックとは相容れがたい両雄であることを承知の上でライプニッツと接近するのは、深い考えがあってのことなのだろう。

ライプニッツとロックの関係は単純ではない。ライプニッツはロックの『人間知性論』を逐条批判した『人間知性新論』を書いて全面的に対抗しようとした。しかし大部の原稿が完成した直後にロックの死去を知ってライプニッツは出版を控えたため、世に出たのはライプニッツの死後数十年を経てのこととなった。だがライプニッツはそれより前から何度もロックについては好意的に言及しており、直接のコンタクトもとろうとしていた。しかしそれはいつも一方的で、返事はもらえなかった。市民革命の思想的支柱の人物が、君主制を支える廷臣を胡散臭い人物と思っていたとしても不思議はない。現在デジタル化されたロックの全著作・書簡の中に、ライプニッツの文字はただの一度も確認されない。そこから推測すれば、ロックはライプニッツを忌避していたか無視していたか、あるいは嫌悪感を抱いていたかであろう。ところが、マサム夫人からの手紙で見る限り、そのようなことはない。実に好意的にライプニッツを評価していたと言える。間に入ったマサムの配慮だった可能性もあるが、文字通りなら、返信を避けた理由は見当たらない。だとしたら直接のやりとりがあってほしかったが、やはり何らかの屈託がロックの中にあったと見るべきであろうか。

マサムの手紙はライプニッツ哲学の核心に切り込んでくる。ゾフィー、ゾフィー・シャルロッテ母娘の時と違って、向こうにはライプニッツの哲学と対抗する思想が背後に控えていることは明らかである。とはいえ、マサムは誠実にライプニッツの哲学と向から姿勢を示していることには好感が持てる。ライプニッツも、ニュートンの代理人クラーク宛の時のような挑発的な姿勢は見せず、丁重にしかも誠実に言葉を選んでいる。ライプニッツとマサムは異なる哲学、異なる思想を抱きながらも他を受け容れる寛大さの中に思索の醍醐味と充実感を味わっていたことだろう。だがそのような至福の時は突如として終焉を迎えた。

マサムは思想的な支柱たるロックを失い（一七〇四年一〇月二八日）、ライプニッツは最大の理解者の一人ゾフィー・シャルロッテを失うのである（一七〇五年二月一日）。

二人の手紙は一時中断したあと、調子を変えて再開される。互いに相手を気遣いながら自らの落胆も隠そうとはしない。ライプニッツがこれほどまでに自分自身の感情を吐露する文章は見当たらないほどだ。もちろん相手があってのことだからしかるべき節度はあるものの、それだけになおさら静かな悲しみが痛々しい。それでもライプニッツは悲しみをこらえながら哲学の話を繰り返す。二人の魂をあの世に送る言葉にしては味気ないが、これまたライプニッツらしい別れの言葉である。

◎――思想の表現法を鍛錬する

本書で訳出した三人の貴婦人との手紙のやりとりは、学者としてのライプニッツの業績を知る上では必ずしも不可欠とは言えないかもしれない。そこで論じられていることは、すでに他の著作や手紙で扱われたことと異なることがないからである。しかしライプニッツという人間を理解しようとする時には、溢れんばかりの知性が遊び心に乗って飛び交うさまを味わうことができる。難しいことを難しいままに語るのは、たちの悪い衒学趣味である。ライプニッツはそのような悪趣味とは無縁であった。手紙の端々には、『モナドロジー』をはじめ他の著作での言い方や比喩などがたくさん見出せる。女性たちとの手紙の中でライプニッツが鍛え上げた言い回しである。だとするなら、ここにこそライプニッツの本領が発揮されていると見てもよいだろう。

最後に余談として、「貴婦人」とは呼びがたいものの、フランスの典型的なサロンの代表的人物であったスキュデリ嬢（Mademoiselle Madeleine de Scudéry 1607–1701）に触れておきたい。この人は町人出身の小説家だったが、主催した「スキュデリ嬢の土曜会」には各階層から参加があって賑わった。ライプニッツとは、すでにサロンを閉じた後の晩年の一六九七年から九九年にかけて手紙のやりとりがある。日本であれば卒寿と呼ばれる歳の「嬢」が、多忙を極めている中年のドイツ人学者と浮世離れしたやりとりをする図は何やら不思議である。スキュデリが可愛がっていたオウムが死んだ時、ライプニッツはそれを悼むラテン語の詩を送り（A I, 16, 647）、スキュデリも返礼にフランス語のマドリガルを書き「令名高く博覧にして聡明なライプニッツ氏」を讃えている（A I, 16, 770）。パリを去ってかなりの年月を経たライプニッツがどういった経緯でスキュデリと手紙を交わすに至ったかは興味深いことではあるが、ライプニッツの知られざる一面であり、しかしこれまた、ライプニッツらしいといえばその通りである。

◎――編集方針

訳出した三名の貴婦人とのやりとりは、これまで何種類かの刊行本がある。クロップ版にはゾフィーとゾフィー・シャルロッテに関するものがほぼ網羅されているが、マサム関連はライプニッツからのものだけが一部不完全な形で収載されているだけである。ゲルハルト版は三名のものを収録しているが抜粋にとどまる。テキスト校訂として最新にして最も信頼にたるものはアカデミー版だが、ゾフィー・シャルロッテについては出揃っているもののゾフィーについては一部未刊行であり、マサムに関するものは二〇一四年時点で一切未刊行である。結局いずれも一長一短となる。クロップ版とアカデミー版は網羅主義をとっているため、抜粋訳出にはかえって不便である。ゲルハルト版は抜粋をしつつも経緯の説明を付しているので、本書のような抜粋版にとっては、ゲルハルトの編集はきわめて有用なものとなっている。というわけで、書簡の抜粋はゲルハルト版に多くを依拠し、さらに書簡を厳選した。ゾフィーとゾフィー・シャルロッテについては、ライプニッツが相手の疑問や主張を繰り返している場合が多いので、ライプニッツの書簡だけを採用し、途中の経緯はコラムで埋めることとした。マサムについても厳選をしたが、こちらはマサム自身の書簡も入れることにした。信頼できる人物を失った悲しみが両者の言葉にあふれ出ているからである。いずれも、書簡の抜粋の間隙を埋める説明はゲルハルト版の解説に依拠した。テキストそのものの校訂についてはアカデミー版に掲載されている場合にはそれに拠ったが、マサム関連は訳出の時点でアカデミー版が未刊行なのでゲルハルト版のみを用いた。版本による違いで重要なものは注で示した。

次に翻訳の経緯について説明する。大西光弘、橋本由美子、山田弘明の三名が共同作業によって訳出した。これは文字通りの共同作業であって、分担個所を示すことはできない。はじめに大西がゲルハルト版に掲載されている書簡をすべて訳出した。そこから佐々木が抜粋をした分について、山田が全面的に綿密な改訂を施しつつ注を付し、さらに橋本が哲学史的な文脈や文体、注も含めて改訂を加えた。訳出しなかった書簡についての説明はゲルハルトの解説に基づいて大西がまとめた。訳者たちはいずれもデカルトやライプニッツの翻訳で実績を積み重ねている面々であるが、それに驕ることなく批判や提案に互いに虚心に耳を傾けて納得できる着地点を求める努力を惜しまなかった。一応の完成後もさらに細かい修正が幾度も続けられた。文学関連の箇所ではライプニッツの蘊蓄が炸裂するので訳注の作業も尋常ではなかったが、辛抱強く調査が進められ、アカデミー版では「未詳」とされていながらも本巻で真相を突き止めた箇所もある。

最後まで信頼感を維持し達成感も得られるような共同作業は希有なものである。これまた、ライプニッツの魅力のなせる業であろう。当時のサロンの知的な緊張感と興奮を信頼感に支えられながら追体験しつつ堪能できた訳者陣は、女性たちとライプニッツに深甚の感謝の念を禁じえない。

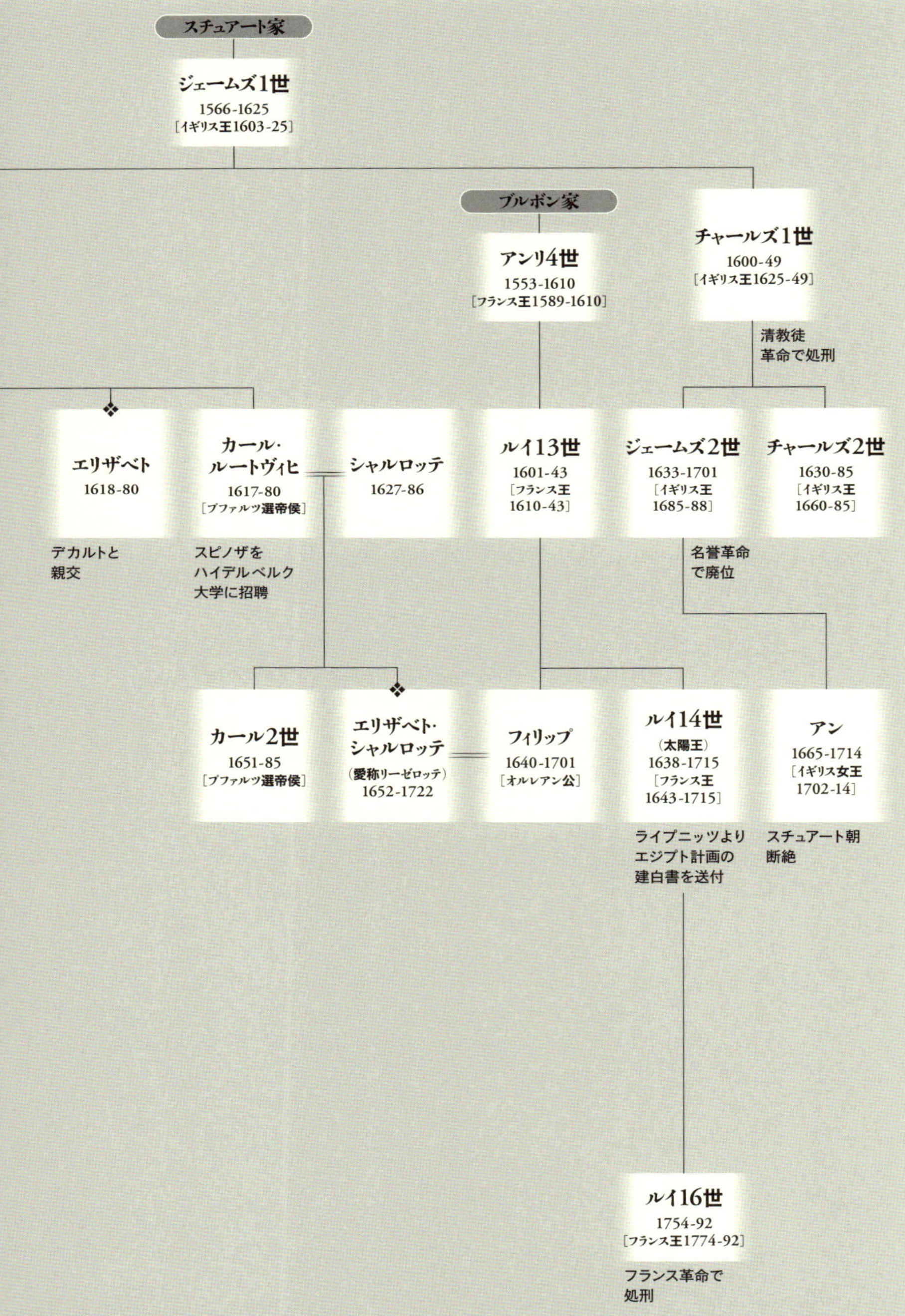
スチュアート家
ジェームズ1世
1566-1625
［イギリス王1603-25］
ブルボン家
アンリ4世
1553-1610
［フランス王1589-1610］
チャールズ1世
1600-49
［イギリス王1625-49］
清教徒
革命で処刑
エリザベト
1618-80
デカルトと
親交
カール・
ルートヴィヒ
1617-80
［プファルツ選帝侯］
スピノザを
ハイデルベルク
大学に招聘
シャルロッテ
1627-86
ルイ13世
1601-43
［フランス王
1610-43］
ジェームズ2世
1633-1701
［イギリス王
1685-88］
名誉革命
で廃位
チャールズ2世
1630-85
［イギリス王
1660-85］
カール2世
1651-85
［プファルツ選帝侯］
エリザベト・
シャルロッテ
（愛称リーゼロッテ）
1652-1722
フィリップ
1640-1701
［オルレアン公］
ルイ14世
（太陽王）
1638-1715
［フランス王
1643-1715］
ライプニッツより
エジプト計画の
建白書を送付
アン
1665-1714
［イギリス女王
1702-14］
スチュアート朝
断絶
ルイ16世
1754-92
［フランス王1774-92］
フランス革命で
処刑

17·18世紀ヨーロッパ王朝·諸侯系図

［第I期第6巻·巻末図改訂版］ ❖はライプニッツと文通

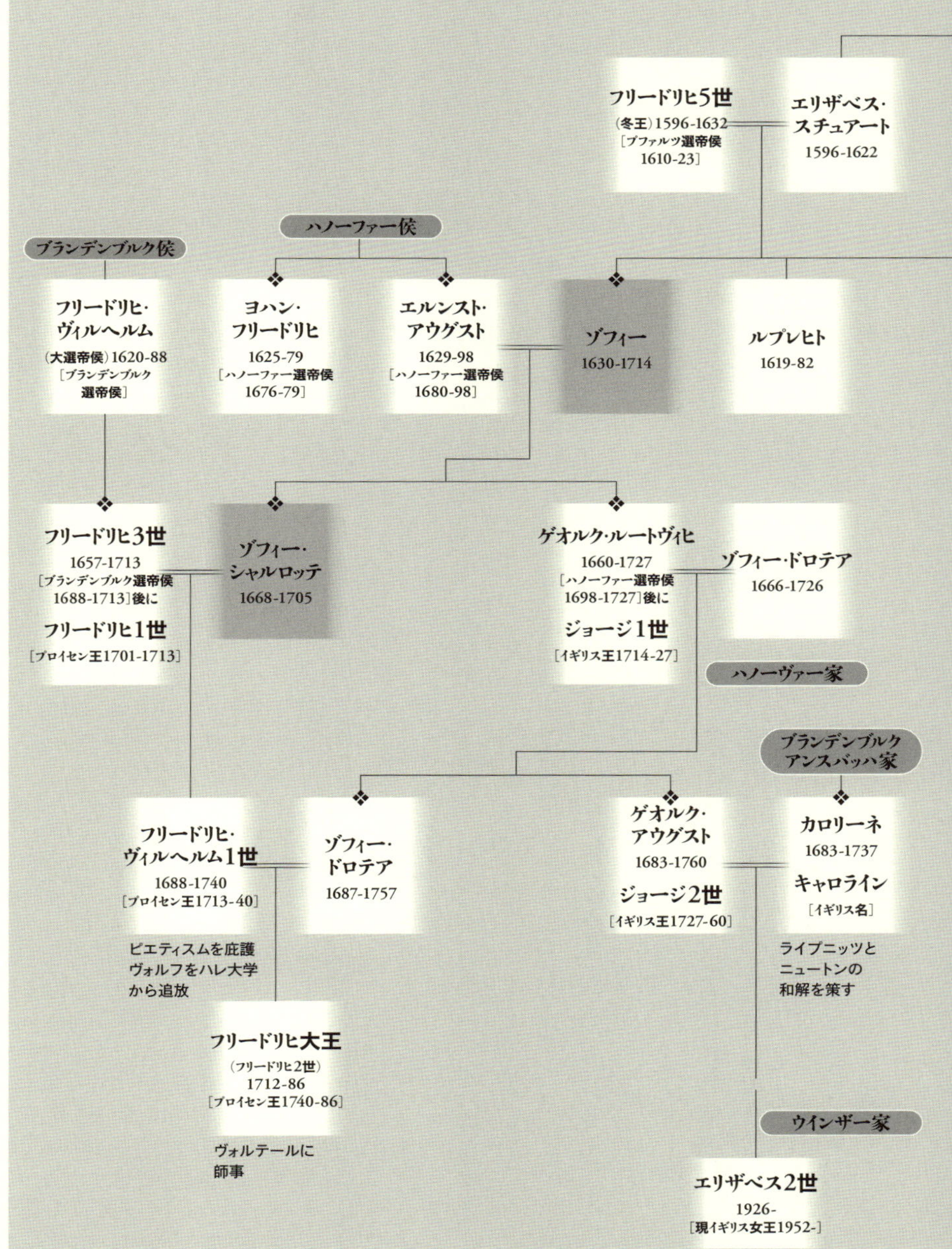

総解説——ライプニッツ哲学書簡の醍醐味

酒井 潔

◎——群を抜く書簡数

生前のライプニッツが語った言葉「刊行されたものだけで私を知る者は、私を知らない」(Qui me non nisi editis novit, non novit.: プラッキウス宛一六九六年二月二一日付; A II, 3, 139)はよく知られているが、しかしその真の意味は何だろうか。もしこれを、生前出版し得た哲学関係の著書は(論文は多いものの)結局『弁神論』だけだったことの言い訳(「多忙」に加えて)と解するなら皮相的に過ぎるだろう。そもそもライプニッツの発信は、印刷公刊された論文や著書、書簡、そしてハノーファーのヘレンハウゼン宮やベルリンのリーツェンブルク宮での哲学論議(ライプニッツの発するオーラと周囲を魅了する力は凄かったようだ)という、三通りの場で行われた。上記の発言は、このうちとくに書簡のことを言っている。ライプニッツ・アルヒーフの故ゲルタ・ウタメェーレン博士は、ライプニッツの書簡を「ライプニッツの作品を構成する不可欠の部分」と呼んだ。この時代学術雑誌の刊行はまだ始まったばかりで、学者たちは手紙で意見や情報を交換したのだが、なかでもライプニッツはとりわけ手紙好きであった(反対に、ヴァイゲル、ロック、ニュートンらは手紙嫌いということができるだろう)。

ハノーファー王立図書館司書だったボーデマンが一八九五年に刊行し、一九六六年に増補版の出た『ライプニッツ往復書簡』は、ライプニッツの文通相手として一〇七五名、遺稿中の送受信として一五〇〇〇通を数えている。この数字は長く引用されてきたが、しかしアカデミー版全集刊行に伴う調査が進むにつれ増え今日では、その総数は一三〇〇人、二〇〇〇〇通にのぼるはずと上方修正されている(ライプニッツ・アルヒーフ調査)。文通者の範囲は一六か国一六〇都市に及び、清朝・北京も含まれる。相手には当時のヨーロッパの著名な学者、神学者、政治家、貴族たちが名を連ね、そのリストはほとんどそのまま"*Who is Who*"となるであろう。ちなみに、同時代のロンドン王立協会事務局長として、スピノザ、ホイヘンス、ライプニッツらとも文通したことで有名なオルデンバーグ（オルデンブルク；c.1619–1677）でさえ文通相手三三四名、書簡（編集済）三三二四通だったというから、いかにライプニッツの手紙の数が並外れていたかがわかる。

◎——書簡が著作に先行！　ライプニッツ全集（アカデミー版）の構成

一般に一七世紀の哲学者たちは書簡を多く書いているが、しかしデカルト、スピノザ、マルブランシュにしても、その全集を見ると、著作が大抵最初に来て、手紙は後方にまわされ、著作に比べて明らかに量も少なく、補完的な役割に見える。とくにスピノザ全集初版全四巻（ゲプハルト版 *Opera*, 1925）では、『エチカ』が第一巻に配されているのに対し、書簡（*Epistolae*）は末尾の第四巻に配され、収録された送受信も八四通に過ぎない。また、マルブランシュ全集（ロビネ版 *Oeuvres complètes*, 1958–68）全二〇巻でも、第一～三巻に主著『真理の探究』が配され、『書簡および小文』は第一八巻と第一九巻に配されている（なお第六～九巻はアルノーへの回答集である）。もっともデカルトはかなりの書簡を遺しており、全集（アダム－タンヌリ版 *Oeuvres de Descartes*, 1897–1913）では全一一巻のうち第一～五巻と、第一〇巻の一部、つまり約五〇パーセントが書簡に充てられている。しかしそれでも、ライプニッツのアカデミー版全集全八系列既刊総数五三巻中、書簡三系列が三三巻、すなわち約六二パーセントを占めるという数字には及ばない。

対照的に、ライプニッツのアカデミー版全集では、書簡三系列が各著作系列の前に配列されている。二〇一四年一二月現在の刊行状況を書簡と著作で比較しながら示しておこう：

第Ⅰ系列「一般・政治・歴史書簡」：A I, 23（Jan.–Sep.1704）まで刊行（A I, 24, 25（Aug.1705–April 1706）までは「暫定版」がWeb公開中）⇔第Ⅳ系列「政治著作」：A IV, 7（1697–1699）まで刊行。

第Ⅱ系列「哲学書簡」：A II, 3（1695–1700）まで刊行⇔第Ⅵ系列「哲学著作」：A VI, 4A, B, C（1676–1690）までとA V, 6が刊行。

第Ⅲ系列「数学・自然科学・技術書簡」：A III, 7（Juli 1696–Dez. 1698）まで刊行（A III, 8（Jan.1699–Dez.1701）までは「暫定版」がWeb公開中）⇔第Ⅶ系列「数学著作」：A VII, 6（1673–1676）まで刊行。第Ⅷ系列「自然科学・医学・技術著作」：A VIII, 1（1668–1676）まで刊行。

われわれの目をひくのは、書簡の系列がそれぞれ著作の系列に先行していること、さらに書簡の二系列、すなわち「一般・政治・歴史書簡」と「数学・自然科学・技術書簡」の既刊巻数が著作のそれよりも多いことである。その理由は、著作の年代推定を可能ならしめるために、まず年代が概ね明らかな書簡三系列を優先し、その中でも（書簡数が最も多い）第Ⅰ系列を先行させたという実際的事情らしい。とはいえ書簡諸系列が著作諸系列の前に置かれ、編集・刊行作業でも先行するというのはやはり目をひく。（第Ⅴ系列「歴史・言語学著作」はそもそも編纂・刊行が開始されていない）。このように配置でも作業でも書簡が先行していること自体、ライプニッツの手紙が著作のたんなる補完ではないことを象徴しているといっては言い過ぎだろうか。なお、アカデミー版全集の概要、およびその編纂作業とそのための調査・研究を担当しているライプニッツ・アルヒーフについては、拙文「ライプニッツ文書室（Leibniz-Archiv）について」（『理想』六七三号）を参照いただければ幸いである。

◎――対話的思考のプロトコル

冒頭のライプニッツの発言に関連してさらに注目すべきは、ヴィンケルマンからライプニッツへの手紙（一六九四年九月三〇日付：A I, 10, 573）に見出される文言である。これはライプニッツの直接の言ではないが、彼の以前の手紙（未発見）の中に書かれていたとされるものである。すなわちライプニッツは、「私は、刊行した著作よりも、手紙で多く言うのが常である。それ故私は良き友人たちのもつ記憶を〔私のために〕役立てることができる」（ich pflege mehr in Brifen, als in offentlichen Schriften zusagen; drum so kan ich mir guter freünden Erinnerung zu Nuz machen.）と記していた。

これは、ライプニッツの思惟が優れてディアローグ、ディスクルスの性格を有していることを示唆する。彼にとって真理とは、著書や論文の、表紙と裏、最初と最後を最短で結ぶ類のもの、換言すればモノローグではなく、まさに対話や論争のなかで、他者とのキャッチボールを通じて修正、洗練、徹底、あるいは発見を重ねて獲得するものなのである（「ディスクルス」のラテン語源 "dis-curro" は「行き来しながら進む」の意）。彼が生前刊行した哲学書が『弁神論』だけだったのは、論文や本などよりも往復書簡こそライプニッツにとって自分の議論を鍛え、彫琢し、さらなる発想を惹起する絶好の手段だったからである。ライプニッツは自説がどのように他者に見えているか、受容されているか、どのように反論されるかをいつも知りたがった。ライプニッツはマルブランシュへの手紙（一七〇〇年一月一七日付）のなかで言っている：「私の思想はまだ秩序立った体系に十分固められておらず、友人の手紙の中で出会う反論や反省から利益を得ているからです。人が同じ事柄をさまざまな側面から取り上げるのを見ることは快いものです。そして各人を満足させようとすると、私はいつも新しい手掛かりを発見します」（5–15）。

同時に、ライプニッツは自分の説が誤解されることを恐れた。印刷されたものだけで判断されたくない、という彼の言い方には、そういう一種の警戒心もあった。ライプニッツがロックを論駁するためにせっかく書き下した『人間知性新論』の出版を、一七〇四年ロックの死を知って取りやめたことも、死者を批判することは控えるべきという所謂フェアプレイの精神だけでなく、自論の正当性に己の社会的生命を賭ける学者・思想家としての厳しい思いもあったのである。

ライプニッツは幸運にもゾフィーのような無類の手紙好きの庇護者、またその娘でプロイセン王妃となったゾフィー・シャルロッテのような哲学の良き理解者にも恵まれた。ただし、主君筋と臣下との文通は普通非対称的であって、失業中だったライプニッツをパリから招聘してくれたハノーファー公爵ヨハン・フリードリヒの場合でさえ、ライプニッツが公爵に宛てた七六通に対し、公爵からライプニッツへの手紙は僅か七通であった。また宮廷夫人たちとライプニッツとの間には現代人の好奇心をくすぐるような恋愛感情めいたものはなかった。平民のライプニッツと貴族の彼らとでは身分が違い過ぎるし、貴族同士と違って、平民と貴族の間の不義密通など当時の宮廷・社会では有り得なかった。ライプニッツも宮廷夫人たちも実利や情念ではなく、ただ純粋に共通の哲学的関心からのみ文通を重ねた。そういう意味ではただ哲学的議論交換だけを目的とした文通関係だった。それに、自らの哲学を「通俗哲学」("Voilà en peu de mots toute ma philosophie, bien populaire sans doute,…"; GP III, 348; 本巻第2部2-3) とも形容し、表現の簡潔さとわかり易さに努めたライプニッツにとって、スコラ的専門用語の詮索ではなく、「理性」で判断しようとする彼女たちこそ議論のパートナーとして相応しいという面があり、実際彼の哲学は彼女たちに支持されたのである。本巻第2部の「サロン文化圏」も、少なくともライプニッツにとって、その動機・目的・実態ともに本質的に第1部の「学者の共和国」に連続していたとみてよい。

もちろん手紙を読み書くことは〔それが学問上の議論を含む場合はなおさら〕今も昔もたいへんな時間と労力を要する。ライプニッツはあまりの多忙にしばしば悲鳴をあげ、手紙のなかでも文通の負担についてこぼしてもいる (A I, 19, 411)。しかしそれでもなお、文通は自分の生活の中心的要素である、とライプニッツは言いきっている。

◎――当時の郵便事情

ライプニッツは実際に多く旅をし、パリ、ロンドン、ローマ、ベルリン、ウィーンなどの大都市に一定期間滞在し、多くの学者と会談した。彼自身哲学のコミュニケーションには実際に対話するのが最善とは考えていた。しかし、今日のように道路も整備されておらず交通手段も馬車か徒歩以外にはなく、また電話もメールもない以上、ネットワークの構築と維持は手紙によるしかなかった。

しかしそれでも、一七世紀から一八世紀にかけて、ヨーロッパでは他のどの時代にも例をみぬほど飛躍的に交通事情が改善され、したがって郵便事情も向上した。たとえばそれまで北のブリュッセルから南のアウクスブルクまで一五日かかっていた郵便が、約二〇キロ間隔で設置された駅ごとに馬を用意してリレーすることにより六日に短縮された。またライプニッツが職務上とくに多くの書簡を出した〔ハノーファーから一〇〇キロ以内の〕ヴォルフェンビュッテル、ブラウンシュヴァイク、ツェレあたりは所要ほぼ一～二日と、今日と遜色ないほどスピードアップしていた。つまり手紙を交換し続けることでのみ維持され得る「学者の共和国」には、たんに学問上のニーズだけでなく、当時のヨーロッパの社会・経済インフラが反映している。つまりres publica litterariaはたんに哲学的な現象だけではなく、社会学的にみても注目すべき現象なのである。実際ライプニッツの手紙は比較的よく届いたようである。もっとも当時の郵便料金は高額で（普通は受取人払いだった）、制度自体も領国によってさまざまであり、民間の業者が運営していた。だから本巻でもうかがえるように、旅行する知人などに託すこともよく行われた。しかし宮廷顧問官だったライプニッツはまた君主図書館の司書でもあり、比較的有利な条件で郵便を利用できる立場にあった。さらに、一六八五年にヴェルフェン家史の編纂・執筆を命じられてからは、ライプニッツには書記が供与され、特別手当も下賜され、文通を継続しネットワークを拡大するには一般の人々よりはかなり好条件だった。

◎——学術交流にはたす役割

ライプニッツが哲学のコミュニケーションとして書簡を重視した理由は何であろうか。マルブランシュ宛一七〇〇年一月一七日付の手紙で彼が述べているところによれば（5–15）、彼自身、対話すべき学者で満ちたパリやロンドンではなく、遠隔の地でせいぜい人口一万の小都市ハノーファーにいたので、（彼自身きわめて頻繁に旅したとはいえ）基本的には手紙しか手段がなかったことが挙げられる。しかし同時に、手紙のもつ心理的な利点についても彼は着目している。すなわち手紙は、著作と比べると、相手の秘かな名誉心を傷つけることが少なく、反対者を味方につけることが容易だとライプニッツは言うのである。

このような必要性と、そして利点をもった手紙を駆使して、ライプニッツが目指したものは何だったか。それは、単なる私信ではないことはもちろん、各種情報を収集すること、著名学者の知己、知遇、好意を得ること、相手の考え方を問い質し、自分の考えの修正、洗練につなげること、そして味方を増やしてさらなる論敵への共同戦線を構築することにもあったことは否定できない。しかし最大の目的は、そうした単に個人的な関心を満たすことにとどまらず、むしろ書簡を縦横に交すことで、「学者の共和国」(Gelehrtenrepublik)を構築することにあった。「アカデミー」でも「大学」でもないこの「学者の共和国」というのは、特定の場所や機関や制度をもたず、それを実体あるものとして機能させる唯一の手段が文通だったのである。学者たちの手紙には、学術資料の請求・供与はもちろん、ヨーロッパ中の学界で起きていること、すなわち学者の消息、新発見や新説、新刊等に関する情報交換という側面や機能もあった。また相手に見てもらい、さらに回覧してほしい覚書やメモ、第三者への／からの手紙が同封されることも少なくなかった。ライプニッツは手紙の中で、自説や自著に対する他者の感想や評価を知りたがったし、また他人の仕事への評価を詳細に述べてもいる。そしてライプニッツ自身がこうしたリレーステーションとして学者と学者を繋ぐ仲介者であろうとも欲した。そのためもあって彼は諸々の情報を集めようとしたし(user)、また入手した情報をさらに他人に伝えた(provider)。

◎——ライプニッツ書簡の偉大な遺産

ライプニッツ書簡の最大の特徴は、残された手紙のその膨大さであり、かつ格段に保存状態がよいことである。ハノーファー選帝侯の顧問官であったライプニッツ。その死後、官命により、彼の所持品、著作、手紙、メモなどほぼ手つかずに封印された。ライプニッツは生前、書簡を編集・出版したりする意図はなく、整理せぬまま、しかし捨てずにすべてを溜め込んでいた。それだけにアカデミー版全集の編纂作業は難渋する訳で、書簡と判定される遺稿の数は増え続け、現在では既述のように二〇〇〇〇通にのぼる。またその他にも、(当時の常として)不達・行方不明の手紙もあり、さらに後代に紛失または盗難にあった手紙も無い訳ではない。実際今日でもヨーロッパ各地の競売などで時々ライプニッツの手紙が出てくる。あるいは個人に所蔵されたり、人知れず図書館の奥深く眠っている可能性も依然ある。ただ仮にそうだとしても、その数はごく限られたものだろうと言われている。

そのなかで、「哲学書簡」はどのくらいの数だろうか。アカデミー版の第Ⅱ系列「哲学書簡」は現在第3巻までが刊行されている。内訳は、第1巻(1663–1685)が二五五通、第2巻(1686–1694)が二九三通、第3巻(1695–1700)が二五四通で、合計八〇二通である。これに、彼の没した一七一六年の手紙までが加わる訳だが(デ・ボスやクラークとの往復書簡が入れば若干その数は大きくなるかもしれない)、その数はおそらく二巻、五〇〇通前後であり、結局第Ⅱ系列「哲学書簡」の総数は約一三〇〇通と予想される。ちなみに例えば一六九九年でみると、第Ⅰ系列「一般・政治・歴史書簡」:一五六文通者・七四一通、第Ⅱ系列:八文通者・三三通、第Ⅲ系列「数学書簡」:一三文通者・九七通となっている。

総書簡数「二〇〇〇〇」に対して、哲学書簡の「一三〇〇」は小さいようにも見える。しかし本著作集第Ⅱ期第1巻収載の哲学書簡のうち、第1部「学者の共和国」の手紙はアカデミー版ではすべて第Ⅱ系列「哲学書簡」に入っているが、これに対して第2部「サロン文化圏」の手紙(例:ゾフィー、ゾフィー・シャルロッテ宛)は、哲学的内容を含んでいても第Ⅰ系列「一般・政治・歴史書簡」に入っており、また、内容的に第Ⅲ系列「数学・自然科学・技術書簡」と区別が難しいものも少なくない(例:ロピタル侯爵)。つまり現行では他の系列に配されていても、第Ⅱ系列に配当され得る書簡数はもっと多いのである。ハノーファー・ライプニッツ文書室のノーラ・ゲデケ博士によれば、一六六三年から一七〇〇年までの手紙で、第Ⅰおよび第Ⅲ系列に収められているが哲学的に重要な手紙は一〇四通も存在し、これを第Ⅱ系列八〇二通に加算すると哲学書簡の数はさらに多くなる。また、哲学書簡は概して一通の長さが他系列の手紙よりも長い。アカデミー版第Ⅱ系列第3巻を例にとれば、二五四通に対して七三九頁を費やしているから、一通の長さは平均で三頁弱となる。

他の同時代の学者たちと比べ格段に多くのライプニッツの送受信が保存されていることによって、以下の一連の調査・研究が可能になる：

第一に、書簡のディスクルスが単に散発的に、個々の手紙だけで考察されるのではなく、一つの手紙から別の手紙への経過を通して、連続、または発展を形成するものとして明らかになる（本巻では、とくにマルブランシュ書簡やベール書簡でそれがうかがわれる。本著作集第Ⅰ期ではアルノーとの往復書簡などによく示されている）。

第二に、情報の伝達や、文通当事者の所説の修正や補足などを追跡することができる。

第三に、書簡草案と、実際に相手に発送された書簡（Abfertigung）との間の異同（削除、訂正、補足等）を詳細に確認し、その意味を分析するという作業を行うことにより、ライプニッツの思惟過程をより具体的に見ることができる。

第四に、書簡どうしの明らかな指示関係、あるいは暗示的な相応、あるいは内容の相互補完の関係などを考察することができる。

第五に、来信は当時ライプニッツに届いたままの姿で残されている。生前ライプニッツは、来信を整理することはせず（まして編集もせず）、さりとて来信を読んだ後破り捨てるというようなこと（例えば西田幾多郎）もせず、とにかく来た手紙はすべて残していた。これにより現代のわれわれにもさらに詳細な歴史、伝記、社会構造史などの研究が可能になる。

◎——ライプニッツの文通プラクシス

実際に会って話をすることを別とすれば、文通の実施・継続は「学者の共和国」を束ねる唯一の手段である。共和国の一員であるとの自己申告は、すなわち「（学術的）交渉」の当事者が、その実践に基づいて行う（今日ならネットワークを維持する手段ははるかに多様多層である。大学や研究所のような機関、学会や研究会等の人的組織、電話・ファックス・メール等の高速通信技術などがある）。そうだとすれば、手紙嫌いでしられたヴァイゲル、ロック、ニュートンらはそもそも「共和国」の一員だったのだろうか。逆にライプニッツこそ「学者の共和国」の精神の受肉化に他ならない、と言える。

文通は情報の伝達や認識の発展に寄与した。情報は「象徴的な資本」だった。情報は同地位の者どうしでは「ギブ・アンド・テイク」の原則に基づき授受され、それはまた臣下から君主・庇護者への「献物」であり、後者から前者への「下賜」でもあった。こうした情報や知識の伝達は後に学術雑誌にとってかわられてゆく。というより当初は雑誌が手紙から養分を得ていた。本巻では、ベール主宰の『学芸共和国通信』が、カトラン神父との論争に関してライプニッツからベールへの手紙（一六八七年一月：6-2）を掲載している（同誌一六八七年二月号）。ただ、読者の範囲は、雑誌が不特定多数を想定するのに対し、文通では多くの場合写しがとられ、回覧に供されたにもかかわらず、その“Intra-net”への参加者は限定されており、見渡すことの可能な範囲にとどまった。

ライプニッツの文通の「普遍性」は、知や情報のパーツというより、当時の知の全領域がプロダクティヴなさらなる改善・進歩をともないつつ含まれている点にある。そのことはすでに同時代人の目にも明らかであって、例えば、ライプニッツの死後、一七三四年から一七四二年にかけて『ライプニッツ氏の書簡』全四巻を刊行したコルトホルトは、「ほとんどの学者は一つの領域について基礎づけられた知をもつが、ライプニッツは全ての領域についてもっていた」と記している。

ライプニッツの手紙を俯瞰すると、私信は少なく、そのほとんどは「新しい学術」に関するものだった。もちろん親類に宛てた手紙も一部にはあるが（異母兄ヨハン・フリードリヒ・ライプニッツ宛、甥ジーモン・レフラー宛等）。これは当時としては珍しいことだった。例えばホイヘンスには兄弟との広範な文通が存するからである。

◎——ディスクルス、ストラテジー、インフォメーション

ライプニッツの手紙には、その機能と目的に関して三種類のものが指摘されよう：

その一「ディスクルス書簡」。学術的な対話ないし論争を主旨とした手紙。例：後期アルノー、ホイヘンス、ベルヌイ兄弟、ロピタル、デ・フォルダー、デ・ボス、ヴォルフ、クラークへの手紙。（また、手紙ではないが、手紙を装った文書もある。例：A I, 22, N.306）。

その二「ストラテジックな書簡」。最終的な目的のために、さまざまな仕掛け、レトリック、技巧を駆使した手紙。目的とは一見何の関係もない話題が、実の用件をより効果的に切り出すための導入部になっていたりする。例：ヤブロンスキ（新教内部の合同折衝の相手）宛、メンケ（『ライプツィヒ学報』編集主幹）宛。

その三「情報交換に徹した書簡」。哲学はじめ学術上の内容にとくにコミットした手紙ではなく、学者の消息、新刊情報、史料調査結果、種々の伝言その他、要するに情報を収集し配給するセンターとしての役割にライプニッツが徹しているかのような手紙。例：マリアベーキ（歴史編纂事業の協力者）、ニケーズ（情報斡旋者）宛。

そもそも、いかなる目的でライプニッツは著名学者たちに接近したのだろうか：ホッブズ、初期アルノー、スピノザ、マルブランシュとの文通はライプニッツの若い時に開始された。当時、ライプニッツは著名な学者たちとの「交渉」（commercium）を探し求めていた。それは彼が十数年後に、『学芸共和国通信』を主宰していたベールとの文通を開始し（一六八七年一月）、またほぼ同時に『デカルトおよび他の学者たちの顕著な誤謬についての簡潔な証明』を、メンケが編集していた『ライプツィヒ学報』一六八七年三月号に発表したことによって本格的に実現したといえよう。ホッブズへの二通の手紙が、実現しなかった文通の好例であるのに対し、アルノー（初期＋後期）やマルブランシュとの往復書簡は長年にわたる対話である。ただし、ベールとの書簡をみると、そこに関連言及されている手紙の多くは同時に貴族間の文通という性格も帯びている。だから、同様のテーマをめぐるものであっても、今日言われる意味で学術的性格だけからなるような対話は他の手紙または雑誌で行われていた可能性もないとはいえない。この点で最も興味深いのはスピノザとの関係であって、ライプニッツもスピノザもおたがいに対し身分や宗教を度外視し、純粋に哲学的な関心を懐いていたに違いない。

ところで、ライプニッツが応えなかった手紙はあったのかといえば、それはある。彼が病気の時に、また旅行中で不在の時に届いた手紙等がそうである。また何らかの事情や事故により手紙が彼のもとに着かないこともあり、また関係を断つために、意図的に来信に返事を出さないこともあった。とくに若い学者と大家のような非対称的な関係の時には、文通に応じること自体が「恵与」だった。返事を出さないことでライプニッツが文通を中断したケースはたくさんある。あるいはライプニッツがそもそも文通を開始しなかったり、仲介者を通じてただ間接的にしか相手に情報を伝えないこともあった。またライプニッツが最初から文通を書記に委ねたケースもある。逆に、トマス・バーネット宛、ファレゾー宛のように、ライプニッツが（自分では応えたくない）選帝侯妃ゾフィーに委託されて、彼女の書記・代理人を務めて書いた手紙もあった。しかしまた反対に、ライプニッツが文通したいと思っても実現せずに終わったロックのような事例もある。

全体として、この時代の文通はしばしば或る種の功利主義的な傾向を帯びてもいた。人は共感や個人的興味からよりもむしろ文通がもたらす利益のために文通していたのだった。それゆえ利益がもはや得られなければ、あるいは目的が達成されると文通も打ち切られた。例えば、トマス・バーネットとの文通は、多分に主家の英国王位継承問題と絡んでいたが、一七一四年選帝侯ゲオルク・ルートヴィヒがイギリス国王ジョージ一世として即位すると、バーネットとの文通は終わった。あるいは、ボワソー所蔵手稿の購入についてその役割がライプニッツにとっては終わった時、ニケーズとの文通も打ち切られたのだった。

◎──マルチ・リンガル　ライプニッツと一七世紀ドイツ

ライプニッツの書簡は複数の言語で書かれていることでも際立っている。最も使用されたのがフランス語四〇パーセント、次いでラテン語三〇パーセント、そしてドイツ語二〇パーセントの順である。これに加え、時折イタリア語が使われ、また稀にオランダ語の手紙もある。（英語はライプニッツはおそらく読めただろうが、書くことはできなかった）。使用言語は相手やその社会層によっても使い分けられた。例えば学者（哲学者、神学者、数学者）にはラテン語またはフランス語が、ベールのような雑誌編集者、宮廷人（ハノーファー選帝侯エルンスト・アウグスト、あるいはその妻娘ゾフィー、ゾフィー・シャルロッテら、および官僚たち）にはフランス語（またはドイツ語）が、また故国の歴史研究者たち、それに親類縁者にはドイツ語が用いられていることが多い。妹にもドイツ語で書いたが、神学者だった義兄や甥にはラテン語を用いた。また同一の相手に対してであっても使用言語が交替することもしばしばだった。一例をあげると、君主エルンスト・アウグスト宛では、個人的な内容の手紙はフランス語で書き、それに対し法律や政治の助言という公務に関わる手紙は（大臣たちに議されることを予想して）ドイツ語で書いた。（なお、文通の相手が、君主・貴族、宮廷夫人、官僚、学者、神父・司祭、親戚等さまざまな社会層に渡っていることもライプニッツ書簡の特徴である。こうした観点からするライプニッツ書簡への社会学的、歴史学的アプローチもまだ緒についたばかりと言ってよく、本格的研究が俟たれる）。

こうした多言語性は、しかしただライプニッツの語学の抜群の才や、文通が退屈にならないようにする気配り等を反映するだけではない。そこには当時の三〇年戦争直後のドイツのおかれた歴史的、社会的、政治的状況が関係しているのである。すなわちドイツでは第二次大戦を別にすれば最大の災禍であった三〇年戦争（1618–48）によって、人口の三分の一が失われ、国土なかでも農村が荒廃し、ドイツの発展は二百年遅れたとも言われた。これはドイツ語にも混乱をもたらし、かわりにフランス語が流入し、宮廷人や知識人もフランス語を使うありさまであった。またドイツ語は学術の言語としてもあまりに未整備だった。そしてそれを見かねてドイツ語の振興と愛国を旨とする多くの団体が生まれたのもこの時代であった。ライプニッツも偏狭な排外主義には批判的だったが、こうした現状を憂い、ドイツ語の由緒と可能性を強調する『ドイツ語の使用と改善に関する小論』（1693）をドイツ語で発表している。カント（1724–1804）がそのほぼすべての著書をドイツ語で書くことができたのも、じつはライプニッツによるドイツ語改善の促進、そして続くヴォルフ（1679–1754）による哲学用語のドイツ語訳の整備・定着の努力があったからである。

それはともかく、本巻の第1部収載の六書簡群中、ヤコプ・トマジウスから初期アルノーまではラテン語、マルブランシュとベールはフランス語、また第2部収載のゾフィー、ゾフィー・シャルロッテ、マサム夫人とはフランス語の手紙である。手紙の書かれた年代でいえば、マルブランシュ書簡以降はフランス語であって、これは期せずしてライプニッツの書簡全体の傾向、そして一七世紀から一八世紀への社会の変化とも一致する。すなわち、緩やかであるが、国際語ラテン語の手紙は次第に減少し、フランス語やドイツ語など国民言語で書かれた手紙が増えてゆくのである。

◎——**「世界への門」　象徴的資産・資源としての情報**

総括しよう。文通は、ライプニッツにとって確実に、また有用性の熟慮を超えて、「世界への門」そのものであった。ライプニッツは学者の世界に起きたこと、とくに学者の間で話題になっているニュースや、相手との対話にのぼる諸事に端的に興味をもっていた。彼の最晩年にいたるまで彼の文通網は絶えず更新されて行った。ライプニッツが論文や著書よりも書簡を重視していたとすれば、それは彼が本のマーケットよりも手紙の相手のことを、即ち、文通仲間、宮廷社会、対話パートナーなど顔の見える比較的小さなサークルのことを考えていたからである。まさにこうしたサークルにおいて彼は、（公刊用に構想され執筆されたテクストと並行して）、対話において、そして文通において作用した。

ライプニッツの文通は、哲学、自然学／物理学、数学、法学、歴史学その他それぞれの学問上のトップイシューをめぐる、しかも大物学者との対話やディベイトとして、所謂「大きな文通」を含むことで有名である。しかしライプニッツの書いた数多くの手紙はそういう論争文書ではなく、むしろそれらはメインに「新しい学術」、すなわち、人物、出版物、プロジェクト、遺稿などの情報からなる学界ニュースであり、それ自体が一種の学会誌でもあった。この種の手紙の交換は、仮にそれらがディスクルスを志向していない場合であっても、だからと言って重要でないとは言えない。むしろ「象徴的資産・資源」としての情報を豊かに含む故の意義を有する。ライプニッツは情報を収集し、これを束ね、そこから何かを創り出すことに終生努めた。（これは「アカデミー」設置構想の前提でもある彼の「協会」Sozietät の理念から帰結している）。つまりライプニッツにとって、手紙は情報のつまった蔵であり、情報は「人間の幸福、社会の利益、神の名誉」に資する以外の何物でもなかったのである。

最後になりましたが、工作舎の十川治江社長には多大なご協力をいただきました。実際の編集のさまざまな点において、現代の読者の読み易さへの配慮をされたことを書き留め、十川氏のお骨折りに対し深く感謝するものです。

了

ラ

ナ

ハ

マ

ヤ

タ

サ

事項索引

ア

カ

ヤ

ラ

マ

ナ

ハ

タ

サ

カ

人名索引

ア

監修者・訳者紹介

酒井　潔

〔SAKAI, Kiyoshi〕一九五〇年生。学習院大学教授。哲学専攻。著書：『世界と自我』（創文社）、『ライプニッツ』（清水書院）、『ライプニッツのモナド論とその射程』（知泉書館）、共編著：『ライプニッツを学ぶ人のために』（世界思想社）、『ライプニッツ読本』（法政大学出版局）など。

佐々木能章

〔SASAKI, Yoshiaki〕一九五一年生。東京女子大学教授。哲学専攻。著書：『ライプニッツ術』（工作舎）、訳書：『弁神論』（『ライプニッツ著作集』6・7巻、工作舎）、共編著：『ライプニッツを学ぶ人のために』（世界思想社）、『ライプニッツ読本』（法政大学出版局）など。

山内志朗

〔YAMAUCHI, Shiro〕一九五七生。慶應義塾大学教授。スコラ倫理学専攻。著書：『ライプニッツ』（日本放送出版協会）、『普遍論争』（平凡社ライブラリー）、『天使の記号学』『存在の一義性を求めて』（岩波書店）、『「誤読」の哲学』（青土社）など。

増山浩人

〔MASUYAMA, Hiroto〕一九八三年生。日本学術振興会特別研究員PD（上智大学）。哲学専攻。論文：「第二類推論と充足根拠律」（『日本カント研究』11）、「カント批判哲学の前史　18世紀ドイツにおけるライプニッツ受容とヒューム受容」（『研究論集』13、北海道大学大学院文学研究科）など。

伊豆藏好美

〔IZUKURA, Yoshimi〕一九五七年生。聖心女子大学教授。哲学専攻。共著書：『ライプニッツ読本』（法政大学出版局）、『形而上学の可能性を求めて　山本信の哲学』（工作舎）、共訳書：Y・ベラヴァル『ライプニッツのデカルト批判』（法政大学出版局）など。

上野 修

〔UENO, Osamu〕一九五一年生。大阪大学教授。哲学専攻。著書：『スピノザの世界　神あるいは自然』（講談社現代新書）、『デカルト、ホッブズ、スピノザ　哲学する十七世紀』（講談社学術文庫）、『哲学者たちのワンダーランド　様相の十七世紀』（講談社）、『スピノザ『神学政治論』を読む』（ちくま学芸文庫）など。

町田 一

〔MACHIDA, Hajime〕一九六七年生。関東学園大学非常勤講師。哲学専攻。訳著書：『初期ライプニッツにおける信仰と理性『カトリック論証』注解』（知泉書館）。

朝倉友海

〔ASAKURA, Tomomi〕一九七五年生。北海道教育大学准教授。哲学専攻。著書：『概念と個別性　スピノザ哲学研究』（東信堂）、『「東アジアに哲学はない」のか　京都学派と新儒家』（岩波書店）、共訳書：『宮廷人と異端者　ライプニッツとスピノザ、そして近代における神』（書肆心水）など。

根無一信

〔NEMU, Kazunobu〕一九七九年生。名古屋外国語大学非常勤講師。哲学専攻。論文：「介入せずに介入する神」（『哲学』64）、共著書：『哲学するのになぜ哲学史を学ぶのか』（京都大学学術出版会）など。International doctoral school for Leibniz researchers 第1回日本代表（2011）。

清水高志

〔SHIMIZU, Takashi〕一九六七年生。東洋大学准教授。哲学専攻。著書：『セール、創造のモナド　ライプニッツから西田まで』（冬弓社）、『来るべき思想史　情報／モナド／人文知』（冬弓社）、『ミシェル・セール　普遍学からアクター・ネットワークまで』（白水社）など。

梅野宏樹

〔UMENO, Hiroki〕一九八四年生。龍谷大学非常勤講師。宗教哲学専攻。論文：「ライプニッツにおける《passion》概念の射程」（『倫理学研究』42）、「形而上学的悪から道徳的悪へ　ライプニッツにおける情念の働きによって」（『ライプニッツ研究』3）など。

谷川多佳子

［TANIGAWA, Takako］一九四八年生。筑波大学名誉教授。哲学専攻。著書：『デカルト研究』（岩波書店）、『主体と空間の表象』（法政大学出版局）、訳書：デカルト『方法序説』『情念論』（岩波文庫）、『人間知性新論』（共訳『ライプニッツ著作集』４・５巻、工作舎）など。

池田真治

［IKEDA, Shinji］一九七六年生。富山大学准教授。哲学専攻。論文：「想像と秩序　ライプニッツの想像力の理論に向けての試論」（『ライプニッツ研究』創刊号）、“Les limites et ses modalités chez Leibniz”, *Natur und Subjekt: Akten des IX. Internationalen Leibniz-Kongresses*, 2011 など。

谷川雅子

［TANIGAWA, Masako］一九八五年生。東京大学大学院博士課程。仏文学専攻。論文：「L'État, la tolérance et les lois selon Pierre Bayle」（『フランス語フランス文学研究』105）、“State, Religion and Tolerance”, *Proceedings TJASST 2013*（2014）など。

大西光弘

［ONISHI, Mitsuhiro］一九五八年生。立命館大学非常勤講師。哲学専攻。共著書：『西田幾多郎のライフヒストリー』（晃洋書房）、訳書：『現象学とライプニッツ』（晃洋書房）、論文：“Leibniz, Buddhismus und Nishida” *Natur und Subjekt*：*Akten des IX. Internationalen Leibniz-Kongresses*, 2011 など。

橋本由美子

［HASHIMOTO, Yumiko］一九五六年生。中央大学兼任講師。哲学専攻。共著書：『西洋思想における「個」の概念』（慶應義塾大学言語文化研究所）、訳書：ライプニッツ『形而上学叙説　ライプニッツ－アルノー往復書簡』（監訳、平凡社ライブラリー）、ルネ・ブーブレス『ライプニッツ』（白水社）、アラン『小さな哲学史』（みすず書房）など。

山田弘明

［YAMADA, Hiroaki］一九四五年生。名古屋大学名誉教授。著書：『デカルト哲学の根本問題』（知泉書館）、『デカルト『方法序説』』（晃洋書房）、共著書：『ライプニッツ読本』（法政大学出版局）、訳書：『デカルト＝エリザベト往復書簡』（講談社学術文庫）、『デカルト全書簡集』１・２・５・７巻（共訳、知泉書館）など。

Gottfried Wilhelm Leibniz
Opera omnia II
1 Philosophische Briefe

ライプニッツ著作集 第II期
1 哲学書簡——知の綺羅星たちとの交歓

発行日——二〇一五年五月二五日
著者——ゴットフリート・ヴィルヘルム・ライプニッツ
監修——酒井 潔＋佐々木能章
翻訳——山内志朗＋増山浩人＋伊豆藏好美＋上野 修＋町田 一＋朝倉友海＋根無一信＋清水高志＋梅野宏樹＋谷川多佳子＋池田真治＋谷川雅子＋大西光弘＋橋本由美子＋山田弘明
造本——宮城安総＋小倉佐知子
印刷・製本——株式会社精興社
発行者——十川治江
発行——工作舎　editorial corporation for human becoming
〒169-0072　東京都新宿区大久保2-4-12　新宿ラムダックスビル12F
phone：03-5155-8940　fax：03-5155-8941
url：http://www.kousakusha.co.jp　e-mail：saturn@kousakusha.co.jp
ISBN 978-4-87502-463-7